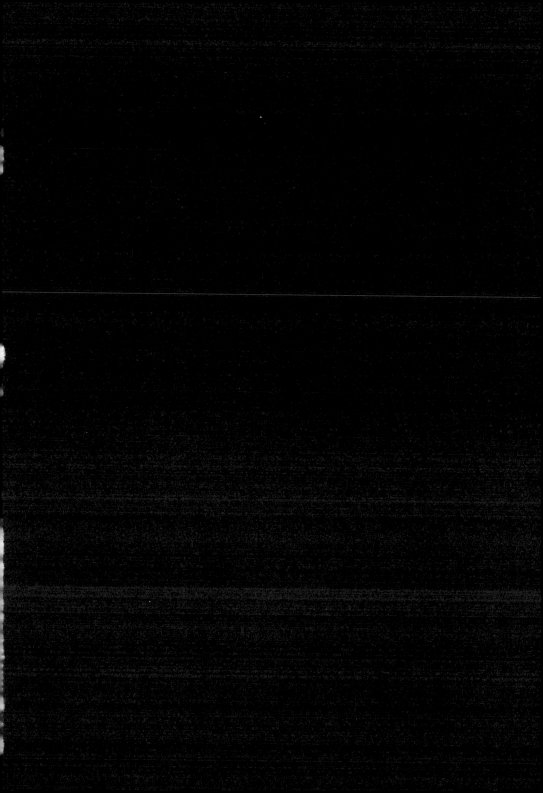

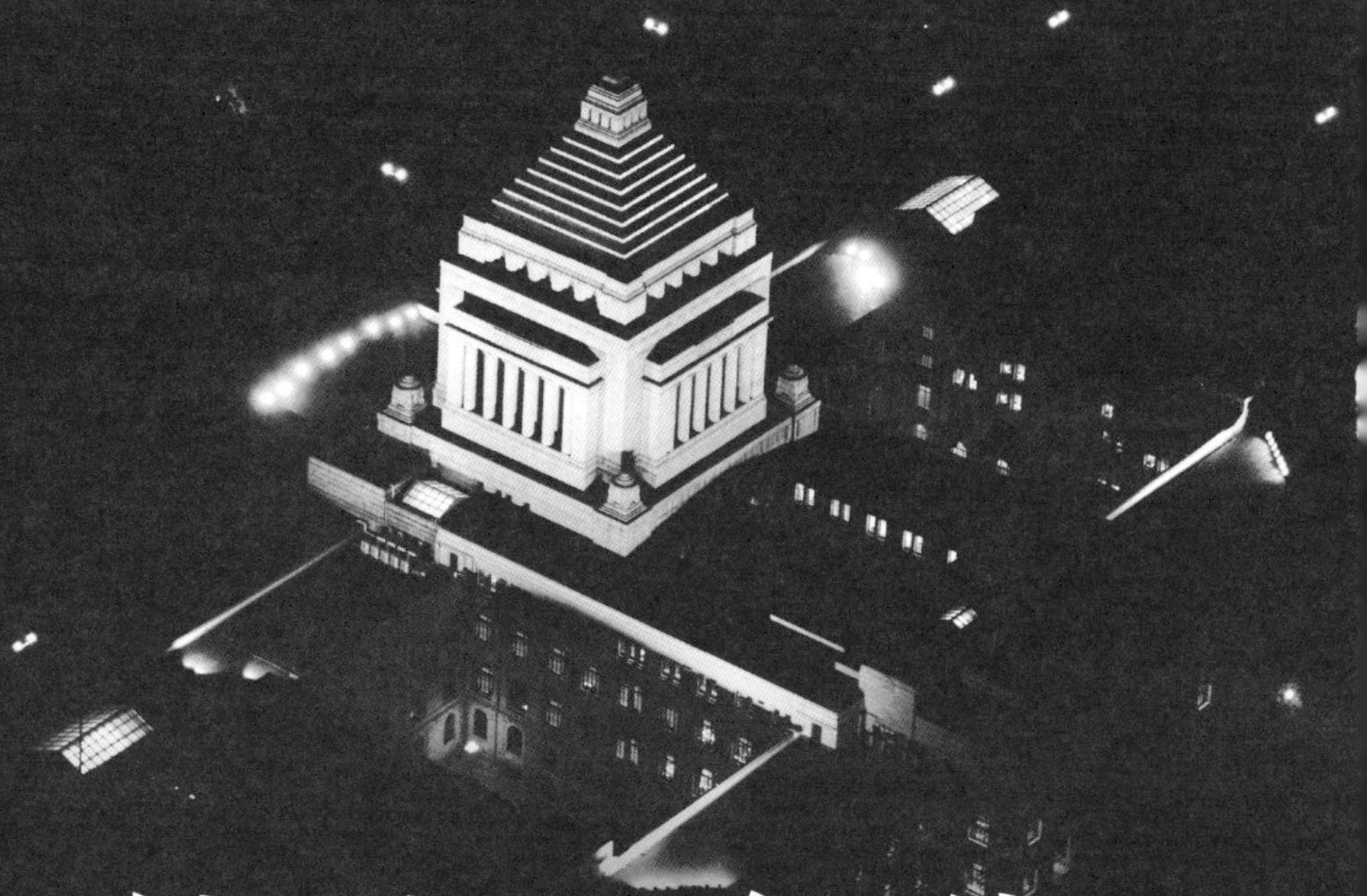

統治の条件

民主党に見る政権運営と党内統治

前田幸男・堤 英敬
【編著】

千倉書房

統治の条件——民主党に見る政権運営と党内統治　目次

統治の条件——民主党に見る政権運営と党内統治

第1章

政権と政党組織
――民主党と党内統治

前田幸男 MAEDA Yukio
濱本真輔 HAMAMOTO Shinsuke

はじめに

現代日本政治の特徴の一つは政権が不安定なことである。戦後の首相在任期間の平均は約二年であるが、一九九三年を境目にその前後を比較すると、九三年以前（東久邇宮《ひがしくにのみや》内閣から宮澤内閣まで）の平均が二年三カ月であるのに対して、それ以降（細川内閣から野田内閣まで）の平均は一年六カ月に過ぎない[1]。短命政権は、日本政治の長らく続く傾向であるが、第二次世界大戦後の議会制民主主義国の比較の中で見ると、日本は二つの点で特徴的である。第一に、他国では首相交代の七〇％が政権交代によって生じているのに対して、日本では党内事情による交代が最も多い。第二に、二〇〇〇年代以降の日本の首相の交代頻度は過去よりも高まっており、他の議会制民主主義国で首相の在任期間が長期化しているのとは対照的である（ナイブレイ

ド 二〇一一)。

議院内閣制の統治機構を持つ国々において、首相を中心とした政権の安定性を左右する主な要因として政党の組織構造を挙げることができる。連立政権の場合は、政党間の協調を維持することが、単独政権の場合は党内の議員をいかに統率できるかが、政権の継続に決定的に重要になる(Strøm *et al.* 2008; Giannetti and Benoit 2009)。換言すれば、政党間あるいは政党内の統治が政権による国民国家の統治の命運を左右するのである。しかし、国民の意思をくみ上げて統治に与《あずか》る組織としての政党を取り巻く環境は、厳しさを増している。選挙や世論を考えると、党員や党を支える集団との関係が希薄化し、無党派層が増加している(Dalton and Wattenberg 2000)。議会においては、党執行部に対する造反が増え(Kam 2009)、また新党の結成や離党・入党等の政党間移動が頻繁に起きるようになった(Heller and Mershon 2009; 山本 二〇一〇)。その観点から言えば、本書で検討する民主党政権は、党内統治に苦慮する短命な内閣、党執行部に対する造反や離党の増加という点で、日本の政治に止まらず、政党内統治と政権の安定性の関係を考察する事例として、理論的にも興味深い対象である。

民主党政権の誕生は一九八〇年代末以降の、政治改革の延長線上に理解できると思われるが、その政治改革が目指したのは、政権交代可能な二大政党制の構築、政党・政策中心の選挙、そして政党中心の政権運営であった(佐々木 一九九九)。政党中心の政権運営は、より具体的には、政治主導――内閣と与党を一元的に運営し首相を中心とした政策決定を行うこと――を指していたといって良いであろう[2]。民主党が、マニフェストにおいて政策転換だけではなく、内閣を中心とする政治的リーダーシップの発揮を強調した背景には、首相候補と政策(マニフェスト)を軸に選挙が戦われることで、衆議院での多数を制した政党が有権者からの信託を背景にリーダーシップを確立できるという想定があったように思われる[3]。実際、民主党は二〇〇九年衆院選のマニフェストで、官僚主導の政策決定から政治主導の政策決定への転換を唱道しており、政府と与党の一元化によって官邸が中心となって政権党としてのリーダーシップを発揮し、官僚機構の縦割りを打破して政策を推進すると主張していた。

しかしながら、民主党政権を振り返ってみるならば、政治主導とはほど遠い状況であった。三年三カ月の間に三人の首相が交代し、首相の交代とは別に五回の内閣改造が行われた。激しい党内対立を伴う代表選挙が四回行われ、さらに、一〇〇名を超える国会議員の離党者を出した。半世紀以上の歴史を持つ自民党政権においても、これだけの激しい党内対立を経験した時期はなかったと思われる。かつては寄り合い所帯と呼ばれた民主党も、「二〇〇九年夏の政権交代以降は、権力自体が党組織を存続させる紐になる可能性が高い」(村松 二〇一〇、八六頁)と予想されていたが、見事に裏切られた[4]。民主党は本来であれば政治主導の政権運営に使うべきであった時間とエネルギーを党内抗争のために浪費したのである。

では、民主党政権は、何故、内紛に苛《さいな》まれ続けたのか。一般的には、民主党政権が行き詰まった理由として、民主党の政治家個々人の未熟さ、政官関係の悪化、行政機構改編の難しさ、さらには統治機構の制約等が指摘されることが多い。しかし、本書の観点から言えば、それらは副次的な問題に過ぎない。民主党政権混迷の主要因は、野党時代から、政党としての意思決定方式について実質的な共通了解が存在しなかったことに求められる[5]。自民党からの権力奪取を目指した民主党は、自民党政権のボトムアップ型の政策決定に対するアンチテーゼとして、首相・内閣中心のトップダウンの政策決定を志向していた。そのため、党内に多様な意見や利害を内包し、凝集性が低い状態であったにもかかわらず、党代表に大幅な裁量を与える党運営を許容した。それでも野党時代は、政権交代の可能性が求心力となり、また主要政策が実現することもないため、様々な党内対立を曖昧《あいまい》にしながらの運営が可能であった。結果として、政権獲得後も、党内の多様な意見を吸い上げるボトムアップの意見集約と、首相(=代表)によるトップダウンの政策転換という二つのベクトルを、どのように組み合わせて政権を運営するのかについて、明確な共通了解をつくらないまま政権運営に乗り出さざるを得なくなった。さらに、党内対立が政権運営の方法を歪なものにしただけではなく、その政権運営の方法自体が党内対立を増幅させるという悪循環に陥ったのである。その意味で、民主党は野党から与党（政権党）への転換に見事に失敗した。

なお、選挙を通じた権力移行とその安定という問題は、民主党政権だけに限られる課題ではない。二〇一二年の衆院選により、政党システムは一九九六年の段階にまで戻ったと言われるが（例えば、増山 二〇一三）、具体的には社会集団や組織とのつながりが弱い新党が複数存在している状況である。また、衆議院が基本的に小選挙区中心の制度を採用しているだけではなく、人口構成の変化により、参議院選挙区でも一人区が増加している。小選挙区中心の選挙制度という条件を前提すると、民主党に限らず、二大政党の一翼を担う政党は、今後も各勢力との合併を繰り返すと考えられる。すなわち、自民党から政権を奪取しようとする政党が再度現れるならば、それは二〇〇〇年代の民主党の発展過程と同様の道筋をたどる可能性が高い。もう一度政権交代があるのならば、民主党政権の抱えた問題が、より先鋭な形で現れる可能性が十分にある。本書は、二〇〇九年九月から二〇一二年一二月まで存在した民主党政権を分析するが、その含意は、今後の日本政治を理解する上でも重要なのである。

以下、第一節では、民主党の政権運営を困難にしたと言われる要因について一般的な議論を整理し、検討を加える。第二節では、今までの研究では十分に考慮されていない、政党内制度要因について理論的に検討する。最後に、本書全体の議論に見取り図を与える。

1　民主党政権研究の現状

有権者から最終的に厳しい審判を受けた三年余の民主党政権であるが、評価すべき点もある。まず政策の量的転換として、教育や社会保障分野への予算拡充を挙げることが出来る。例えば、公立高校の授業料無償化、求職者支援制度の創設、雇用保険の非正規労働者への適用拡大、生活保護母子加算の復活等が民主党政権の成果としてあげられることが多い（山口 二〇一二、第三章、日本再建イニシアティブ 二〇一三、第一章）。次に、政策の質的転換として、普遍主義的な政策の導入は一定の評価をするべきであろう。普遍性とは、客観的で包括的な基準による資格さえ満たせば政策の受益者となれることを意味し、野党時代からの民主党の政策的特徴であった（堤・上神 二〇一一）。例えば、子ども手当はその代表的な政策である。また、農家への戸別所得補償制度は、二〇一二年の政権再交代後も名称を変えて継続され、拡充の方向にあるが、その政策の基本的な考えは、生産調整から直接支払制度へと大きく変化した。

国家と社会のあり方についても変化が見られた。例えば、情報公開などで一定の前進があったのも事実である（三輪 二〇一二）。また、超党派の議員立法で行われたものであるが、NPO法改正と寄付税制は、鳩山内閣における重要な成果と位置づけられる（原田・成 二〇一一）。もちろん、公私領域の再編成というテーマは三〇年以上も前から続くものであり、自公政権下でも取り組まれてきたが、民主党政権がその流れをより強力に推進したことは確かであろう。ただし、先述したように、マニフェストに掲げられた公約の多くが達成できなかったことも衆目の一致した見解である。

以下では、民主党政権の停滞を招いた原因について、先行研究で指摘されている要因を整理して考えて行く。具体的には、①首相の個人的要因、②政官関係、③統治機構要因、④政府と党との関係である。

▼首相の個人的要因

最初に検討の俎上に載せるのは、首相の個性である。国家の最高権力を掌握する個人の発言、一挙手一投足が持つ重みを考えるならば、一般化の難しい個別的な事情も、分析の対象とせざるを得ない。実際、民主党政権の行き詰まりを首相の指導力欠如に求める論考は多い。

具体的には、鳩山由紀夫は米軍普天間飛行場の移設問題を巡る迷走や、資金管理団体における偽装献金の処理等で、政権交代から数カ月の重要な時期に、不要なエネルギーを割かざるを得なかった。結果として、国会運営は遅滞し、与党が衆参両院で多数を占めたにもかかわらず、第一七四通常国会(二〇一〇年一月一八日〜六月一六日)における政府提出法案の成立率は戦後最低の五四・七%であった(『読売新聞』二〇一〇年六月一七日)。また、一般人には理解しがたい鳩山の個性や性格が指摘されることも多い(森 二〇〇九、藤本 二〇一二)。鳩山の発言が迷走したことは随所で指摘されるが、選挙直前に党代表に就任して以降、マニフェストには記載のなかった普天間飛行場移設問題について言及し、結果として政権運営を著しく難しくしたことは間違いないと思われる(日本再建イニシアティブ 二〇一三、第四章)。

菅直人についても、その個性、野党時代および厚生大臣としての経験が、首相としての行動に悪影響を与えたという指摘は多い(読売新聞政治部 二〇一一、二二九頁、岩切 二〇一二、三九頁)。行政学者の新藤宗幸も、菅が原子力発電所の再稼働について、閣内ですら意見調整をせずに個人的な発言を繰り返していることに言及した上で、「首相なる職責を理解しないところには、『政治主導』など実現しようのないことだ」(新藤 二〇一二、一三一頁)と厳しい批判を寄せている。

民主党政権の停滞を首相の個性のみに帰するのは乱暴であると思われるが、大きな要因の一つであったことは間違いない。ただし、首相のリーダーシップは、首相が政権党において有する政治的基盤に拘束されていることを忘れるべきではない(高安 二〇〇九)。また、党首の任期や、党首選挙のタイミング等の技術的要因が、場合により首相のリーダーシップの制約要因となることは(Cross 2013)、民主党の政権運営を考える上で重要な論点である。その意味で、首相のリーダーシップを支える、あるいは、拘束する政権党の構造を抜きに首相の個性を議論することは、民主党政権についての理解を深めることにつながらないと思われる。

▼政官関係

民主党政権において、官僚機構の統制や政府組織内の意思決定がうまく行かなかったことも多くの論者により指摘されている。その原因はいくつかに整理できるが、具体的には、事務次官会議の廃止、政務三役による組織運営、そして、行政組織改編上の制約が重要であると思われる。

まず、事務次官会議については、特に菅(二〇〇九b)が、官僚支配の象徴であり、閣議を形骸化させる原因の一つとして、厳しく批判していた。また、民主党議員の中には、政治主導は、「事務次官会議さえなくせば一夜にして成る」と考えていた者もいたようである(林・津村 二〇一一、二五九頁)。しかしながら、実務担当者から見ると、事務次官会議は決して官僚支配の道具ではなかった[6]。事務の官房副長官を長く務めた古川貞二郎によると、事務次官会議の主な役割は、次の三つである(日本経済新聞社 二〇一〇、四九五~四九六頁)。

(一) 政府の最高意思決定機関である閣議の前に十分調整がついているかを確認する。この際、政府部内や与党との調整が済んでいるかの確認も行われる。

(二) 首相の指示等を各省庁の事務方トップに指示する。事務次官を一同に集めて指示し、守らせるという役割がある。

(三) 情報の共有・伝達。

ただし、予算編成の前提となる経済見通しや国会承認人事など政治マターは、直接閣議にかかるのであり、決して官僚主導ではないことを古川は強調している。古川の前任者であった石原信雄も同様の認識である(日本経済新聞社 二〇一〇、五二頁)。官僚支配という主張の当否は別として、事務次官会議には、省庁間の情報伝達と調整を体系化するペースメーカーとしての役割があったと思われる。それを廃止したことで政策の方向性が直接的な影響を受けたか否かを検証することは難しいが、民主党が「政治主導で政策を立案、調整、決定する」ことを強調している以上、官僚は新たな政策の形成や遂行に当たり必要な調整を行わなくなったと思われる。つまりルーティーンの業務以外は指示待ちとなり、政府全体の活動量を下げてしまったのである。

また、官僚による調整を代替するために、閣僚委員会で調整する方式を導入したものの、その運営は試行錯誤の連続だったようであり、「意思決定の途中段階の情報が、あたかも政府決定のように発信され、関係者が混乱する事態が繰り返されている」(『読売新聞』二〇一〇年三月二七日)。民主党政権では閣内不一致・閣僚の不規則発言が常態化していたかのような印象も受けるが(朝日新聞政権取材センター 二〇一〇、九七～一一三頁)、これも、閣僚・省庁間の連絡不足によるところが大きいと思われる(読売新聞政治部 二〇一一、八二頁)。

第二に、政務三役による組織運営についてだが、民主党の二〇〇九年マニフェストにおいては、「五原則五策」の第一策において「政府に大臣、副大臣、政務官(以上、政務三役)、大臣補佐官などの国会議員約一〇〇人を配置し、政務三役を中心に政治主導で政策を立案、調整、決定する」ことを謳っていた。それが具体的に何を意味するかは、人によって解釈はあり得るが、少なくとも一部の省においては、本来、官僚が行って然るべき立案、調整、決定までも政務三役が行おうとしたことが報道されている。一部の民主党の政治家は明らかに官僚機構に対する過剰介入を行っていた(佐々木・清水 二〇一一、八～一二頁)。結果として、政務三役が著しく多忙になり、全体的な方向感覚を失ったという批判もある(中島 二〇一二、一〇〇頁)。

政務三役による各省の運営は、その他にも様々な技術的問題があったと思われる。実際の態様は各省によって異なっていたようだが、読売新聞の久保庭総一郎の整理によれば、政務三役会議は以下の様な問題を抱えていた(久保庭 二〇一二、一三一～一四一頁)。

（一）政務三役会議の出席者は政治家と民主党関係者に限定され、省の職員が記録係としても出席することを認められなかった。

（二）上記の点と関連して、会議記録作成担当者が不在で、議論の過程と確定事項の記録が残されず、議事録が存在しない。

（三）結果として、省の職員への伝達は、口頭のみに限られるような省庁もあり、政務三役と各省幹部との意思疎通が極めて疎遠になった。

政権交代後の政策運営の青写真を書くのに大きな役割を果たした民主党参議院議員の松井孝治は、「……副大臣会議だけでなく各省の政務三役会議も事務方が同席していないと政治家が何を話し、何を決めたのか組織に伝わらないという点を強調」していた様だが（薬師寺 二〇一二、二五六頁）、問題意識の共有が徹底していなかったようである。また、大臣あるいは政務三役と官僚との関係は、大臣あるいは省によって相当のバラツキがあった。鳩山内閣・菅内閣で防衛大臣を務めた北澤俊美の場合や、鳩山内閣で農林水産大臣を務めた赤松広隆の場合は良好な関係を築いたが（薬師寺 二〇一二、七八〜八二、二四七〜二五〇頁）、厚生労働大臣を務めた長妻昭のように、険悪な関係になった場合もあった（長妻 二〇一一）。

第三の論点は、行政組織改編上の制約である。行政学者の新藤宗幸によれば、「政治主導とは、知的権威のある執政部が、官僚機構を統御していくこと」であり、そのためには、「官僚機構を『敵視』するのではなく、政権の構想する戦略の実現に向けて官僚機構の補助・補佐機能を高める」必要がある（新藤 二〇一二、一三〇〜一三二頁）。しかしながら、民主党政権は官僚組織の階層構造や指揮命令系統をめぐる改革を行わず、副大臣と事務次官との関係なども未整理のままにした。その意味では、政治主導を実現するために必要な具体的な装置を構築できなかったところに、民主党政権混迷の原因がある（新藤 二〇一二、一八四頁）。また、久保庭は、『「政治主導」の政治の実現や、『政と官』の関係の見直しという観点から言えば、（中略）、鳩山政権が、霞ヶ関の組織的な問題点を指摘しつつも、その根拠となっている設置法など根拠法令について、法改正に正面から取り組まなかったこと」を、政権が混迷した原因として指摘している（久保庭 二〇一二、一三一頁）。

上記の三要因は、確かに民主党の政権運営に混乱を引き起こしたように思われる。ただし、事務次官会議は、東日本大震災を契機に各府省連絡会議として実質的に復活し、その後、定例化された（『朝日新聞』二〇一一年九月一〇日）。また、鳩山内閣、菅内閣、野田内閣と首相が替わるたびに、政務三役と官僚との関係、政府と与党議員との関係も変化した（飯尾 二〇一三）。さらに言えば、自民党も同一の制度条件下で政権運営を行っていたのであり、政治的条件さえ許せば、小泉内閣のように官邸が中心となった政策立案・決定を行うことも可能であったはずである。そのことを考えるならば、行政機構改編の難しさや、官僚機構との軋轢が民主党政権の混迷に直接結びつくと説明することには無理があるであろう。

▼統治機構――内閣と国会の関係

次に、内閣と国会の関係について、確認したい。諸外国における政府と国会の関係を概観すると、厳格な権力分立を採用しているアメリカでは、大統領は連邦議会の審議に直接介入することはできない。しかし、議院内閣制の諸国について言えば、政府が議事日程の設定や議決の方式などについて大きな権能を持っていることが一般的である。また、政府と与党との間の調整は、議会における委員会の審議を通じて行われる。それに対して、日本の場合、国会が非常に強い自律性を持っているため、内閣は、法案を提出した後、その成立を促進する手段を持たず、全てを国会内の与党の手に委ねざるを得ない。従って、内閣提出法案（閣法）

の内容に国会で与党から異論が出ると、立法上著しい制約となり得る。自民党政権の事前審査制は、国会審議の形骸化や透明性の点で批判を受けてきたものの、現行憲法と国会の制度的制約の範囲内で、安定的に閣法を成立させ政権を安定させるための手段であった（川人 二〇〇五、野中 二〇〇八、大山 二〇一一）。

民主党は、自民党の政策決定方式を全面的に否定していたが、その民主党が政権を獲得することで、政府と国会の関係がどう変化するかについては、「どうやら、論者によって見方はまちまちで有り、しかも改革の結果、どんな変化がもたらされるのかを見通した議論はあまり多くなかった」（大山 二〇一一、一一一頁）。しかしながら、政治主導の政策決定は、国会改革と一組で考える必要があることは、国会や政府の制度に精通していた人々には自明であり、石原信雄は、「閣僚には時間的な制約があり、国会審議のあり方から変えないと実効的にとても無理だ」と、政権交代の直前には指摘している（日本経済新聞社 二〇一〇、五二頁）。

民主党は政権交代直後に政策調査会を廃止し、党による政府提出法案に対する事前の関与を遮断したが、結果として、新しい法案の提出や政府提出法案の審議に関して、内閣と与党国対との間に認識のズレや対立が発生した。二〇一〇年四月には、内閣が国会に提出した高速道路の新料金制度や道路財政特別措置法改正案について、衆議院国土交通委員長であった民主党の川内博史が公然と反対論を唱え、審議入りを拒んだ（『読売新聞』二〇一〇年四月一七日）。また、東日本大震災後に、政府が提出を目指す原発賠償関連法案を巡り国対委員長の安住淳が慎重姿勢を示したことについて、「民主党内には『政府と党の意思疎通に問題があるのではないか』（中堅議員）」（『読売新聞』二〇一一年五月一三日）と当事者たちにも認識されていた。

後述の政策調査会に関する議論とも関連するが、政府提出法案に与党が事前に関与することを許さないのであれば、与党議員は国会審議を通じて、修正を求めざるを得ない。政治主導を実現するためには、政官関係において必要な道具立てが必要であったという指摘を先ほど紹介したが、政治主導を実現するためには、国会運営についての道具立ても事前に考えておく必要があったであろう（木寺 二〇一二）。菅は、「特に内閣と国会の関係については、民主党は政権獲得後の二年半で新たな経験を積み試行錯誤というか実験をしているわけです」と、率直に述懐している（薬師寺 二〇一二、一四五頁）。その上、二〇一〇年参議院選挙で参議院での多数派を失い、「ねじれ国会」により法案の成立が難しくなったことが、様々な困難に拍車をかけたように思われる（竹中 二〇一三）。

確かに、国会は、民主党の政権運営にとって制約要因となったと思われるが、先にも指摘したとおり、自民党も同じ制約の下で政権運営を行っていた。自民党は、国会と内閣との関係を与件として、独自の意思疎通・調整の仕組み（与党の事前審査）を発達させたわけであるが、自民党のやり方を否定するのであれば、それに代わる意思疎通・調整を行う仕組みが必要であったはずである。したがって、何故、民主党内の意思疎通・調整がうまくいかなかったかを検討せずに、国会の制度制約から民主党政権の混迷を直接説明することには、論理の飛躍があるように思われる。

▼政府と与党との関係

最後に政府・与党一元化を考える上で最も重要であると思われる、政府と与党の関係について検討しておきたい。まず、民主党が政府・与党一元化を提唱した背景として、民主党が批判し続けてきた自民党時代の政策決定について、確認する。自民党の場合は、法案は事前に政務調査会の各部会で審議され、それが、政務調査会審議会、そして党総務会という決定を経て、閣議決定に至っていた。党総務会による決定を経ると、国会における採決では党議拘束がかかった（村川 一九七九）。それが、政府と与党の使い分け、政府・与党二元体制と呼ばれていた。実質的な審議や調整が自民党内部で行われ、国会の審議が形骸化したという批判は当たっているが、それは、国会制度や内閣と国会の関係を前提に、様々な立法上の制約を回避するために徐々に形成されたことは、再度確認しておく必要がある（川人 二〇〇五）。議会研究者の大山礼子が指摘するように、「事前審査には現在の国会審議手続きの不備を運用によって乗り越えるための工夫という側面があり、事前審査廃止は国会審議の改革と表裏一体の問題であるはずだった」(大山 二〇一一、一〇二頁)。しかしながら、政府と与党との関係は、三年三カ月の間にたびたび変化し、それ自体が、混乱の源泉であった。

具体的には、鳩山内閣では政策調査会が廃止され、政府外与党議員が政策形成に関与する場所が各府省政策会議に限定された。そして、党が具体的な要望を伝える経路は幹事長に一本された。政策調査会を廃止したことにより、一般議員は政策課題について働きかけをする有効な手段がなくなり、その不満が党内に鬱積したとの指摘は多い(中島 二〇一二、一〇〇頁、飯尾 二〇一三、一一六〜一一七頁)。次に菅内閣では、政策調査会が復活すると共に、政調会長が閣僚を兼務し、党と内閣との連携を円滑にしようとした。最後に、野田内閣では、首相・官房長官・幹事長・幹事長代行・政調会長・国対委員長の六名からなる「政府・民主党三役会議」で承認をする形式を整えた。しかし、鳩山、菅、野田と首相が替わるたびに、意思決定の仕組み自体を組み換えたことで、「『誰が』『何を』『いつ』『どういう理由で』方針を決定したのか」が分かりにくくなる状況を招いた(久保庭 二〇一二、一一四頁)。

菅直人自身も、「一元的ということの意味について私が考えていたものがまだ不十分だったと感じています。一元化しようというのは、どうしても自民党のモデルがおかしいと思っていたところが出発点です」(薬師寺 二〇一二、一五六頁)と述べており、自民党の意思決定方式に疑問を持っていたことは明らかであるが、民主党の議員たちがその疑問を超えて、具体的な政権運営のイメージを共有していたとは思えない(杉田 二〇一〇、一六四頁、野田 二〇一〇、五八頁)[7]。その一方、菅(二〇〇九b、二四六頁)は政権交代直後に次の様に述べている(傍点は引用者)。

民主党政権では、マニフェストの実現を目指すという点で総理大臣、各大臣、政権党の三者は構造的に一体であり、官僚が分断することはできない。
　マニフェストに書かれていることは、民主党が党として決めたことなので反対できる議員はいない。鳩山総理も反対するはずがない。大臣は安心して、マニフェストに書いてあることを実行できる。背後から鉄砲玉が飛んでくることは原理としてありえない。

　つまり、民主党の政権構想は、総理大臣、各大臣、政権党の三者が構造的に一体であることを前提にしていた。その意味で、党を構造的に一体化する、換言すれば党内の多様な意見や利害を調整し、意思を統一・確認するための制度について、実質的な共通了解が存在しなかったことは、政権運営に当たって極めて重大な障碍になったように思われる（同様の主張として、飯尾 二〇一三）。逆に言えば、党としての合意を調達することさえできれば、今まで述べてきた制約の多くは、技術的な問題として、一定の時間と学習を経さえすれば克服できたと考えられる。しかしながら、民主党は、党内の意見対立で消耗し、さらには度重なる首相の交代と内閣の改造で閣僚の任期が短く、政権運営の経験を積み重ねることもできなかった。この点、「……政治主導の試みは、単に与党経験の浅さゆえにうまくいかなかった、とは結論づけられない。首相・内閣がリーダーシップを発揮するためには、構造的な問題として民主党内部の多様性があり、それに伴う利害対立を党内で調整し、それを政官関係に反映させる仕組みが未発達であった」（原田・高木・松谷 二〇一一、一一八頁）という指摘は、正鵠を得ていると思われる。すなわち、政策決定が混乱したことの背景には、党内の意思決定方法に関する構造的な問題があったのである。この点を、民主党固有の問題としてではなく、政党における組織構造の一般的な問題として理解するためには、政党組織について、理論的に考察する必要がある。

2 政党組織の分析枠組

政党組織は分権的要素と集権的要素を組み合わせて、リーダーの裁量を許容しながらも下位メンバーの不満を抑える運営を行うのが一般的である[8]。しかしながら、結党直後から政権運営に至るまでの民主党の活動を見ると、マニフェスト作成は党代表周辺の一部の人間により行われ、政策形成に関与できる議員は限られ、代表選挙は議員のみが有権者となるケースが多いなど、集権的な組織の特徴を強く持っている。地方組織は多くの地域で脆弱なために、代表選挙は議員団中心となり、紛争の拡大や党内議員グループの組織化を抑止する役割を果たすことが出来ず、また、議員に離党を思いとどまらせるだけの力もなかった。このように見てくると、民主党が採用していた各種制度の組み合わせの結果、党組織はかなり集権的な構造になっており、各議員にとって政党に所属するメリットが薄いものであった。党執行部にとっては課題設定が容易な反面で、組織維持という面では、負荷が大き過ぎたのではないかと考えられる。

以上は、筆者等の観察であるが、本節では政党、議会研究の観点から、民主党政権の抱えた問題を分析する枠組を提示する。その際には、プリンシパル－エージェント理論に基づき、議員と党首との関係に焦点を当てる。プリンシパル－エージェント理論では、ある人が自分の目的のために別の人に権限を委譲し、特定の仕事を代行させる契約関係をエージェンシー関係と呼ぶが、権限を委譲する人がプリンシパル（本人）であり、権限を委譲され代行する人をエージェント（代理人）と呼ぶ。例えば、有権者と議員、議員と党首、首相と大臣の関係は、それぞれ、プリンシパルとエージェントの関係である（e.g., Strøm *et al.* 2003）。この観点から言えば、議員と党首の関係は、一種の取引であり、本人としての議員（集合的には議員団）の目的・利益の追求に資する限りにおいて、党首はその地位について議員から承認を受けると理解される。逆に、党首が議員の利益に反する行動を取る場合は、党首はその地位を脅かされる、あるいは、議員の造反を惹起することになる。このことを念頭に、以下では、まず党組織を構成する制度と主体について述べる。次に、党のまとまりを分析する上で必要な凝集性と規律という二つの概念を提示し、民主党政権の抱えた問題を析出する。

▼政党内制度とアクター

議員は再選・政策・出世という三つの目標を追求する存在である（Fenno 1973）。ただし、議員が個々に目標を追求する際、次の三つの問題がある。第一に、アンビション問題である。野心のある公職追求者は、自らの当選と長期的経歴を可能にするような競争参入方法を選択しなければならない。第二に、選挙に関して、候補者は選挙民の情報、選挙運動に必要な資源を効果的に動員しなければならない。それゆえに、誰がそのような資源を提供するのかという問題が候補者間で発生し、それに対する取り組みが必要となる。第三に、議会内で投票のパラドックスが生じ、自らに望ましくない政策決定が行われる可能性を削減することである。そのため、持続的な多数派を形成し、自らの目的を達成する方法を選択しなければならない。このような問題解決の制度として、議員は政党を形成する（Aldrich 1995）。

議員の再選・政策・出世という三つの目標に則して、候補者選定制度、政策決定手続き、昇進や定年制等の人事制度が政党内に形成される。また、議員たちから一定の権限を委任される代理人である党首を選出する制度も形成される。各制度は、議員個人の利益を重視する分権的なものから、党首側が議員に対して強い影響力を有する集権的なものまで、多様である。以下では、議員が追求する三つの目標と党首への委任によって発生する、四つの政党内制度を順に検討する。

まず、候補者選定制度であるが、比較研究においては四つの観点が提示されている。それは、①候補者資格（Candidacy）、②選定側（Selectorate）の範囲、③政党内の分権性（社会的・地理的）、そして、④候補者決定の方式である。①候補者資格とは、候補者となるための要件である。一般的に年齢や国籍等の法律上の制約と共に、党内での要件が設定される。党内での要件として、具体的には党員の身分や、党員や幹部からの推薦を要するか否かが基準となる。党員の身分や党員歴を要件としない場合は、潜在的な候補者のプールは包括的になる。他方、長期の党員歴、一定数の党員もしくは幹部の推薦を要件にしている場合もある。要件が増加するにつれて、排他的なものとなる。②選考側の範囲とは、誰が候補者を選考する立場にあるのかに関する基準であり、幹部による協議から外部関係者の参加までの幅がありうる。具体的には、党員以外も投票できるオープンプライマリー、党員に限定したクローズドプライマリー、党の幹部のみによる選考、党首の専決等、選定側にも様々な範囲が存在する。③政党内の分権性とは、社会的・地理的に党組織のどのレベルが決定に影響力をもつのかを指している。社会的側面は利益集団が中心となり、全国レベルの団体、大規模なセクター団体、下位レベルの団体の順に分権的となる。また、地理的側面は、政党本部、政党支部の順に分権的であると評価される。④候補者決定方式とは、任命や選挙、選挙の場合には具体的な選挙制度等である。例えば、党員予備選挙の実施、選考委員会の決定、幹部による合議などである。幹部による合議になるほど、閉鎖的で集権的な決定方式となる（Hazan and Rahat 2010）。

第二に、政策決定手続きは、審議の過程、議決方法、他機関との権限関係、党議拘束のあり方に分けられる。審議の過程が多いほど、議員が参加し、法案への態度を表明する機会が増加するため、政党としての意思決定は分権的となる。例えば、自民党では部会－政策審議会－総務会の順に決定していく事前審査制があり、三段階の審議にそれぞれ異なる議員が参加している。また、議決の方法も意思決定が集権的か分権的かを左右する。具体的には専決、多数決もしくは全会一致とするかであり、全会一致が原則となっていれば、それだけ分権的な意思決定とされる。他方、決定が役員に一任されている場合は、より集権的なものとなる。次に、他機関との権限関係であるが、自民党を例にすれば、党議決定を経たものが内閣提出法案として国会に提出される。党の決定が内閣の法案提出権を事実上制約するものとなっていた。最後に、党議拘束のあり方である。党議拘束の対象となる案件が広範であるほど、集権的な決定手続きである。他方、対象となる案件が限定的であり、自由投票が多いほどに分権的手続きとなる。自民党を例にすれば、前述までの手続きが分権的なものであることの代償として、ほぼすべての案件が党議拘束の対象となっている。

第三に、人事制度は役職の配分方法と評価基準から成る。配分方法と評価基準によって、集権的か分権的かが左右される。配分方法や評価基準が党首の判断に依存する場合は、集権的な人事制度である。他方、配分方法が党内集団に配慮したものであり、評価基準が当選回数等の党首側で評価する余地の少ない要素になっている場合は、分権的となる。

最後に、このような制度を形成、運用する主体として、各議員は党首を必要とする。なぜなら議員が政党よりも個人の利益を優先し、政策の形成に失敗し、党の評判を下げることになれば、再選の命運を共有している党所属議員全てに影響を及ぼすからである。各議員は代理人である党首に政策決定や人事等の権限を委任する。党首は党内で形成されてきた価値や手続きを踏まえつつ、党全体の目標や利益を決定する。党首は議員間の協調をはかり、離反者に罰則を課すため、資金や役職などの選別的インセンティブを管理する(Ramseyer and Rosenbluth 1993; Müller and Strøm 2004)。

党首選出制度は、党首の任期と解任規定の有無が付加されるものの、候補者選定と同様の観点から理解できる。党首選出に関わる人々の範囲は、①政党幹部、②国会議員、③代議員(党大会)、④クローズドプライマリー(党員)、⑤オープンプライマリー(有権者)に分けられる(Cross 2013)。また、党首選出過程は包括性と競争性の観点から位置づけられる(上神 二〇〇八)。①から⑤になるにつれて、包括性の規模が拡大する。

競争性の程度は候補者数と接戦度から測定される。競争性は党内の紛争の規模を表す指標である。また、党首選出の権限を与えられている場合でも形式的なものに過ぎない例もあるため、競争性を確認することは参加者の権限が実質的な意味を有するかどうかを見る上でも重要である。党首選出の国際比較研究によれば、選出に関わる人々を拡大すると、候補者数が増加すると共に、接戦度がやや低下する。また、競争性が最も高まるのは選定者が国会議員（議会内集団）に限定される場合である（Kenig 2009）。

ただし、議員が権限を委任する代理人は党首に限られない。議員は党内に集団を形成し、それを通じて目標の達成を図ることもある。多くの政党では、政党執行部以外にも、党内集団が形成される。ラファエル・ザリスキーによれば、党内集団とは「一体感、共通の目標を共有し、その目標を達成するために、党内の明確な一団として、集合的に行動するために組織された党内の人的つながり、徒党、小集団」と定義される（Zariski 1960, 33）。党内集団の目標は、集団の構成員による党や政府の役職の獲得、陳情への対応、政党の戦略や政策への影響力の確保、構成員が賛同する様々な価値の促進などがある。この目標は議員の三つの目標に対応しており、党内集団は党内運営に一定の影響を与え、一般の議員にとって執行部を牽制する手段でもある。このように、議員は執行部以外にも議員連盟や派閥等の各種集団を形成し、好ましい政策実現、再選及び出世の確率を上昇させようとする。

また、党の形成過程において、地方組織を中心として発展したのか、それとも議員団を中心に形成されたのかも、重要な相違をもたらす。政党が地方組織を中心として発展した場合、上記までの四つの制度運用において、地方組織の関与が高まるからである。その場合、議員は地方組織の望む政策実現に邁進することになり、党としての政策選好の幅が拡大し、党中央との不一致の可能性も高まる。

以上の政党内制度は、党首に事前統制、事後統制の様々な手段を提供し、党内集団や地方組織は党首が上記の手段を活用する際の容易さを左右する。例えば、執行部側の介入が容易な候補者選定制度であれば、党中央の政策選好と異なる候補者をスクリーニングすることができる。また、候補者が当選した後も、議員に対して影響力を保持しやすい。

▼一体性、凝集性、規律

有権者の代理人たる議員は、政党としていかに統一された行動を選択できるのか。その選択が最も明瞭になるのは、議場における投票行動である。議会研究を中心として、議員間の一致度を測定することが進められてきた。一体性(unity)とは「法案に対する議場での賛否、投票に表れる一致度」である(建林 二〇〇六、一七二頁)。他方、造反や離党は有権者が政党を一体的なものとみなす程度を押し下げ、政党を中心とした選挙や政権運営の基礎を崩すものである。

政党が一体的となる条件は、凝集性と規律に着目することで明らかになる(Hazan 2006, 1)。凝集性の定義には行動の一致の程度とするものから政策選好のみとするものまで、定義に幅があるものの、本章では「イデオロギー上の密接さ、選挙上の目標における共通の利益、共通の地理的結びつき、制度に対する共有された態度によってもたらされる議員間の一致」として凝集性を定義する。

凝集性の定義で最も共通している要素として、第一に、イデオロギーや政策選好の類似性がある。具体的には、アンケート調査等で把握される、議員の特定政策への賛否、争点態度を規定するイデオロギーの一致度が挙げられる。凝集性が高ければ、各議員が政策やイデオロギーに関して一致しているため、議場での投票行動も一致し、一体性が自然と導かれる。

凝集性の二つ目の要素である選挙上の目標における共通の利益とは、再選の命運を共にしている程度である。選挙上の凝集性が高まれば、各議員はそれだけ再選目標を共有する度が高いことになる。個別の利益を優先し、党の方針に背く議員がいれば、それだけ有権者からの評判を下げ、全体としての再選確率を押し下げる可能性がある。そのため、党の評判を最終的に管理する党首の重要性が高まり(Cox and McCubbins 1993)、党の評判を下げるような議員の行動に対して、党首は制裁を科すことが容易になる。

さらに、上記のものとは異なる形で政党に一体性をもたらすものとして、規範、政党への忠誠心、連帯感も指摘されてきた。特に、規範とそれが社会化される過程が凝集性を高めるものとして着目されてきた。規範は集団のメンバーに受容されている行為を制御するルールであり、規範は関係者に広く共有されることで、適切な手続きとして顕在化する。議員が一定の規範を内面化することで、その内容が標準化され、再生産されていく。規範は議員に一貫した組織行動を促し、党内対立を抑制し、一体性を高める（Rush and Giddings 2011）。凝集性を構成する要素の中で最も根底にあるのは、制度に対する共有された態度である。前述の政党内制度が集権的もしくは分権的な場合のどちらであっても、制度に対する態度が共有されていれば、制度自体が争点となることはなく、政策選好の範囲内で決定が促されていく。

凝集性を構成するそれぞれの要素が高まれば、政党執行部に委譲された権限の価値が高まり、権限の行使に対する反発は抑制され、政党の一体性を高める。凝集性は、権限やリソースを背景とした強制力によって各議員の政策選好を変更させる規律とは独立に一体性を導くのである。

一方、規律とは「リーダーが反抗的な成員に命令を受け入れさせ、行動させるために利用可能な手段や方法」と定義される（Ranney and Kendall 1956, 258）。規律は、選挙過程と立法過程におけるリソースや制度的手続きから構成される（Bowler *et al.* 1999, 5-11）。選挙過程における権限やリソースとして、公認権、選挙運動資金等があるが、これらの価値は、政党が各議員の目標追求にどれだけ貢献出来るかに依存する。特に注意を要するのは、執行部による規律の行使は凝集性が低い場合により顕在化しやすい点である。何故なら、特定の政策への賛否が分かれている場合でも、執行部側がリソースや制度的手続きを駆使することで、党に一体性をもたらすと考えられているからである。

ここまで議論してきた議員の目標、政党内制度、規律と凝集性の関係を図式的に整理しよう。表1－1は規律が作用する経路を示している。規律は、党執行部が議員の目標追求に対して、政党内制度を通じて働きかける手段である。集権的な制度形成がなされていれば、それだけ規律が強まる。表1－2は、凝集性の構成要素とその対象を示している。凝集性には複数の側面があるものの、それぞれの要素での一致度が高いほどに、党の一体性が強まる。

政党の一体性をもたらす凝集性と規律を考察する際に重要なのは、次の二点である。第一に、政党の一体性に影響を与える複数の異なる経路が存在することである。特に、選挙制度改革と内閣機能強化の帰結として、政党執行部の権限が強まり、公認権や資金配分権限に基づく規律による党の一体性上昇が指摘される(竹中 二〇〇六)。ただし、規律以外にも凝集性の高まりから一体性が導かれることもある。

分権				集権
全有権者		党員		党員＋要件
有権者	党員	代議員	党幹部	党首
下位レベル・支部				全国レベル・党本部
予備選挙		幹部による合議		任命
多い				少ない
全会一致		多数決		一任・専決
制約あり				制約なし
限定				広範
拘束強い				拘束弱い
平等主義				選別主義

第二に、規律は凝集性が高い場合により有効に作用することである。選挙上の一致、制度に対する態度の共有という凝集性を構成する各要素は、規律が作用する経路に関連している。例えば、選挙上の一致は各議員が再選の命運を共にしている場合に高まる。そのため、党の評判を落とす議員に対する監視、制裁を科す必要性が高まる。また、意思決定手続きが党内で広く共有されていれば、それだけ党議に反する行為について、党首が制裁を科しやすくなる。このように、制度に対する態度の共有は党首が規律を行使する際の反発を抑え、党首側のリスクを低減させることで、規律の行使を容易にする。

▼四つの政党像と政党維持のコスト

以上議論してきた凝集性と規律という観点から考えると、四つの政党像を想定することができる。一つ目は、凝集性も規律も高い政党である。共通の政策を掲げ、議会内で結束して行動する、統一された政

表1-1 規律の作用する経路

	目標	政党内制度	制度の構成要素
規律	再選	候補者選定制度	候補者資格 選考組織 政党内の分権性 決定方式
	政策	政策決定手続き	審議の過程 議決方法 他機関との権限関係 党議拘束
	出世	人事制度	配分方法 評価基準

出典：筆者作成。

表1-2 凝集性の構成要素

	凝集性の構成要素	対象	低い	高い
凝集性	政策の一致	マニフェスト、政策選好	不一致	一致
	選挙上の一致	支持率・得票変動	不一致	一致
	制度に対する共有された態度	政党内制度・慣行	不一致	一致

出典：筆者作成。

党のイメージであり、日本の政治改革において想定されていたのは、このような政党像であると思われる(例えば、民主党政権運営委員会 一九九八)。二つ目は、凝集性が高いものの、規律の弱い政党のイメージである。党首を定めず、もしくは党首の権限が弱く、政策上の一致や分権的な党運営を志向する政党である。各国での差はあるものの、緑の党がその典型例であろう。仮に規律が弱くとも、凝集性の高さから党の一体性が保持される。三つ目は、凝集性が低いものの、規律の強い政党という像である。カナダの政党はこのカテゴリに属するとみられている(Malloy 2003)。地域や政策に関する凝集性は低いものの、政党が全国レベルと地域レベルでそれぞれに自律性を確保する形で存在している。全国レベルでは政策形成、地域レベルでは候補者選考を担う等、機能的な分担がなされている(Carty 2004)。四つ目は、凝集性も規律も低い政党である。この場合は、議員中心の選挙、議会運営となる。イデオロギー的分極化が進む以前のアメリカの二大政党がこのイメージに近い。

この四つの政党像は、言わば理念型であるが、それぞれ政党を維持するコストが異なると考えられる。確かに政党の形成は選挙や議会内において、議員に利益をもたらす。ただし、議員が政党に加わることで、不利益を被ることもある。具体的には、政党への加入により、地元有権者や自らの望まない政策を押し付けられる可能性がある。また、政党の評判が自らの再選にとって、悪影響をもたらす場合もある。このように議員が政党に参加する際に被る不利益に着目することで、政党の一体性の確保に失敗した側面が捉えられる。

議員を党に留める方法として、政党執行部は様々な制度化を行い、またリソースを議員にインセンティブとして配分する（Strøm 1990）。制度化に関して言えば、例えば、政党組織の維持を図るため、リクルートメントにおける新規参入の排除がある。この場合、現職優先という形で議員の再選目標に働きかけることができる。他にも、政策決定の分権化が制度化されることがある。議員の政策決定に関与する機会や権限を増やし、再選や政策の追求という議員の目標を充足させるのである。

他に、党執行部側が取り得る方策として、議員が抱える陳情などの個別利益への配慮がある。政党に所属している場合、自らと異なる政策を受容し、政策敗者（policy loser）となった議員に対して、異なる政策や要望での補填や利益調整を図る仕組みが必要となる（Carroll and Kim 2010）。この必要性は、凝集性が低く、規律が強い政党の場合により求められる。なぜなら、凝集性の低い政党での意思決定は、各議員の選好から離れた政策を、公認権等の規律によって強要している場合が多いと考えられるためである。

さらに、規律の強さは造反や離党を誘発すると見られている（Heller and Mershon 2005, 2008）。ヘラーとマーションは、イタリアでの政党間移動の分析から、規律の強さが離党を促す側面を指摘している。そのため、凝集性の低い状態の中で集権的な制度を構築し、規律を強めるだけでは造反や離党のリスクを高める可能性がある。

以上、一体性、凝集性、そして規律という観点から政党組織の分析枠組みを提示したのは、民主党に関する先行研究で十分検討されていない論点を明らかにするためである。第一に、政権を獲得すると、党の一体性が向上するという想定について考えてみよう。権力の獲得により、党としてのまとまりが向上するという想定は、与党になることの利益が前提となっている。もちろん、利益団体との接触や政策決定への関与という点では利益があるであろう。しかし、鈴木創（二〇一三）の小選挙区制下の現職効果の分析によると、現職効果は民主党と自民党でほぼ差がない状態になっていた（同様の見解として、McElwain 2013）。したがって、現職の場合、再選追求に関しては、与党のメリットが明確ではなくなっているのである。すなわち、一体性は与党という立場だけで十分に担保されるものではなく、凝集性と規律の観点からより詳細に検討する必要がある。

第二に、制度改革によって規律が強化されたことを強調する議論を再検討する必要がある。選挙制度改革及び橋本行革による内閣機能の強化は党首や首相の影響力を高めたと言われる（飯尾 二〇〇七、待鳥 二〇一二）。例えば、竹中治堅（二〇〇六）の研究では選挙制度改革、政党助成法等の改革が政党執行部側の権限を強化した点を重視している。確かに、規律の強化により政党執行部や首相が、自分自身の政策選好に沿った政策を実現することが増えたと考えられる。また、国会議員調査からも首相や官邸の影響力が高まっていることは指摘されている（建林 二〇〇四）。

ただし、規律の強化を強調する議論は二つの点で問題を抱えている。第一に、規律以外の要因を無視したため、他の変数が一体性保持に与えた影響を考慮しておらず、また、小泉内閣の郵政改革のような極端な事例に依拠した解釈を行うことで、前述の制度改革の効果が過大に見積もられている可能性がある。従来の研究は議員−政党関係について、制度改革から直接的な因果関係を想定していたのではないだろうか。しかし、凝集性が高い場合には規律は有効な一体性保持の手段であるが、凝集性が低い場合は、党首自身の再選基盤を危うくし、党分裂の引き金を引くことにもなりかねない。さらに、実際に外的な強制として規律が明示的に利用されるのは特定の事例の場合が多い。そのため、制度改革の効果は確かに認められるものの、それが過大に見積もられていたと考えられる。

既存研究の第二の問題点は、組織に所属することの利益が、所属することの不利益を上回るという暗黙の想定をおいていることである。しかし、政党に所属することの利益が少ない状態では、規律が有効に作用するとは限らない。規律はあくまでも一部の議員の目標追求を阻害できる時に機能する。そのため、自党への批判が高まっている場合、党執行部の方針と個別議員の政策選好が大きく異なると、造反や離党等の党の一体性を崩す行動が選択されることもある。公認権や資金配分権限等を通じた規律の上昇だけでは、制度改革以後に見られる造反、離党、党首解任等の問題を説明することは難しい。

その上、規律の行使は凝集性と異なり、リスクを伴っているため(Owen 2006)、規律に基づいて一体性を導くことには制約がある。特に、公認権や人事権の行使は対象者の反発、離党を招く可能性がある。時には、党内対立が先鋭化し、党首にとっては自らの政治基盤を危うくするかもしれない。もちろん、規律の各種手段が潜在的なレベルで議員の行動を規制している側面はあるものの、規律による強制は政党所属の利益が前提であり、かつリスクを伴っており、軽々に行使できるものではない。

▼民主党政権の課題

ここまでの政党組織の分析枠組から、民主党政権が抱えていた課題を整理する。凝集性の観点から見ると、民主党は結党以来、様々な党派を糾合する中で党勢を拡大し、寄り合い所帯とも指摘されてきた。議員の政策選好の幅も他党に比べて広く、政策の不一致が比較的大きかった(竹中 二〇〇九; Kabashima and Steel 2010)。また、第五章で詳述するように、政策決定に対する共有された態度も形成されていなかった。このように、政党の一体性を導く凝集性は低かった。

他方、民主党は自民党の政権運営の方式を転換することを目指していた(佐々木・清水 二〇一一)。事前審査制や族議員を批判し、政治主導として党内の権限を内閣に一元化することを主張してきた。すなわち、自民党よりも首相や内閣の権限を強める、集権的な制度構築と運用を提唱していたのである。政党組織としては凝集性が低い状態であったにもかかわらず、政権交代後は規律をより強化することで一体性を保持しようとした。ただし、前述の通り、規律の強さが造反や離党を招く可能性もあり、それだけでは党としての意思統一を確保できるとは限らない。また、複数のグループが党内に存在し、代表選挙では同じ構図での対立を二〇〇五年以来、繰り返してきた。このように、野党時代の民主党は集権的な制度構築と運用を目指していたものの、それを支える組織としての凝集性を欠いていた。

つまり、民主党政権が抱えた問題は、マニフェスト作成を通じた意思統一、政策決定手続きへの共有された態度形成等、党としての一体性を維持する複数のメカニズムが有効に機能していない中で、凝集性が低いにもかかわらず規律を強化するという政党を維持するコストの高い選択をしたことにあると考えられる。さらに、集権的な意思決定は、代表ポスト獲得の重要性を高め、代表選挙の対立を加速した。他方で国会議員を中心として組織が形成されたため、地方組織は脆弱であり、議員間の対立を抑止することができなかった。これらの要因が積み重なった結果、民主党内における利害調整・意思統一が著しく停滞する状況が生じたと思われる。

本書の構成

前節までに詳述したように、民主党政権混迷の原因は、多様な意見や利害を調整した上で党としての合意を調達する制度について実質的な共通了解を持てなかったことにあるというのが本書の基本的立場である(同様の指摘として、山口 二〇一〇、飯尾 二〇一三)。政官関係の軋轢や、行政組織編成上の制約、内閣と国会の関係などは、確かに民主党の政権運営にとって足かせであったが、むしろ副次的な問題にすぎない。根本的な問題は、党としての一体性を保持するための手続きや道具立てを、政権獲得以前に十分練り上げることができなかった点にあると思われる。さらに政権交代後の意思決定方式の変更が、党内の主流派と反主流派の対立を増幅させた。首相が政権党に盤石の政治基盤を有するか否かが、首相によるリーダーシップの発揮に大きな影響を与えることを考えるならば(高安 二〇〇九)、政党の組織化・制度化の程度は、きわめて重要な問題である。

移行期において、組織的統合が難しい場合に、制度外の権威を利用し、人事の掌握や、非制度的な調整により統合がなされねばならないこともあるだろう。占領期に、官僚機構を掌握し、非制度的に独自の「官邸主導」体制を一時的に構築した吉田茂はその例であろう(村井 二〇〇八)。小泉政権は、「官邸主導」ではあったかもしれないが、与党と内閣が一体化して指導力を発揮し政策転換を行うという政治主導ではない。二〇〇五年郵政解散以前については、小泉は党の一体性を破壊することで、内閣支持率を浮揚させ、威嚇と恫喝で党内をねじ伏せていたというのが実態に近い(上川 二〇一〇)。この点、民主党にとって不幸なのは、制度が未熟で非制度的な統合も必要なその時に、首相個人の要因が、事態を著しく悪化させたことである(薬師寺 二〇一二、二五九頁、日本再建イニシアティブ 二〇一三、第六章)。

私たちの研究グループは、政権交代直後の段階で、民主党政権にとって鍵となるのは、五五年体制下の自民党のように官僚制への大幅な委任・依存でもなく（佐藤・松崎 一九八六、村松 二〇一〇）、小泉政権で起きたような高い内閣支持率を誇る首相への追従でもなく（大嶽 二〇〇六、上川 二〇一〇）、自律的な党組織に依拠して政治的指導力を発揮できるか否かであると考えてきた。また、小選挙区比例代表並立制導入後に誕生・発展した民主党は、中選挙区制を前提に発展してきた自民党よりも党首による規律の行使が容易な党内制度を作り上げたと予想したが、実際は規律の行使を支える凝集性が低いままに留まっており、政権を担うだけの制度化ができていなかった。では、何故民主党は、野党から政権党への転換に失敗したのであろうか。本書では、野党時代からの連続性を前提に、その問題に答えることを試みる。

本書は、以下の様に構成される。まず、政権党としての民主党の実態を明らかにするために、内閣・党の人事、政策形成、地方組織について、それぞれ二章ずつ検討を行う。具体的には、第二章で民主党政権における政府人事を検討する。党内集団が組織化を強めたこと、並びに、代表選挙での再選を志向する首相が、党内グループ所属や当選回数を重視した人事に傾き、そのことが首相・内閣を起点とした政治的指導力の発揮にとって制約条件になったことが明らかにされる。第三章では、代表選挙について検討する。代表の任期、選出規定について、野党時代の通り適用し、与党時代を想定した制度化を進めなかったため、代表選挙が頻繁に繰り返された。そのために党内の議員グループ活動が促進され、党内対立が増幅される契機となった。

政策形成については、第四章で、マニフェストを三人の首相の所信表明演説と対比しながら分析することで、首相の交代により、選挙の際に有権者に提示されたマニフェストからの乖離が生じていたことを、テキストデータの詳細な分析を通じて明らかにする。第五章では、民主党の政策調査会について、野党時代からの決定手続き、活動量、議員側の態度を分析する。この章の分析から、野党時代からトップダウン型の政策決定手続きを構築してきた一方で、党議拘束を受け入れにくい傾向の両方が民主党には併存していたことがわかる。

次に、地方組織であるが、第六章で、民主党の勢力が強い地域として三重県の地方組織を詳しく見ていく。三重県では、自民党政権期から非自民勢力が「三重県方式」によって協調に成功してきたことで多くの民主党国会議員を選出してきた。その一方、有力議員を擁しながらも政権獲得後の利益集約に難点を抱えていたことが描かれる。第七章では、三重県と対照的に、民主党地方組織が脆弱・未発達であったケースとして宮崎県を検討する。ここでは、民主党宮崎県連が「弱い制度」にとどまってきたことを背景に、与党としての資源を地方政界におけるプレゼンスの拡大に十分に生かすことができなかったことが示される。

政権党としての民主党の考察を終えた後、議員行動と有権者の政権評価について、それぞれ章を割いて検討する。第八章は、政権獲得以降の民主党を考える上で避けては通れない離党行動に焦点を当てる。選挙結果データ、国会役職データ、政治家調査データ等を接合し、民主党議員の離党行動について総合的な分析を行う。そこでは、旧来の研究とは異なり、政府役職経験の有無が、離党行動を説明する上で決定的に重要であることが明らかになる。第九章では、有権者が民主党政権における三つの内閣をどのように評価してきたかを、新聞社の世論調査集計値を利用して検討する。具体的には、民主党の混乱や内部対立が、民主党のイメージに悪影響を与え、最終的な選挙での敗北につながったことが示される。

最終章では、今後の研究上の課題として、自民党に代わって政権を担いうる政党組織の条件について、民主党の経験を振り返りながら考察をする。これらの条件は、民主党が再度政権を獲得するか、あるいは、野党の再編が起こり自民党に対抗する新たな政党が登場するか否かにかかわらず、今後の非自民政権の可能性を考える上で、きわめて重要なものである。

謝辞

本章の原型は二〇一二年一二月に東京大学で開催した研究会で報告したものです。研究会において論評、助言を下さった参加者の方々に感謝します。ただし、本章に残された全ての瑕疵《かし》は著者の二人に帰属するものです。

註

1――この場合、平均在任期間は一人の首相が継続的にその地位にある期間の平均である。したがって、吉田茂内閣は、第一次吉田内閣と第二～五次内閣の二つが計算に入っている。データは首相官邸ウェブサイト上に掲載してある「内閣総理大臣一覧」を参照した(http://www.kantei.go.jp/jp/rekidai/ichiran.html)。二〇一四年一〇月二〇日最終確認。

2――政治主導という用語を厳格に定義することはここでの目的ではないが、大要このように理解して間違いないと思われる(例えば、佐々木 二〇〇二、西尾 二〇〇二)。

3――例えば、新しい日本をつくる国民会議(21世紀臨調)「現下の選挙制度改革論議に関する緊急声明」二〇〇一年一〇月三一日(http://www.secj.jp/pdf/20011031-1.pdf)。二〇一四年一〇月二〇日最終確認。

4――付言するならば、本書の共同執筆者たちも、その予想は正しいと思っていた。

5――民主党内でも政権獲得後は幹事長を無任所の大臣にする等の了解事項が存在し、二〇〇五年マニフェスト等で明らかにされてきた。そのため、共通了解が全く存在しなかったわけではない。しかし、政府外与党議員がどのように政策形成に関与するのか、事前審査を採用しない場合にいかなる場で党議拘束がかかるのか等、制度設計及び運用のあり方について了解事項を欠いていた。実質的な了解事項を欠いていたことは、政策決定の仕組みが二転三転したことに端的に表れている。

6――歴史的に見ると、果たして事務次官会議が、衆議院多数派により選出された内閣総理大臣とその閣僚に対して障害でなかったかどうかは、別の問題である。例えば、村井(二〇〇八)を参照されたい。

7――実は、二〇〇五年までのマニフェスト作成にいたる経緯を見る限りは、その頃の方が、問題点の認識も、具体的な政権運営の方針も、明確である様に思われる。松井孝治によれば「……、(政権準備委員会は)党幹事長を無任所の閣僚に充てて国会対策を担当、政調会長を官房長官に起用し政策の責任者とすることなどを打ち出してい」たのである（薬師寺　二〇一二、二一四頁）。

8――青木昌彦は社会組織（特に企業）に関して、組織の情報システムとインセンティブの制度（人事制度等）の一方が集権的であれば、他方が分権的である組み合わせが有効であり、かつ二つの誘因を両立させうることを指摘している（青木　一九八九、一〇一～一四〇頁）。

第2章

民主党政権下の政府人事

――政治主導と人事

濱本真輔
HAMAMOTO Shinsuke

はじめに

民主党は二〇〇九年総選挙のマニフェストにおいて、政策の転換だけでなく、政権のあり方についても転換を目指していた。そのため、マニフェストの冒頭には政権構想として、五原則五策が提示されていた。具体的にみると、原則二では「政府と与党を使い分ける二元体制から、内閣の下の政策決定に一元化へ」として、内閣を中心とした意思決定を表明していた。第二策では「各大臣は、各省の長としての役割と同時に、内閣の一員としての役割を重視する」として、大臣に内閣の方針に基づいて行動することを従来よりも求めていた。さらに、各省での運営に関して、第一策では「政務三役を中心に政治主導で政策を立案、調整、決定する」として、政務三役を中心とする体制を示した。

内閣を中心とした政治主導は、民主党の従来からの主張であった。一九九八年の民主党政権運営委員会の答申「新しい政府の実現のために」において、すでに政治主導という表現が使用されており、同党は内閣を軸とした首相のリーダーシップ強化を提唱していた。民主党にも影響を与えてきた二一世紀臨調提言によると、政治主導とは首相を中心とする内閣主導の政治システムである。より具体的には、「内閣の構成員たる各府省大臣と特命担当大臣の合議を前提としつつ、最終的には、首相の主導性によって政治が運営されるシステム」である（佐々木・二一世紀臨調編 二〇一三、三四二頁）。民主党の掲げた政治主導は、与党主導、族議員主導とも異なる内閣を軸としたものであった。

政治主導を実現するには、首相の人事権行使のあり方が問われる。首相は閣僚を指名する任命権、罷免権を有しているものの、民主党側は新しい日本をつくる国民会議（二一世紀臨調）に寄せた文書の中で「政権党の派閥構造が内閣人事を拘束し、実力主義ではなく、派閥均衡の内閣の構成が行われている」（新しい日本をつくる国民会議 二〇〇二、一九四頁）として、自民党政権下で発達してきた人事を問題視していた。これに対して、首相は、重みを増した内閣に政策決定を主導できる人材を集め、マニフェストの実現が求められる。このように、民主党の掲げた政治主導という方針の下では、内閣を構成する大臣及び各省の政務三役を務める副大臣・政務官人事がより重要となる。

ただし、首相が自らの構想のままに人事権を行使しうるとは限らない。政府人事は、首相や議員等の複数のアクターが役職を巡って行う、競争と調整の結果でもある。首相自身も政策の実現だけでなく、自らの再選や与党内の一体性維持に配慮する必要がある。特に、野党時代の民主党は、党内の不和が大きい場合に役職を増加させ、能力主義的人事もあるものの、多くの役職をグループや当選回数に基づく平等主義的人事により決めてきた（濱本 二〇一一）。そのため、首相が政権交代により人事権を政治主導の方向へと行使できるとは限らない。

果たして民主党政権下の首相は、どのような人事を行ったのか。本章では政治主導を様々な人事パターンの中に位置づけ、民主党政権下の政府人事を分析する。そこから、各首相の人事が政治主導に到達していたのかどうかを明らかにする。

本章の構成は以下の通りである。第一節では人事を分析するための枠組みを示す。従来の研究では派閥を前提としてきた面があるものの、本章は首相の選択により着目する。第二節では第三節以降の分析の基礎となる、民主党のグループについて言及する。第三節では大臣、副大臣・政務官ポストの配分パターンと評価基準を分析する。結論では前節までの結果をまとめ、その含意を検討する。

1 分析枠組み

本節では先行研究を検討しつつ、政府人事の分析枠組みを示す。はじめに、首相の目標と人事における選択肢を検討する。次に、四つの人事パターンを示す。

▼配分方法と評価基準

首相は人事において何を考慮しているのだろうか。首相の置かれた制度状況と目標を仮定することから始める。議院内閣制において、首相は内閣を構成する政党の支持を受けて誕生する。政権党は権力を獲得・維持し、自らの掲げる政策の実現を目指す。この点で首相は政権党のエージェント(代理人)と位置づけられる。他方、首相は各大臣を任命し、政策の実現に取り組む。この面では首相は大臣に対するプリンシパル(本人)として捉えられる。党の支持を得つつ、政策の実現に取り組まなければならない。政権党側が首相の政権運営に不満のある場合は、造反や解任に向けた行動を開始する可能性がある。

このような環境の下で、首相は地位の維持、政策の実現という二つの目標を追求する。前述の通り、首相は政権党からの支持を獲得、維持することでその職に留まることができる。そのため、役職は首相が政権党内の支持を調達するために活用する資源である。また、政策の実現も首相にとっての目標である。政策実現のために、適材適所の人事が必要とされる。首相は時に両立しない可能性のある二つの目標を追求する。

首相の人事上の決定は、配分の枠の設定、次に誰を選任するのかという二点に分けられる。はじめに、配分の枠を決定することである。配分枠の存在が最も顕著になる例は、連立政権の場合である。各国の連立政権の比較研究においても、大臣ポストの配分が政権を構成する政党の議席数におおむね比例していることが明らかにされている(Verzichelli 2008)。また、自民党政権下での参議院枠も配分枠の例である。このように、個々の人選とは異なる、配分数の設定という段階が存在する。

ここでの選択肢は、党内の支持調達、党外からの支持調達の二つである。尾野嘉邦は、党内と党外の区分をした上で、支持率が高い首相は派閥間の規模を上回る人事上のボーナス(自由度)を獲得していたこと等を明らかにし、首相のリーダーシップ戦略を示している(Ono 2012)。党内と党外という二つの選択肢は、現実的にみると、両方を追求すると考えられる。ただし、組織の役職には限りがある。特に、閣僚等の役職は数に制約があり、党内の結束と党外からの支持調達は両立しないかもしれない。そのため、首相は党内の結束と党外の支持獲得のどちらを優先するのかを考慮することになる。

首相の二つの選択肢に影響を及ぼす要因として、次の三点が考えられる[1]。一点目は党首選出規定である。党内の議員を中心とした党首選出手続きの場合、首相は党内からの支持調達を重視することになる。他方、オープンプライマリー等の方式を採用している場合、首相は党外からの支持調達をより重視した人事を展開するものと考えられる[2]。二点目は政権の議席割合である。例えば、与党の議席割合が最小勝利連合の場合と過大規模連合の場合では、首相側の制約状況が異なる。川人貞史は自民党政権下での大臣人事が主流派優遇型から派閥勢力比型へと変化した点について、連合理論を衆議院レベルと自民党内レベルの二つに適用して説明した（川人 一九九六a）。三点目は選挙制度である。本章では定数となるものの、選挙制度が議員の再選戦略に影響を及ぼすことで、首相の人事のあり方に影響を及ぼす（Pekkanen *et al.* 2014）。具体的には、中選挙区制の場合は政党名や政党評価の選挙における影響が小さいため、首相は党内の結束を優先する人事を行う可能性がある。一方で、小選挙区制の場合は、政党名や政党評価の影響が大きいため、首相は政党や政権の評価向上に貢献する議員や民間人等、党外からの支持を優先する人事を行う可能性がある。

党内の支持調達は、党首の支持集団を固めるもしくは党全体からの支持調達の二つがある。この点で首相の意思決定は、党内集団の有無とその組織化の程度に影響を受ける。特に、サブリーダーが党内集団を形成し、それが発達し、首相の再選に影響を及ぼす場合、派閥が首相の人事のあり方を左右する要因となる。自民党の人事研究では、首相の支持集団を固める場合を主流派優遇人事とした。また、党全体からの支持調達を図る場合について、佐藤誠三郎・松崎哲久（一九八六）はグループの規模に応じた派閥勢力比型人事と各派閥を同数に扱う派閥代表型人事というパターンを明らかにした。

党外からの支持調達は、民間人や知名度のある議員の登用等である。特に、小泉政権下では民間人、若手議員の登用等、党外からの支持調達を念頭に置いた人事が顕著であったと考えられる。

次に、どのような人物を選任するのかである。個人の評価基準として最も指摘されてきたのは、シニオリティ（年功序列）である。党内集団の組織化が進んでいない政党においても、シニオリティ・ルールが定着している場合、役職が組織構成員に対して平等に配分される。シニオリティは各議員の所属政党へのインセンティブを保持する原理であり、議員にとって昇進に関する不確実性を削減するものである。ただし、首相の側からみると、シニオリティは操作可能性の低い評価基準であり、自らの選択の余地が狭められることになる。

図2-1 人事のパターン

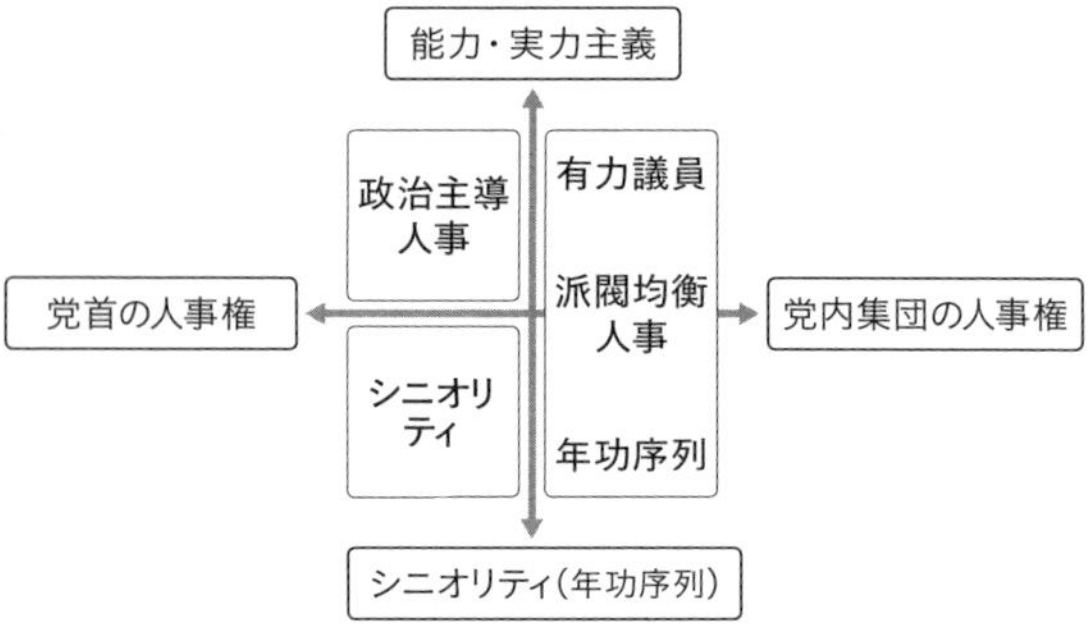

出典：筆者作成。

個人の評価基準においても、サブリーダーが党内集団を形成している場合、首相はその存在を考慮に入れる必要がある。サブリーダーは集団内の一体性を維持するために、内部で当選回数の上位者を首相に推薦する。党内集団が発達している場合も、個人の評価基準として、当選回数が重視される。シニオリティは当選回数主義として、自民党では遅くとも一九八〇年代に定着している(川人 一九九六b)。当選回数主義に基づく平等的な配分の背景には、人事に伴う紛争を最小化するための派閥間の妥協が指摘されている(佐藤・松崎 一九八六)。また、当選回数を軸とした人事制度と政策形成への関与を促す仕組みは、二〇〇五年の郵政民営化法案の採決の際にも、造反を抑止することにつながっていた(Nemoto *et al.* 2008)。

首相人事の焦点は、配分方法(枠)と評価基準が党内集団やシニオリティ・ルールにどこまで拘束されるものかどうかである。図2-1は、配分方法と評価基準から分類した人事のパターンである。横軸は、党内集団の首相の人事権に対する制約の強さである。縦軸は、個人の評価基準であり、当選回数や年齢に依拠するかどうかである。党内集団が拘束力のあるほどにまで形成されておらず、個人の評価基準として当選回数に依拠している場合は、シニオリティが中心の人事である(第三象限)。政党を形成するインセンティブが弱い環境において、発展するパターンであろう。他方、党内集団が首相の配分枠に影響を及ぼし、かつ個人の評価基準を当選回数で拘束している場合は、派閥均衡年功序列人事となる（第四象限）。また、個人の評価基準として当選回数以外の要素が強い場合もある。例えば、自民党政権下では派閥の領袖クラスや有力議員を内閣に登用する実力者内閣等がこちらに該当する（第一象限）。どちらの場合も首相の代理人である大臣に対して、首相以外のプリンシパルが派閥に依拠する形で存在している。そのため、大臣候補者の推薦にとどまらず、集団辞任が発生する等、首相の人事権が実質的に制約される。

これらに対して、政治主導とは内閣構成員の合議を前提としつつ、最終的には、首相の主導性によって政治が運営されるシステムである。首相は、配分に関する党内集団の制約を受けず、かつ個人の評価基準において当選回数以外の要素をより重視する人事が想定される（第二象限）。当選回数以外の要素が重視される点では有力議員を内閣に集めた場合と一致するものの、それは政治主導と異なる。例えば、曽根泰教は「与党・内閣一元論の下に党が内閣に乗り込むという理解だと、首相の意思とは関係のない部会の代表が閣内の地位を占めるということになる。すなわち、『首相による政策決定の一元化』の発想と、『党による首相の取り込み』という考え方の違い」（曽根 二〇〇二、五〇頁）として一元化の中でも区別している[3]。以上のように、配分方法（枠）と評価基準が党内集団やシニオリティ・ルールに拘束されないという点に政治主導人事の特徴がある。

ただし、政治主導人事は、人事権の行使において、党内集団に枠や人選を依拠しないだけでは成立しない。政治主導人事を実現するには、首相は自らの政策に近く、政策を遂行する能力のある人物を任命する必要がある。例えば、上川龍之進は小泉内閣期の政策過程分析から、人事権の行使のあり方を「強い首相」の必要条件としている（上川 二〇一〇、三一四〜三一六頁）。小泉純一郎は派閥の影響を比較的受けずに人事権を行使したとされるものの、柳澤伯夫金融再生担当大臣が異なる政策選好を保持しており、結果として更迭することとなった。この例からは、首相が人事権を行使できるだけでは十分ではないことがわかる。政治主導人事は首相が政策遂行能力を評価するだけでなく、自らの政策選好に近いかどうかを判断できなければ、成立（もしくは機能）しない。

首相は対象者の政策選好、政策遂行能力を評価する必要があるものの、首相は全ての与党議員についての情報を把握できるわけではないため、政策に関する代理情報（シグナル）を活用する。首相は各議員の政策遂行能力をいかに捉えるのか。本章では首相が野党時代の議員立法数を代理情報にしていると捉える[4]。なぜなら、民主党は結党以来、対案を提示することを標榜し、議員立法に積極的に取り組んできたからである。議員が議員立法を国会に提出するには、議院法制局の協力、党内での機関承認が必要である。議員にとっては一定の機会費用を要するものの、党としては議員立法を議員の能力形成の機会として重視してきた。例えば、ネクストキャビネットを提唱した菅直人は、「ＮＣは若手を育てる制度でもあった」（菅 二〇〇二、三六頁）として、若手議員を中心に政策トレーニングを積んできたと述べている。また、岡田克也も「政策責任者として私が心がけたことは、議員立法をつくることだった。―中略―議員立法を実現するためには、整合性のある法案を準備しなければならない。若い議員を鍛えるには最適の方法」（岡田 二〇〇八、一四八～一四九頁）であり、民主党政権を実現した際に政策を進めていく上で必要なことであると述べていた[5]。

▼仮説と検証方法

以上から、本章では配分と評価基準の各レベルでの仮説を示す。配分レベルでは配分枠が存在し、かつ首相が党内集団の数や規模を考慮するかどうかである。首相が党内集団の影響を受けない場合を首相人事仮説とする。他方で、首相が党内集団の影響を受ける場合を党内集団仮説とする。同仮説は、三つのパターンに分けられる。具体的には、役職が首相を支持する主流派に傾斜配分されている場合を主流派優遇型、グループ毎に等しく配分している場合にグループ代表型、グループ規模に応じた配分の場合をグループ比例型とする。また、評価基準は当選回数や年齢、政策遂行能力、党内集団の有力者という三つに分かれる。評価基準に関しては、仮説間が排他的なものでなく、部分的に当てはまることもある。

配分レベル

a）首相人事仮説

首相はポスト配分において、党内集団の数や規模に影響を受けない

b）党内集団仮説

首相はポスト配分において、党内集団の数や規模に影響を受ける

評価基準レベル

c）シニオリティ仮説

首相は個人の評価基準として、当選回数、年齢を重視する

d）能力主義仮説

首相は個人の評価基準として、政策選好の近接さ、政策遂行能力を重視する

e）実力主義仮説

首相は個人の評価基準として、党内集団の有力者を重視する

前述の仮説をどのように検証するのか。配分レベルについては、党内集団の有無、組織化の程度を記述する。次に、歴代内閣での大臣、副大臣、政務官の配分とグループ規模の相関関係を検討する。グループ数や規模に応じた役職の配分となっていれば、それだけ首相の決定には制約が大きかったことになり、首相人事

2008	2009	2010	2011	2012	グループ名	主な議員
―	―	―	―	→	新政局懇談会	横路孝弘・赤松広隆
―	―	―	―	→	民社協会	川端達夫
―	―	―	―	→	国のかたち研究会	菅直人・江田五月
―	―	―	―	→	政権公約を実現する会	鳩山由紀夫
		●	―	→	国家ビジョン研究会	小沢鋭仁
―	―	―	―	→	凌雲会	前原誠司
―	―	―	―	→	花斉会	野田佳彦
―	―	―	―	→	政権戦略研究会	羽田孜
			●	→	素交会	鹿野道彦
		●	―	→	青山会	樽床伸二
―	―	―	―	→	一新会・北辰会ほか	小沢一郎

仮説よりも党内集団仮説を支持することになる。評価基準レベルについては、歴代内閣での個人の評価基準を分析し、役職就任の規定因を明らかにする。当選回数や年齢が評価基準の要因である場合、シニオリティや派閥均衡人事となる。他方、首相との政策選好の近さ、政策遂行能力に関連する変数が重要な基準となっていれば、能力主義人事となる。また、有力者を操作化し、それが規定因となっている場合は、実力主義人事となる。

2　組織化の進んだグループ

本節では次節以降の分析の基礎となる、民主党のグループについて記述する。はじめに、二〇〇九年の政権交代後のグループの形成やその活動について言及する。次に、議員のグループ所属のデータソースと推定方法を示す。

▼派閥化の進展

政権交代後の党内集団については、次の二点が特徴である。第一に、三回の代表選挙（二〇一〇年六月、二〇一〇年九月、二〇一一年八月）を契機とした新たなグループの結成である。民主党には従来から旧党派や代表選挙を契機として、八つのグループが存在し

図2-2 民主党のグループ

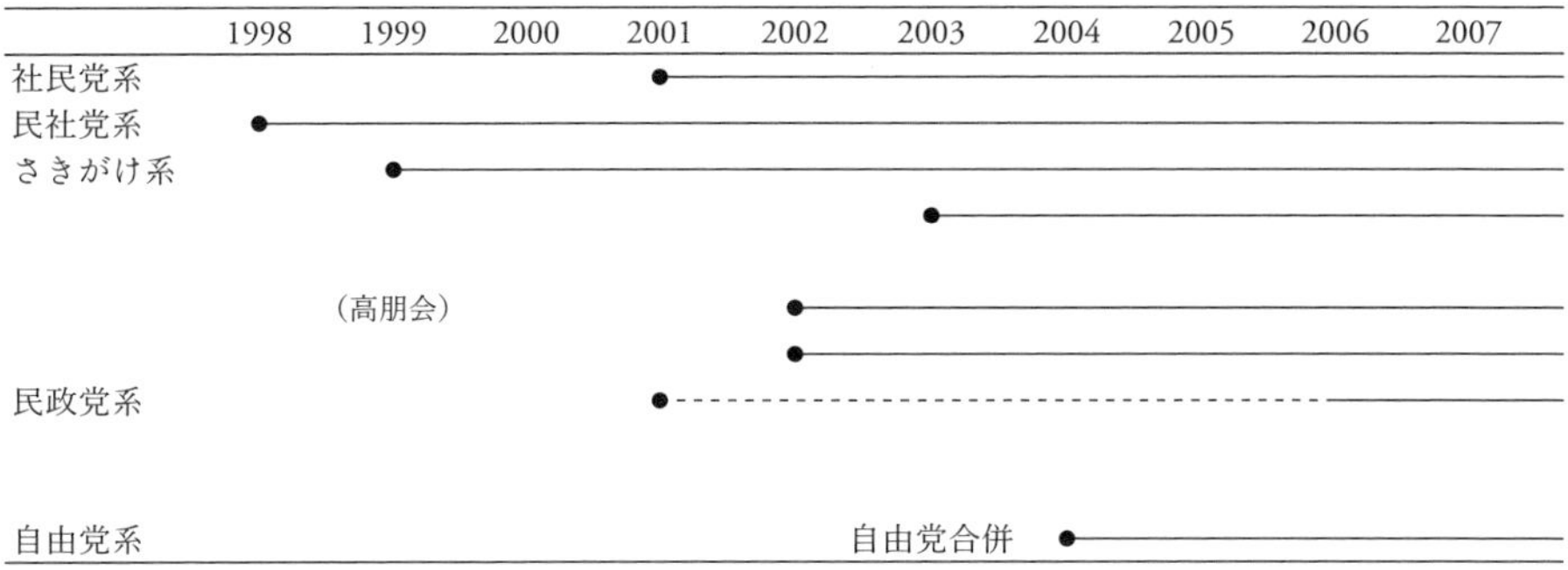

註：グループ名は2012年2月段階。
出典：筆者作成。

た（上神 二〇一一、濱本 二〇一二）。第三章でも明らかなように、これらのグループは政権交代後も会合を開き、代表選挙の際にはグループとしての支持もしくは自主投票等の意思決定をしていた。

図2-2は、民主党のグループを示している。政権交代後をみると、三つのグループ（国家ビジョン研究会、青山会、素交会）が結成された。

はじめに、小沢鋭仁グループ（国家ビジョン研究会、二〇一〇年八月二日設立）である[6]。メンバーの多くは鳩山グループに所属しており、火曜日に定例会合を開いていた。主な役職者として、会長に小沢鋭仁、顧問に五十嵐文彦、事務局長に糸川正晃、事務局次長に初鹿明博が就任した。次に、樽床伸二グループ（青山会、二〇一〇年一〇月四日設立）である。鳩山代表の辞任に伴う代表選挙に出馬した樽床を中心に結成された。中心メンバーは代表選挙時に擁立に関わった松本剛明、三井辨雄等であった。毎週木曜日に定例会合を開いていた。最後に、鹿野道彦グループ（素交会、二〇一一年九月一五日設立）である。二〇一一年八月の代表選挙に出馬した鹿野を中心として結成された。会長代行に大畠章宏、幹事長に中山義活、事務局長に篠原孝が就任した。このように、代表選挙に前後する形で三つのグループが結成され、定期的に活動を開始した。

グループが結成され、また持続する背景には、党内対立と考え方の相違が挙げられる。例えば、素交会の結成について、事務局長の篠原孝は「民主党が喧嘩を始めたときは、わがグループが礎になるべきだ」として、党内対立の抑止という面があったことを指摘している。同会は野党に転じてからも情報交換と勉強会を継続し、東京近辺の落選中の前議員も参加している。勉強会等のグループ活動が党としての取り組みにならない点について、「考え方が違いますから、なかなかまとまりにくいですね」と述べている[7]。

政権交代後の第二の特徴は、グループの組織化の程度が高まり、二〇〇九年以前よりも派閥化の傾向を強めたことである。組織化の程度を捉える視点として、活動の頻度、メンバーシップ、役職者の設置、資金調達等がある。

はじめに、多くのグループが不定期であった会合を定例化し、重複加入が難しくなった。政権交代以前から野田グループは木曜日の昼に定例会合を開いていた。しかし、二〇一〇年一〇月から鳩山グループ、前原グループ、同月に結成された樽床グループが木曜日の昼に定例会合を開くようになった。また、菅グループは二〇一一年一一月から定期的に会合を開くことを決定した(『朝日新聞』二〇一一年一一月三日)。小沢グループは木曜日に開催していた会合を鳩山グループとの掛け持ちがしやすいように、火曜日に会合を開いた。約半分のグループが同じ時間帯に会合を開くことで、複数のグループの掛け持ちが難しくなり、組織の境界を明確にするようになった。

次に、グループの役員ポストが設置されるようになった。例えば、前原グループは派閥化を避けるために、役員を決めていなかった。しかし、二〇一一年八月の代表選挙で敗れたことで、役員を置く形に転換した(『朝日新聞』二〇一一年一一月一一日)。また、同グループは当選回数別に代表ポストを設けること、事務局機能を強化し、若手議員を囲い込むことが検討された(『読売新聞』二〇一一年一〇月三〇日)。このように、代表選挙を契機として、派閥化を避けてきたグループでも組織化を進める動きが出た。

組織化の程度はグループによって異なるものの、最も組織化されたグループは小沢グループである。小沢グループは四つに分かれていた。具体的には、自由党以来のメンバー、当選回数二～四回の衆議院議員が参加する一新会、当選一回の議員で構成する北辰会[8]、参議院議員で構成する木曜会である。それぞれに役職者を配置し、例えば木曜会会長は田中直紀であった。

また、小沢グループでは選挙の際に候補者への資金援助を行った。二〇〇九年総選挙では陸山会から九一人の候補者に総額四億四九〇〇万円が支出された。一人あたり五〇〇万円(二人は二〇〇万円)の支援を行った(『読売新聞』二〇一〇年一二月一日)。二〇一〇年参院選においても一八人の候補者に総額一億一〇〇〇万円が支出された(『朝日新聞』千葉版二〇一一年一二月一日)。グループメンバーが選挙に関係するポストを占めていない時でも、グループとして候補者を支援していた。さらに、約二〇名の秘書団を抱えると共に、自由党時代から行われている小沢一郎政治塾も継続している。このように、選挙時の人的支援、資金援助、リクルートメントの供給源の一端をグループ(個人)として担っていた。組織化の進展にはグループ間に大きな差が存在したとみられるものの、政権交代後に組織化の程度を高めた。

▼規模とメンバーシップ

自民党の派閥と異なり、民主党議員のグループ所属は公表されていない。ではどのような方法によって、議員のグループ所属を把握できるのだろうか。議員のグループへの所属を示す資料は、一・政治資金収支報告書、二・政治評論家の分類、三・代表選挙時の推薦人名簿、四・新聞記事、五・過去の党籍、六・その他(秘書経験等)である。濱本(二〇一二)では二〇〇三年から二〇〇九年(政権交代前)までに民主党に所属した議員を対象に、一から六の順でグループ名簿に加えた。

本章では上記のデータソース、方法、対象に関して変更した(詳細は章末の補遺を参照されたい)。はじめに、データソースに関して、国政情報センターが実施した調査結果も加えた。同センターでは、『國會要覽』（第四五版：平成二三年九月から）の刊行に際して、国会議員にグループの所属を質問した。結果として、三割程度にとどまるものの、議員側がグループ所属について回答した。本章では、一・政治資金収支報告書に次ぐ重要な資料として、『國會要覽』に記載されているグループ所属を名簿に加えた。

次に、グループ所属の把握方法として、新聞記事の検索範囲を議員個人レベルまで拡大した。従来はグループ名での記事検索であった。しかし、今回は議員個人レベルでの記事検索を実施した。具体的には「寺田学　AND　グループ」というように、議員名とグループをキーワードとして朝日新聞、読売新聞、毎日新聞の三紙で検索した。検索期間は、二〇〇九年九月一日から二〇一二年一二月一五日までである。民主党所属の衆参全議員にこれを実施することで、グループ所属が従来よりも捕捉できた。

さらに、調査対象となる議員数を拡大した。濱本（二〇一一）では二〇〇九年及び二〇一〇年に初当選した議員を各グループに分類していなかった。これに対して、本章では同選挙の初当選議員も対象に含めている。どれほどの議員がグループに所属しているのだろうか。表2－1は、政権交代後のグループの人数と割合を示している。新たなグループを加えるため、二〇一二年段階で示している。表をみると、無所属・グループ未確定の議員が八七名存在し、党全体では一九・六％である。ただし、逆にみれば、約八割の議員にはグループの所属があるものと考えられる。グループ毎の人数をみると、小沢グループが一二二名と突出しており、他のグループの三倍程度の人数を擁している。これは二〇〇九年総選挙で初当選した議員の多くが加入したためである。

次に、自民党の派閥と比較した場合、民主党のグループの特徴は、メンバーが確定（公表）していないことと共に、複数のグループに加入できることが指摘される。複数のグループに加入している議員はどれほど存在するのだろうか。表2－2は、当選回数別のグループ加入者割合を示している（衆議院議員のみ）。例えば、

表2-1　政権交代後のグループの人数と割合（衆参合計）

	人数	割合①	割合②
菅G	59	13.3	18.6
前原G	44	9.9	10.2
野田G	25	5.6	5.1
横路G	30	6.7	8.0
民社G	47	10.6	13.5
羽田G	15	3.4	4.4
鹿野G	31	7.0	9.1
樽床G	34	7.6	4.7
小沢鋭G	4	0.9	1.1
鳩山G	42	9.4	12.4
小沢G	122	27.4	21.5
無所属・未確定	87	19.6	16.1
N	445	445	274

註：割合①は衆参全体での議員割合。
　　割合②は2009年、2010年の新人議員、繰り上げ当選者を除いた議員割合。
出典：筆者作成。

表2-2　当選回数別のグループ加入者割合（衆議院議員のみ）

	グループ加入数					
	0	1	2	3	4	N
1回	23.0	63.5	10.8	2.7	0.0	148
2回	15.8	55.3	18.4	7.9	2.6	38
3回	20.0	50.0	26.0	4.0	0.0	50
4回	7.4	37.0	44.4	11.1	0.0	27
5回	25.0	65.0	10.0	0.0	0.0	20
6回	20.0	60.0	20.0	0.0	0.0	10
7回	27.3	45.5	27.3	0.0	0.0	11
8回	0.0	100.0	0.0	0.0	0.0	2
10回	0.0	100.0	0.0	0.0	0.0	2
11回	0.0	66.7	33.3	0.0	0.0	3
14回	0.0	100.0	0.0	0.0	0.0	3
全体	19.7	58.3	17.8	3.8	0.3	314

出典：筆者作成。

当選一回の議員一四八名のうち、一三%の議員がグループに所属(未確定)していない。

全体をみると、五八・三%の議員が一つのグループに所属しており、一つのグループへの所属が一般的なパターンである。重複して加入できることが民主党のグループの特徴として指摘されるものの、本章の推定によれば、その割合は二〇%程度にすぎない。また、グループの掛け持ちが二〇一〇年以降、徐々に日程の面で難しくなり、一人が一つのグループに属するという排他的なメンバーシップが強まった。これは、グループ内での序列に基づく役職配分が強まる可能性を高めたと考えられる。

このように、政権交代後の民主党は代表選挙を経る度にグループ数が増加するとともに、組織化の程度を高めた。野党時代からベテラン議員を中心にグループ代表型の人事は存在したが、それが若手議員にも拡大する素地が作られたと考えられる。

3 民主党政権下の人事

本節では政権交代後の役職配分を首相の時期別に分析する。次に、どのような議員が大臣、副大臣・政務官に登用されたのか。個人の評価基準を分析する。

▼歴代内閣の役職配分

二〇〇九年五月、小沢一郎が陸山会事件に関連して代表を辞任したことで、国会議員の投票による代表選挙が実施されることになった。この代表選挙において、鳩山由紀夫は鳩山、小沢グループの支持を受けて出馬した。他方、岡田克也が前原、野田グループの支持を受けて出馬した。結果は鳩山が一二四票、岡田が九五票となり、鳩山が代表に就任した。

八月の総選挙では民主党が三〇八議席を獲得し、鳩山内閣は二〇〇九年九月一六日に発足した。総選挙後から人事が本格化し、一六日の発足前に官房長官や幹事長等の主要ポストが五月雨式に発表された。鳩山内閣に限られるものの、副大臣以下の人事については大臣が指名するという形式が採られた。この背景には、財務大臣に就任した藤井裕久が野田佳彦の副大臣への起用にこだわったため、政権移行チームが準備し、鳩山等が了承していた人事案を変更したことが指摘されている（日本再建イニシアティブ 二〇一三、二〇四頁）[9]。

表2－3は、民主党の歴代内閣の大臣、副大臣・政務官の配分を示している。相関係数はグループの規模とポスト配分の割合から算出している。ただ、二〇〇九年以降の新人議員が党内の分布を大きく変える可能性を考慮し、本章では①衆参全体の議員割合、②二〇〇九年、二〇一〇年の新人議員、繰り上げ当選者を除いた場合の議員割合で算出している。主流派配分ポスト割合は代表選挙での首相支持グループが受けた大臣ポストの程度である。網掛け部分は、主流派の議席規模よりも一〇％ポイント以上の配分を受けている場合である。

鳩山内閣の大臣の配分をみると、先の代表選挙で勝利した小沢グループや鳩山グループ等に多くのポスト配分をすることなく、野田グループを除く七つのグループに配分した。また、ポスト配分割合と各グループの議員割合の相関は〇・三程度であり、グループの割合に応じて比例配分したというよりも各グループをほぼ均等に代表させた。鳩山は野党時代の民主党で中心的であったグループ代表型の人事を行ったことがわかる。

次に、副大臣・政務官をみると、配分がグループによってかなり異なる。これは大臣が副大臣以下を指名する形にした影響かもしれない。配分をみると、大臣レベルと同様に、グループを比例させたものではない。こちらでは、菅、前原、野田グループからの登用が多く、これらに所属する議員で副大臣・政務官ポストの半分以上を占めた。

菅第二次改造内閣		野田内閣		野田第一次改造内閣		野田第二次改造内閣		野田第三次改造内閣	
3	17.6	1	5.9	1	5.6	0	0.0	0	0.0
3	17.6	3	17.6	3	16.7	4	23.5	2	11.8
2	11.8	3	17.6	2	11.1	2	11.8	3	17.6
0	0.0	1	5.9	0	0.0	1	5.9	1	5.9
2	11.8	1	5.9	2	11.1	2	11.8	4	23.5
1	5.9	1	5.9	1	5.6	1	5.9	1	5.9
		2	11.8	2	11.1	0	0.0	0	0.0
0	0.0	0	0.0	0	0.0	1	5.9	3	17.6
0	0.0	0	0.0	0	0.0	0	0.0	0	0.0
2	11.8	0	0.0	2	11.1	3	17.6	2	11.8
0	0.0	3	17.6	3	16.7	2	11.8	3	17.6
3	17.6	3	17.6	4	22.2	5	29.4	3	17.6
17		17		18		17		17	
.405		.655		.479		.443		.344	
.446		.438		.659		.400		.233	
58.8		23.5		16.7		11.8		76.5	
39.3		18.9		18.9		18.9		62.0	
47.4		23.7		23.7		23.7		64.0	
6.86		5.86		5.79		5.36		5.43	

また、副大臣・政務官ポストは党の役職と同様に、当選回数に基づく位置づけがなされた。当選回数の平均でみると、副大臣は四・五回、政務官は三回程度の議員に配分する役職として、組み込まれた。このように、鳩山内閣期の人事をみると、大臣レベルでは党内の支持を広く調達するために、グループ代表型が採用された。しかし、副大臣・政務官ではグループの枠に関わりなく、菅・野田・前原グループから多くの議員が登用された。

鳩山は自身の資金管理団体の偽装献金問題、米軍普天間飛行場の移設問題を受けて、辞任した。二〇一〇年六月に行われた代表選挙では、菅直人と樽床伸二が出馬した。羽田グループが樽床を支援し、小沢グループが自主投票となった。それ以外のグループは全て菅を支持した。結果として、菅が二九一票、樽床が一二九票を獲得し、菅が代表に就任した。菅は仙谷由

表2-3 各内閣の大臣、副大臣・政務官とグループの関係 1/2

A）大臣ポストの配分

	鳩山内閣		菅内閣		菅改造内閣	
菅G	1	6.3	2	11.8	3	18.8
前原G	2	12.5	2	11.8	2	12.5
野田G	0	0.0	2	11.8	2	12.5
横路G	2	12.5	1	5.9	1	6.3
民社G	3	18.8	3	17.6	2	12.5
羽田G	1	6.3	1	5.9	1	6.3
鹿野G						
樽床G						
小沢鋭G						
鳩山G	3	18.8	1	5.9	2	12.5
小沢G	1	6.3	2	11.8	0	0.0
無所属・未確定	4	25.0	4	23.5	4	25.0
N	16		17		16	
相関係数①	.325		.665		.432	
相関係数②	.256		.541		.254	
主流派配分ポスト割合	25.0		64.7		56.3	
主流派グループ規模①	36.9		55.5		39.3	
主流派グループ規模②	33.9		67.9		47.4	
当選回数（平均）	6.86		6.46		6.67	

註：各内閣とグループのセルは、左側が配分数、右側が割合（%）を示している。

相関係数①は衆参全体での議員割合。

相関係数②は2009年、2010年の新人議員、繰り上げ当選者を除いた議員割合。

網掛け部分は主流派がグループ規模よりも10%ポイント以上高い配分を受けていることを示している。

出典：筆者作成。


人、枝野幸男と相談し、人事を固めた（読売新聞「民主イズム」取材班 二〇一一、一五九頁）。菅は官房長官等を除いて、鳩山内閣の閣僚をほぼ再任した。菅内閣期の大臣の配分を見てみると、鳩山内閣を引き継いだ際には、大臣が各グループから選ばれていた。多くのグループに二ずつ配分されており、グループ代表型の人事となっている。

発足直後には民主党及び内閣支持率が回復したものの、参院選の時期には消費税をめぐる発言等から支持率が低下した。参院選での結果をみると、自民党が五一議席を獲得したのに対して、民主党は四四議席に止まった。党内では敗北の責任を追及する声が上がり、先の代表選挙

	菅第二次改造内閣		野田内閣		野田第一次改造内閣		野田第二次改造内閣		野田第三次改造内閣	
	9	18.4	5	10.4	4	8.7	6	12.2	13	25.5
	9	18.4	2	4.2	2	4.3	2	4.1	4	7.8
	3	6.1	3	6.3	3	6.5	3	6.1	6	11.8
	1	2.0	4	8.3	3	6.5	5	10.2	5	9.8
	6	12.2	8	16.7	7	15.2	8	16.3	6	11.8
	2	4.1	3	6.3	3	6.5	3	6.1	1	2.0
			3	6.3	3	6.5	3	6.1	9	17.6
	5	10.2	2	4.2	2	4.3	1	2.0	4	7.8
	0	0.0	1	2.1	1	2.2	1	2.0	1	2.0
	6	12.2	9	18.8	9	19.6	9	18.4	5	9.8
	8	16.3	15	31.3	15	32.6	15	30.6	9	17.6
	12	24.5	7	14.6	8	17.4	6	12.2	8	15.7
	49		48		46		49		51	
	.886		.684		.699		.671		.671	
	.808		.804		.809		.816		.715	
	4.53		3.88		3.94		3.55		3.17	
	2.95		2.50		2.44		2.37		1.88	

から三カ月後、任期満了に伴う九月の代表選挙では小沢が出馬した。小沢、鳩山、羽田、横路グループの一部が小沢を支持した一方で、菅、前原、野田、民社グループが菅を支持した。党員・サポーター票が小選挙区単位で総取りであったこともあり、菅が七二一ポイント、小沢が四九一ポイントとなり、菅が再選を果たした。

九月の代表選挙後の改造内閣では、主流派優遇人事の傾向を強めた。代表選挙で対立した鳩山グループから大畠章宏、海江田万里を登用するものの、小沢グループからの登用がない。この傾向はその後の第二次改造内閣でも継続し[10]、むしろ菅、前原、野田グループで閣僚のほぼ半分を占めた。このように、大臣レベルの役職配分をみると、菅内閣ではいわゆる「脱小沢」の方向性を示し、グループ代表型の人事を採らなかった[11]。そのため、主流派の議員割合以上に役職が配分され、この乖離は自民党結党から佐藤内閣までの主流派優遇人事の頃と同程度である。

しかし、副大臣・政務官の配分をみると、大臣

表2-3 各内閣の大臣、副大臣・政務官とグループの関係 2/2

B）副大臣・政務官ポストの配分

	鳩山内閣		菅内閣		菅改造内閣	
菅G	11	23.9	14	29.2	9	18.8
前原G	12	26.1	11	22.9	7	14.6
野田G	6	13.0	6	12.5	4	8.3
横路G	3	6.5	3	6.3	1	2.1
民社G	3	6.5	3	6.3	6	12.5
羽田G	1	2.2	2	4.2	2	4.2
鹿野G						
樽床G						
小沢鋭G						
鳩山G	3	6.5	2	4.2	6	12.5
小沢G	4	8.7	3	6.3	8	16.7
無所属・未確定	9	19.6	11	22.9	13	27.1
N	46		48		48	
相関係数①	.492		.462		.870	
相関係数②	.407		.385		.828	
当選回数（平均）副大臣	4.50		4.50		4.53	
当選回数（平均）政務官	2.84		2.84		2.89	

註：各内閣とグループのセルは、左側が配分数、右側が割合（%）を示している。

相関係数①は衆参全体での議員割合。

相関係数②は2009年、2010年の新人議員、繰り上げ当選者を除いた議員割合。

網掛け部分は主流派がグループ規模よりも10%ポイント以上高い配分を受けていることを示している。

出典：筆者作成。


レベルとは大きく異なる。菅改造内閣以降は、相関係数が〇・八から〇・九となっており、グループの規模にほぼ比例した配分を行った。菅自身も「（小沢）グループは若い人が多いので、副大臣、政務官の人事を含めて見てほしい」（読売新聞「民主イズム」取材班 二〇一一、二〇七頁）と述べ、小沢グループからの大臣起用を見送ったものの、副大臣以下では考慮する姿勢を示した。菅は党内外の支持を調達するために、大臣レベルと副大臣以下で配分方法を使い分けたものと考えられる。ただ、二〇一一年六月に野党から内閣不信任決議案が提出されると、小沢グループの副大臣・政務官五名が辞表を提出する等、党内集団間の対立を抑制することにはならなかった。

菅の辞任後、海江田万里、野田佳彦、前原誠司、鹿野道彦、馬淵澄夫の五人

図2-3 役職数と1人あたり役職数の傾向

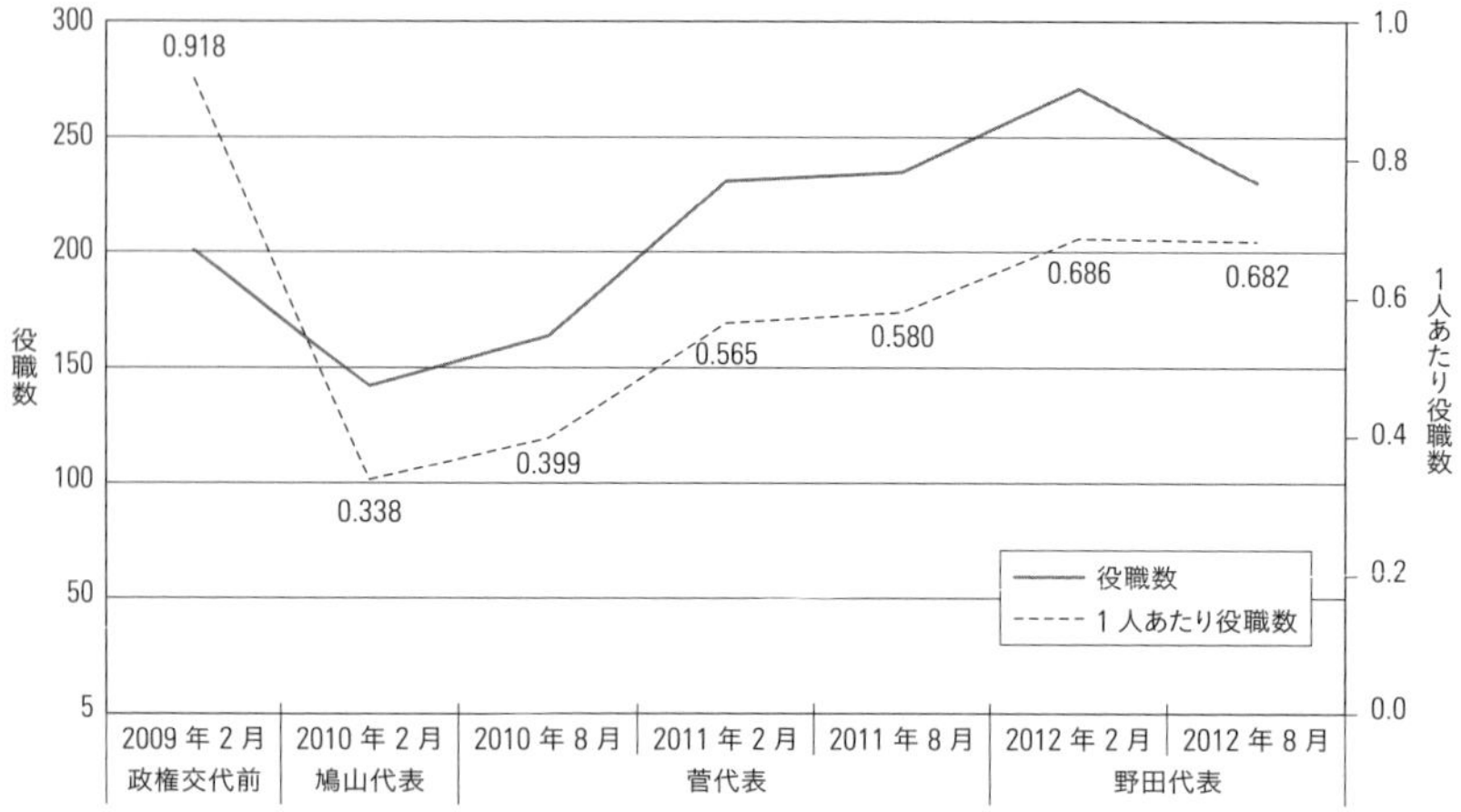

出典：『国会便覧』より筆者作成。

による代表選挙が実施された。第一回目の投票では海江田が一四三票、野田が一〇二票、前原が七四票、鹿野が五二票、馬淵が二四票であり、過半数を超える候補者がいなかった。決選投票には海江田と野田が進み、野田が二一五票、海江田が一七七票となり、野田が当選した。支持動向をみると、野田を当初から支持したのは、菅、野田グループのみであった。代表就任演説において、野田は「ノーサイドにしましょう、もう。私は『怨念を超えた政治』と申し上げた。みんなが汗をかいていく態勢を早急に作り出していきたい」（『読売新聞』二〇一一年八月三〇日）と述べ、挙党体制の確立を表明した。

　野田内閣から第二次改造内閣までの大臣、副大臣・政務官の配分を見てみよう。大臣レベルをみると、鳩山グループからの登用が政権交代後初めてなくなったものの、党内のグループから広く登用したことがわかる。さらに、副大臣以下では小沢グループから一五名という政権交代後、最多のポストを配分した。副大臣・政務官ポストの相関係数をみると、〇・六から〇・八であり、菅改造内閣期以降の水準（〇・八〜〇・九）には届かないものの、鳩山内閣期の水準(〇・四)を上回り、グループ比例型に近い配分となった。

しかし、野田内閣が消費税増税の方向へと進む中で、再び党内対立が表面化した。二〇一二年三月三〇日に消費増税法案が閣議決定されると、小沢グループの四名の副大臣・政務官、二九名の党役職者が辞表を提出した。六月二六日には大量の造反者を出しつつも、消費増税法案が衆議院を通過し、小沢グループの四九名の議員が離党するに至った。

任期満了に伴う九月の代表選挙には、野田以外に赤松広隆、原口一博、鹿野道彦が出馬した。横路グループが赤松、旧小沢グループが原口、鳩山グループは赤松・原口、鹿野グループは鹿野を支持した。他の六グループは野田を支持した。野田が過半数を制し、再任された。第三次改造内閣では、主流派への大臣ポストの配分割合が高まり、また代表選挙を戦った候補者は全て登用せず、主流派優遇人事の傾向を強めた。

党側をみると、野党時代の民主党が党内の不和が大きい場合に役職を増加させてきたように、菅や野田は多くの役職を新設、増設した。図2-3は、役職数と一人あたり役職数の傾向を示している。政権交代直後の党人事は、小沢幹事長に一任された。結果として、必置ポストではない副代表を任命せず、政策調査会を廃止したこと等により、党側の役職数は大幅に減少した。また、新人議員の増加もあり、一人あたり役職数は〇・二三八と急落し、多くの議員が無役となった。

ただし、図をみると、二〇一〇年九月の代表選挙後に役職数が約七〇程度、増加している。これは、幹事長補佐、政策調査会長補佐等に多くの新人議員を任命したからである。また、二〇一一年八月の代表選挙後にそれぞれ役職数が大幅に増加している。こちらは、総務委員長等の委員を増加させると同時に、先の補佐ポストをさらに増加させたからである。

このように、民主党政権下での人事は大臣レベルでみると、グループ代表型(鳩山、菅)、主流派優遇型(菅改造、菅第二次改造)、グループ代表型(野田、野田第二次改造)、主流派優遇型(野田第三次改造)に近い形で推移した。副大臣以下をみると、鳩山内閣ではグループとの関連性は弱いものの、菅改造内閣以降はグループ比例型に近似する形となった。さらに、代表選挙を経るたびに、党側の役職数を増加させ、党内の結束を維持しようとしたことがうかがえる。

▼個人の評価基準

次に、どのような議員が大臣、副大臣・政務官に登用されたのか。失言や問責決議を受ける等、特定の人物への評価から考えてしまうかもしれないが、全体として何が基準になっていたのかを考える必要がある。特に、政治主導との関係からみると、首相の政策選好に近く、政策遂行能力のある人物を登用したのか、それとも当選回数や党内集団の有力者を重視したのだろうか。次に、個人の評価基準を分析する。

従属変数は大臣に選ばれている場合に一、そうではない場合に〇としている。独立変数は、当選回数、年齢(二〇〇九年)、得票率(二〇〇九年)、小沢・鳩山G、菅・前原・野田G、中間派G、首相との政策距離、議員立法数(累積)、有力議員である。

当選回数、年齢は、シニオリティが人事の中心となっているかどうかをみるための変数である。また、グループ所属変数は特定のグループへの所属が昇進に関連しているのかどうかを確認するためである。全ての議員グループを個別に扱うのではなく、二〇〇五年以降の代表選挙において一貫した連携関係にあったグループをまとめている。グループ変数の基準カテゴリは無所属・未確定の議員である。グループに所属しない議員が昇進において不利になっていないかどうかをみることにもなる(Krauss and Pekkanen 2011)。

次に、能力主義仮説及び政治主導との関係をみると、首相は自らの政策を実現するために、議員との政策上の近接さ、議員の政策形成能力という二つの点で議員を選別しなくてはならない。首相との政策距離は、鳩山・菅・野田と各議員の政策距離である。政策距離の算出にあたっては東京大学谷口研究室・朝日新聞共同政治家調査の政策に関する質問への回答を利用した[12]。距離の大きい議員ほど昇進にマイナスと予測される。次に、政策能力を示す変数として、議員立法の累積提出数である。提出者に名前を連ねている回数が多いほど、任命される確率が高くなると予測される。最後に、実力主義仮説との関係をみる変数として、有力議員がある。操作化にあたって、代表・代表代行・幹事長・政策調査会長の就任期数を利用した[13]。同変数は大臣レベルの分析にのみ使用した。

表2－4は、各内閣期別の大臣人事のロジスティック回帰分析の結果を示している。はじめに、シニオリティ仮説との関連をみると、当選回数が鳩山内閣から第二次野田改造内閣まで一貫して有意な変数となっている。当選回数の多い議員ほど大臣に就任する傾向にあった。また実力主義仮説との関係をみると、有力議員変数は大臣就任確率を押し上げるものではない。むしろ、菅改造内閣、野田内閣では有意な負の係数となっている。

能力主義仮説との関係をみると、議員立法の提出数が菅内閣期を除いて、ほぼ一貫して有意な変数となっている[14]。立法活動に活発な議員ほど、大臣に登用されていたことがうかがえる。ただし、首相との政策距離は第二次、第三次野田改造内閣を除いて、有意な変数ではない。係数はほぼ常に負となっているものの、大臣人事が首相個人との政策距離の大きい議員を内閣に抱え込まないように選別するための機会になっていたとまではいえない。

このように、民主党政権下の大臣人事では、シニオリティ仮説がほぼ当てはまり、能力主義仮説が部分的に当てはまる。鳩山内閣、野田内閣（第一次改造まで）は当選回数とともに、議員立法にみられる政策形成能力の高い議員を登用しようとしていたと考えられる。菅内閣はシニオリティ仮説のみが妥当し、実力主義仮説はむしろ当てはまらないため、典型的な年功序列人事であった。第二次以降の野田内閣は、首相との政策距離が近く、議員立法に取り組んできた人物が大臣に起用される傾向にあり、評価基準という点では政治主導人事に比較的近かったとみられる。

次に、副大臣・政務官人事をみてみよう。従属変数は副大臣・政務官に選ばれている場合に一、そうではない場合に〇としている。独立変数は、有力議員変数を除いて、先の大臣レベルと同様である。表2－5は、各内閣期別の副大臣・政務官人事のロジスティック回帰分析の結果を示している。

表をみると、菅第二次改造内閣を境に傾向が変化している。菅第二次改造内閣以前は、得票率が高く、また議員立法数の多い議員ほど、副大臣・政務官に任命される確率が高かった。特に、鳩山内閣に限っては年

菅改造内閣			菅第二次改造内閣		
B	標準誤差	有意確率	B	標準誤差	有意確率
.626	.232	***	.778	.252	***
.030	.056		-.063	.059	
11.573	6.971	*	10.735	6.883	
-1.421	1.209		-1.113	1.246	
.181	.932		1.336	.984	
-1.041	1.129		1.039	.967	
-1.037	.865		-1.233	.917	
.022	.037		.051	.034	
-1.009	.556	*	-.370	.369	
-12.271	5.333	**	-9.082	4.941	*
52.536			54.785		
.117			.151		
.419			.482		
.991			.986		
259			258		

野田第二次改造内閣			野田第三次改造内閣		
B	標準誤差	有意確率	B	標準誤差	有意確率
.338	.192	*	.079	.171	
.051	.051		.081	.051	
9.183	6.262		3.197	5.752	
-1.018	.927		-.621	.842	
-.741	.851		-1.148	.938	
-1.449	1.048		.813	.820	
-.914	.552	*	-.985	.537	*
.073	.032	**	.101	.034	***
-.407	.317		-.127	.294	
-10.042	4.782	**	-8.150	4.577	*
65.045			66.919		
.138			.112		
.411			.322		
.995			.188		
249			216		

表2-4 大臣人事に関するロジスティック回帰分析

	鳩山内閣			菅内閣		
	B	標準誤差	有意確率	B	標準誤差	有意確率
当選回数	.405	.204	**	.474	.190	**
年齢	.018	.056		.051	.051	
得票率(09年)	8.220	6.400		10.323	6.222	*
小沢・鳩山G	.321	.936		-.264	.888	
菅・前原・野田G	-.576	1.020		-0.383	.899	
中間派G	-.607	.990		-1.985	1.153	*
首相との政策距離	-1.226	.868		-.749	.727	
議員立法数(累積)	.089	.035	**	.051	.032	
有力議員	.166	.294		-.464	.326	
定数	-9.747	4.984	*	-12.334	4.889	**
-2 対数尤度	56.780			62.482		
Cox-Snell R2 乗	.144			.125		
Nagelkerke R2 乗	.463			.402		
Hosmer & Lemeshow 検定	.910			.885		
N	263			262		

	野田内閣			野田第一次改造内閣		
	B	標準誤差	有意確率	B	標準誤差	有意確率
当選回数	.562	.212	***	.488	.196	**
年齢	.009	.053		-.001	.054	
得票率(09年)	7.996	6.123		8.836	6.229	
小沢・鳩山G	-1.582	1.177		-.729	.924	
菅・前原・野田G	-.070	.826		-.636	.885	
中間派G	-1.228	1.101		-.722	.956	
首相との政策距離	.055	.513		-.642	.536	
議員立法数(累積)	.066	.031	**	.082	.033	**
有力議員	-1.155	.599	*	-.490	.345	
定数	-10.080	4.741	**	-8.686	4.737	*
-2 対数尤度	59.901			63.114		
Cox-Snell R2 乗	.155			.145		
Nagelkerke R2 乗	.466			.432		
Hosmer & Lemeshow 検定	.945			.869		
N	254			251		

***<0.01 **<0.05 *<0.1

出典：筆者作成。

齢の若い議員ほど任命される確率が高かった。このように、鳩山内閣から菅改造内閣まではシニオリティ仮説が当てはまらず、能力主義仮説が部分的に当てはまっていた。

しかし、菅第二次改造内閣からは、得票率の高い議員ほど任命される確率が高い傾向は継続しているものの、年齢が有意な正の変数となり、議員立法の提出数が有意な変数ではなくなっている。能力主義仮説が当てはまらず、逆にシニオリティ仮説が当てはまるようになった。さらに、野田第三次改造内閣にいたっては、首相との政策距離のある議員ほど任命される確率が高かった。野田は第三次改造にあたって、代表選挙

	菅改造内閣			菅第二次改造内閣		
	B	標準誤差	有意確率	B	標準誤差	有意確率
	-.030	.107		-.074	.111	
	.030	.024		.045	.025	*
	6.112	3.160	*	5.955	3.200	*
	.183	.450		.328	.451	
	.648	.461		.686	.472	
	.798	.415	*	.814	.415	**
	-.099	.369		-.165	.372	
	.040	.023	*	.034	.024	
	-7.203	2.105	***	-7.738	2.162	***
	185.855			181.855		
	.076			.072		
	.139			.133		
	.443			.383		
	259			258		

	野田第二次改造内閣			野田第三次改造内閣		
	B	標準誤差	有意確率	B	標準誤差	有意確率
	-.130	.110		-.326	.173	*
	.048	.024	**	.000	.026	
	6.618	3.120	**	8.985	3.494	**
	.659	.434		.768	.465	*
	.594	.470		.615	.466	
	-.070	.415		.559	.430	
	.332	.238		.587	.274	**
	-.006	.028		.019	.030	
	-8.403	2.077	***	-7.668	2.255	***
	191.934			163.550		
	.056			.079		
	.100			.138		
	.457			.781		
	249			216		

表2-5 副大臣・政務官人事に関するロジスティック回帰分析

	鳩山内閣			菅内閣		
	B	標準誤差	有意確率	B	標準誤差	有意確率
当選回数	.047	.147		.059	.148	
年齢	-.050	.030	*	-.032	.029	
得票率(09年)	13.385	4.000	***	12.772	4.014	***
小沢・鳩山G	-.247	.563		-.950	.620	
菅・前原・野田G	.852	.487	*	1.173	.481	**
中間派G	.214	.502		.488	.501	
首相との政策距離	.207	.472		-.376	.459	
議員立法数(累積)	.052	.027	*	.048	.028	*
定数	-8.026	2.544	***	-7.820	2.531	***
-2 対数尤度	147.504			147.849		
Cox-Snell R2 乗	.152			.176		
Nagelkerke R2 乗	.294			.332		
Hosmer & Lemeshow 検定	.422			.406		
N	263			262		

	野田内閣			野田第一次改造内閣		
	B	標準誤差	有意確率	B	標準誤差	有意確率
当選回数	-.097	.105		-.100	.104	
年齢	.067	.025	***	.060	.024	**
得票率(09年)	4.139	3.127		4.535	3.088	
小沢・鳩山G	.666	.442		.602	.432	
菅・前原・野田G	.330	.504		.197	.494	
中間派G	-.157	.433		-.062	.421	
首相との政策距離	.119	.244		.186	.240	
議員立法数(累積)	-.009	.031		-.001	.029	
定数	-7.712	2.104	***	-7.655	2.077	***
-2 対数尤度	182.433			185.961		
Cox-Snell R2 乗	.053			.051		
Nagelkerke R2 乗	.098			.093		
Hosmer & Lemeshow 検定	.382			.825		
N	254			251		

***<0.01 **<0.05 *<0.1
出典：筆者作成。

菅第二次改造内閣	野田内閣	野田第一次 改造内閣	野田第二次 改造内閣	野田第三次 改造内閣
主流派優遇型	グループ代表型	グループ代表型	グループ代表型	主流派優遇型
○	○	○	○	
	△	△	○	○
	×			
年功序列人事	（能力主義） 年功序列人事	（能力主義） 年功序列人事	能力主義・ 年功序列人事	能力主義人事
グループ比例型	グループ比例型	グループ比例型	グループ比例型	グループ比例型
○	○	○	○	○
				×
年功序列人事	年功序列人事	年功序列人事	年功序列人事	年功序列人事

を争った候補者を大臣レベルで登用しなかったため、「副大臣・政務官の人事などでバランスを取っていきたい」（『毎日新聞』二〇一二年一〇月二日）との方向性を記者会見において示した。また、単独過半数割れまで六議席と近づき、離党の可能性のある議員を党に留めることが人事の目的とされた（『朝日新聞』二〇一二年一〇月二日）。そのため、政策的な違いの大きい議員であっても政府に取り込んだことがうかがえる。以上からは、党内対立が続く中で、人事の基準が年功序列人事へと変化し、結果として多くの議員に役職就任機会が提供されたものとみられる。

結論

民主党政権下の首相は、どのような人事を行ったのか。民主党の掲げた政治主導に即した人事に到達していたのだろうか。本章では人事を配分レベルと評価基準レベルに区分し、政治主導を複数の人事パターンの中に位置づけた。本節では前節までの分析結果をまとめ、考察を加える。

分析からは、次の三点が明らかとなった。一点目は、党内集団が組織化の程度を高めたことである。グループの会合が定例化すると共に、掛け持ちがしにくくなるような日時が設定された。また、約

表2-6 民主党政権下の人事パターン

			鳩山内閣	菅内閣	菅改造内閣
大臣レベル	配分パターン		グループ代表型	グループ代表型	主流派優遇型
	評価基準	シニオリティ	○	○	○
		能力主義	△		
		実力主義			×
		パターン	（能力主義）年功序列人事	年功序列人事	年功序列人事
副大臣政務官レベル	配分パターン		大臣人事	（前内閣継続）	グループ比例型
	評価基準	シニオリティ	×		
		能力主義	△	△	△
		実力主義			
		パターン	（能力主義）	（能力主義）	（能力主義）

註：表中の○は該当の変数が予想される方向で有意な結果となったこと、△は一方の変数のみが予想される方向で有意な結果となったこと、×は予想と異なる形で有意な結果となったことを示している。
括弧書きは部分的な当てはまりを示している。
出典：筆者作成。

八〇％の議員が一つ以上のグループに所属していたとみられる。さらに、重複して加入できることが民主党のグループの特徴として指摘されるものの、その割合は二〇％程度であり、一つのグループへの所属が一般的なパターンである。このように、会合の定例化、グループへの所属等、グループの組織化の程度は野党時代よりも高まった。

二点目は、党内集団が配分レベルに関して、首相の人事権を拘束するものであったことである。表2－6は民主党政権下の人事パターンをまとめている。大臣レベルと副大臣以下では配分方法が異なっていた。大臣レベルの配分でみると、グループ代表型（鳩山）、主流派優遇型（菅改造、菅第二次改造）、グループ代表型（野田～野田第二次改造）、主流派優遇型（野田第三次改造）に近い形で推移してきた。また、副大臣・政務官レベルの配分をみると、当初は大臣指名ということもあり、グループの枠との関係がみられなかったものの、徐々にグループ比例型の配分になってきた。特に、菅改造内閣以降は比例配分にかなり近い形であった。上記の二点から、首相人事仮説よりも党内集団仮説が支持される結果となった。ただし、大臣レベルでは主流派優遇型が表出しているように、首相の人事権の制約がグループ比例型、代表型ほどに強いわけではない。

三点目は、個人の評価基準が徐々に変化してきたことである。大臣レベルでは当選回数がほぼ一貫して有意な変数であった。また、議員立法数は鳩山内閣、野田内閣では有意な変数となっており、当選回数以外の基準も考慮されていたことがうかがえる。副大臣以下の人事では、鳩山内閣から菅改造内閣までは議員立法数が有意な変数となっていた。しかし、その後はそのような傾向が見られなくなり、評価基準が能力主義から年功序列へと変化した。

以上から、民主党政権では政治主導人事に到達しなかった。議員立法等の政策遂行能力に関連する要素が内閣人事で一定の評価をされていたものの、首相と政策距離のある議員は人事の上で任命されにくいという明確な基準が形成されず、内閣に入ることになった。民主党は大臣が派閥から送られ、省庁の代表として活動することを批判し、内閣を一体的に構成し、首相のリーダーシップが発揮される仕組みを構築することを標榜していた。しかし、首相の人事権を軸とした一体的な内閣の形成及び政策決定には十分に到達しなかった。

なぜ政権交代後の民主党の人事は、上記のような結果となったのか。筆者は二つの点が重要と考える。一点目は、政権交代以前からの民主党の特徴の影響である。民主党は野党時代から能力主義的側面もあるものの、グループや当選回数に基づく平等主義的な形で人事を制度化してきた。この背景には、党内のイデオロギー上の違いの大きさ、代表経験者への好悪の感情にみられるような人的対立の側面がある（濱本 二〇一一）。

二点目は、代表選挙及び代表選出規定が人事に与えた影響である。民主党は公認候補者への財政的支援や陳情の一元化等、党としての制度化を進めている面もある。ただし、代表の任期、選出規定について、野党時代の通り適用し、与党時代を想定した制度化を進めていなかった。そのため、前任者が辞任した場合、新代表がその残りの期間を務めることとなり、代表選挙の回数を増やした。頻繁な代表選挙はグループ活動を促進し、新たなグループが結成される契機となった。また、党首選出規定のあり方と首相の支持率は内閣の改造を左右する要因として指摘されている(Kam and Indridason 2005)。組織化を強めた党内集団の存在と頻繁に行われた代表選挙は、首相を再選重視の方向に導き、グループや当選回数に依拠したグループ均衡年功序列人事を促したとみられる。これは首相や内閣を起点とした政治主導を制約するものとなった。

謝辞

本章の執筆にあたり、多くの先生方から貴重なコメントを頂いた。二〇一一年度の日本選挙学会では尾野嘉邦先生、佐々田博教先生から有益なご指摘を頂いた。また、議員立法に関する基礎データは、根元邦朗氏から提供して頂いたものである。記して感謝したい。もちろん、すべての誤りは筆者の責任である。

▼補遺——グループの分類方法

本章では次の四つのデータソースから議員のグループ所属を推定している。具体的には、一・政治資金収支報告書、二・『國會要覽』、三・新聞記事、四・政治評論家の分類である。さらに、五・その他の要素(秘書経験など)も加えている。以下では、一から四のデータソースの利用方法を述べる。

二〇一〇年度分の政治資金収支報告書では、九つのグループ(一新会、北辰会、花斉会、国のかたち研究会、政権公約を実現する会、青山会、素公会、民社協会、凌雲会)が報告書を総務省に提出した。九つのグループのうち、国のかたち研究会(二〇〇九年、二〇一二年)、民社協会(二〇〇九~二〇一二年)、青山会(二〇一〇~二〇一一年)は寄付者の氏名を記している[15]。各年度で寄付したかどうかを確認することができる。本章の分類では、議員側の意思が反映され、継続性のあるものとして、報告書を最も重要な資料としている。

ただし、グループの所属に継続性のない場合がある。例えば、国のかたち研究会（菅グループ）は二〇〇五年から二〇〇九年まで寄付者を補足できる。しかし、メンバーの中には一年間しか登場しないこともある。そのため、収支報告書で補足できる直近の二年間（菅グループでみれば、二〇〇八〜二〇〇九年）に寄付者として確認できる場合のみメンバーとした。

次に、『國會要覽』のグループ記載である。本章では収支報告書に次いで、議員側の意思が反映された資料として使用している。ただ、国政情報センターの調査には「無所属」という回答もあり、そのような回答をしている議員が衆参合計で六七名存在する。しかし、その中には新聞記事でグループの所属が確認されることも多く、「無所属」との回答は利用していない。

また、本章ではグループ所属を報じる新聞記事を利用している。具体的には、朝日新聞、読売新聞、毎日新聞を対象に二〇〇九年九月一日から二〇一二年一二月一五日までの期間を検索している。検索では地域面も含むようにしている。検索のキーワードは「議員名＋グループ」である。該当する記事を全て閲覧（及び印刷）し、「〇〇グループに所属する××議員」等の記述がある場合に名簿に加えている。ただし、「〜側近」「〇〇議員に近い」「××チルドレン」等の記述はグループに含めていない。グループに関する訂正記事がある場合は、本章の名簿でも修正している。

最後に、政治評論家の分類である。具体的には、板垣（二〇〇八）、伊藤（二〇〇八）である。ただし、どちらも二〇〇九年の政権交代以前のものであり、所属に変化があるかもしれない。そのため、濱本（二〇一二）と異なり、名簿に加える優先順位を新聞記事よりも下げている。また、大臣就任者については、朝日新聞と読売新聞の記事（内閣発足時）を参照し、グループ所属が明らかでない場合、名簿から外している。以上のデータソースと基準から、次の補表2－1を作成した。

ただし、本章の推定にも多くの限界がある。はじめに、所属期間が確定していないことである。あくまでも民主党政権下で各グループに所属していたと推定しているのみであり、加入した時点が厳密に把握できているわけではない。また、ある時期から参加を見合わせている場合、もしくは退会している可能性もある。例えば、牧野聖修、五十嵐文彦は二〇一一年五月、六月にそれぞれ鳩山グループを退会している。ただし、全ての議員が退会届を提出し、かつ退会に関する報道があるわけではない。このように、所属期間を正確に把握できていない。

次に、本章で検討した以外の情報源も存在する。例えば、政治資金収支報告書のより詳細な検討である。鳩山グループや小沢グループに関しては、資金面での関係性も指摘されているものの、本章では十分に検討できていない。また、産経新聞のデータベースは研究上の制約により活用できていない。これらの点は、今後の課題である。

前原G			野田G			横路G		
氏名	衆参	当選回数	氏名	衆参	当選回数	氏名	衆参	当選回数
三村和也	衆	1	野田佳彦	衆	5	横路孝弘	衆	10
宮崎岳志	衆	1	藤村修	衆	6	赤松広隆	衆	7
山崎誠	衆	1	武正公一	衆	4	鉢呂吉雄	衆	7
山崎摩耶	衆	1	松本剛明	衆	4	生方幸夫	衆	4
小川勝也	参	3	近藤洋介	衆	3	逢坂誠二	衆	2
大塚耕平	参	2	手塚仁雄	衆	3	郡和子	衆	2
鈴木寛	参	2	長島昭久	衆	3	佐々木隆博	衆	2
福山哲郎	参	2	松本大輔	衆	3	斎藤勁	衆	1(2)
松井孝治	参	2	北神圭朗	衆	2	工藤仁美	衆	1
風間直樹	参	1	三谷光男	衆	2	桑原功	衆	1
金子恵美	参	1	大西健介	衆	1	吉川政重	衆	1
中谷智司	参	1	岡田康裕	衆	1	千葉景子	参	4
林久美子	参	1	緒方林太郎	衆	1	岡崎トミ子	参	3(2)
水戸将史	参	1	柿沼正明	衆	1	峰崎直樹	参	3
			柴橋正直	衆	1	山下八洲夫	参	2(4)
			花咲宏基	衆	1	佐藤泰介	参	2(2)
			森岡洋一郎	衆	1	輿石東	参	2(2)
			矢崎公二	衆	1	神本美恵子	参	2
			谷田川元	衆	1	郡司彰	参	2
			山田良司	衆	1	高嶋良充	参	2
			長浜博行	参	1(4)	谷博之	参	2
			梅村聡	参	1	相原久美子	参	1
			広田一	参	1	武内則男	参	1
			藤本祐司	参	1	那谷屋正義	参	1
			蓮舫	参	1	松岡徹	参	1
						水岡俊一	参	1
						江崎孝	参	1*
						斎藤嘉隆	参	1*
						田城郁	参	1*
						難波奨二	参	1*

補表2-1 民主党グループ名簿 1/4

	菅G						前原G		
	氏名	衆参	当選回数	氏名	衆参	当選回数	氏名	衆参	当選回数
1	菅直人	衆	10	本多平直	衆	2	前原誠司	衆	6
2	土肥隆一	衆	7	村越祐民	衆	2	枝野幸男	衆	6
3	細川律夫	衆	7	柚木道義	衆	2	仙谷由人	衆	6
4	池田元久	衆	6	鷲尾英一郎	衆	2	古川元久	衆	5
5	横光克彦	衆	6	井戸正枝	衆	1	渡辺周	衆	5
6	荒井聡	衆	5	磯谷香代子	衆	1	小宮山洋子	衆	4(1)
7	末松義規	衆	5	工藤仁美	衆	1	細野豪志	衆	4
8	平岡秀夫	衆	5	高井崇志	衆	1	山井和則	衆	4
9	石毛鍈子	衆	4	藤田憲彦	衆	1	泉健太	衆	3
10	加藤公一	衆	4	山尾志桜里	衆	1	高井美穂	衆	3
11	笹木竜三	衆	4	竹田光明	衆	1*	田島一成	衆	3
12	山井和則	衆	4	中屋大介	衆	1*	田村謙治	衆	3
13	阿久津幸彦	衆	3	江田五月	参	3(4)	田名部匡代	衆	3
14	市村浩一郎	衆	3	岡崎トミ子	参	3(2)	石関貴史	衆	2
15	篠原孝	衆	3	円より子	参	3	逢坂誠二	衆	2
16	首藤信彦	衆	3	小川敏夫	参	2	小川淳也	衆	2
17	高井美穂	衆	3	ツルネン・マルテイ	参	2	城井崇	衆	2
18	田島一成	衆	3	家西悟	参	1(2)	本多平直	衆	2
19	田村謙治	衆	3	今野東	参	1(2)	阿知波吉信	衆	1
20	津村啓介	衆	3	松野信夫	参	1(1)	網屋信介	衆	1
21	寺田学	衆	3	大河原雅子	参	1	石田芳弘	衆	1
22	長島昭久	衆	3	大島九州男	参	1	井戸正枝	衆	1
23	西村智奈美	衆	3	喜納昌吉	参	1	稲富修二	衆	1
24	稲見哲男	衆	2	藤末健三	参	1	小原舞	衆	1
25	逢坂誠二	衆	2	藤谷光信	参	1	柿沼正明	衆	1
26	郡和子	衆	2	舟山康江	参	1	金森正	衆	1
27	佐々木隆博	衆	2	前川清成	参	1	神山洋介	衆	1
28	中川治	衆	2	松浦大悟	参	1	斉藤進	衆	1
29	福田昭夫	衆	2	吉川沙織	参	1	阪口直人	衆	1
30	藤田一枝	衆	2				仁木博文	衆	1

羽田G			樽床G					
氏名	衆参	当選回数	氏名	衆参	当選回数	氏名	衆参	当選回数
羽田孜	衆	14	樽床伸二	衆	5	羽田雄一郎	参	3
渡部恒三	衆	14	筒井信隆	衆	5	金子洋一	参	1
後藤斎	衆	3	奥田建	衆	4	水戸将史	参	1
篠原孝	衆	3	伴野豊	衆	4	安井美沙子	参	1*
下条みつ	衆	3	松野頼久	衆	4			
笠浩史	衆	3	松本剛明	衆	4			
加藤学	衆	1	三井辨雄	衆	4			
宮崎岳志	衆	1	市村浩一郎	衆	3			
矢崎公二	衆	1	大谷信盛	衆	3			
北澤俊美	参	3	小宮山泰子	衆	3			
羽田雄一郎	参	3	笠浩史	衆	3			
田名部匡省	参	2(6)	樋口俊一	衆	1(1)			
石井一	参	1(11)	相原史乃	衆	1			
前田武志	参	1(4)	網屋信介	衆	1			
津田弥太郎	参	1	石津政雄	衆	1			
			今井雅人	衆	1			
			打越明司	衆	1			
			大西孝典	衆	1			
			勝又恒一郎	衆	1			
			熊田篤嗣	衆	1			
			高橋英行	衆	1			
			道休誠一郎	衆	1			
			長尾敬	衆	1			
			中野渡詔子	衆	1			
			早川久美子	衆	1			
			松岡広隆	衆	1			
			向山好一	衆	1			
鹿野G(つづき)			本村賢太郎	衆	1			
大野元裕	参	1*	森山浩行	衆	1			
			山本剛正	衆	1			

補表2-1 民主党グループ名簿 2／4

	民社G						鹿野G		
	氏名	衆参	当選回数	氏名	衆参	当選回数	氏名	衆参	当選回数
1	中井洽	衆	11	池口修次	参	2	鹿野道彦	衆	11
2	中野寛成	衆	11	岩本司	参	2	大畠章宏	衆	7
3	川端達夫	衆	8	木俣佳丈	参	2	古賀一成	衆	7
4	小平忠正	衆	7	榛葉賀津也	参	2	池田元久	衆	6
5	高木義明	衆	7	辻泰弘	参	2	小林興起	衆	5
6	田中慶秋	衆	6	藤原正司	参	2	末松義規	衆	5
7	城島正光	衆	4	山根隆治	参	2	筒井信隆	衆	5
8	伴野豊	衆	4	大石尚子	参	1(2)	石田勝之	衆	4
9	松原仁	衆	4	加賀谷健	参	1	生方幸夫	衆	4
10	三井辨雄	衆	4	金子洋一	参	1	大島敦	衆	4
11	吉田治	衆	4	川合孝典	参	1	中山義活	衆	4
12	菊田真紀子	衆	3	小林正夫	参	1	松崎公昭	衆	4
13	高山智司	衆	3	島田智哉子	参	1	吉田公一	衆	4
14	中塚一宏	衆	3	津田弥太郎	参	1	楠田大蔵	衆	3
15	古本伸一郎	衆	3	水戸将史	参	1	小泉俊明	衆	3
16	松木謙公	衆	3	柳澤光美	参	1	篠原孝	衆	3
17	三日月大造	衆	3	玉置一弥	参	1(8)*	田名部匡代	衆	3
18	梶原康弘	衆	2				中津川博郷	衆	3
19	鷲尾英一郎	衆	2				梶原康弘	衆	2
20	岡本英子	衆	1				佐々木隆博	衆	2
21	柿沼正明	衆	1				橋本清仁	衆	2
22	野木実	衆	1				樋口俊一	衆	1(1)
23	初鹿明博	衆	1				大泉博子	衆	1
24	浜本宏	衆	1				川村秀三郎	衆	1
25	福島伸享	衆	1				小山展弘	衆	1
26	向山好一	衆	1				和嶋未希	衆	1
27	森山浩行	衆	1				前田武志	参	1(4)
28	直嶋正行	参	3				増子輝彦	参	1(3)
29	平田健二	参	3				大島九州男	参	1
30	柳田稔	参	2(2)				白眞勲	参	1

小沢G								
氏名	衆参	当選回数	氏名	衆参	当選回数	氏名	衆参	当選回数
小沢一郎	衆	14	梶原康弘	衆	2	川口浩	衆	1
中井洽	衆	11	古賀敬章	衆	2	川島智太郎	衆	1
山岡賢次	衆	5(2)	階猛	衆	2	木内孝胤	衆	1
東祥三	衆	5	豊田潤多郎	衆	2	菊池長右エ門	衆	1
山田正彦	衆	5	辻恵	衆	2	岸本周平	衆	1
黄川田徹	衆	4	中野譲	衆	2	木村剛司	衆	1
牧義夫	衆	4	橋本清仁	衆	2	京野公子	衆	1
松原仁	衆	4	福田昭夫	衆	2	黒田雄	衆	1
三井辨雄	衆	4	松崎哲久	衆	2	熊谷貞俊	衆	1
奥村展三	衆	3(1)	横山北斗	衆	2	小林正枝	衆	1
内山晃	衆	3	若泉征三	衆	2	坂口岳洋	衆	1
吉良州司	衆	3	鷲尾英一郎	衆	2	阪口直人	衆	1
小宮山泰子	衆	3	渡辺浩一郎	衆	2	菅川洋	衆	1
神風英男	衆	3	相原史乃	衆	1	瑞慶覧長敏	衆	1
鈴木克昌	衆	3	石井章	衆	1	空本誠喜	衆	1
高山智司	衆	3	石田三示	衆	1	高橋昭一	衆	1
津島恭一	衆	3	石原洋三郎	衆	1	高松和夫	衆	1
中塚一宏	衆	3	石森久嗣	衆	1	橘秀徳	衆	1
中津川博郷	衆	3	石山敬貴	衆	1	田中美絵子	衆	1
仲野博子	衆	3	今井雅人	衆	1	玉城デニー	衆	1
樋高剛	衆	3	大谷啓	衆	1	中後淳	衆	1
松木謙公	衆	3	大西孝典	衆	1	中野渡詔子	衆	1
村井宗明	衆	3	大山昌宏	衆	1	野田国義	衆	1
山口壯	衆	3	岡本英子	衆	1	萩原仁	衆	1
笠浩史	衆	3	奥野総一郎	衆	1	橋本勉	衆	1
青木愛	衆	2(1)	小野塚勝俊	衆	1	畑浩治	衆	1
石川知裕	衆	2	笠原多見子	衆	1	平山泰朗	衆	1
石関貴史	衆	2	加藤学	衆	1	福嶋健一郎	衆	1
太田和美	衆	2	金子健一	衆	1	水野智彦	衆	1
岡島一正	衆	2	河上満栄	衆	1	三宅雪子	衆	1

補表2-1 民主党グループ名簿 3／4

	小沢鋭G			鳩山G					
	氏名	衆参	当選回数	氏名	衆参	当選回数	氏名	衆参	当選回数
1	小沢鋭仁	衆	6	鳩山由紀夫	衆	8	森山浩行	衆	1
2	五十嵐文彦	衆	4	大畠章宏	衆	7	柳田和己	衆	1
3	糸川正晃	衆	2	古賀一成	衆	7	山口和之	衆	1
4	初鹿明博	衆	1	小平忠正	衆	7	広中和歌子	参	4
5				小沢鋭仁	衆	6	羽田雄一郎	参	3
6				海江田万里	衆	5	簗瀬進	参	2(2)
7				川内博史	衆	5	藤田幸久	参	1(2)
8				平野博文	衆	5	植松恵美子	参	1
9				石田勝之	衆	4	尾立源幸	参	1
10				五十嵐文彦	衆	4	芝博一	参	1
11				大島敦	衆	4	津田弥太郎	参	1
12				奥田建	衆	4	米長晴信	参	1
13				中山義活	衆	4			
14				伴野豊	衆	4			
15				牧義夫	衆	4			
16				牧野聖修	衆	4			
17				松崎公昭	衆	4			
18				松原仁	衆	4			
19				松野頼久	衆	4			
20				吉田公一	衆	4			
21				大谷信盛	衆	3			
22				小泉俊明	衆	3			
23				糸川正晃	衆	2			
24				逢坂誠二	衆	2			
25				若泉征三	衆	2			
26				加藤学	衆	1			
27				斎藤恭紀	衆	1			
28				平智之	衆	1			
29				中島政希	衆	1			
30				初鹿明博	衆	1			

補表2-1 民主党グループ名簿 4／4

	小沢G（つづき）					
	氏名	衆参	当選回数	氏名	衆参	当選回数
1	三輪信昭	衆	1	はたともこ	参	1*
2	村上史好	衆	1	安井美沙子	参	1*
3	室井秀子	衆	1			
4	森本和義	衆	1			
5	柳田和己	衆	1			
6	山岡達丸	衆	1			
7	山本剛正	衆	1			
8	和嶋未希	衆	1			
9	渡辺義彦	衆	1			
10	西岡武夫	参	2（11）			
11	田中直紀	参	2（3）			
12	広野允士	参	2（1）			
13	平野達男	参	2			
14	森ゆうこ	参	2			
15	一川保夫	参	1（3）			
16	工藤堅太郎	参	1（2）			
17	佐藤公治	参	1（2）			
18	中村哲治	参	1（2）			
19	川上義博	参	1（1）			
20	室井邦彦	参	1（1）			
21	大久保潔重	参	1			
22	主濱了	参	1			
23	友近聡朗	参	1			
24	外山斎	参	1			
25	姫井由美子	参	1			
26	平山幸司	参	1			
27	藤原良信	参	1			
28	小見山幸治	参	1*			
29	田城郁	参	1*			
30	谷亮子	参	1*			

註：網掛けは参議院議員であることを示している。
かっこ内の数字は他方の院での当選回数である。
*は2010年参議院議員選挙の当選者、もしくは2009年以降の繰り上げ当選者であることを示している。
出典：筆者作成。

註

1——人事制度の発展については、次の比較研究(Epstein *et al.* 1997)を参照。

2——党首選出過程に関わる有権者が少ない(もしくは参加率が低調な)場合、組織による動員がなされる場合、オープンプライマリーであっても候補者は党内の支持を重視することになる。

3——同様な問題関心は比較研究においても進められている。例えば、クリストファー・カム等は、イギリスの大臣人事を例として、首相のリーダーシップと与党の代理人としての側面のどちらがより妥当するのかを検討している(Kam *et al.* 2010)。

4——藤村(二〇一二)では、選挙の強さがシグナルであると仮定されている。この仮定は、選挙の強さと政策遂行能力が同一の人事評価軸であること、各選挙区の有権者の選好分布が均一であることが満たされれば、成立するかもしれない。ただし、どちらも成立しない可能性があり、立法過程に関する指標を利用することがより適切であると考える。また、山本(二〇一二)では、NCの就任経験が政策分野における専門性のシグナルである可能性が指摘されている。NCの経歴は専門分野を示す有力な代理情報であるものの、NCは全員参加型の役職であり(濱本 二〇一一、五六頁)、就任機会は当選三回までにほぼ全ての議員に提供される。そのため、立法活動の成果から測定することがより妥当ではないかと考える。

5——もちろん、議員に必要な能力は本章で指摘したものに限られないであろう。ただし、少なくとも当事者レベルでは議員立法等の立法活動を通じた能力の育成が政治主導を実現する上で重視されていたことは事実であろう。

6——グループではウェブサイトを開設していた。http://www.kokkaken.com/(最終確認二〇一二年四月二八日)

7——篠原孝議員へのインタビュー(二〇一三年一〇月三〇日)

8——北辰会(二〇一〇年一一月二五日設立)は一新会倶楽部を改組したグループである。一新会倶楽部は定期会合がなく、所属もあいまいであった。これに対して、小沢一郎への支持を明確にし、定期会合を行う形で結成された。代表世話人には黒田雄、石井章、京野公子が就任した(『読売新聞』二〇一〇年一一月二六日)。

9——菅直人も大臣が副大臣以下を任命する方式を政権交代以前から提案しており、二〇〇九年段階でもその主張は継続していた(菅 二〇〇三、一〇頁、二〇〇九、一七三頁)。

10——これは発足時のメンバーで算出しているためである。小沢グループからは平野達男が後に大臣に就任した。

11――党側では枝野幸男が幹事長となり、副幹事長の入れ替えを行った。また、二度目の代表選挙以降は岡田克也が幹事長に就任し、小沢の党員資格停止等を進めた。

12――東京大学谷口研究室・朝日新聞共同政治家調査は二〇〇九年七月に衆議院議員及び衆院選候補者を対象として行われたアンケート調査である。調査データを公開されている関係者の方々に記して感謝したい。東京大学谷口研究室・朝日新聞共同調査データアーカイヴ http://www.j.u-tokyo.ac.jp/~masaki/ats/atpsdata.html（最終閲覧二〇一三年一一月二四日）

13――自民党研究では大臣就任期数及び党四役（副総裁・幹事長・総務会長・政調会長）の就任期数をカウントし、二期以上の経験がある議員を有力議員としている（佐藤・松崎 一九八六、二一六〜二一七頁）。

14――菅内閣期全体を通して、閣僚に任命された議員を対象とした場合には、議員立法数が有意な変数となる。

15――横路グループ、羽田グループは政治団体として届け出ていない。花斉会は寄付者の氏名を公開していたが、二〇〇九年度分以降は公開していない。国のかたち研究会も二〇一〇年、二〇一一年度分では氏名を公開していない。

第3章

民主党政権期における代表選挙

上神貴佳
UEKAMI Takayoshi

はじめに

本章では、民主党政権期における同党の代表選挙を分析する。その主要な目的は、国会議員の投票行動を説明し、大量の離党者を出すにいたった背景を理解することにある。

分析においては、代表選挙における議員グループの役割と政策争点の影響に注目する。比較政治学における先行研究では、有権者の範囲に基づいて党首選挙の排他性ないし包括性を測定している。それによると、民主党の代表選挙は国会議員による投票の比重が大きいので、有権者の範囲が狭い排他的なタイプに該当する。民主党内には国会議員のグループが複数存在し、グループに所属する議員は行動を共にすることが多いが、小選挙区制には議員グループを強化するインセンティブが存在しない。一方、政権与党の政策には幅広い注目が集まるため、議員は代表選挙でグループへの忠誠よりもみずからの政策的な選好を優先する可能性もある。本章では、政権交代後の民主党が集権的な党内運営を目指したこともあり、その重要性を増した代表選挙を事例として、議員の投票行動はグループへの所属から大きな影響を受けているのか、それとも政策的な考慮に基づくものなのかを明らかにする。

分析結果を述べると、政権獲得以前の代表選挙は無投票の事例が多く、党員投票も一回しか行なわれなかったが、政権の獲得以降、毎回の代表選挙が競争的になり、四回の選挙のうち、二回は党員投票を伴うものとなった。議員の投票行動を説明する要因としては、グループへの所属が最も重要であるが、グループは特定の候補者に一致して投票しているわけではないこと、菅が辞任し、野田が選出されたころから、「消費税率の引き上げ」をめぐる意見の相違が投票行動に影響を及ぼしていることが判明した。政権交代により代表選挙の競争性が増す一方、グループ間の対立に加えて、政策的な対立までもが代表選挙に反映されてしまったことが、党内統治と政権運営の困難をもたらした一因と考えられる。

本章の構成は次のとおりである。第一節では、党首選挙に関する内外の先行研究を検討し、本章の仮説を示す。第二節では、新・民主党成立以降の代表選挙を概観し、さらに民主党政権期の事例を簡潔に描写する。第三節では、代表選挙における衆議院議員の投票行動データを用いて計量的な分析を行なう。最後に仮説の検証結果をまとめて、インプリケーションについて議論する。

1　先行研究の検討

本節では、先進産業民主主義諸国の政党を対象とする比較研究と日本における政党研究の成果を検討し、本書の各章も参照して、民主党の代表選挙を分析するための視点について議論する。それを踏まえて、次節以降で検証する仮説を導き出す。

▼制度の分類

先行研究によると、党首選挙における有権者の範囲が拡大し、特に一般党員による投票を伴う事例が増えていることに注目が集まっている(Kittilson and Scarrow 2003; Cross and Blais 2012)。党首選出過程の開放が進んでいるといえるが、その度合いを有権者のタイプに応じて示すと、「排他的」から「包括的」の順に、「議会コーカス」、「選挙人団」、「党大会」、「地方コーカス」、「クローズド・プライマリー」、「オープン・プライマリー」と並べることができる(LeDuc 2001, 325)。

ただし、異なるタイプの有権者による投票を組み合わせて選挙を実施する場合もあり、有権者の票がどのようにカウントされるのか、さまざまな仕組みが考えられる(Cross and Blais 2012, Chapter 4)。日本の民主党の場合、代表の任期満了に伴う選挙においては国会議員、国政選挙の公認候補予定者、地方議員、そして党員・サポーターに投票する権利が与えられている(代表選挙規則四条一項)。しかし、そのウェイトは等しくない。

二〇一二年九月の事例では、国会議員は一人二ポイント合計六五〇ポイント(全体の五三・八%)、公認候補予定者は一人一ポイント合計八ポイント(同〇・七%)、地方議員は四七都道府県に合計一四一ポイント(四七×三、同一一・七%)、党員・サポーターは合計四〇九ポイント(おおむね選挙区総支部の数に等しい、同三三・九%)であった[1]。なお、党員・サポーター票は都道府県単位で集計され、ドント式で候補者にポイントが配分された。

民主党の代表選挙は党規約と代表選挙規則に定められているが、制度的には多くの改変を経てきた。まず、地方議員と党員・サポーターに割り当てられるポイント数が変遷している。二〇〇二年九月の代表選挙では地方議員に四七ポイント、党員・サポーターに三二〇ポイントが配分されたが、二〇一〇年九月の代表選挙では地方議員一〇〇ポイント、党員・サポーター三〇〇ポイントであった。また、党員・サポーター票の集計方法であるが、二〇〇二年九月の代表選挙では、都道府県単位で集計、ドント式でポイント配分された。二〇一〇年九月の代表選挙では、小選挙区単位の集計、最多得票者によるポイント総取りに改められたが、先述のとおり、二〇一二年九月の代表選では、都道府県単位の集計、ドント式によるポイント配分が再び用いられた。さらに、二〇一二年一月、党大会における党規約改正により、代表の任期は二年から三年に延長された(一一条三項)。

任期満了選挙の場合、複数のタイプの有権者が混在しており、全体としてみると、それぞれにポイントを割り当てる「選挙人団」方式といえる。民主党政権期においては、国会議員の比重が最も大きく、包括的とはいいがたい。国会議員によって組織的に動員される党員・サポーターの割合が大きいなら、包括性はさらに限定される。二〇〇二年九月の民主党代表選挙における党員・サポーター票の分布は、同時期の自民党と比較すると、組織動員によって説明できる割合が大きいと考えられる(上神 二〇〇八)。

一方、代表が任期途中で辞任した場合、国会議員のみから構成される両院議員総会で新代表を選ぶことが可能であり、排他的な方式による選挙となる。次節でみるように、こちらの方が事例としては圧倒的に多い。ただし、二〇一二年一月の党大会でこのルールも改正され、代表が任期途中で辞任した場合、新代表を選出する選挙の有権者の範囲が拡大された。本章の執筆時点(二〇一四年七月)の党規約では「常任幹事会が政治情勢等に係り特に必要があると判断する場合」を除き、国政選挙の公認候補予定者と地方議員にも投票権が与えられようになった(党規約一一条六項)。ただし、これまでに実施された例はない。

▼党首選出過程の開放とその影響

党首選出過程の研究においては、なぜ党首選挙が改革されるのか、また、それはどのような効果をもたらすのかに関心が寄せられてきた。その原因については、すでに上神（二〇〇八）でも検討したが、党首選挙の開放は党員の権利拡大によって有権者の政党離れを食い止めようとする試みと理解できる。党員は政党にとって依然として重要な資産なのである（Scarrow 1996）。ウェストミンスター型民主主義諸国の検討によると、選挙における後退を経験したり、野党に転落したり、政党の歴史が浅い場合には党首選挙の改革を実施する。こうした党内改革は、政党間競争をつうじて他党にも広がっていくと考えられる（Cross and Blais 2012, Chapter 3）。

ただし、導入された制度が実際に用いられるかどうかは別問題である。例えば、日本の自民党は一九七八年に党員投票（予備選挙）を導入したが、常に党員投票が行なわれるようになるのは二〇〇〇年代に入ってからである。選挙制度改革による党内権力関係の再編、すなわち小選挙区制の導入による党首イメージの重要化と総裁選びに対する全党的な関心の増大、中選挙区制の廃止に伴う系列関係の衰退と地方組織・党員の自主性拡大といった要因が党員投票の通例化をもたらしたといえる（上神 二〇一三a、第四章）。テレビに代表されるメディアが指導者の動向に注目するようになり、総裁の価値が押し上げられたことも重要である（Krauss and Nyblade 2005; マッケルウェイン・梅田 二〇一一）。

党首選挙の開放がもたらす影響としては、いくつか挙げられる。まず、有権者の範囲が狭い場合は候補者が権謀術数めぐらす不透明なプロセスとなるが、一般党員が選挙に参加する場合は、候補者は広く政見を訴えるようになる。また、議員と一般の党員は党の団結を重視し、選挙において勝利できる党首を求めるが、党大会の代議員となるような活動家層は政策を重視するという（Cross and Blais 2012, Chapter 7）。それと関連して、より開放的な選挙においては、候補者間の得票差が大きくなることがわかっている。メディアによる報道をつうじて、一般党員による勝ち馬投票が発生するから、というのがその理由である（Kenig 2009）。

さらに、選ばれる党首のタイプも変わると考えられる。例えば、二〇〇〇年代以降、党員投票を常に用いるようになった日本の自民党では、より若く、当選回数が少なく、選挙区としては都市部よりの候補者が増えてきている。しかも、彼らは派閥のリーダーですらない場合が多いのである。党員投票が用いられる事例の少ない民主党と比べると、こうした特徴ははっきりとしている(上神 二〇一三b)。院内政党における実力者タイプから、より広く党員の支持を獲得できるようなタイプへと変化したといえる。

▼民主党政権期における代表選挙を分析する視点

すでに検討したように、民主党の代表選挙は国会議員による投票の比重が大きく有権者の範囲が狭いことから、排他的な部類に入ると思われる。党首選出過程が閉鎖的であるほど、議員集団が議員の選択に与える影響が増し、政策論争の比重が下がると予想されるが、これらの命題を経験的分析の俎上に挙げる必要がある。そこから予想されるとおり、議員グループの役割が大きいといえるのか、政策論争は本当に影響を与えていないのだろうか。民主党政権期の代表選挙を説明することが本章の課題であるから、政権交代に伴う変化も考慮に入れて説明しなければならない。これまでの政党研究や本書の各章を踏まえつつ、影響の経路と帰結を再検討する必要がある。

日本の政党研究においては、排他的な党首選出過程に関する研究の蓄積がある。一九八〇年代までの自民党総裁選に焦点を当てたものが多く、基本的な分析枠組みは「派閥間の合従連衡」である。派閥形成の理由は、戦後の民主化の産物といえる総裁公選方式に起源の一つを求めることができる(北岡 一九九〇、小宮 二〇一〇)。派閥領袖の側は票を囲い込むために、日頃から子飼いの国会議員を養う必要があり、議員の側も公認や政治資金、政府や党内のポストを求めて派閥領袖の力をたのむようになったのである。もう一つの起源としては、中選挙区制度を挙げることができる。同一選挙区における自民党候補者同士の争いは、個人的な選挙運動を実施する必要を生じさせ、それが全国政党レベルでは派閥間の競争となって再現されることになった(Kohno 1997, Chapter 6)。自民党の場合、一九七〇年代の激しい派閥間抗争を経て、一九八〇年代には総主流派体制が形成されるようになった。総裁選出をめぐる候補者間の競争性も低下しており、無投票選出の事例は一九七九年まで一五回中の三回に過ぎなかったが、それ以降は顕著に増加し、二五回中の一一回を占めている。

民主党においても国会議員の投票によって代表を選ぶことが議員グループ誕生の素地を作ったように思われる。かつての中選挙区制に基礎を持たない民主党の議員グループは緩やかなものであり、議員の行動を規定する力は強くないが、政権獲得以前は人事や代表選出におけるグループ間の協調が試みられていた(濱本 二〇一一、上神 二〇一一)。ところが、本書の各章で明らかにするように、政権交代後の民主党は議員の再選や昇進、政策実現に関する党内諸制度の集権的な運用を目指したため、代表ポスト獲得の重要性が増し、代表選挙におけるグループ間の対立が激化するようになったと考えられる。

代表選挙に影響を及ぼす要因は他にもある。まず、党員投票が行われる場合には、政策論争が及ぼす影響を考慮に入れなくてはならないだろう。国会議員や地方議員が一般の党員やサポーターを組織的に動員しきれない場合、候補者間の人気や政策の違いが党員やサポーターによる投票の決め手になるかもしれない[2]。しかし、民主党の場合は党員投票に割り当てられたウェイトが大きくないだけでなく、国会議員による動員の影響を否定できないことをすでに述べた。

また、与党の政策は幅広い興味関心の対象となる。特に不人気政策をめぐり、選挙区事情などにより国会議員間の激しい対立を惹起する可能性がある[3]。民主党の場合、二〇〇九年衆院選で掲げたマニフェストをどこまで実現すべきか、党内で意見の相違があった(本書の第四章参照)。政党として団結しているというイメージが傷つく事態は本来避けなくてはならないが、政策に関する意見の相違を調停する党内制度がうまく機能しないのであれば(本書の第五章参照)、代表選挙において政策的な対立が顕在化するのはあり得ることである。つまり、党員投票の有無だけではなく、政権与党であるか否かをも媒介変数として、政策論争が代表選挙に及ぼす影響を検討しなければならない。
　民主党政権期においては、首相である党代表の地位が重要となった[4]。また、民主党は党内諸制度の集権化を目指したため、代表ポストの獲得を目指すグループ間の競争が激しくなり、各グループは議員に対する動員圧力を増すことも予想される。一方、政権獲得により政策に注目が集まるようになったが、党内における利益集約のメカニズムが十分機能せず、議員間の政策的な対立が代表選挙に反映される場合も予想できる。民主党における議員グループの結束力はそもそも高くないため、議員は代表選挙でグループへの忠誠よりも政策的な選好を優先すると考えられるからである。党員投票が実施される場合にも、政策争点に対する注目が高まり、議員は政策選好にしたがって投票する可能性も否定できない。そこで、本章の仮説を以下の四つにまとめてみよう。

仮説一a：民主党政権期の代表選挙では、競争選挙の割合が増加する
仮説一b：民主党政権期の代表選挙では、国会議員はグループの意向にしたがって投票する
仮説二a：民主党政権期の代表選挙では、国会議員は政策選好を優先して投票する
仮説二b：党員投票が実施される場合、国会議員は政策選好を優先して投票する

　仮説一a、一bは、民主党政権期の代表選挙におけるグループ間の競争と国会議員に対する締め付けの強化を予想する。仮説一b、二a、二bは国会議員の投票行動に関するものであり、グループの意向と議員の政策選好が矛盾する状況を想定している。仮説二a、二bは国会議員の投票行動における政策的な判断の重要性に関するものであるが、仮説二aが与党の政策に注目が集まることから議員間の政策的な対立が惹起される可能性を指摘するのに対して、仮説二bは特に一般の党員やサポーターが投票に参加する場合に政策争

点の重要性が増すことを想定するものである（ただし、その妥当性は高くないかもしれない）。

本節では先行研究を参照しながら、民主党代表選挙を説明する視点について議論してきた。ここからは仮説の検証に入るが、特に第三節は民主党政権期の代表選挙に限られるため、データには制約があることをあらかじめお断りしておく。

2　民主党代表選挙の概観

本節では、民主党代表選挙の歴史的な展開を概括的に説明する。その際、政権獲得前後の比較をつうじて、代表選出過程の変化に注目する。具体的には、無投票選出の有無、党員投票の実施の有無がポイントである。ルール上、任期満了選挙となれば、党員投票も実施されることから、特に競争選挙になるかどうかが重要である（仮説一a）。また、これまで説明の基本的な単位とされてきたのは、指導的な政治家とその支持者の集団である議員グループである。そこで、議員グループの支持動向も明らかにしておく。

▼結党以降の代表選挙

以下では、一九九八年の新・民主党結党以降の代表選挙を整理する。まず、一覧を参照されたい（表3－1）。

かつて代表の任期は二年とされていた。しかし、二年間の任期を全うすることができず、途中で辞任する代表が多かった。表中の「選挙事由」によると、全一六回中の七回が任期途中の辞任による。括弧内には辞任の原因となった問題を挙げた。なお、任期満了の場合、括弧内にはその任期が始まった際の代表を示してある。候補者一名による無投票の事例も五回と多い。党規約上は、任期途中で代表が欠けた場合には両院議員総会で新代表を選出するが、その場合に投票権を持つのは党所属国会議員のみであった。任期満了選挙に

表3-1　代表選挙の一覧

年月日	選挙事由	選出方法	当選者	その他の候補者			
1999/1/18	任期満了 （菅代表）	代表選挙	菅直人 180	松沢成文 51			
1999/9/25	任期満了 （菅前代表）	代表選挙	鳩山由紀夫 154／182	菅直人 109／130	横路孝弘 57		
2000/9/9	任期満了 （鳩山代表）	候補者１名	鳩山由紀夫				
2002/9/23	任期満了 （鳩山代表）	代表選挙	鳩山由紀夫 294(126) ／254(182)	菅直人 221(90) ／242(184)	野田佳彦 182(88)	横路孝弘 119(62)	
2002/12/10	代表辞任 （民由合併）	両院議員総会	菅直人 104	岡田克也 79			
2004/5/18	代表辞任 （年金未加入）	候補者１名	岡田克也				
2004/9/13	任期満了 （鳩山元代表）	候補者１名	岡田克也				
2005/9/17	代表辞任 （衆院選敗北）	両院議員総会	前原誠司 96	菅直人 94			
2006/4/7	代表辞任 （偽メール）	両院議員総会	小沢一郎 119	菅直人 72			
2006/9/25	任期満了 （岡田元代表）	候補者１名	小沢一郎				
2008/9/21	任期満了 （小沢代表）	候補者１名	小沢一郎				
2009/5/16	代表辞任 （献金問題）	両院議員総会	鳩山由紀夫 124	岡田克也 95			
2010/6/4	代表辞任 （基地問題）	両院議員総会	菅直人 291	樽床伸二 129			
2010/9/14	任期満了 （小沢元代表）	代表選挙	菅直人 721(412)	小沢一郎 491(400)			
2011/8/29	代表辞任 （震災対応）	両院議員総会	野田佳彦 102/215	海江田万里 143/177	前原誠司 74	鹿野道彦 52	馬淵澄夫 24
2012/9/21	任期満了 （菅前代表）	代表選挙	野田佳彦 818(422)	原口一博 154(62)	赤松広隆 123(80)	鹿野道彦 113(86)	

網掛け部分は党員投票を伴う事例を示す。ただし、2002年9月と2012年9月においては、都道府県別に党員・サポーター票が集計され、ドント式で候補者にポイントが配分されたが、2010年9月においては、小選挙区別に党員・サポーター票が集計され、勝者総取り式で候補者にポイントが配分された。

候補者名の下は得票数、括弧内は議員票数（判明分のみ）、斜線後は決選投票の得票数を示す。

おいては、公認候補予定者、地方議員、党員・サポーターにも投票権がある。しかし、任期満了選挙が実施され、党員・サポーター投票が行なわれたのは三回だけである。

政権交代後の代表選挙には無投票の事例はなく、競争的になったといえる。したがって、仮説一aは支持される。また、任期途中の辞任は全四回中二回と半分を占めるが、任期満了の場合は党員投票が実施された。二〇一一年八月の菅辞任後に行なわれた二回の代表選挙には、いわゆる「トロイカ」(菅、鳩山、小沢)から立候補者がいなくなったのも特徴といえる。

次いで、代表の選出における議員グループの支持状況を整理した(表3-2)。推定の根拠は、主要全国紙の記事である。空欄は態度不明、「-」はグループ自体が存在しないことを示している。二〇〇四年五月の括弧内に「小沢」の表記があるグループは、小沢がぎりぎりになって出馬を辞退するまで支援していたことを考慮した。

自民党の派閥とは異なり、民主党のグループはメンバーの重複加入も許容されており、結束力が強くない。したがって、グループのメンバーが一致して特定の候補者を支持するわけではないことに注意が必要である。政権交代後の代表選挙における議員個人の投票行動は次節で検証するので、ここでは全体の動向を把握しておこう。

まず「トロイカ」を構成する菅、鳩山、小沢のグループをみてみよう。代表選挙が競争的な場合において、菅グループが鳩山を支援することはなく、鳩山グループが菅を支援することもなかった。菅グループは小沢を支援することはなかったが、菅首相の辞任後は野田を支援している。一方、鳩山グループは小沢や海江田、原口などを支援し、菅グループと鳩山グループには対抗関係がみられる。小沢グループは鳩山グループと支持動向が一致することが多く、協調関係にあるようである。また、トロイカより若い世代の野田や前原のグループはそれぞれのリーダーや岡田を支援してきたが、政権交代後は菅を支援している。旧社民党系は自グ

表3-2 議員グループの支持状況

年月日	菅G	前原G	野田G	民社G	社民G	鹿野G	樽床G	羽田G	鳩山G	小沢G
1999/1/18	–	–	–	菅	菅	–	–	–	–	–
1999/9/25	–	–	–	鳩山	横路／菅	–	–	鳩山	–	–
2000/9/9	鳩山	–	–	鳩山	鳩山	–	–	鳩山	–	–
2002/9/23	菅	野田	野田	鳩山	横路／菅	–	–	自主投票	–	–
2002/12/10	菅	自主投票	岡田	岡田	菅	–	–	菅	岡田	–
2004/5/18	岡田	岡田	岡田	岡田（小沢）	岡田（小沢）	–	–		岡田（小沢）	岡田（小沢）
2004/9/13	岡田	岡田	岡田	岡田	岡田	–	–		岡田	岡田
2005/9/17	菅	前原	前原	自主投票	菅	–	–		自主投票	自主投票
2006/4/7	菅	自主投票		小沢	小沢	–	–	小沢	小沢	小沢
2006/9/25						–	–			
2008/9/21	小沢			小沢	小沢	–	–		小沢	小沢
2009/5/16	自主投票	岡田	岡田	自主投票	自主投票	–	–		鳩山	鳩山
2010/6/4	菅	菅	菅	菅	菅	–	–	樽床	自主投票	
2010/9/14	菅	菅	菅	菅	菅／小沢	–	–	小沢	小沢	小沢
2011/8/29	野田	前原	野田	自主投票	自主投票	–	自主投票	自主投票	海江田	海江田
2012/9/21	野田	野田	野田	野田	赤松	鹿野	野田	野田	原口／赤松	原口

2000年9月の鳩山、2004年5月と9月の岡田、2006年9月と2008年9月の小沢は無投票選出。

2004年5月の小沢は年金未納発覚により出馬断念。

網掛け部分は競争選挙の当選者、空欄は態度不明。

ループから候補者を出すこともあり、トロイカのどこかと常に協調しているわけではない。旧民社党系には、特定の候補者を支援する傾向はない。自主投票の場合を除き、勝ち馬に乗れなかったのは、二〇〇二年一二月の岡田の事例のみである。

▼政権交代後の代表選挙

二〇〇九年九月の民主党政権発足後、四回実施された代表選挙について、その背景、候補者出馬の事情、争点、選挙結果等について、ここで確認しておこう。仮説二a、二bの前提条件となる政策争点の存在を確認できるだろうか。なお、以下の記述は主に朝日新聞の記事に依拠している。

(一)二〇一〇年六月四日の代表選挙

六月二日、鳩山由紀夫首相は退陣を表明した。普天間基地の移設問題への対応を誤り、社民党の連立離脱を招いた末のことであった。民主党の役員会は、六月四日に両院議員総会を開催し、新代表を選ぶ方針を決定した。

退陣表明の直後に菅直人副総理兼財務相が鳩山首相に面会し、代表選に出馬する意向を示した。党内では、このまま無投票になることへの異論があり、急遽、対抗馬の擁立が始まった。特に注目されたのは、最大勢力を率いる小沢一郎幹事長の動向であった。菅は小沢との接点を探ったが、小沢は会談に応じなかった。岡田克也外相、前原誠司国土交通相、野田佳彦財務副大臣ら、小沢に対して批判的な有力者が菅陣営の中心となっていった[5]。六月三日夕には、「(小沢氏は)しばらくは静かにしていただいた方がいいのではないか」と菅が発言するに至った。

一方、小沢は田中真紀子元外相、海江田万里、原口一博総務相に出馬を打診するが、いずれも断わられ、候補者の擁立が難航していた。結局、もう一人の候補者である樽床伸二を支援することになったが、小沢グループが結束して支持したわけではなかった。当選一回の衆議院議員は樽床支持でまとまったが、当選二回から四回の議員は自主投票となった。

菅陣営には、菅、前原、野田のほかに、旧社民党系や旧民社党系の各グループも加わり、自主投票となった鳩山グループや参議院議員の大半も支持にまわった。樽床陣営は、羽田元首相と小沢の各グループが中心となった。六月四日に開かれた両院議員総会では、投票に先立って、菅と樽床の演説が行われた。菅は、鳩山内閣からの懸案である外交問題の処理、地域主権改革や新しい公共、東アジア共同体構想、地球温暖化対策などを列挙し、後継者としての立場をアピールする一方で、「みんなが参加できる民主党にする」と述べて、小沢によって廃止された政策調査会の復活を約束した。また、同年七月実施予定の参院選のマニフェストにも登場する「強い経済、強い財政、強い社会保障」を実現することを主張したが、消費税の増税についてはふれていない。国会議員による投票の結果は、菅二九一票、樽床一二九票であった。

(二)二〇一〇年九月一四日の代表選挙

政権交代後二回目の代表選挙は、二〇〇八年に小沢を選出した際の任期が鳩山、菅と引き継がれ、最終的に満了したことに伴い実施された。最大の焦点は、やはり小沢元代表の動向であった。すでに前回の代表選挙で、菅は脱小沢路線を明確にしていた。さらに、二〇一〇年参院選のマニフェストを発表した際、菅は消費税率の一〇％への引き上げに言及していた。この消費税率引き上げ発言は、党内の調整を経ずに菅の一存で行なわれたものであるが、参院選の敗北とねじれ国会の再来をもたらした主要な原因とされていた。党内では、特に小沢に近い議員を中心として、菅の責任を追及する声が上がり、九月に予定されていた代表選に向けて、菅と小沢の対立が先鋭化していく素地となった。

八月下旬、小沢は代表選への出馬を表明する。前回とは異なり、鳩山元首相が小沢の支持にまわった。鳩山グループには、消費増税や国家戦略局の室への降格など、菅が鳩山の政策路線を引き継がず、あげくに参院選で議席を減らしたことへの不満があった。

菅と小沢の対立は、政策的には二〇〇九年衆院選のマニフェストの扱いをめぐるものに収斂していった。参院選のマニフェストでは、財政健全化への言及、子ども手当の支給額の引き下げ、農業戸別所得補償の段階的実施など、衆院選のマニフェストからの転換が注目される。小沢とその支持者は政策的な後退であると厳しく批判し、あくまで衆院選のマニフェストを忠実に実行することを要求したのである。

代表選は九月一日に告示された。両者の公約を簡潔に紹介すると、菅は雇用の創出を強調し、社会保障と財源の一体改革、消費税の抜本改革にも踏み込んで言及する。また、二〇〇九年衆院選のマニフェストの見直しも躊躇しない立場である。一方、小沢は経済再生を掲げ、補助金の一括交付金化、高速道路網の速やかな完成、公共事業の前倒し執行を主張する。衆院選のマニフェストの実現にもこだわるが、財源としては、国家予算の組み替えや一括交付金化による無駄の削減を挙げている。

九月一四日の投開票の結果、一人二ポイント換算の国会議員票では菅二〇六票、小沢二〇〇票とほぼ互角の戦いではあったが、党内最大勢力を誇る小沢としては支持の広がりに欠いたといえる。一〇〇ポイントをドント式で按分する地方議員票では菅一三六〇票(六〇ポイント)、小沢九二七票(四〇ポイント)、三〇〇ポイントが配分された党員・サポーター票では菅一三万七九九八票(二四九ポイント)、小沢九万一九四票(五一ポイント)と大差がついた。

党員・サポーター票は三〇〇小選挙区ごとに集計され、相対的に得票の多かった者が一ポイントを獲得する勝者総取り方式が用いられた。小沢・鳩山グループの議員が選出された小選挙区をそれ以外と比べると、菅の得票率の平均値は一四・四ポイント低い(五二・四%VS.六六・八%)。菅・前原・野田グループの議員が選出された小選挙区をそれ以外と比べると、一一・一ポイント高い(六九・一%VS.五八%)。平均値の差の検定によると、いずれも一%水準で統計的に有意な差である。つまり、議員の所属するグループに応じて、党員・サポーター票の出方が異なるのである。ただし、菅と小沢の得票率を比較すると、小沢・鳩山グループの議員が選出された小選挙区でも菅の方が高く、組織動員の効果を過大評価すべきではない。政治資金問題を抱える小沢に対する批判は強かったというべきであろう。なお、党員・サポーターの投票率は六六・九%であった。

(三)二〇一一年八月二九日の代表選挙

政権交代後三回目の代表選は、菅首相の退陣に伴うものである。震災対応の不手際に対する世論の批判が高まり、野党は菅内閣への対決姿勢を強めていた。菅内閣は子ども手当てや高速道路無料化、高校無償化、農業の戸別所得補償など、民主党の看板政策の見直しと引き替えに、自民・公明両党の協力を引き出し、八月九日、特例公債法案を成立させた。退陣の三条件として挙げた、第二次補正予算、再生エネルギー特別措置法案に加えて、特例公債法案も成立したことを受けて、菅は正式に退陣を表明した。

菅が任期途中で代表を辞任したため、党員・サポーター投票は行われず、国会議員の投票のみとなった。八月二七日告示、二九日投開票の日程となった。鳩山、菅はすでに首相を務め、小沢は政治資金問題により党員資格停止中であったから、いわゆる「トロイカ」から候補者が一人も出ない、初めての競争選挙となった。候補者が乱立し、小沢と距離を置く勢力からは野田佳彦財務相、前原誠司前外相、中間派から鹿野道彦農相、馬淵澄夫前国交相、そして、小沢の支援を受けた海江田万里経産相の五名が出馬することになった。

この代表選も小沢の動向が焦点となった。小沢の処遇、人事による党内融和、政策の違いが代表選における重要なテーマとなった。しかし、海江田以外の候補者も、党内最大勢力を率いる小沢との連携を全面的に否定していたわけではない。しかし、小沢の党員資格の回復については世論の反発が予想され、小沢や鳩山が求める二〇〇九年衆院選のマニフェストの忠実な実行は、「ねじれ国会」において自民・公明両党の協力が得られなかった。特に年度末までの提出が予定されていた社会保障と税の一体改革法案は消費税率の一〇%への引き上げを求めており、自民党の政策とも一致していた。これはマニフェストの見直しにつながり、民主党内における小沢の影響力を削ぐことにもなる。選挙基盤が弱い一年生議員を抱える小沢グループでは、環太平洋経済連携協定(TPP)参加に反対する者が多かった。

海江田は小沢の党員資格停止の即時解除を訴えた。予定どおりの消費増税を主張するのは野田のみである。海江田は消費増税の条件として景気回復を挙げており、そのほかの候補者も同様の立場である。野田は自公両党との大連立政権の樹立にも積極的であった。TPPは前原が積極的であり、海江田は慎重姿勢を崩さない。そのほかには、原発再稼働をめぐる立場の違いが見られた。八月二九日の両院議員総会では、第一回目の投票で過半数の票を得た候補者はなく、第一位の海江田(一四三票)と第二位の野田(一〇二票)との間で決選投票が行われた。その結果、前原陣営や鹿野陣営の支持も得た野田が二一五票を獲得し、海江田は一七七票にとどまった。

(四)二〇一二年九月二一日の代表選挙

この代表選挙は、二〇一〇年に菅を選出した際の任期が野田に引き継がれ、最終的に満了したことによるものであり、政権与党としては最後の代表選となった。六月には、民自公三党の合意による社会保障と税の一体改革法案が成立し、消費増税に反対する小沢とその支持者七〇名以上が離党していた(本書の第八章参照)。

増税問題はもはや大きな争点ではなかったが、代わって、野田のTPP参加方針や原発の再稼働、党内融和の失敗に対する批判が代表選挙の主な争点となった。野田に対する対立候補の一本化が図られ、細野豪志環境相の擁立を目指す動きがあった。選挙の顔として一部議員の期待を集めたが、閣僚として消費増税や原発再稼働を進めてきた経緯もあり、細野は立候補を断念した。結局、菅、前原、旧民社の各グループからも広く支持を集めた野田のほかに、党内にとどまる旧小沢系の支援を受けた原口一博元総務相、旧社民党グループの赤松広隆元農相、鹿野道彦前農相が出馬した。

九月二一日の臨時党大会で投開票され、一人二ポイントに換算される国会議員の投票では野田が二一一票を獲得し、原口三一票、赤松四〇票、鹿野四三票を圧倒した。任期満了選挙であり、公認候補予定者や地方議員、党員・サポーターの投票も実施された。一人一ポイントの公認候補予定者票は、野田七票、赤松一票であった。地方議員票は野田一〇二六票(九三ポイント)、原口二二二票(二〇ポイント)、赤松一九九票(一八ポイント)、鹿野一一三票(一〇ポイント)、党員・サポーター票は野田七万二六五票(一九六ポイント)、原口二万六九三票(七二ポイント)、赤松九一四一票(二四ポイント)、鹿野六九七六票(一七ポイント)という結果になった。関心は低く、党員・サポーターの投票率は三三・七%にとどまった。なお、この代表選挙では、党員・サポーターの票は都道府県単位で集計され、得票に比例してポイントを候補者に配分する方式(ドント式)に改められた。

以上、民主党政権における代表選挙を概観した。政策争点については、二〇一〇年九月のマニフェスト見直し、二〇一一年八月の消費税やTPP、原発、二〇一二年九月のTPPや原発などが注目されていた。少なくとも、これら三回の代表選挙では、政策争点が影響力を持つという仮説二a、二bの前提条件が満たされているといえるだろう。しかしながら、党員投票が実施された代表選挙において、国会議員が党員・サポーターの票を組織的に動員できたとすれば、政策争点が投票参加者の重要な判断基準にはならなかった可能性もある。

3 投票行動の計量分析

ここまでは民主党の代表選挙を概観してきた。仮説一b、二a、二bを検証するためには、国会議員がどの候補者に如何なる理由で投票したのか解明する必要がある。そこで、政権交代後の民主党代表選挙に焦点を絞り、前節で確認した代表選挙の過程を念頭に置きつつ、各議員の投票行動を計量的に分析する。

本節で用いるデータは、本書第八章のそれと同じものである(詳しくは、第八章第三節を参照)。代表選挙における衆議院議員の投票行動について、新聞の記事検索により探索し、確認したものが主となる[6]。この投票行動データに議員のグループ所属データ(第二章参照)、そして二〇〇九年衆院選の際に実施された東京大学谷口研究室・朝日新聞社共同調査の政治家調査をマージした。後者のデータは候補者に各種のアンケート調査を実施したもので、本節の分析では争点態度質問の一部と小沢一郎に対する感情温度質問を利用した[7]。

以下では、各回代表選挙における投票行動の推移を確認した上で、議員を分析単位にして、より掘り下げた分析を行なう。

▼投票行動の概観

まずは、衆議院議員の投票行動にどれだけの一貫性があるのかを追跡してみよう(図3-1)。紙幅の都合上、上位二候補者への投票動向に重点を置き、第三位以下の候補者が存在する場合、「その他」に一括した。ただし、「その他」には、投票先不明や投票資格なしも含んでいる点に注意が必要である。

二〇一〇年六月の代表選挙で菅に投票したことが判明した一二〇名のうち、任期満了選挙が行なわれた九月でも菅に投票したものは九二名である。残り二八名のうち、一九名は小沢に投票し、九名は投票先がわか

図3-1 投票行動の推移

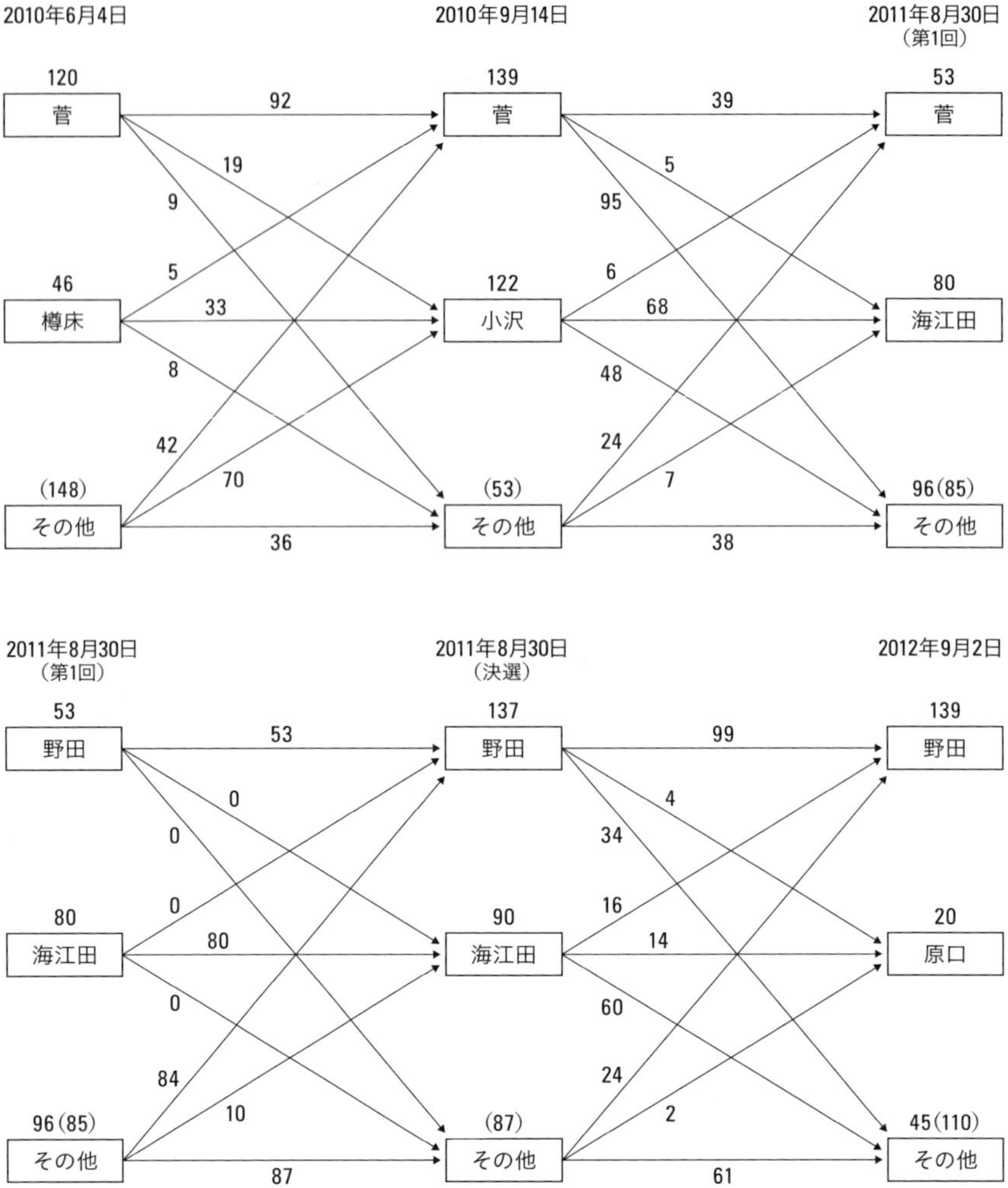

「その他」は上位2名以外の候補者への投票、括弧内は投票先不明、投票資格なし（離党・辞職など）。

らなくなったか(八名)、投票する資格を喪失した(一名)。また、二〇一〇年六月の代表選挙では、投票先不明(一四一名)と資格なし(七名)が多かった。そのうち、九月には小沢へ投票したものが七〇名と半数近くを占めている。投票行動が判明するかどうかは新聞社の取材体制にも影響されるので確かなことはいえないが、二〇一〇年六月の代表選挙では樽床が小沢系の支持を固めきれなかったとの報道とも一致している(第二節参照)。

二〇一〇年九月の代表選挙で菅に投票した一三九名のうち、二〇一一年八月の第一回投票で野田に投票したものは三九名にとどまり、大半は第三位以下の候補に投票している。小沢も同様で、一二二名の投票者のうち、海江田にも投票したものは六八名にすぎない[8]。候補者五名の乱立選挙となったために投票先が分散したが、第三位以下の候補者への投票者九六名と不明六三名のうち、決選投票では八四名が野田票にまわったことが勝敗をわけたといえる[9]。

二〇一二年九月の代表選挙では、小沢系議員の大量離党の影響があらわれている。前年の決選投票で海江田に投票した九〇名のうち、「その他」にカテゴライズされた者は六〇名に上る。図には示していないが、うち三七名は投票資格を失っている[10]。

以上、投票行動の推移を検討してきた。当選した菅と野田、小沢系議員の支持を受けた樽床、小沢、海江田、原口の間では投票者の行き来が少ない。仮説一bが予想するように、グループの拘束力は弱くはないようである。キャスティングヴォートを握っている(ようにみえる)のは、「その他」、すなわち第三位以下の候補者に投票した議員や投票先を明らかにしなかった議員である[11]。

次いで、民主党所属衆議院議員の属性と投票行動との関連を検証する(表3-3)。グループ所属や政策的な態度の違いが投票先に影響を与えているといえるのであろうか。ここでも紙幅の都合上、上位二候補者に分析の焦点を絞っている。

表3-3 議員グループ・政策的な立場ごとの投票行動

議員グループ	2010年6月 菅	2010年6月 樽床	2010年9月 菅	2010年9月 小沢	2011年第1回 野田	2011年第1回 海江田	2011年決選 野田	2011年決選 海江田	2012年9月 野田	2012年9月 原口
小沢・鳩山G	22 (41.5%)	31 (58.5%)	11 (10.1%)	98 (89.9%)	9 (9.6%)	68 (72.3%)	23 (24.0%)	73 (76.0%)	29 (50.9%)	15 (26.3%)
菅・前原・野田G	51 (92.7%)	4 (7.3%)	77 (92.8%)	6 (7.2%)	23 (32.9%)	5 (7.1%)	64 (91.4%)	6 (8.6%)	59 (78.7%)	3 (4.0%)
中間派G	62 (70.5%)	26 (29.5%)	69 (59.0%)	48 (41.0%)	28 (24.8%)	25 (22.1%)	75 (68.8%)	34 (31.2%)	72 (63.2%)	6 (5.3%)
全体	120 (72.3%)	46 (27.7%)	139 (53.3%)	122 (46.7%)	53 (23.1%)	80 (34.9%)	137 (60.4%)	90 (39.6%)	139 (68.1%)	20 (9.8%)
消費税率を引き上げ										
この意見に賛成	12 (100.0%)	0 (0.0%)	18 (66.7%)	9 (33.3%)	3 (14.3%)	5 (23.8%)	15 (75.0%)	5 (25.0%)	16 (88.9%)	1 (5.6%)
どちらともいえない	35 (67.3%)	17 (32.7%)	40 (58.8%)	28 (41.2%)	22 (31.9%)	19 (27.5%)	45 (68.2%)	21 (31.8%)	43 (74.1%)	6 (10.3%)
この意見に反対	67 (69.8%)	29 (30.2%)	75 (51.0%)	72 (49.0%)	23 (18.7%)	49 (39.8%)	69 (54.8%)	57 (45.2%)	75 (64.7%)	12 (10.3%)
日米同盟は基軸										
この考えに近い	46 (76.7%)	14 (23.3%)	55 (60.4%)	36 (39.6%)	23 (28.0%)	22 (26.8%)	56 (67.5%)	27 (32.5%)	63 (77.8%)	5 (6.2%)
どちらともいえない	36 (70.6%)	15 (29.4%)	42 (52.5%)	38 (47.5%)	14 (19.7%)	25 (35.2%)	45 (63.4%)	26 (36.6%)	41 (71.9%)	6 (10.5%)
この考えに近くない	33 (68.8%)	15 (31.3%)	36 (51.4%)	34 (48.6%)	12 (20.3%)	26 (44.1%)	28 (48.3%)	30 (51.7%)	28 (53.8%)	8 (15.4%)
貿易・投資を自由化										
この考えに近い	27 (90.0%)	3 (10.0%)	29 (61.7%)	18 (38.3%)	9 (20.5%)	13 (29.5%)	27 (65.9%)	14 (34.1%)	34 (87.2%)	3 (7.7%)
どちらともいえない	44 (73.3%)	16 (26.7%)	58 (59.2%)	40 (40.8%)	22 (25.9%)	30 (35.3%)	56 (63.6%)	32 (36.4%)	56 (71.8%)	10 (12.8%)
この考えに近くない	44 (64.7%)	24 (35.3%)	48 (50.0%)	48 (50.0%)	19 (22.6%)	28 (33.3%)	48 (57.8%)	35 (42.2%)	45 (60.0%)	6 (8.0%)

括弧内の数値は投票者の占める割合（投票先不明を除く）、「2011年第1回」と「2012年9月」は上位二候補者の数値
「賛成（反対）」には「どちらかといえば賛成（反対）」を含む、「近い（近くない）」には「どちらかといえば近い（近くない）」を含む。

政策態度は東京大学谷口研究室・朝日新聞社共同調査の「消費税率引き上げに賛成」、「(国連中心主義に対して)日米同盟の維持に賛成」、そして「(国内産業保護に対して)貿易・投資の自由化に賛成」の三つの質問について、賛成がプラスの方向になるよう、五点尺度でコードしてある[12]。この三つを利用するのは、第二節から消費税やTPP参加が代表選における争点であり、民主党は安全保障政策において意見の隔たりが大きいといわれることが多いからである。なお、これらの政策態度は二〇〇九年衆院選前に測定されたものであるが、議員の政策態度は特定の政策が争点化することで変わることも十分あり得るので、その解釈には注意が必要である(本書第八章の議論も参照されたい)。

また、表3-2での検討から、グループ所属を小沢・鳩山、菅・前原・野田、その他を中間派として三つに統合する。分析の便宜と、民主党政権期におけるグループ間の関係を踏まえて、このようにまとめることにした。

まず、議員グループと投票行動の関係であるが、小沢・鳩山グループの議員は樽床、小沢、海江田に投票する者の割合が高く、菅・前原・野田グループの議員は菅と野田に投票する者の割合が高い。菅と小沢の一騎打ちとなった二〇一〇年九月の代表選では、グループごとに投票先が最もはっきりわかれている。唯一の例外は、二〇一二年九月の代表選挙で野田に投票した旧小沢・鳩山グループの議員の割合が多いことであるが、これは小沢を支持する議員の多くがすでに離党していたことの影響と考えられる。所属するグループと投票先が関連する傾向は比較的にクリアであり、仮説一bは支持できる。ただし、所属する議員が全員一致で投票してきたわけではなく、事例ごとの程度の差は大きい。

議員の投票行動と政策的な立場との関係は、グループ所属との関係ほどはっきりとはしていない。二〇一一年八月の代表選挙における第一回投票を除くと、「消費税率引き上げ」に賛成の議員は菅や野田に投票する割合が高いが、反対の議員が小沢や海江田により多く投票しているわけではない。しかし、樽床や原口の場合と比較すると、「消費税率を引き上げ」に反対の議員が小沢や海江田に投票する割合は高い。また、樽床、小沢、海江田、原口のいずれの場合でも、彼らに投票した議員の中で賛否の割合を比較すると、賛成議員の割合は低く、反対議員の割合は高い。

「日米同盟は基軸」と「貿易・投資を自由化」についても同様であり、これらの考えに近い議員は菅や野田に投票する割合がおおむね高いが、近くない議員が樽床、小沢、海江田、そして原口に投票する割合はほとんどの場合で高くない。「日米同盟」をめぐる二〇一一年八月の代表選挙においてのみ、政策的な立場に応じて投票先が異なっている。ただし、「消費税率」と同じく、「日米同盟」と「貿易・投資」においても、樽床、小沢、海江田、原口に投票した議員の中で遠近の割合を比較すると、この考えに近い議員の割合は少なく、遠い議員の割合は多い。

ここまでの検証結果を踏まえると、仮説二aを支持すべきか棄却すべきか迷うところである。また、二〇一〇年九月と二〇一二年九月においては党員投票が実施されたが、その場合は政策論争が議員の投票行動に影響を及ぼすという、仮説二bで予想された効果は確認されなかった。

▼多項ロジットモデルによる分析

以下では、議員行動に関連すると思われる他の要因を統制しながら、グループ要因と政策要因が代表選挙における議員の投票行動に与えた影響を検討する。そこで、投票先を被説明変数とする、多項ロジットモデルを分析に用いる。代表選挙ごとにモデルを推定しているが、ベースカテゴリーは当選者(菅ないし野田)への投票である。また、候補者三名以上の場合、紙幅の制約から次点候補者のモデルの推定結果のみを掲載した。投票先不明も従属変数のカテゴリーの一つとしてモデルに含めているが、こちらは係数が統計的に有意な変数のみ章末の補遺に掲載した。

表3-4a ベースカテゴリー：菅への投票（2010年6月、2010年9月）

	2010年6月4日				2010年9月14日			
	樽床I		樽床II		小沢I		小沢II	
	係数	標準誤差	係数	標準誤差	係数	標準誤差	係数	標準誤差
定数	-3.08	2.20	-2.86	2.65	-8.00	2.23 ***	-8.19	2.65 ***
女性	-0.11	0.62	-0.26	0.68	1.09	0.68	1.12	0.70
年齢	-0.03	0.02	-0.04	0.03	0.01	0.02	0.02	0.02
当選回数	-0.40	0.19 **	-0.33	0.18 *	-0.01	0.10	-0.01	0.10
対小沢感情温度	0.03	0.02 *	0.04	0.02 **	0.06	0.02 ***	0.06	0.02 ***
小沢・鳩山G	2.58	0.59 ***	2.67	0.61 ***	3.38	0.57 ***	3.33	0.58 ***
菅・前原・野田G	-0.33	0.70	-0.20	0.71	-2.47	0.72 ***	-2.46	0.73 ***
中間派G	1.24	0.56 **	1.47	0.60 **	0.02	0.61	0.00	0.63
消費税率			0.28	0.23			-0.15	0.22
日米同盟			-0.06	0.20			0.05	0.19
貿易・投資			-0.45	0.27 *			-0.03	0.26
-2対数尤度	445.5 ***		442.8 ***		310.6 ***		313.2 ***	
Cox and Snell	0.213		0.236		0.526		0.532	
Nagelkerke	0.245		0.272		0.606		0.613	
N	255		250		253		248	

***: p < 0.01, **: p < 0.05, *: p < 0.1

説明変数としては、まず、性別（女性）、年齢、当選回数、対小沢感情温度、グループ所属を投入した（モデルI）。グループ所属は、小沢・鳩山、菅・前原・野田、中間派の三つにまとめてある。さらに、これらの議員属性を中心とする変数群に政策態度を加えた（モデルII）。「消費税率を引き上げ」、「日米同盟は基軸」、「貿易・投資を自由化」の三つである[13]。

二〇一〇年六月の代表選には、菅と、主に小沢の支持を受けた樽床が立候補した。分析結果は、表3−4aのとおりである。樽床へ投票した者に、小沢・鳩山グループに所属する議員が多いことはすでに述べた。属性変数だけ投入したモデルI、政策態度変数を追加投入したモデルIIにおいて、ともに小沢・鳩山Gは一%水準で統計的に有意である。オッズ比を計算すると、モデルIの場合、他の条件を一定として、小沢・鳩山グループに所属する者はそうでない者よりも約一三倍も樽床に投票する確率が高い。また、中間派に所属する者が樽床に投票する確率が高いとの結果は意外である。一方、当選回数が高い者が樽床に投票する確率は有意に低いとの結果は、小沢グループでも当

表3-4b ベースカテゴリー：野田への投票（2011年8月）

	2011年8月30日（第1回目）				2011年8月30日（決戦）			
	海江田Ⅰ		海江田Ⅱ		海江田Ⅰ		海江田Ⅱ	
	係数	標準誤差	係数	標準誤差	係数	標準誤差	係数	標準誤差
定数	-0.86	2.30	0.19	2.85	-2.17	1.76	-0.47	2.20
女性	0.83	0.84	0.92	0.89	0.19	0.62	0.14	0.68
年齢	0.01	0.03	0.02	0.03	0.00	0.02	0.00	0.02
当選回数	-0.02	0.14	-0.04	0.14	-0.09	0.12	-0.12	0.12
対小沢感情温度	-0.01	0.02	-0.01	0.02	0.02	0.01	0.01	0.01
小沢・鳩山G	2.54	0.68 ***	2.53	0.70 ***	2.36	0.48 ***	2.42	0.50 ***
菅・前原・野田G	-1.70	0.85 **	-1.80	0.87 **	-1.75	0.65 ***	-1.75	0.66 ***
中間派G	-0.72	0.68	-0.88	0.71	-0.53	0.49	-0.60	0.51
消費税率			-0.54	0.25 **			-0.52	0.21 **
日米同盟			-0.10	0.22			-0.19	0.18
貿易・投資			0.21	0.29			0.17	0.23
-2対数尤度	619.8 ***		602.5 ***		393.1 ***		382.1 ***	
Cox and Snell	0.543		0.579		0.363		0.393	
Nagelkerke	0.562		0.599		0.413		0.448	
N	244		239		244		239	

***: p < 0.01, **: p < 0.05, *: p < 0.1

選二回から四回の議員は自主投票となったという第二節の記述と整合的である。政策態度変数を追加したモデルⅡでは、「貿易・投資を自由化」に積極的な者が樽床に投票する確率は有意に低いとの結果を得た。この時点では、代表選の争点とはなっていないはずであるが、潜在的な対立軸として投票行動の基底に存在していたとの結果は興味深い。なお、Cox and Snell、Nagelkerkeの疑似R自乗は、変数の追加により、若干改善している。以上の分析結果から仮説一bは明らかに支持できるが、仮説二aの妥当性はまだ判断に迷うところである。

菅と小沢の一騎打ちとなった、二〇一〇年九月の代表選においても、グループへの所属が投票行動を左右する最も重要な要因であるといえる（表3－4a）。オッズ比を計算すると、モデルⅠ・Ⅱともに、小沢・鳩山グループに所属する者はそうではない者に比べて約二八～九倍も小沢に投票する確率が高い。反対に、菅・前原・野田グループに所属する者が小沢に投票する確率は、他のグループに所属する者に比べて有意に低いことも予想どおりである。対小沢感情温度は統計的に有意ではあるが、グループ所属をコントロールすると、投票行動に大きな影響を及ぼしていない。この代表選ではモデルⅡの政策態度変数が有意ではない。六月の代表選以降、脱小沢をめぐるグループ間の角逐が党内の重要な対立軸となり、政策より政局が強い影響力を及ぼしていたのかもしれない。あるいは、グループの意向と議員の政策選好が一致していたとも考えられる。いずれにせよ、党員投票に対する政策論争の独立した影響は確認できなかった。仮説一b以外、棄却されたといえよう。

二〇一一年八月の代表選には、野田、海江田、前原、鹿野、馬淵の五人が立候補した。民主党史上、最多である。だれも得票数が過半数に届かなかったため、決選投票が行われた(第二節参照)。まずは、表3‐4bの第一回投票の分析結果をみてみよう。ここでも、海江田への投票選択において、グループ所属が重要であったことがわかる。モデルⅠ・Ⅱともに、小沢・鳩山グループに所属する者が海江田に投票する確率は、そうではない者に比べると、約一三倍も高い。逆に、菅・前原・野田グループに所属する者が海江田に投票する確率は、ほかのグループに所属する者と比べて有意に低い。注目すべき点は、政策態度変数である。「消費税率を引き上げ」に賛成する者が海江田に投票する確率は統計的に有意に低い。決選投票においても、第一回投票と同様の推定結果が得られたといえる。以上から、仮説一b、二aは支持されたといえる。

なお紙幅の都合上、表では省略したが、鹿野への投票を推定するモデルでは、年齢(Ⅰ)、対小沢感情温度(Ⅰ・Ⅱ)、グループ所属変数(Ⅰ・Ⅱ)が統計的に有意であった[14]。特に中間派Gはオッズ比が四七・〇六(Ⅰ)、五三・七八(Ⅱ)と大きい。なお、馬淵のモデルⅡでは中間派Gが有意であった[15]。

二〇一二年九月の代表選では、野田、原口、赤松、鹿野の四人が立候補した。分析結果は表3‐4cに示してある。原口は旧小沢・鳩山グループから支持を得ていることがわかる。モデルⅡの政策態度関連については、消費税はもはや投票行動に統計的に有意な影響を与えていない。第二節の検討と一致する。なお表では省略しているが、中間派グループに属する者や「貿易・投資を自由化」に消極的な者は鹿野に投票する確

表3-4c ベースカテゴリー：野田への投票（2012年9月）

	2012年9月2日			
	原口Ⅰ		原口Ⅱ	
	係数	標準誤差	係数	標準誤差
定数	-6.83	3.12 **	-7.92	3.99 **
女性	-0.38	1.22	0.45	1.24
年齢	0.08	0.03 **	0.08	0.03 **
当選回数	-0.17	0.17	-0.17	0.18
対小沢感情温度	0.02	0.02	0.01	0.03
小沢・鳩山G	1.88	0.83 **	2.14	0.89 **
菅・前原・野田G	-0.64	0.95	-0.82	0.99
中間派G	-1.12	0.74	-1.09	0.77
消費税率			-0.23	0.30
日米同盟			-0.20	0.26
貿易・投資			0.49	0.39
-2対数尤度	445.5 ***		418.0 ***	
Cox and Snell	0.275		0.371	
Nagelkerke	0.299		0.403	
N	205		201	

***: p < 0.01, **: p < 0.05, *: p < 0.1

率が高く[16]、「日米同盟は基軸」、「貿易・投資を自由化」に消極的な姿勢の者は赤松に投票する確率が高いことが判明した[17]。いずれも首肯できる結果といえる。仮説一b、二aともに支持することができるが、相対的にはやはりグループの意向（仮説一b）が重要といえる。

なお、多項ロジットモデルの分析全体をとおしてみると、政策争点の浮上は党員投票の実施如何とは関係がなく、仮説二bは支持できない。

結論

本章では、民主党の代表選挙を対象として、その基本的な特徴を概観し、政権交代後の国会議員の投票行動について決定要因を明らかにしてきた。政権の獲得以前は無投票の事例が多く、党員投票も一回しか行なわれなかったが、政権の獲得以降はそれが一変したことを確認した。毎回が競争選挙となり、四回の選挙のうち、二回は党員投票を伴うものとなった。仮説一aは支持されたといえる。また、グループへの所属が衆議院議員の投票行動を説明する、最も重要な要因ではあるが、必ずしも全員一致ではないこと、特に菅代表の辞任以降、政策的な態度の違いがグループ所属とは独立して投票行動に影響を及ぼす場合があることを発見した。仮説一ｂは支持されたといえるし、仮説二ａも限定的に支持できるといえる。仮説二ｂ（党員投票の効果）は棄却すべきであろう。

民主党は小沢系議員の大量離党を経て、二〇一二年一二月の衆院選で大敗北を喫した。本章の分析結果から、どのようなインプリケーションを得られるだろうか。かつて筆者は、政権獲得までの民主党代表選出過程では紛争管理が成功していると評価した（上神 二〇一一）。グループ間、有力政治家間の妥協が行なわれ、本章でも紹介したように無投票の事例が多く、紛争参加者の範囲を広げる党員・サポーター投票も一回しか行なわれなかった。まさに反対の展開をたどったのが、政権獲得後の代表選挙であった。（比較政治学の知見とは異なり）国会議員は党の団結を優先せず、最終的には党の分裂に行き着いた。この違いはどこにあるのだろうか。

消費税問題が党内対立の重要な原因であったことは間違いないが、政策的な対立の芽は野党時代、小沢代表のもとで作成された二〇〇七年の参院選マニフェストや政策の基本文書（マグナカルタ）にすでにあった（薬師寺 二〇一二、日本再建イニシアティブ 二〇一三、第一章）。岡田代表時代まで意識されていた財政健全化は選挙対策のために脇に追いやられた。真に特筆すべきは、野党時代には路線転換をめぐる党内対立が顕在化しなかったことである。

本書の第四章で明らかにするように、与党になって政策の現実化を迫られ、マニフェストとの距離が拡大するにつれて、党内の対立が激化したと考えるのが素直な解釈であろう。もう一ついえることがあるとすれば、政策的な対立を超えてグループを結束させ、グループ間の妥協によって局面の打開をはかることができなかったことにも分裂の原因を求められる。自民党政権が最も安定していたと考えられる一九八〇年代には、政策分野を横断しつつ、人事や公認への関与をテコに組織された派閥が総主流派体制を組んで政権運営が行なわれた。政策問題は政務調査会で分権的に処理されていた（佐藤・松崎 一九八六）。自民党の政権運営の基礎には、総裁公選と派閥、政務調査会の関係のように、党内制度間の相互補完的な関係が存在した（Krauss and Pekkanen 2011）。それに対して、党内統治と政権運営の基礎に据えるには、民主党の議員グループは結束力が弱すぎたのかもしれない。党内諸制度の集権的な運用が志向される一方、政策調査会では対立を調整する仕組みの整備が不十分であった。

民主党は自民党の政策決定パターンを批判することに急で、自らが如何に党内の利害を調整し、意思の統一を図るのかということについて、制度設計が追いついていなかった（杉田 二〇一〇、野田 二〇一〇）。政権交代により代表選挙の競争性が増しただけではなく、激しいグループ間対立、政策的対立の舞台になったのは、党内統治の制度が未発達で、様々な対立が直接的に代表選挙に反映されてしまったからではないかと考えられる。

謝辞

東京大学谷口研究室・朝日新聞共同調査の政治家調査データについては、同調査のホームページから入手した（http://www.masaki.j.u-tokyo.ac.jp/utas/utasp.html）。関係各位に記して謝意を表する。

▼補遺

表3－4では割愛した投票先不明の議員について、多項ロジットモデルの係数が統計的に有意な変数のみ結果を示す（補表3－1を参照）。

補表3-1

		不明Ⅰ			不明Ⅱ		
	変数	係数	標準誤差		係数	標準誤差	
2010年6月4日	小沢・鳩山G	1.30	0.44	***	1.49	0.47	***
2010年9月14日	小沢・鳩山G	1.53	0.60	**	1.59	0.61	***
	菅・前原・野田G	-2.07	0.77	***	-1.94	0.77	**
2011年8月30日（第1回）	年齢	0.04	0.03	*			
2011年8月30日（決選）	菅・前原・野田G	-1.39	0.61	**	-1.31	0.62	**
	日米同盟				-0.29	0.17	*
2012年9月2日	年齢	0.04	0.02	*			
	日米同盟				-0.39	0.19	**

***: $p < 0.01$, **: $p < 0.05$, *: $p < 0.1$

註

1——例えば、イギリス労働党は議員、労働組合、党員にそれぞれ三分の一ずつ票を割り当てている(Cross and Blais 2012, Table 4.2)。

2——党員やサポーターを固定票ととらえ、有権者調査により政策選好を推定することも可能である(谷口 二〇〇六)。谷口の研究は二〇〇三年の調査に依拠している。直近のデータによる測定は今後の課題としたい。

3——政権獲得以前の小沢代表時代に民主党のマニフェストは財政支出を拡大する政策を強調する方向に変質したといわれるが、この政策転換に対する党内の関心は高いものではなかった(薬師寺 二〇一二)。

4——自民党の事例を見る限り、政権の獲得に伴い、党首(首相)の選挙が常に競争的になるとまではいえず、次の仮説一aには依然として検証の必要があると考える。

5——佐々木・清水編(二〇一一、一五八頁)によると、菅の「脱小沢」が支援の条件であったという。

6——同じく議員の投票行動データを分析し、マイクロレベルから説明を試みたものとして、一九九〇年のイギリス保守党党首選挙を分析したCowley and Garry (1998)、一九七五年の同選挙を分析したCowley and Bailey (2000)がある。自民党の総裁選については、別途、筆者が研究を進めている。

7——ここでの感情温度質問とは、小沢に対して好意も反感も持たない場合は五〇度、好意的な気持ちがあれば、その強さに応じて五一度から一〇〇度を、反感を感じていれば〇度から四九度を示すように回答を依頼するものである(東大・朝日調査のコードブックより)。

8——二〇一〇年九月の投票先不明四四名、投票資格なし九名。

9——第一回投票の資格なし二二名。決選投票の不明六五名、資格なし二二名。

10——二〇一二年九月の投票先不明四三名、投票資格なし六七名。

11——投票先を従属変数とする多項ロジットモデルの分析結果によると、小沢・鳩山グループの議員は投票先を明らかにしない確率が統計的に有意に高い(二〇一〇年六月、九月)。モデルについては表3-4の説明を、結果については補遺をそれぞれ参照されたい。

12——「消費税」は「五年以内の消費税率引き上げはやむをえない」という意見に対する賛否を選択する方式である。「日米同盟」、「貿易・投資」については、「A:日米同盟は日本外交の基軸だ」と「B:日本外交は国連中心主義でいくべきだ」、「A：国内産業を保護すべきだ」と「B：貿易や投資の自由化を進めるべきだ」、それぞれどちらの考えに近いか選択する方式である（東大・朝日調査のコードブックより）。

13――なお、ハウスマン検定の結果、IIA条件は破られていないことを確認した。検定結果の解釈については、Long and Freese (2005)を参照。

14――以下、係数（標準誤差）。年齢I：〇・〇七（〇・〇三）、対小沢感情温度I・II：－〇・〇四（〇・〇二）、小沢・鳩山I：二・〇七（〇・七五）、小沢・鳩山II：二・〇三（〇・七六）、菅・前原・野田I：一・四五（〇・八二）、菅・前原・野田II：一・五三（〇・八六）、中間派I：三・八五（一・二）、中間派II：三・九九（一・二七）。

15――二・〇二（一・一四）。

16――年齢I：〇・〇六（〇・〇三）、中間派I：二・二八（〇・八一）、中間派II：二・一五（〇・八四）、貿易・投資II：－〇・七九（〇・三八）。

17――日米同盟II：－〇・八六（〇・三四）、貿易・投資II：－〇・九（〇・四三）。なお、消費税の有意確率はちょうど一〇%であり、係数－〇・六七（〇・四一）であった。

第4章

民主党政権期における政策形成とマニフェスト

上神貴佳 UEKAMI Takayoshi
堤　英敬 TSUTSUMI Hidenori

はじめに

野党時代の民主党は、政権獲得後の政策形成の指針としてマニフェストを位置づけてきた。しかし、民主党政権においては、マニフェストの位置づけをめぐって、かまびすしい議論がなされてきた。民主党の分裂に至った消費税政局においても、マニフェストに明示されていなかった消費税率の引き上げを進める執行部と、「国民との約束であり、あくまでも遵守すべき」という小沢グループとの間で激しい対立が生じた。また、「そもそも二〇〇九年総選挙においてマニフェストを投票の基準とした有権者は少なかった、マニフェストに縛られるべきではない」(読売新聞二〇一二年六月一八日社説)という党外からの意見も根強くあった。その後の小沢支持派の離党と増税方針の決定に見られるように、マニフェストの拘束力が低下していったことは周知の事実である。しかし、マニフェストの拘束力はどのような過程を経て低下したのか、はっきりとしたことは必ずしも明らかでない。マニフェストの未達成が民主党政権に対する否定的な評価の大きな理由であるならば[1]、なおさら究明されなければならない点である。

本章では、マニフェストと首相の演説との関係の分析を通じて、二〇〇九年総選挙のマニフェストが民主党政権下の政策過程にどの程度反映されていたのか、そのプロセスはどのようなものであったのか、その一端を明らかにする。従来からもマニフェストに対する評価の試みはなされてきたが、マニフェストそのものやマニフェストの実施や効果をめぐる議論に集中していた。本章では、政策過程におけるマニフェストの位置づけを検証するアプローチを用いる。

具体的には、二〇〇九年総選挙におけるマニフェストを基準点として、鳩山由紀夫、菅直人、野田佳彦の各首相が国会開会に際して行った所信表明演説、とりわけ首相就任直後に行った所信表明演説を比較検討する[2]。所信表明演説で言及された政策が必ずしも実現するわけではないが、政権としてどの政策の実現を目指すのか、その優先順位を読み取ることは可能だと考えられる。特に、首相・内閣を中心とする政治主導を提唱し、マニフェストに基づく政策形成を訴えてきた民主党政権においては、首相の意志のありかが重要だと考えられる。マニフェストは演説にどの程度反映されていたのか、どの政策が取り上げられ、どの政策が取り上げられなかったのか。反映の度合いには時系列的な変化があるのか。あるいは逆に、各演説における主要政策は過去の政策文書にどのような経緯で登場してきたのか、それともまったく新しい政策であるのか。定量的、定性的な分析アプローチを用いて、これらを明らかにする。

本章は、こうした作業を通じて、民主党政権下の政策過程におけるマニフェストの位置づけを探る。結論から述べると、二〇〇九年マニフェストのかなりの部分は首相の所信表明演説においても維持されているが、その割合は時間の経過とともに減少し、景気後退や財政問題、東日本大震災などの外生的なショックに対する政策的な対応が増加することが分かった。以下、本章の第一節では、分析アプローチを再検討し、仮説を述べる。第二節では、データと分析方法について説明する。第三節と第四節では、仮説検証の結果を報告する。最後に、結論を述べ、そこから導き出されるインプリケーションについて議論する。

1　分析アプローチの再検討と本章の仮説

まず、本節では分析アプローチの再検討から入る。マニフェストそのものや、マニフェストの実施や効果をめぐる従来型の評価だけでは限界があり、マニフェストの形成から具体化に至る一連のプロセスを捉えて、その位置づけを客観的に検証する必要がある。こうした視点に立って、既存のアプローチの問題点を指摘した上で、新たな分析アプローチを提案する。そして、所信表明演説におけるマニフェストの扱いにどのような変化が生じると予想されるのか、議論を整理した上で、次節以降で検証する仮説を提示する。

▼既存の分析アプローチの検討

マニフェストを研究する際の切り口としては、①マニフェストそのもの、②マニフェストが具体化される過程、③実施と効果の検証という三つの側面に大きく分けられる。本章は二番目の側面に注目するが、日本においては従来から一番目と三番目に注目が集まってきたように思われるので、そちらを先に検討する。

まず、一番目のマニフェスト自体に対する評価、いいかえると、マニフェストの「出来・不出来」を評価するアプローチがある。例えば、新しい日本をつくる国民会議（二一世紀臨調）が選挙前に主催する大会では、経済団体やシンクタンクなど複数の団体が各党の公約を分析し、その結果を報告している（新しい日本をつくる国民会議 二〇〇五、二〇〇七、二〇〇九、二〇一〇）。政策自体の評価は政治的には重要であるが、客観性を確保す

表4-1 2010年参院選マニフェストと政権実績に対する評価(点数)

	マニフェスト		政権実績
	民主党	自民党	
経済同友会	35	40	34
連合	64	44	60
知事会	−	−	−
青年会議所	−	−	−
日本総研	45	46	43
PHP 総研	45	54	38
言論 NPO	21	30	25
チーム・ポリシーウォッチ	20	30	25

出典:21世紀臨調　政権実績・政権公約検証大会(http://www.secj.jp/manifest100620/index.htm)より筆者作成。

るのが難しいので、複数の主体による評価で偏りを相殺するなどの工夫がなされている。二一世紀臨調主催の大会において、各団体が二〇一〇年参院選の民主党マニフェストに下した総合評価は二〇点から六四点までと、ばらついている(表4−1、新しい日本をつくる国民会議 二〇一〇)。

三番目は、いわゆる「政策評価」として主に行政学で研究されてきたものに近く、マニフェストの実施と効果を検証するアプローチである。マニフェストは従来の選挙公約とは異なり、数値目標が明示されたものと理解されており、効果の検討が比較的に容易なはずである。どの程度まで与党の公約は実現したといえるのか、測定することになる。これについても、代表的なものとして、二一世紀臨調による検証を挙げることができる(新しい日本をつくる国民会議 二〇〇四、二〇〇七、二〇一〇)。二一世紀臨調主催の大会における各団体の報告を参照すると、民主党政権の実績に対する総合評価は二五点から六〇点までとなっている(表4−1)。

また、マニフェストの個別項目が立法などの形で実現したか否かをカウントするアプローチもある(Kushida and Lipsy 2013, Table 1.2)。民主党自身による二〇〇九年マニフェストの中間評価としては、二〇一〇年マニフェストに記載された進捗状況の報告や、「マニフェストの中間検証」が挙げられる(民主党マニフェスト検証委員会 二〇一一)。ただし、政策評価と同じく、このアプローチにもどのような基準で実現如何を判断するのか、客観的な評価が難しい側面があることは否めない。これに関連して、選挙における政党の公約が政府の支出に及ぼす影響を計量的に分析するアプローチも考えられるが、先行研究によると、その妥当性には議論の余地が残されているようである（Budge and Hofferbert 1990; Hofferbert and Budge 1992; King and Laver 1993）。客観的な検証に耐える方法論の開発を継続する必要があろう。

従来のマニフェストをめぐる議論は一番目と三番目のアプローチに集中しているが、すでに指摘したように、評価にかなりの程度まで主観が入ってしまうことは否定できないように思われる。そこで、政策過程における中間段階としての具体化のメカニズムを客観的に明らかにすることにより、従来のアプローチを補う必要がある。（いかなる理由があるにせよ）マニフェストが具体化のプロセスへと適切に落とし込まれないということは、マニフェスト自体の出来がよくないことが原因であるかもしれない（第一番目）。また、マニフェストが適切に具体化されなければ、マニフェストの効果も期待できないはずである（第三番目）。

▼結果から過程への分析アプローチの転換

本章では、一番目や三番目のアプローチのようにマニフェスト自体やマニフェストの効果の検証といった「点」ではなく、マニフェストにおける主要政策の起源はどこにあるのか、マニフェストはどのように具体化されたのかといった「線」、つまり過程を検証するアプローチを採用する。政策過程におけるマニフェストの位置付けを探る二番目のアプローチに包摂されるものである。

筆者は、定量的および定性的な手法を用いて、民主党のマニフェストを時系列的に分析してきた。その政策的な変化の特徴として、経済情勢に応じて政策の重点を二〇〇四年参院選マニフェストにおける小さな政府志向から二〇〇九年総選挙のマニフェストにおける大きな政府志向に変えてきたこと、その変化は「マニフェストの主要政策―政策各論―政策インデックス」という政策の階層を上下させることで実現してきたこと、その一方で、（資格さえ満たせばだれでも受給対象となり得るという意味で）普遍主義的な政策を主張してきた点は一貫していること、以上の三点を明らかにした（堤・上神 二〇一一）。

定量的な分析手法とは、公約の内容分析により、各政策領域への言及割合がどの程度かを明らかにした上で、時系列的な変化を追うものである。堤・上神論文では、二〇〇三年、二〇〇五年、二〇〇九年の各回の総選挙におけるマニフェストを比較分析している。類似の分析手法を用いた代表的な先行研究としては、マニフェストの時系列的な国際比較研究として有名なBudge *et al.* (2001) やKlingemann *et al.* (2006) を挙げることができ、定評のある手法といえる[3]。

一方、堤・上神論文において用いられた定性的な分析手法とは、マニフェストの主要政策がどのレベルの政策文書に起源があるのかさかのぼり、その後、マニフェストの各論や政策インデックスといった政策文書上でどのように扱われていったのか追跡するものである。この論文では、民主党マニフェストの転換点と考えられる二〇〇四年参院選マニフェストの主要政策がたどったその後の経緯と、政権交代を達成した二〇〇九年総選挙におけるマニフェストの主要政策の元々の出所を探索した。定量的な分析手法によらない、広義の定性的なマニフェストの分析は珍しくないが（例えば、神保 二〇〇九）、管見の限り、主観が入る余地を最小限とした定性的分析手法を用いるものは少ないはずである。

こうした先行研究の成果を踏まえて、本章では二〇〇九年総選挙における民主党のマニフェストと各首相の所信表明演説の比較検討を行う。本章が提案する客観的かつ網羅的な分析アプローチを用いることにより、マニフェストをめぐる様々な議論に対して、そのベースラインを提供できるはずである[4]。方法論の具体的な内容については第三節で改めて詳しく説明する。

▼党派的政府か管理者的政府か

前掲の堤・上神論文では、政権交代に至るまでの民主党の政策的な特徴を明らかにした。こうした特徴は政権交代を経ても持続しているのであろうか。政権の獲得が政策過程に及ぼす影響については様々なものが考えられるが、本章では、政策の党派的な優先順位をよりはっきりさせる、優先順位に変化をもたらさない、政策の偏りをならす、という三つの場合を想定する[5]。

まず一つ目は、政権の獲得により、党派色がより明瞭となる場合である。「強い党派的政府 strong partisan government」仮説としておこう。政府の資源をより効果的に党派政治に利用することを通じて、マニフェストの主要政策が具体化・実施の段階でますます重視されるようになるとの予想を立てることができる。そして、その程度は時間の経過とともに拡大すると考えられる。ただし、これは何らの制約もない考えにくい状況である。

二つ目は、「弱い党派的政府 weak partisan government」仮説である。政府の資源を党派的に利用するが、マニフェストの内容と具体化された政策メニューの重点がそれほど違わない場合である。政権交代が政党の政策にさらなる党派的な偏りをもたらさない場合といいかえることもできる。

三つ目は、政権の獲得により、マニフェストにおける各政策領域への言及の偏りが具体化・実施の段階で修正されていく場合である。「管理者的政府 managerial government」仮説としておこう。これは上記の二つとは異なる。与党の役割は「よき統治」を担う管理者的なものである。結果として、マニフェストの政策以外にも目を配らざるを得なくなり、過剰を削って、足らざるを補うようになる。これは、外生的なショックに左右されやすいと予想できる。例えば、世界的な景気後退によって景気刺激政策の実施を迫られたり、安全保障環境の緊迫によって防衛力を強化せざるを得なくなるような事態である。この設定では、どのような政策が過剰で、どのような政策が不十分かは主に環境によって規定されると考えている。

本章では、二〇〇九年マニフェストと鳩山・菅・野田の各首相の所信表明演説との比較検討を行うが、ここまでの議論を踏まえると、以下のような作業仮説にまとめることができる。

「強い党派的政府」仮説
二〇〇九年マニフェストの主要政策は、各所信表明演説でより多く言及されるようになる。
「弱い党派的政府」仮説
二〇〇九年マニフェストと各所信表明演説では、政策領域への言及割合は同じである。
「管理者的政府」仮説
二〇〇九年マニフェストで言及された政策領域の偏りは、各所信表明演説では減少する。

第二節では、仮説の検証に用いるデータと方法論について解説する。第三節と第四節では、上記の仮説の検証結果を報告する。

2　データと分析方法について

以下では、先行研究を踏まえつつ、データと方法論の特徴、長所と短所について簡潔に述べる。

▼データについて

すでに述べたように、本章では二〇〇九年総選挙における民主党のマニフェストを基準点として、鳩山内閣以降の首相が就任直後に行った所信表明演説を比較検討する。首相の演説を分析の対象とする理由は、内閣の基本方針を広く明らかにする重要な政策文書であり、マニフェストとの比較に適していると考えるからである[6]。所信表明演説は、特別国会や臨時国会において首相が行う演説だが、特に首相就任直後の所信表明演説では、当面の国会の会期における重要施策だけでなく、新首相の現状認識、新政権が取り組む課題と政策的な対応が示されることになる。もちろん、所信表明演説は首相が自らの政策意図を明らかにしたものに過ぎず、現実の政策過程をそのまま反映するものではない。しかし、内閣を中心とした「政治主導」を掲げた民主党政権におけるマニフェストの位置づけを検討する上では、政策の実現が国会の勢力分布や与党内の凝集性に左右されることを考慮すれば、むしろ政権の意図を観察する方が適当と思われる[7]。以上の理由から、本章では研究の第一歩として、マニフェストと所信表明演説の比較を行う。対象とする演説は下記のとおりである。

鳩山由紀夫首相の所信表明演説(第一七三国会、二〇〇九年一〇月二六日)
菅直人首相の所信表明演説(第一七四国会、二〇一〇年六月一一日)
野田佳彦首相の所信表明演説(第一七八国会、二〇一一年九月一三日)

データの構成については、マニフェスト、所信表明演説ともに、筆者が従来の分析方法で用いてきた形式を踏襲している。分析方法の詳細については次小節に譲り、ここではデータの構成と作成方法について説明する。

まず、マニフェストと所信表明演説をテキスト化する(その際、マニフェストの場合は画像や見出し、強調表現に関する情報が失われてしまうが、やむを得ない)。その上でテキストを文節で区切り、それらを分析の単位とする。スプレッドシート上では、区切られた各文節が上から下へと一つずつセルに配置されているイメージであ

図4-1 データのイメージ(Microsoft Excel 2010のワークシート画面)

る(図4―1)。ちなみに、二〇〇九年総選挙の民主党マニフェストは約一一〇〇行、二〇一〇年参院選マニフェストは約七五〇行となる。鳩山首相の所信表明演説は約九〇〇行、菅首相は八〇〇行弱、野田首相は七〇〇行弱である。

▼分析方法について

ここでは具体的な手順について、先行研究に依拠しながら解説する。計量的な分析方法は品田(一九九八b、二〇〇六)に依拠しており、まず、前小節で紹介したスプレッドシート上の各文節に政策コードを振るという作業から始まる。政策コードは、補表4―1に掲載したコード表の分類に基づく。コード表における基本的な分類は旧省庁の所掌事務に対応しており、体系的かつ網羅的なものとなっている。次に、政策コードが振られた文節をコードごとに集計する。これにより、対象となる演説やマニフェストにおける政策分類の割合を算出することが可能となる。本章では、このような手続きによって算出された各政策の言及割合を、二〇〇九年マニフェストを基準点として、各所信表明演説と比較検討する。

上神・佐藤(二〇〇九)では、政党や政治家の政策的な立場を明らかにする方法論について検討しているが、本章で用いる計量的な分析方法は、いわゆる内容分析に該当するものといえる[8]。この分析方法の利点としては、客観的かつ体系的な評価が可能となること、政策文書間の比較が容易となること、欠点としては、コード表に大きく依存すること、画像やレイアウトといった情報を捨象してしまうことを挙げられる。データ固有の限界のほかに、方法論固有の限界もあることに注意が必要である。

定性的な分析アプローチとしては、階層構造分析を用いる。これは、堤・上神(二〇一一)において開発され、民主党のマニフェストの時系列的な比較分析に用いられたものである。分析の成果については、すでに前節で紹介したので、以下では具体的な方法論を説明する。この分析方法においても、先ほどのスプレッドシートを利用する。本章では、二〇〇九年マニフェストを基準点としているので、このマニフェストのまえがきと主要政策、政策各論に記載された個別の政策が所信表明演説に存在するか、対象となる演説の文節を単位として検証を行うという手順となる。比較対照が終了した時点で、どれだけの文節が基準となるマニフェストから政策を引き継いでいるか、まえがき、主要政策、政策各論といった政策の階層だけではなく、政策分野ごとにも簡単な計算を行うこともできる。

文節に分解すると、最低でも数百行にもなる所信表明演説の内容を逐一点検していくのは大変な手間であるが、この作業を施すことにより、計量的な方法論とは異なった視点から、マニフェストと所信表明演説の間の政策的な類似性を把握することが可能となる。

以上、データとその分析方法について説明した。ここで扱われるデータの範囲には限界があり、そこから導き出される結果の解釈にも留保が必要である。しかし、政策過程における一連の流れの中で対象となる政策文書を選択し、比較分析を試みる研究自体が希少である。

3　検証：定量的な分析アプローチ

本節では、二〇〇九年総選挙におけるマニフェストに示された政策群が、首相の演説においてどのように扱われたのか、どの分野が重視ないし軽視されたのか、定量的なアプローチによる分析を行う。

▼定量的なアプローチによる分析

表4－2は、二〇〇九年のマニフェストと民主党政権下の各首相が最初に行った所信表明演説の内容分析を行い、旧省庁の所管に準じた政策領域ごとに、それらへの言及割合を示したものである。参考までに、二〇一〇年参院選のマニフェストについても結果を示している。なお、「内閣」については、その内容が多岐にわたることから、「景気対策」、「行政・行財政改革」、「内閣その他」と分けて示した。

二〇〇九年マニフェストと各首相の所信表明演説との比較を行う前に、あらかじめ、マニフェストと所信表明演説における違いに触れておく。マニフェストと比較すると、所信表明演説では外交や安全保障に関する言及がかなり多くなる傾向がある。確かに民主党の二〇〇九年マニフェストにおける「安全保障・外交」への言及割合は、同党の他の選挙におけるマニフェストと比較すると若干低くなってはいるが、著しく低いわけではない。したがって、両者を比較する場合、所信表明演説では安全保障・外交への言及が増える分、他の政策分野の比重が相対的に小さくなることに注意しなくてはならない。

この点も考慮した上で、各首相に共通する傾向を挙げると、第一に医療や年金、介護といった「厚生」に関する言及が多いことが挙げられる。民主党のマニフェストにおける「厚生」の言及割合は、二〇〇三年以降、自民党と比較すると一貫して高くなっているが（堤・上神 二〇一一）、首相の所信表明演説でもこの点は

表4-2 所信表明演説、マニフェストの内容分析

	マニフェスト		所信表明演説			
	2009	2010	鳩山	菅	野田①	野田②
内閣	16.5%	9.7%	16.6%	22.0%	18.8%	17.4%
景気対策	0.3%	2.5%	3.6%	7.9%	2.9%	2.7%
行政・行財政改革	10.9%	4.2%	9.3%	8.4%	9.4%	8.7%
内閣その他	5.3%	3.0%	3.6%	5.8%	6.5%	6.0%
自治	5.5%	8.4%	7.3%	5.8%	3.6%	3.4%
安全保障・外交	7.2%	11.4%	23.8%	17.3%	25.4%	23.5%
大蔵	10.3%	9.7%	5.7%	7.9%	7.2%	6.7%
文部・科学技術	4.9%	5.1%	6.7%	4.2%	5.1%	4.7%
厚生	21.7%	19.0%	11.9%	15.2%	10.1%	9.4%
労働	7.5%	6.3%	3.6%	7.3%	3.6%	3.4%
農水	4.4%	5.5%	3.1%	3.7%	2.9%	2.7%
通産	4.6%	5.1%	4.1%	5.2%	13.8%	12.8%
運輸	0.7%	3.8%	2.1%	2.1%	0.0%	0.0%
郵政	1.6%	0.4%	1.6%	1.6%	0.7%	0.7%
建設	4.6%	4.6%	1.6%	2.6%	2.2%	2.0%
環境	4.1%	1.7%	5.2%	3.1%	4.3%	4.0%
政治	6.2%	9.3%	6.7%	2.1%	2.2%	2.0%
震災・原発関連	—	—	—	—	—	7.4%
変動指数		17.3	26.5	20.3	31.5	
〃（安保・外交除く）		16.4	19.3	15.5	23.6	

註：野田②は、震災・原発関連を含めた言及割合。変動指数の算出方法は、本文の註9を参照。

重要視されている。ただし、マニフェストでは二割程度が「厚生」関係の言及で占められていることと比較すると、そのウェイトは（安全保障・外交への言及が多いことを考慮しても）マニフェストほど大きくない。また、いずれの首相についても、「内閣」のうち、行政改革や行財政改革に関する政策に一〇％程度の言及がなされている。行財政改革への言及の多さも、民主党マニフェストに継続的に見られる特徴だが、この点も所信表明演説に反映されているといえる。

その上で各首相の所信表明演説の特徴を挙げると、鳩山については、「大蔵」への言及がマニフェストより少なくなっていることが分かる。紙幅の都合により表中では省略しているが、個別の政策内容まで見てみると、マニフェストではガソリン税などの暫定税率の廃止を初めとした税制に言及がなされているが、鳩山の所信表明演説ではこの点には触れられていない。また、

た。「労働」についいては、雇用以外の労働者支援策への言及がないことが、「建設」については住宅関連施策への言及がないことが背景にある。

菅の所信表明演説の特徴としては、マニフェストではほとんど触れられていなかった「景気対策」への言及割合がかなり高くなっていること、「労働」への言及割合が比較的高いことが挙げられる。「労働」に関して個別政策までみると、マニフェストでは、派遣労働の制限など「労働支援」への言及が多かったが、菅の演説ではそのほとんどが「雇用」に充てられていた。このほかには、(「大蔵」という政策分野で見る限り大きな違いはないが)鳩山と同様、各種の税制に関する言及がなく、その分、財政改革への言及割合が高くなっていることが指摘できる。また、鳩山や野田と比較すると、菅は「厚生」に多く言及していた。菅は、内閣の政策課題として、「戦後行政の大掃除の本格実施」、「経済・財政・社会保障の一体的立て直し」、「責任感に立脚した外交・安全保障政策」の三つを掲げていたが、おおむねこのスローガンに沿った演説であったといえよう。マニフェストとの比較に戻ると、「政治」への言及割合が低下している点が興味深い。「政治」に含まれる国会や選挙の制度、政治倫理などは、政府ではなく国会によって主導される政策であるから、所信表明演説で言及の度合いが少ないのは首肯できる。しかし、マニフェストで示され、鳩山も盛んに言及していた統治機構の改革にまつわる事項に、菅はほとんど触れていなかった。また、鳩山と比較すると、「自治」への言及が減少していることも指摘できる。「自治」は民主党が推進しようとした「地域主権」にまつわる項目で、鳩山は(所信表明演説ではそうした表現はしていないものの)「改革の一丁目一番地」だとしていたが、菅内閣における「地域主権」の重要度が低下していたことを示唆している。

最後に、野田の特徴について検討するが、野田の所信表明演説は東日本大震災後に行われていることから、震災復興や福島第一原子力発電所事故の処理に関連する言及が多くなっていた。そのため、鳩山や菅の演説とそのまま比較することには注意を要する。この点も考慮した上で野田の演説の特徴を挙げると、「通産」への言及割合が非常に高くなっていることが目を引く。これは、基本的には、エネルギー政策の見直しに繰り返し言及していることによる。ただし、この点を考慮しても、野田の演説では産業振興に関する言及が多くなっていることを指摘しておく必要があるだろう。そのほかには、菅と同様、「政治」や「自治」への言及が少ないことが見て取れる。野田も、鳩山のように政治主導を実現するための制度改革に言及することはほとんどなかったし、「地域主権」への言及も限られていた。もう一点、些細ではあるが興味深い変化として、野田の演説では「厚生」のうち「年金」への言及がなかったことが挙げられる。年金制度改革は、社会保障と税の一体改革として野田内閣の下でアジェンダとなったが、民主党の支持拡大に貢献してきたとされる年金政策(前田 二〇一一b)に野田が所信表明の場で言及しなかったことは、民主党の政策的な変化を示唆しているようで興味深い。

▼小括

政策分野を横断して量的に見た場合、各首相の所信表明演説とマニフェストの差異はどの程度あり、首相が代わることで、どのように変化してきたのであろうか。ペデアセン・インデックスを応用して、二〇〇九年マニフェストと各首相の所信表明演説との差異を量的に表すと[9](以下、変動指数と呼ぶ)、鳩山が二六・五、菅が二〇・三、野田が三一・五となる。また、所信表明演説ではマニフェストより外交や安全保障に関する政策に触れられる度合いがかなり高いことを考慮して、「安全保障・外交」を除いた変動指数を算出してみると、鳩山が一九・三、菅が一五・五、野田が二三・八となる。なお、同じ指標を二〇〇五年と二〇〇七年のマニフェスト、二〇〇七年と二〇〇九年のマニフェストについて計算したところ、それぞれ二二・一、一五・九であった。二〇〇五年から二〇〇七年にかけて民主党は大きな政策転換を行ったと考えられている(堤・上

神 二〇一一、竹中 二〇一二）ことに鑑みると、鳩山や菅が重視した政策分野は比較的マニフェストと近く、両首相と比べると野田はやや乖離が大きかったと判断できよう。

定量的な分析の結果をまとめると、重視する政策分野という観点から見る限り、（その内容はともかくとして）「厚生」や「行財政改革」といった野党時代に民主党が重視してきた政策の占めるウェイトは所信表明演説においても大きく、二〇〇九年マニフェストの特徴は全般的には維持されている。ただし、野田の演説は、マニフェストからの乖離が比較的大きくなっていた。また、菅の演説がリーマン・ショックやギリシャ危機に起因する不況対策に時間を割き、野田の演説が東日本大震災や福島第一原発事故への対応に重点を置いていたことに鑑みると、そこに各時点における政策課題あるいは個々の首相の政策的志向が加味されてきたと見ることができよう。第二節で述べた仮説に立ち戻ると、「強い党派的政府」仮説は明らかに支持できない。「弱い党派的政府」と「管理者的政府」の両仮説は部分的に当てはまるといえよう。

4 検証：定性的な分析アプローチ

▼マニフェストに示された政策への言及

定量的な分析アプローチによると、重視する政策分野については、二〇〇九年マニフェストと各首相の所信表明演説には一定の関連性が見られた。ここでは、定性的なアプローチから所信表明演説における二〇〇九年マニフェストの位置づけを検討する。以下、二〇〇九年マニフェストの「五策」および主要政策として示されていた政策群が、各首相の演説で言及されていたのかを確認していく。

まず、「五策」から検討していこう。民主党は、「官僚依存」を脱却し「政治主導」を確立することを提唱してきたが、そのための統治機構改革が示されていたのが「五策」である。したがって、各首相が「五策」

にどの程度言及したかを確かめることは、各首相の「政治主導」実現に向けた意欲の強さを測ることになろう。表4－3は、三人の首相の所信表明演説において、マニフェストの「五策」への言及があったか否かを示したものである。参考として、二〇一〇年マニフェストにおける言及についても示してあるが、ここでは所信表明演説に議論の対象を限定する。マニフェストで掲げられた項目が所信表明演説で言及されていた場合は○で、必ずしもマニフェストとは一致しないものの関連が認められるものは△で表している。

鳩山の演説では、内閣の一員としての各大臣の役割の重視（第二策）、国家行政組織法を改正しての省庁再編を機動的に行える体制の構築（第五策）といった抽象性の高い政策を除いて、すべての政策への言及が見られた（ただし、第四策の幹部公務員に関する人事制度の確立は曖昧にしか述べられていない）。続く菅の所信表明演説では、閣僚委員会の活用や国家戦略局による予算編成への言及が見られなくなる。また、「政治主導」の言葉は用いられているものの、政府入りする国会議員を増やすことにも触れられていない。さらに、野田の演説では、天下りや渡りについても触れられなくなり、「政治主導」という言葉自体が用いられなくなった。

三人の首相の演説の変化を見ると、内閣・政府の構成や意思決定に関する事項は菅のときから触れられなくなり、他方で、官僚組織や公務員制度の改革には取り組む意思が、継続的に示されてきたことが分かる。「官僚主導」脱却への意思は受け継がれていったが、「政治主導」の確立は早々に断念されたということになるだろうか。特に野田の場合は、ねじれ国会に直面していたため、政策の実現には自民党をはじめとした野党の同意が不可欠であり、基本的に政府、与党内の改革である「政治主導」は重要度が低かったと考えられる。また、行政改革の意味に変化があったことも指摘できる。行政の「無駄」の排除は三内閣に共通して言及されてきたが、菅や野田の演説では単なる行政の刷新という範囲を越え、財政再建のための一方策という文脈においても、行政改革への言及がみられた[10]。マニフェストを実現するための財源が不足するとともに、ギリシャでの財政危機等を背景として財政問題が浮上したことで、行政改革には二〇〇九年マニフェストから新たな意味が付与されたといえよう。

続いて、マニフェストの主要政策について、所信表明演説で言及されているかを確認していく。二〇〇九年マニフェストでは、「ムダづかい」、「子育て・教育」、「年金・医療」、「地域主権」、「雇用・経済」という五つの大項目の下に、それぞれ六から九の具体的な施策が示されていた。また、これに加えて「自立した外交で、世界に貢献」というタイトルの下、外交に関する施策が挙げられている。本節では、ここに挙げられた四四の政策項目をマニフェストの主要政策と捉え、所信表明演説の中でそれらに言及があったか否かを表4－4に示した。なお、例えば「地域主権」のような見出しに示されている抽象的な表現についても、言及があったものについては(大項目名を示した行に)〇をつけている。

時系列的に見ていくと、まず鳩山の所信表明演説では、曖昧な表現にとどまっているものまで含めれば、マニフェストで示されていた三一の政策項目に言及があったことが分かる[11]。鳩山の演説は、政権交代のあった二〇〇九年総選挙後、実質的には最初の国会の冒頭で行われたものであるから、当然かもしれないが、鳩山内閣時にはマニフェストに忠実な政策形成が志向されていたといえる。ただし、大項目ごとに見ると、言及の度合いに多少のバラツキがあることも分かる。政治、行政改革に関する「ムダづかい」に示された政策群については、天下りの斡旋禁止、「ひもつき補助金」の廃止以外、特に言及はされていない。また、「雇用・経済」のうち、中小企業対策や労働者支援に関する施策には、ほとんど言及がない。

菅の演説におけるマニフェストの主要政策への言及項目数は、曖昧なものを含めて

野田 2011／9／14	2010 参院選 マニフェスト
–	–
–	–
–	–
–	–
–	–
△	○
–	○
○	○
○	○
–	–
2(1)	4

表4-3 所信表明演説における2009年マニフェスト「5策」への言及

	鳩山 2009／10／26	菅 2010／6／11
第1策		
政府に国会議員100人配置、政治主導での政策立案・調整・決定	○	△
第2策		
各大臣の内閣の一員としての役割を重視	–	–
「閣僚委員会」の活用	○	–
事務次官会議廃止	○	–
第3策		
国家戦略局の設置、政治主導の予算骨格策定	○	–
第4策		
新たな幹部人事制度確立、幹部職員の行動規範策定	△	△
第5策		
天下り、渡りのあっせんを全面禁止	○	○
「行政刷新会議」を設置して全予算・制度の無駄・不正を排除	○	○
官・民、中央・地方の役割分担の見直し・整理	○	○
国家行政組織法を改正し省庁再編を機動的に行える体制を構築	–	–
言及項目数	7(1)	3(2)

註：網掛けは、当該時点で何らかの関連施策が実現していることを表す。
項目名の欄の“○”は、当該項目に言及されていたことを表す。
必ずしも具体的な施策への言及がないが、マニフェストとの関連があると判断される項目については、“△”としている。

も二〇項目と全体の半数を下回っている[12]。そして、こうした「マニフェスト離れ」は、大項目に関係なく見ることができる。鳩山の演説でも言及の少なかった「ムダづかい」や「雇用・経済」に加え、「子育て・教育」や「地域主権」に挙がった項目も、言及がなされなくなっている[13]。他方で、鳩山の演説では触れられていなかった特別会計や独立行政法人等の見直し、保育所の増設、均等待遇(同一労働同一賃金)に、菅の演説は言及していた。これは財政や雇用への関心が高かった菅の意向を示していると理解できよう。

最後に野田だが、所信表明演説でマニフェストの主要政策に言及したと判断される項目は、曖昧なものを含めても一三まで減少する。無論、震災復興や原発事故に関連する政策に多くが充てられ、結果としてマニフェストで示されていた政策に触れられなくなった面はあるだろうが、マニフェストの「年金・医療」や「地域主権」で挙がっていた施策には、

5　雇用経済	○	－	－	
中小企業に対する法人税率の引き下げ(18%から11%へ)、個人保証の見直し	－	－	－	○
中小企業いじめ防止法の制定	－	－	－	
求職者支援制度の創設(月額最大10万円)	△	－	△	○
常時雇用の拡大／派遣の原則禁止(製造現場)	－	－	－	－
最低賃金時給1,000円の実現	－	－	－	－
均等待遇の実現	－	△	－	○
排出量取引市場の創設／地球温暖化対策税の導入	○	○	－	○
太陽光パネル、環境対応車、省エネ家電などの購入助成	○	○	○	○
外交				
主体的な外交戦略の構築／緊密で対等な日米同盟関係の形成	○	△	△	○
アジア・太平洋地域の域内協力体制の確立／東アジア共同体の構築	○	○	○	○
北朝鮮による核兵器やミサイル開発の中止／拉致問題の解決	○	○	○	○
PKO・貿易投資の自由化・地球温暖化対策で主体的役割	○	○	○	○
核兵器の廃絶／テロ脅威の除去	○	○	○	○
言及項目数	28(3)	16(4)	9(4)	31(1)

註：網掛けは、当該時点で何らかの関連施策が実現していることを表す。

項目名の欄の“○”は、見出しに含まれる語句への言及があることを意味する。

必ずしも具体的な施策への言及がないが、マニフェストとの関連があると判断される項目については、“△”としている。

言及項目数は、「ひもつき補助金の廃止」の重複を除く。


ほとんど言及されなくなった。他方で、所信表明演説としては初めて、国家公務員の人件費削減に触れられていることが、野田に特徴的である。

なお、二〇〇九年までのマニフェストでは、「政策各論」としてさらに詳細な政策が列挙されていた。また、具体性には乏しいものの、五策に加えて五原則も示されていた。そこで、政策各論や五原則のレベルまで範囲を広げて、マニフェストと所信表明演説の関係も見てみたところ（表4－5参照）、各首相とも各論にのみ示されている政策にも言及していることが分かった。例えば、鳩山の場合、公務員の労働基本権や障害者自立支援法の廃止、NPOの活動支援など、菅の場合、農業の六次産業化や社会保障・税の番号制度の導入など、野田については幼保一体化である。もっとも、その数は少なく、主要政策として挙がっている政策の代わりに、マニフェストの低い階層に示された政策が重視されていたわけではな

表4-4 所信表明演説における2009年マニフェスト主要政策への言及

		鳩山 2010/10/26	菅 2011/6/11	野田 2011/9/14	2010参院選 マニフェスト
1	ムダづかい	○	○	○	○
	天下りあっせんの禁止	○	○	−	○
	特別会計、独立行政法人、公益法人の見直し	−	○	−	○
	官製談合・随意契約の一掃	−	−	−	−
	国家公務員人件費の2割削減	−	−	○	○
	ひもつき補助金の廃止	○	○	−	○
	企業団体献金・パーティー券購入の禁止	−	−	−	○
	国会議員世襲の禁止	−	−	−	−
	比例代表定数の80削減	−	−	△	○
2	子育て・教育	○	−	−	
	出産時一時金の支給(55万円)	−	−	−	○
	子ども手当の支給(月額2万6千円、中学卒業まで)	○	○	△	△
	高校授業料の無償化	○	−	−	−
	奨学金の創設(大学生・専門学校生、希望者全員)	○	−	−	○
	生活保護:母子加算の復活/児童扶養手当:父子家庭への支給	○	−	−	−
	保育所の増設	−	△	−	−
3	年金・医療	○	−	−	
	「消えた年金」問題の解決	○	○	−	○
	年金通帳の交付	−	−	−	○
	年金保険料流用の禁止	−	−	−	−
	年金制度の一元化/最低保障年金の実現(月額7万円)	△	△	−	−
	社会保障費削減の中止(2,200億円)	○	−	−	−
	後期高齢者医療制度の廃止	○	−	−	−
	医学部学生の1.5倍増/看護師などの増員	△	−	−	○
	新型インフル・がん・肝炎の対策	○	−	−	○
	ヘルパーなど給与の引き上げ(月額4万円)	−	−	−	○
4	地域主権	○	○	○	
	地方でできることは地方に移譲	○	○	−	○
	ひもつき補助金の廃止	○	○	−	○
	地方負担金の廃止	−	−	−	○
	暫定税率の廃止(2.5兆円減税)	○	−	−	−
	高速道路の無料化	○	−	−	○
	戸別所得補償制度の導入	○	○	−	○
	所得補償:畜産・酪農業、漁業/直接支払い:林業	○	−	−	○
	郵政事業の見直し	○	○	○	○

表4-5　所信表明演説における2009年マニフェストで示された項目への言及(階層別)

	総数(a)	5原則	5策	主要政策	各論	(各論のみ)	全体(b)	言及率(b/a)
鳩山	159	18	24	66	76	8	100	62.9%
菅	157	12	13	37	53	8	61	38.9%
野田	121	2	8	31	31	1	36	29.8%
除震災・原発	80	2	7	28	29	1	33	41.3%

註：各階層での言及に重複があるため(例えば、主要政策に挙がっていた項目が各論でも示されるというように)、各階層への言及数を合計したものが「全体」の数に一致するわけではない。

い。便宜的に、所信表明演説におけるマニフェスト項目への言及割合を(階層を問わずに)算出してみると、鳩山が約六割、菅と野田は(震災復興や原発処理を除くと)約四割となる[14]。量的に見た場合と同様、鳩山はマニフェストに忠実な政策形成を目指していたと考えられるのに対し、菅や野田は(菅の場合、重視する分野こそマニフェストと近いものの)政策の内容はマニフェストから離れていったといえよう。

▼所信表明演説における新政策

では、各首相はマニフェストで示された政策に代わって、あるいはそれに加えて、どのような政策を打ち出していたのであろうか。そして、それは二〇〇九年マニフェストでは触れられずとも、これまでに民主党が打ち出してきたものなのであろうか、それとも民主党にとって新しい政策なのであろうか。もし、民主党政権が党派的な政府であるならば、新たな政策課題が出現した場合、党内に存在する政策的アイディアのストックを活用するであろう。他方、管理者的な政府としての性格を強く持つのであれば、政治環境に対応して新規の政策が考え出されることになると予想される。まず、マニフェストで示された項目への言及が低下した菅の所信表明演説で打ち出された特徴的な政策について、検討してみよう。

菅の所信表明演説では、内閣の課題として「戦後行政の大掃除の本格実施」、「経済・財政・社会保障の一体的立て直し」、「責任感に立脚した外交・安全保障政策」が掲げられていたが、ここでは、菅の問題意識が特に反映されていると考えられる「経済・財政・社会保障の一体的立て直し」に注目する。菅は、国家戦略相、経済財政相、財務相を歴任する中で、ギリシャでの財政危機などを背景として、財政問題や景気対策への関心を高めていったとされる（清水 二〇一一c）。菅は、所信表明のこの部分で、公共事業中心の「第一の道」でもなく、市場原理主義の「第二の道」でもなく、経済社会が抱える課題の解決を新たな需要や雇用創出のきっかけとし、それを成長に繋げる「第三の道」を追求するとしている。これを通じて、「強い経済」、「強い財政」、「強い社会保障」を一体的に実現するとしていた。

「強い経済」実現のための方策としては、「グリーン・イノベーション」、「ライフ・イノベーション」、「アジア経済」、「観光立国・地域活性化」を成長分野とした「新経済成長戦略」を策定、実行していくことが謳われている。環境やエネルギー分野で技術開発や新事業の展開を図る「グリーン・イノベーション」については、同様の考え方が二〇〇九年マニフェストでも示されている。また、「観光立国・地域活性化」についても、地域活性化に立脚した観光政策が二〇〇七年マニフェストや二〇〇九年インデックスに見ることができるし、海外からの観光客への対応を進める施策も二〇〇七年マニフェストに示されていた。しかし、医療や介護の分野で産業育成を図ろうとする「ライフ・イノベーション」の考え方は、それまでの民主党のマニフェストや政策インデックスでは確認できなかった[15]。また「アジア経済」は、アジア諸国における鉄道や道路、電力といった社会資本需要に応えることや、物流のハブ機能を強化するためのインフラ整備や規制改革により、成長するアジア市場に一層進出することを指すが、アジア諸国と通商や経済面も含めて連携を強化することは各回のマニフェストで触れられているものの、明示的に日本の経済成長と関連づけられたことはなかった。

「強い財政」では、具体的には「中期財政フレーム」と「財政運営戦略」を策定するとされていた。国・地方のプライマリーバランスを黒字化すること、債務残高を引き下げることは二〇〇九年インデックスでも触れられており、必ずしもそれまでの民主党が財政再建に消極的であったわけではない。これに加えて菅は、自民党が提出した「財政健全化責任法案」に触れて、超党派の「財政健全化検討会議」をつくることを提案している。自民党による「財政健全化責任法案」には、消費税を含む抜本的な税制改革が含まれており、菅の提案は事実上、消費税率の引き上げを示唆していた。民主党の消費税率引き上げに対する考え方は、年金目的消費税を財源とする最低保障年金(月七万円)の創設が二〇〇三年マニフェストから継続的に示されてきたように、必ずしも消極的ではなかった。しかし、財政再建の手段と関連づけられた形跡は見ることができなかった。そしてこの問題は、後に民主党内に大きな対立を生み出すことになる。

次に、野田の所信表明演説における特徴的な政策について検討する。野田の演説では、まず震災復興、福島第一原発事故の処理について述べられている。これらは想定外の大規模な自然災害と、それによって引き起こされた事故への対応であるから、当然のことながらマニフェストでの記載はない。これに続いて野田が示した課題は、世界的な経済危機への対応であった。具体的には、エネルギー政策の再構築、大胆な円高・空洞化対策の実施、経済成長と財政健全化の両立の三点について述べられている。エネルギー政策について、野田は中長期的に原発への依存度を可能な限り下げていく一方で、安全性を徹底的に検証・確認された原発については、地元自治体との信頼関係を構築することを前提として再稼働を進めるとしていた。二〇〇九年マニフェストでは「安全を第一として、国民の理解と信頼を得ながら、原子力利用について着実に取り組む」とされていたから、一定の政策転換があったと理解できる。

大胆な円高・空洞化対策に関しては、日銀との連携、立地補助金の拡充、円高メリットを活用した海外企業の買収や資源権益確保の支援を行うとしていた。これらの政策は、急激な円高の進行などの政権交代後に顕在化した問題への対応という側面が強く、過去のマニフェストや政策インデックスで確認することはできない。野田の演説はこの後、「経済成長と財政健全化」へと続くが、ここで述べられていることは、歳入改革すなわち消費税を含む税制改革の必要性と、環境エネルギー分野や医療関連の分野を中心とした新産業と雇用の創出、海外市場の開拓であった。これらは、基本的に菅が示した「強い財政」と「強い経済」を実現するための施策を踏襲したものとなっている。菅と同様、過去の政策文書からの継続性という点では、新規性が高いと判断できる。

もう一点、野田の所信表明演説で特徴的と思われるのは、その内容もさることながら、言及される政策分野の順序である。これまでの民主党のマニフェストでは行財政改革あるいは年金政策にまず言及されてきたし、鳩山や菅の演説では第一に取り組むべき課題として「戦後行政の大掃除」が挙げられてきた。しかし、(行財政改革には触れられているものの)野田の演説で震災復興や原発事故処理に続く課題として示されたのは、先述のような経済危機への対応であった。

▼小括

定性的な分析手法によると、二〇〇九年マニフェストの政策が所信表明演説で取り上げられなくなっていく様子がよく分かる。鳩山の所信表明演説は、政策の内容としてもマニフェストに忠実であったが、菅や野田の「政治主導」を目指す姿勢は弱まり、経済対策と財政再建に力点が移っていった。そして、こうした経済対策や財政再建策の中には、従来の民主党には見られなかった政策も多く含まれていた。菅や野田が首相就任直後に表明した所信は、世界的な経済危機や財政問題、さらに野田の場合は東日本大震災や福島第一原発の事故への対応といった民主党政権に突きつけられた課題への解答であったといえよう。他方で、一定程度の割合で二〇〇九年マニフェストの政策にも時間が割かれ続けていることも考慮する必要がある。また、鳩山が示した「『居場所と出番』のある社会」という社会像は、菅の「一人ひとりを包摂する社会」、野田の「全員参加型社会」へと引き継がれていることも、注目に値しよう。これらの要素を総合して判断すると、定量的分析の結果と同様に、民主党政権の現実は「弱い党派的政府」と「管理者的政府」の中間にあったように思われる。

結論

本章を締めくくるにあたり、その結論とインプリケーションをまとめておく。本章では、マニフェストの分析アプローチを、マニフェストそのものやマニフェストの実現や効果をめぐる一時点での評価だけではなく、政策過程におけるマニフェストの位置づけという、プロセスに対する客観的な分析により補うことの重要性を主張した。このアプローチを用いることで、マニフェストがどの程度まで政策過程に反映されていったのか、どの政策が重視されていたのか、解明できるはずである。本章では、二〇〇九年マニフェストを基準点として、三人の首相の所信表明演説との定量的および定性的な比較分析を行った。その結果、鳩山は二〇〇九年マニフェストに忠実な政策形成を意図していたのに対し、菅の所信表明演説では、二〇〇九年マニフェストの少なからぬ部分が維持されているが、マニフェストにない政策が増加していること、さらに時間を経過した野田の所信表明演説ではマニフェストとの関連がさらに減少したこと、そして、海外発の不況や信用不安、震災への対応が増加することも分かった。

本章の結論から、いくつかインプリケーションを導き出すことができる。実践的なものとしては、マニフェストをどのように作成し、運用するべきかという問いに答えるヒントである。本章で示したように、民主党の首相たちは徐々に「マニフェスト色」を薄めていったが、政権交代後に顕在化した世界的な不況の影響や財政問題の伝播、震災への対応をなおざりにできなかったことは言うまでもない。マニフェスト作成段階で、外生的なショックが発生するリスクをどの程度まで見積もり、どのように事前に織り込んでおくかは、難しい判断が求められる。しかし、あらかじめ外生的ショックへの対応を可能とするだけの余裕を見ておく、あるいは政策の優先順位を定めるなどの措置が必要であろう。そのためには、事前に多角的な視点から原案を徹底的に検討するなど、マニフェストの作成過程を見直す必要がある。

また、現代日本における権力の民主的なコントロールについても、インプリケーションを引き出すことができる。民主党はマニフェストを基軸とした選挙競争を提唱したが、選挙を通じた民主的コントロールの方法として、争点投票と業績評価のいずれが有効なのかという問いがある（Przeworski *et al.* 1999）。日本において、マニフェストを選択基準とする争点投票を主張するものとしては飯尾（二〇〇七）、業績評価に基づく投票を主張するものとしては空井（二〇一〇）を挙げられる。後者によると、理念不在の日本政治において争点投票は不可能であるとされる。本章の分析によると、「強い党派的政府」仮説は支持できないが、「弱い党派的政府」仮説を棄却することはできない。本章が対象とする範囲は限定的であるが、マニフェストが政策過程に影響を与えているという意味で、争点投票モデルを否定できないのである。しかし、外生的なショックに由来する政策的な対応を迫られており、「管理者的政府」仮説も棄却できない。管理の巧拙を問うという点で、むしろ業績投票モデルに適合的な部分もある。

さらに、マニフェストの修正をどのように捉えるかという問題も残る。本章では分析対象としなかったが、二〇一〇年参院選に際して民主党は新たなマニフェストを提示している。このマニフェストは、菅が民主党の代表に選出された直後に作成されたこともあり、菅の最初の所信表明演説とよく似た内容となっている。しかし、日本の憲法構造上、内閣が衆議院の多数派を基盤としていることを前提として、マニフェストは衆院選において、首相、与党と一体となって有権者から承認を受けるとするモデル（飯尾 二〇〇七）に基づけば、こうした参院選における新たなマニフェストの提示が正当性をもちうるかは議論の余地がある。

また、三章で見たように、野田は二〇一一年八月の代表選において消費税率引き上げを公約とし、その上で代表に選出されたことで、消費税率引き上げの実現に邁進していった。こうしたマニフェストの修正は、執行部や主流派と、それを認めない小沢グループを中心とした反主流派との間に、抜き差しならない対立を生み出した(この問題については、八章、一〇章で改めて論じる)。これらの問題は、政治的な代表にはどれだけの自律性を認められるべきかという古典的な問題(the mandate-independence controversy)に帰着するともいえるのである(Pitkin 1967)。

謝辞

二〇一二年度の日本政治学会研究大会にて、本章の元になった原稿を報告する機会を得た。貴重なコメントを下さった丹羽功先生、河村和徳先生、フロアのみなさまに感謝申し上げます。

補表4-1 マニフェスト、所信表明演説の内容分析で使用した政策コード表 1／2

〈政策対象番号〉

40 その他(対象なし)
41 国民、民意
42 市民
43 生活者
44 地域公約
45 有権者
46 庶民
47 消費者
48 住民

50 被災者
51 高齢者
52 女性
53 子ども・青少年
54 青少年(有職者、後継者としての)
55 社会人
56 障害者
57 低所得者
58 外国人
59 被爆者

61 労働者(厳密に)
62 勤労者(サラリーマン、働く人など)
63 パート労働者
64 働く女性
65 福祉従事者
66 中小企業
67 農・漁業従事者
68 大企業
69 同和地区
70 商店街
71 戦争被害者(戦没遺族、傷病軍人など)
72 社会的弱者(交通遺児、母子家庭、恵まれない人など)
73 ベンチャー企業
(80 産炭地)

99 その他(対象あり)

〈政策賛否記号〉

t 現状肯定、政策拡充、大きく変えない、旧制度
w 方針転換、改革、大きく変える、新制度
z その他、不明

〈政策分類記号〉

a 内閣
1 情報／情報公開
2 ボランティア、NPO／支援施策の展開
3 護憲／改憲
4 人権／人権擁護
5 社会進出／社会進出促進
6 景気／景気対策、内需拡大
8 行政／行政改革全般
9 行財政／行財政改革全般
0 内閣所管事項

b 自治
1 地方自治／地方自治の拡大
2 地域振興施策の推進(経済関係)
3 地方税財政／地方税財政改革
4 住民／住民投票[w] 住民参加[ww]
5 首都機能／首都機能移転
6 防犯対策推進
0 自治省所管事項

c 安全保障、外交
1 日米安保推進／日米安保転換
2 自衛隊肯定／自衛隊縮小
3 核廃絶(国際・地域)、軍縮の推進(国際・地域)
4 国際安全保障推進、PKO推進
5 地域安全保障推進(あいまい[tt])
6 基地推進／基地反対
7 非軍事協力推進(ODAなど[t]、あいまい[tt])
8 非軍事の国連外交[t]／国連改革[w]／国連の機能強化[z]
9 外務省所管事項(その他外交)
0 安全保障に関する事項

f 大蔵
1 消費税推進・増税[t]
福祉目的税化＋増税[tt]
消費税減税、反対[w]
福祉目的税化(増税には触れず)[ww]
2 所得税、住民税増税／見直し、減税
3 土地税制増税／見直し、減税
4 法人税増税／見直し、減税
5 その他増税／見直し、減税、増税しない
6 税制／税制改革
7 財政／財政改革
8 融資、預金施策の推進、拡充

8　政治家の人材養成　世襲制限[w] 公募制[w]
0　政治／政治改革全般

v　その他
1　生活、くらし／生活を変える
2　社会／社会を変える
3　高齢化、少子高齢化(社会)／対応
4　日本／日本を変える
5　国家／国家を変える
6　平和(概念的なもの)
7　民主主義、自由主義など抽象的なもの
8　国際化　継続[t]／国際化への対応[w]
9　その他(論理型)
0　その他(非論理型)

k　構造改革
1　小泉構造改革の推進
2　(一般的な) 構造改革推進
3　(構造改革) 特区推進

【Wコード】
ボランティア教育：[53g2w]＋[53a2w]
環境教育：[53g2w]＋[53q4t]
運動公園・スポーツ公園整備：[g3t]＋[o3t]
歴史・文化ボランティアの育成：[g4t]＋[a2w]
介護休業：[40h1t]＋[i3t]
介護保険料・利用料負担減：[h1w]＋[h8w]
医療費負担減：[h2w]＋[h8w]
年金保険料負担減：[h3w]＋[h8w]
子育ての経済的負担減：[53h4t]＋[53h8w]
交通網の整備・充実：[m1t]＋[o2t]

補表4-1　マニフェスト、所信表明演説の内容分析で使用した政策コード表　2/2

9	金融行政／金融行政転換
0	大蔵省所管事項
g	文部、科学技術
1	教育政策推進、拡充(条件、環境整備など)
2	教育／教育改革(教育内容について)
3	スポーツ振興施策推進
4	文化、芸術振興施策推進
5	国際文化交流
7	原子力政策推進／原子力政策転換
9	科技庁所管事項
0	文部省所管事項
h	厚生
1	介護施策推進
2	健康、医療関連施策推進
3	年金政策推進・拡充
4	福祉サービス推進・拡充
5	福祉施設拡充
6	地域福祉施策推進
7	社会保障全般推進
8	社会保障負担増／負担減
9	ゴミ処理(施設) 推進
0	厚生省所管事項
i	労働
1	雇用・失業対策推進
2	労働時間削減
3	労働規制、労働者支援／労働規制緩和
4	育児休業
5	労働者の育児・介護支援
0	労働省所管事項
j	農水
1	農林水産業の振興施策の推進
2	米価引き下げ反対／引き下げ
3	食糧自給推進[t] 農業を守る[tt]
4	食品の安全基準強化
5	農林漁業補償
6	農業新技術開発推進
7	農山漁村生活環境整備
0	農水省所管事項
l	通産
1	規制維持／規制緩和、自由化
2	補助金／補助政策見直し、撤廃
3	新産業育成施策推進
4	独禁政策推進／独禁政策緩和
5	不況業種対策推進
6	経済構造／経済構造改革
7	物価、公共料金／物価、公共料金引き下げ
8	貿易摩擦
9	新エネルギー開発、普及(原発除く)
0	通産省・経企庁所管事項(その他経済)
m	運輸
1	陸運
2	海運、港湾／政策転換
3	航空、空港／政策転換
4	観光施策推進
0	運輸省所管事項
n	郵政
1	郵政3事業の推進、拡充／民営化
2	通信、放送政策の推進
3	電気政策の推進(原発を除く)
0	郵政省所管事項
o	建設
1	公共事業の推進・拡充
2	道路網の整備推進
3	公園の充実
4	住宅、建築施策の推進
5	国土行政の推進(ハード面)
6	災害対策の推進
7	まちづくり、住環境整備、都市計画推進
0	建設省所管事項
q	環境
1	公害対策推進
2	周辺環境施策の推進
3	地球環境施策の推進
4	環境施策全般の推進
5	省エネ、リサイクルの促進
0	環境庁所管事項
r	政治
1	選挙制度／新選挙制度(小選挙区制)
2	定数維持／定数削減、是正
3	政治倫理／政治倫理規正強化
4	政権支持／政権不支持、政権交代
5	党／党改革(運営方法等)
6	国会／国会改革(運営方法等)
7	首相公選制度[w] 国民投票[w]

註

1――日本再建イニシアティブ（二〇一三）は、マニフェストを十分に実現できなかった原因の解明に多くの紙幅を割き、民主党政権の「失敗」を検証している。

2――民主党は二〇一〇年参院選に際して、二〇〇九年総選挙のものを修正したマニフェストを発表している。したがって、野田の所信表明演説（および二〇一〇年参院選後、最初の菅の演説）は二〇一〇年マニフェストと比較を行うべきとの考え方もあるだろう。しかし、民主党は、衆院選で有権者に「承認」されたマニフェストを政策形成の基本方針とするモデルを提唱していた。したがって、本章の分析においては、第一義的に二〇〇九年マニフェストを基準点とするのが妥当と考えられる。

3――二〇〇九年総選挙における民主党のマニフェストの計量的な分析としては、Uekami (2010) がある。同じ分析手法を用いて、候補者の選挙公報を分析の対象とした研究としては、品田（一九九八a、二〇〇一、二〇〇二、二〇一〇）、堤（一九九八、二〇〇二）、堤・上神（二〇〇七）、上神（二〇一三a）などがある。なお、方法論の詳細については、第三節で説明する。

4――ただし、二〇一〇年マニフェストにおいては政策各論が存在せず、政策インデックスも公表されなくなるなど、階層構造に大幅な変化があったことに注意する必要がある。

5――ここでの想定はきわめて単純なものであり、本章の当座の目的を達するに過ぎない。上神・堤（二〇一一）では、小選挙区制の導入に対応するための国会議員中心のプロセスとして、民主党の形成過程を描き出した。地方議員や党員から構成される地方組織は未発達であり、政策や利益を媒介として人々を糾合してきたようには見えない。無党派層の増大に見られるように政党脱編成の進む現代の日本においては、社会とのリンケージの確立がままならず、政策的なアイデンティティーを確立するには至らなかったが、野党であるがゆえに政府資源の利用から閉め出されていたため、利益誘導政治への批判者にはなることができた。こうした民主党の姿を「資源制約型政党」として暫定的に類型化した。政権獲得によって民主党の政策がどのように変化するのかという問いは、むしろ経験的なものであり、アプリオリに答えるのは難しいかもしれない。政治経済学を中心とする理論的・実証的な研究には蓄積があるが、日本における最近の業績としては樋渡・斉藤（二〇一一）の序章や第二章を挙げておく。

6――自然言語処理を用いて首相の演説を分析した先行研究として、田中（一九九九）や鈴木・影浦（二〇〇七）がある。

7——首相の演説としては、所信表明演説のほかに、施政方針演説もある。施政方針演説は通常国会の冒頭に首相が行うものであり、こちらも分析対象に含めることが望ましいであろう。ほかに分析の対象となりそうな政策文書や演説としては、外相の外交演説、財務相の財政演説、経済担当相の経済演説がある。これらも政権の基本方針を対外的に明らかにする重要なものであるが、紙幅と時間の都合上、分析は今後の課題としたい。

8——コンピュータを用いて、すでに政策的な位置が判明している文書と対象となる文書との異同を測定することで、比較分析を行うアプローチも存在する。たとえば、Laver and Garry (2000)、Laver *et al.* (2003) など。

9——ペデアセン・インデックスは、元々、政党が獲得した得票率の正味での変動を表すために用いられる指標である(Pedersen 1979)。ここでは、以下のような数式から算出した値を示している(ただし、p_{ij}、p_{ik}はj時点、k時点におけるマニフェストや所信表明演説での、政策分野iへの言及割合を表す)。

$$D_{jk} = 100 \times \frac{1}{2} \sum_i \left| p_{ij} - p_{ik} \right|$$

もっとも、政策分野をどのように設定するかによって、この指標の値は異なってくることには注意が必要である。

10——行政改革と財源確保との関係については、事業仕分けが財源捻出策としての性格を強めていった過程を論じ、その限界を指摘した手塚(二〇一二)の論考が興味深い。

11——もっとも、項目によっては複数の政策が含まれていたり、抽象度が高い政策となっていたりすることから、言及項目数はあくまで目安として示している。

12——高校授業料の無償化や生活保護の母子加算の復活など、鳩山内閣下で既に実現している政策があることには注意が必要である。こうした政策に後の首相が所信表明演説で言及しないのは自然ではあろう。他方で、既に政策が実現している場合であっても、その成果を強調したり、(特に子ども手当のように部分的にしか実現していない場合)さらなる拡充を訴えたりするケースもある。

13——ただし、「子育て・教育」のうち、高校授業料の無償化や生活保護の母子加算復活は、菅の首相就任時にはすでに実現していた。

14——総数は、所信表明演説において、何らかの政策的意図があると判断される項目数である。もっとも、所信表明演説では抽象的、包括的な言い回しがなされることも多く、この数値が厳密な意味は持ち得ないことには留意する必要がある。

15――ただし、「新成長戦略」で示された「ライフ・イノベーション」の具体策の中には、たとえば住宅のバリアフリー化の促進など、二〇〇九年あるいはそれ以前のマニフェストに見られるものもある。

第5章

民主党政策調査会の研究

濱本真輔 HAMAMOTO Shinsuke

はじめに

民主党の二〇〇九年マニフェストの冒頭には、五原則五策が示されている。原則二には「政府と与党を使い分ける二元体制から、内閣の下の政策決定に一元化へ」として、政策決定の一元化が掲げられている。鳩山内閣ではこの方針の下で政策調査会が廃止された。その後の菅内閣では政策調査会を再び設置し、政策調査会長と大臣を兼務する形で一元化を目指した。野田内閣では党の役職と大臣との兼務を解き、事前審査制を採用した。このように、一元化方針を掲げつつも、そのあり方は代表が替わる度に変化していった。

自民党政権とは異なる政策決定を目指したものの、党がその下でまとまったとは言い難い。税と社会保障の一体改革やTPPをめぐる党内対立等、党としての意思決定をめぐる混乱がしばしば観察された。朝日新聞、読売新聞、毎日新聞の党内対立を報じる総記事数を月平均でみると、自民党政権下では二・七件であるのに対して、民主党政権下では一〇・五件に上る[1]。この党内での意思統一の失敗は、議員によるマスメディア上での政府批判や国会内での造反として表出し、集団離党の直接的契機ともなった。

ここからは、党内の意思統一はマニフェストや内閣の機能強化だけで担保されないことが明らかである。国会における質疑や討論もしくは党内に政策審議機関を設置し、党と政府の意見調整が必要となる。党と政府の関係については、議員にも課題として認識されている。二〇一三年四月に実施された民主党衆議院議員への調査[2]においても、八〇％の回答者が政府と党の関係が上手くいかなかったと捉えている（日本再建イニシアティブ 二〇一三、二一一頁）。

議員個人にとどまらず、民主党内でも政策決定をめぐる課題が認識されている。二〇一二年一二月、同党に党改革創生本部が設置され、敗北の総括として第一次勧告（二〇一三年二月）を発表した。そこでは、政策や政権運営と共に、党運営の課題を指摘している。具体的には、「党運営上で最大の問題は、まとまりの無さであった（中略）組織として決定したことはみんなで守るというルールが定着していなかった。（中略）重要で且つ意見が対立する問題については両院議員総会で決を採るとの提案が争点になるなど、執行部による一任の取り付け方は課題を残した。意思決定のルールが明確ではなく、テーマによって決定する機関を変えることもできなかった」と指摘している。手続きだけではなく、議員間でルールが共有されていなかった点も問題視されている。

しかし、民主党の政策決定に関する研究は、二つの問題を抱えている。第一に、手続き面での紹介が中心となっていることである。後述するように、自民党の政務調査会に関しては、党内の決定手続き、議員側の態度、政調会の活動パターンが分析されている。それにより、自民党の政策決定、政調会の党内外に対する役割が明らかにされている。それに対して、民主党の政策決定は、同党関係者の伊藤（二〇〇八）、浜谷

（二〇〇〇、二〇〇四）、坂田（二〇〇八）が当時の党内の各機関の位置づけを紹介しているにとどまる。貴重な研究であるものの、議員側の制度に対する態度や政調会の活動量やパターンが明らかにされていないため、民主党の政策決定の特徴が明確になっていない。

第二に、特定の期間の分析が中心となっていることである。二〇〇九年の政権交代後の政策決定は、久保庭（二〇一二）、木寺（二〇一二）、日本再建イニシアティブ（二〇一三）によって分析されている。例えば、木寺（二〇一二）では調整という観点から内閣、国会、官僚制を視野に入れた記述となっており、民主党が政策決定を一元化に向けて変更するには国会や政党の制度改革、議員側の知識の蓄積が必要であったことが指摘されている。また日本再建イニシアティブ（二〇一三）では豊富なインタビュー記録、人事データが活用され、リーダー、フォロワー双方の問題点、組織としてのコミュニケーションの不足等が明らかにされている。

民主党政権の政策決定の分析が進んでいるものの、分析期間が政権交代後に留まっており、民主党の政策決定の特徴と課題がいつから存在したのか、その所在が明らかになっていない。後述するように、民主党の政策決定の特徴と課題は少なくとも二〇〇〇年代から続くものであり、二〇〇九年以降だけでは必ずしも明らかにならない。そのため、本章では党側の意思決定の中心である政策調査会を九六年の結党時から分析する。

本章では、次の三点を明らかにする。第一に、民主党の政策決定の手続きはどのようになっているのか。第二に、政治主導を掲げ、政府・与党の二元的な政策決定から内閣を中心とする政策決定への転換を野党時代から主張していたものの、そのような集権的な決定を支える態度が議員側で形成されていたのか。第三に、組織全体の活動量、活動パターンの特徴は何かである。本章では、以上の三点を明らかにすることにより、民主党の政策決定の特徴と課題を示す。

分析で使用するデータは、次の通りである。政策決定の手続きに関しては、党資料、当事者へのインタビューや回想録を使用する。議員側の手続きへの態度については、毎日新聞社の候補者調査（二〇〇三年、二〇〇五年）、東京大学谷口研究室・朝日新聞共同政治家調査（二〇一二年）を利用する。組織としての活動量やパターンは、『衆議院公報』をデータ化し、使用する。

本章の構成は、以下の通りである。第一節では政党の政策決定に関する先行研究を整理し、記述の枠組みを構築する。その上で、野党時代の民主党の政策決定手続きの変遷と議員側の態度を記述する。第二節では、政権交代後の政策決定手続きを記述する。第三節では、政策調査会の活動を量的に把握し、その特徴を明らかにする。結論では、知見をまとめ、その含意を検討する。

1　トップダウンの手続きと分権的態度の併存

本節では政党の政策決定に関する先行研究を検討する。次に野党時代からの政策決定手続きを概観する。

▼政党の政策決定に関する先行研究

政党の政策決定に関する研究は、主に四つの観点から進められている。第一に、政党の各組織の形成や位置づけを明らかにするものである。福井治弘（一九六九）は、一九六〇年代までの自民党の各組織を記述し、自民党の政策決定のパターンを抽出している。また、村川一郎（一九七九）は、一九七〇年代までの自民党および政府を含めた意思決定過程を詳述している。

政策決定手続きは、審議の過程、議決方法、他機関との権限関係、党議拘束のあり方に分解できる。審議の過程が多いほど、議員が参加し、法案への態度を表明する機会が増加する。そのため、政党としての意思決定は分権的となる。例えば、自民党では部会－政策審議会－総務会の順に決定していく事前審査制があり、三段階の審議にそれぞれ異なる議員が参加している。また、議決の方法も意思決定が集権的か分権的かを左右する。具体的には多数決もしくは全会一致とするかであり、全会一致が原則となっていれば、それだけ分権的な意思決定とされる。他方、決定が役員に一任されている場合は、より集権的なものとなる。さらに、他機関との権限関係である。党の決定が内閣の法案提出権を事実上、制約するものとなっていた。最後に、党議拘束のあり方である。党議決定を経たものが内閣提出法案として国会に提出される。党議拘束の対象となる案件が広範であるほど、集権的な決定手続きである。他方、対象となる案件が限定的であり、自由投票が多いほどに分権的手続きとなる。自民党を例にすれば、審議過程、議決方法、そして他機関との権限関係の三つが分権的なものであることの代償として、ほぼすべての案件が党議拘束の対象となっている。

第二に、組織としての活動量を記述するものである。佐藤誠三郎・松崎哲久（一九八六）は、『衆議院公報』の資料的価値に着目し、一九八〇年代半ばまでの政調会の組織の改廃、活動量等を明らかにした。分析からは、自民党政調会が徐々に活動量を増加させるとともに、各種団体からの要望を受ける対象としても重要性を高めたことが明らかとなった。

第三に、政策決定に関わる議員の認識や行動に関する研究である。猪口孝・岩井奉信（一九八七）は、政策決定の担い手としての族議員に着目し、族議員のキャリアパス、類型、関連する政策決定を示した[3]。上記の二つの視点が組織内の制度や活動量に主眼があるのに対して、議員側がいかなる行動を採っているのかを明らかにした。

第四に、組織としての特徴を政党組織論に位置づけて検討するものである[4]。建林正彦（二〇〇四、二〇〇七〜二一四頁、二〇〇六）は、一体性、凝集性、規律概念を整理し、主にアメリカやラテンアメリカ諸国の研究を参照しつつ、比較の中で自民党の政策決定を位置づけている。自民党は法案に対する議場での一致度という点で、高い一体性を保持した。その背景は高い凝集性でも強い規律でもなく、議員間の調整があったとしている。議員間の水平的な交換、妥協のメカニズムが機能する場合に、一体性が高まることをアメリカ議会の委員会制度に関する交換モデルに言及しつつ、指摘している。

重要な点は、政党が一体的となるには、複数の異なる経路が存在することである。はじめに、規律は議員の再選・政策・出世目標の追求を促進もしくは阻害することで、議員の行動を党執行部の方針へと変化させる手段である。例えば、議決の方式が多数決の場合、執行部は個々の議員の政策選好の差を集約させることができる。異なる政策を志向する議員にとっては、目標追求が一定程度、阻害される。政策決定手続きが集権的な仕組みで構成されている場合、規律が強いとされる。ただし、規律以外にも凝集性の高まりから一体性が導かれることもある。

次に、政党に一体性をもたらす要素として、凝集性がある。第一章で述べているように、本章では凝集性を「イデオロギー上の密接さ、選挙上の目標における共通の利益、共通の地理的結びつき、制度に対する共有された態度によってもたらされる議員間の一致」として定義する。凝集性には、政策上の一致、選挙上の一致、規範や政党への忠誠心・連帯感が含まれ、それぞれが一体性との関係において異なる因果経路が指摘されている。凝集性の構成要素がそれぞれ高まれば、政党執行部への権限の委譲を促し、委譲された権限の価値を高め、規律の行使に対する反発を抑制し、政党の一体性を高める。

特に、政策決定の関係では、規範とそれが社会化される過程が凝集性を高めるものとして着目されてきた。規範は集団のメンバーに受容されている、行為を制御するルールであり、規範は広く共有されることで、適切な手続きとして尊重され、メンバーの行為を方向付けるものになる。規範が議会や政党内で社会化されることで、標準化し、再生産されていく。規範は議員に一貫した組織行動を促し、党内対立を抑制し、凝集性を高める。この点で自民党の事前審査制や議決に関する全会一致慣行は議員の標準作業手続きとして認識されており、党の一体性を保持する上で有益なものである[5]。

以上概観したように、政党の政策決定に関しては、組織内制度、組織の活動量、議員側の行動、組織全体としての特徴という四つの観点から進められてきた。これらは相互に関連しており、議員－執行部間の影響力関係、党としての意見集約のあり方を左右する。本節と次節では組織内制度、議員側の行動を対象とする。組織の活動量は第三節で検討し、組織全体としての特徴は結論で検討する。

▼旧・民主党の特徴

野党時代の民主党では、どのような政策決定手続きが形成されてきたのだろうか。決定過程と党議拘束に関する手続きを中心に検討する。

一九九六年の民主党結党時、鳩山由紀夫と菅直人はそれぞれあるべき党の形について言及している。菅は「政党の構造としては、党員よりも、広く有権者に選ばれた議員集団が基本政策を決定する仕組みを持ち―中略―議員間の闊達な議論・切磋琢磨を促し、政党を有権者により身近なものにしていくためにも、政党内での過剰な集権化を防いでいく」（菅 一九九六、一五一頁）として、議員中心及び集権化を抑制した党のあり方を提示した。また、鳩山由紀夫は、ネットワーク政党としてのあり方を提起し、「党議拘束も原則として行わない。指導部はあったとしても、党則を盾に権限をふるい服従を求めるハードなものではなく、あくまでも知的・政策的イニシアティブを豊富に提供してそれがネットワーク全体から評価される度合に応じて指導的でありうるような、ソフトなものでなければならない」（鳩山 一九九六、一二一頁）として、より分権的な組織運営を志向していた。

一九九六年に結党した民主党では、幹事会を軸とした意思決定が行われた。常任委員会に対応した部会が設置され、その他に調査会やPT（プロジェクトチーム）も配置された。部会の上部に位置する政調役員会の議を経て、幹事会にかけられる仕組みとなっていた[6]。

　また、党議拘束に関しては、一九九六年一二月一〇日の議員懇談会で重要案件を除き原則的に拘束しないことを決定した。議論では、「委員会の理事会で『我が党はどうなるかわからない』では対応できない」(日野市朗)、「超党派の議員立法を出すときに、民主党だけがばらばらでいいのか」(五島正規)という反対論があった。しかし、政調会長の仙谷由人は「政治文化の問題だ。常識を破って原則非拘束とし、重要案件も議論と説得で対応して処分はしないのが立党の精神にも合う」など、個人の結集、ネットワーク政党という結党理念を具体化する形で、党議拘束を原則廃止した(『朝日新聞』一九九六年一二月一一日)[7]。

　一九九七年一二月に新進党が解党し、公明党や自由党等を除く、多くの議員が一九九八年四月に民主党へ合流した。旧・民主党を軸にしたものの、組織のあり方をめぐっては民主党側と民友連側で意見の対立が表面化した。民主党側は常任幹事会(党務)と院内総務会(政策・国会)に権限を分散し、選出方法は党大会で選挙する方式を提案した。常任幹事会の責任者として幹事長、院内総務会側には国会対策委員会と政策調査会を配置する案であった。しかし、民友連側は意思決定に時間がかかりすぎると反発し、党務全般をチェックする議決機関として「総務会」の設置を提起した。この案は自民党を参考にしたとされる。党大会では、総務会を設置することとなり、政策面では部会－政調審議会－総務会という決定過程となった。

　また、旧・民主党の決定手続きの特徴であった党議拘束を原則かけない方針に対しても、見直しが進められた。背景には、結党後、間もなくして国連平和維持活動協力法改正案に対する衆議院本会議で造反があったためである。六月一〇日には「国会審議案件等に関する民主党の方針について」が総務会で承認された[8]。具体的には、閣法、衆法・参法、決議や党が決定する重要政策を対象として、以下の四点が決められた。

一．民主党は、議員一人ひとりの自主性を尊重するとともに、国会審議案件、政策等の方針策定に当たっては、各級機関において徹底した党内議論を行う。

一．民主党は責任ある政党として、基本政策、公約の実現、実行を果たしていく。そのため、政党として対応すべき国会審議案件については、党の態度を国民、有権者に明確に示す。

一．民主党所属国会議員は、党が決定した方針のもとで一致した行動をとる。

一．なお、議員個人の生命・倫理、宗教観等に関わる案件については、例外として個人の自由な判断を尊重することとし、どの案件を例外にするかは政策調査会等の発議を踏まえ、総務会で決定する。

徹底した党内論議、議員個人の生命・倫理、宗教観等に関わる案件を例外とすることを設定しつつも、責任ある政党として、党議拘束をかけることを確認した。このように、旧・民主党が掲げていた原則として党議拘束をかけないという方針は見直された。ただし、造反者への対応は、罰則を科すかどうかについての見解が一致せず、明確な規定を設けないこととなった（『朝日新聞』一九九八年五月二〇日、『朝日新聞』一九九八年六月一一日）[9]。

▼意思決定の簡素化に向けた機構改革

一九九九年一月の代表選挙では菅と松沢成文が出馬し、菅が再選を果たした。菅は意思決定を迅速化するため、機構改革を実施した。政策や国会対策を扱う「院内役員会」、選挙対策を扱う「党務役員会」を新設した[10]。総務会について、菅は「総務会は党の方針を判断する場で、政策修正の場ではない」（『読売新聞』一九九九年一月三一日）として、総務会の役割を制約しようとした。これに対して、総務会長の横路は「総務会は党の重要な政策や方針を決める機関で、修正を求めることも当然あり得る」と反論し、一致をみなかった。

その後も総務会の位置づけをめぐる対立が続いた。発端は機構改革直後の憲法調査会の設置をめぐるやり取りである。民主党の憲法調査会では、国会で憲法問題について議論するため、衆参両院に法案提出権のない「憲法調査会」の設置を提案する方針を決めた。政調審議会の承認を経ていたものの、総務会では慎重論が提起され、議論が差し戻された。このように、総務会の扱う議題の範囲が不明確な状態が続いていた。

党内では鳩山が一九九九年六月に文藝春秋で「民主党再生宣言」を発表し、代表への意欲を示した。他方、菅は党内への根回しなく整理回収機構社長の中坊公平を統一首相候補とする「オリーブの木」構想を七月に発表した。これは様々な議員の反発を招き、熊谷弘、川端達夫、佐藤敬男、仙谷らの出馬要請を受けた鳩山が正式に出馬を表明した。他に横路も出馬し、三者による代表選挙となった。九月の代表選挙に際して、菅と鳩山はそれぞれ機構改革を提起した。菅はシャドー・キャビネットにあたる「ネクスト・キャビネット（NC）」の導入を提唱した。また、鳩山は「民主党は意思決定が迅速ではない。常任幹事会と総務会が争うような形となっており、総務会の存在を点検する必要がある」として、当選した場合には総務会の廃止を検討する考えを示した（『読売新聞』一九九九年九月一〇日）[11]。

代表選挙では鳩山が決選投票の末に当選し、代表に就任した。鳩山は菅の提唱していたNCを採用し、二五日の臨時党大会で規約が改正された。これにより、NCが導入される一方で、総務会は廃止された。

一九九九年一〇月にNCが活動を開始した。NCの大臣は部会（その後、部門会議に）を統括、NCで決定された政策案件は政務役員会の協議と結論で最終合意となる仕組みであった。これに伴い、政調審議会も廃止された。さらに、二〇〇〇年九月の第二次鳩山NC発足と共に、政務役員会も廃止され、党の政策決定をNCに一元化し、最終決定の場とした。

政策決定手続きの変更の背景には、当時の役職者や他党での取り組みの総括があげられる。はじめに、九八年の結党以来、政策調査会長代理、政策調査会長を歴任した岡田克也の影響である。岡田は、党の政

図5-1 野党時代の政策決定の変遷

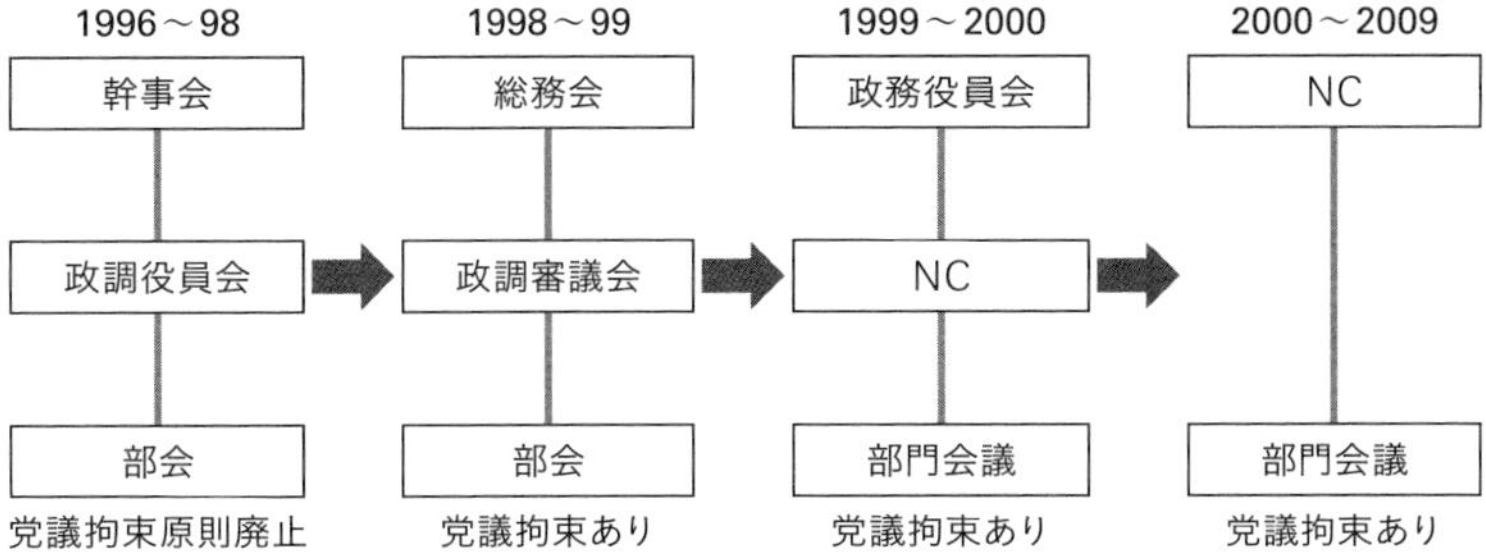

出典：筆者作成。

策決定プロセスを確立すること、政調会長や政調会長代理の権限を強め、統率しやすいようにすることを志向しており、部門会議を置きつつ、最終的な決定権限が政調会長にあることを明確にした（岡田二〇〇八、一四六頁）。また、菅によれば、社会党や新進党での同様の取り組みが有効に機能しなかった点が検討されている。菅は従来のシャドー・キャビネットを参考にした取り組みが「政調との二本立てで屋上屋となり、有効に機能しませんでした」（民主党ネクスト・キャビネット編 二〇〇二、三頁）と総括している。また、政調とシャドー・キャビネットを併存することは、政策決定を二つに分割している、自民党政権の内閣と与党の関係と同じであると指摘し、簡素化を目指していた。

このように、野党時代の民主党では一九九六年の結党から二〇〇〇年代前半まで政策決定の方式や手続きをめぐる組織内での対立や模索が続いた。複数の組織が併存する状態から、徐々にトップダウン型の決定システムの構築が進んできた。図5－1は、野党時代の政策決定の変遷を示している。具体的には、総務会、政調審議会、政務役員会が廃止され、代表が直接政務・党務に関与する仕組みが形成された。政策決定も自民党の部会－政調審議会－総務会という三段階の過程に対して、部門会議とNCの二段階となっている。また、部門会議はNC大臣が統括するため、自民党に当てはめてみれば、政調部会長にあ

図5-2 自民党議員の党議拘束に対する態度(2003、2005年)

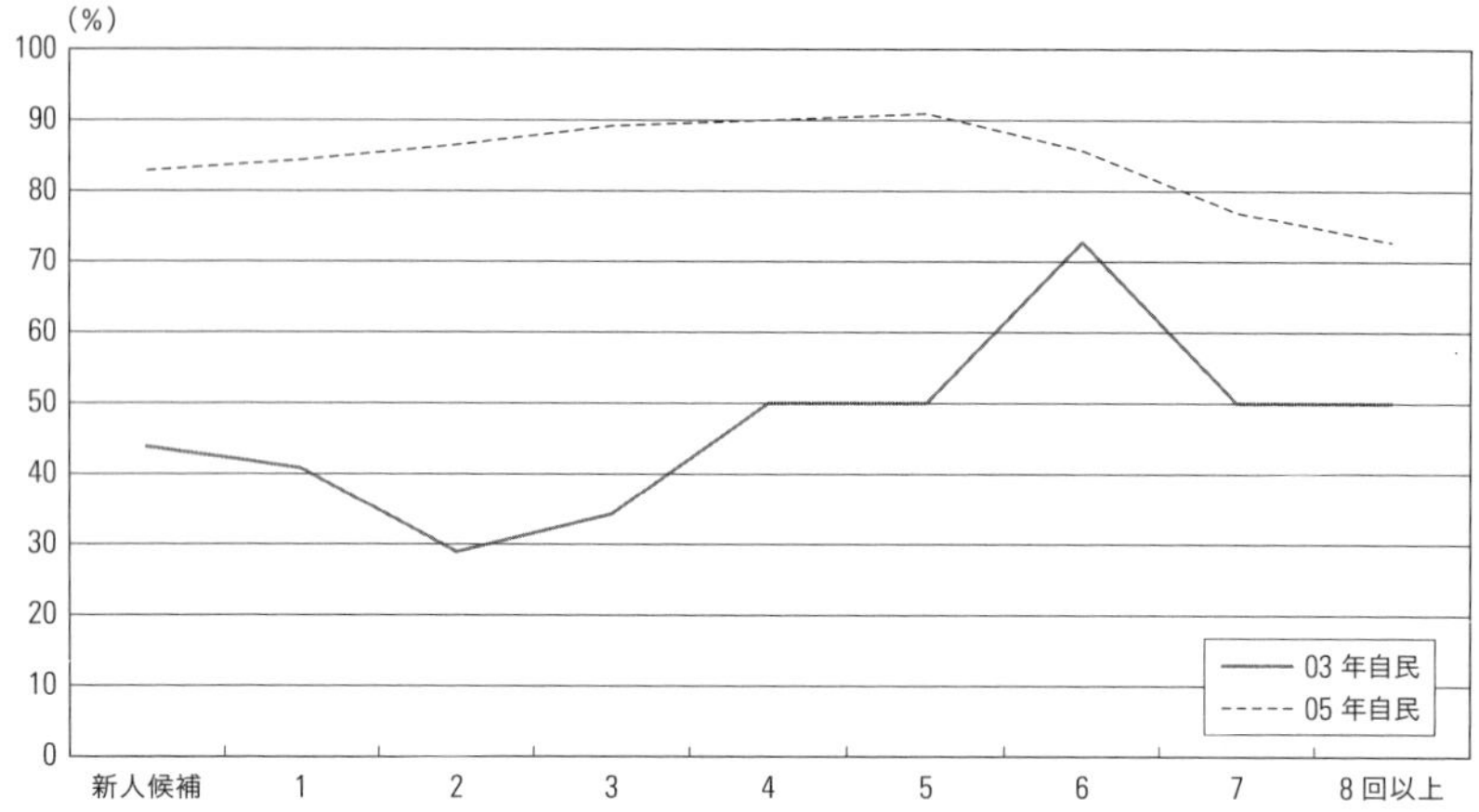

出典：毎日新聞候補者調査(2003、2005)より筆者作成。

たるNC大臣が総務会にあたるNCの構成員である。このように、民主党の政策決定は審議の過程及び審議の担い手の両面で簡素化されている。

▼一致しない党議拘束への態度

NCを軸とした決定手続きに対して、各議員はどのような態度を形成したのだろうか。本章では毎日新聞社が二〇〇三年、二〇〇五年総選挙前に実施した候補者調査を活用する。質問文は「所属政党による党議拘束についてあなたの考えに近いものは？」であり、選択肢は「1．党議拘束に従うのは当然」「2．法案の性格によっては従わないことも許されるべき」である。二回の調査は同じ質問形式で行われ、対象者の回答が地域欄で公開されている[12]。

図5－2は、自民党議員の党議拘束に対する「1．党議拘束に従うのは当然」の回答を当選回数別に示している。二〇〇三年をみると、当選二～三回の議員は党議拘束に三割程度しか肯定的でないものの、当選回数六回では七割以上の議員が当然と回答している。また、二〇〇五年は郵政解散の影響が大きいかもしれないが、

図5-3 民主党議員の党議拘束に対する態度(2003、2005年)

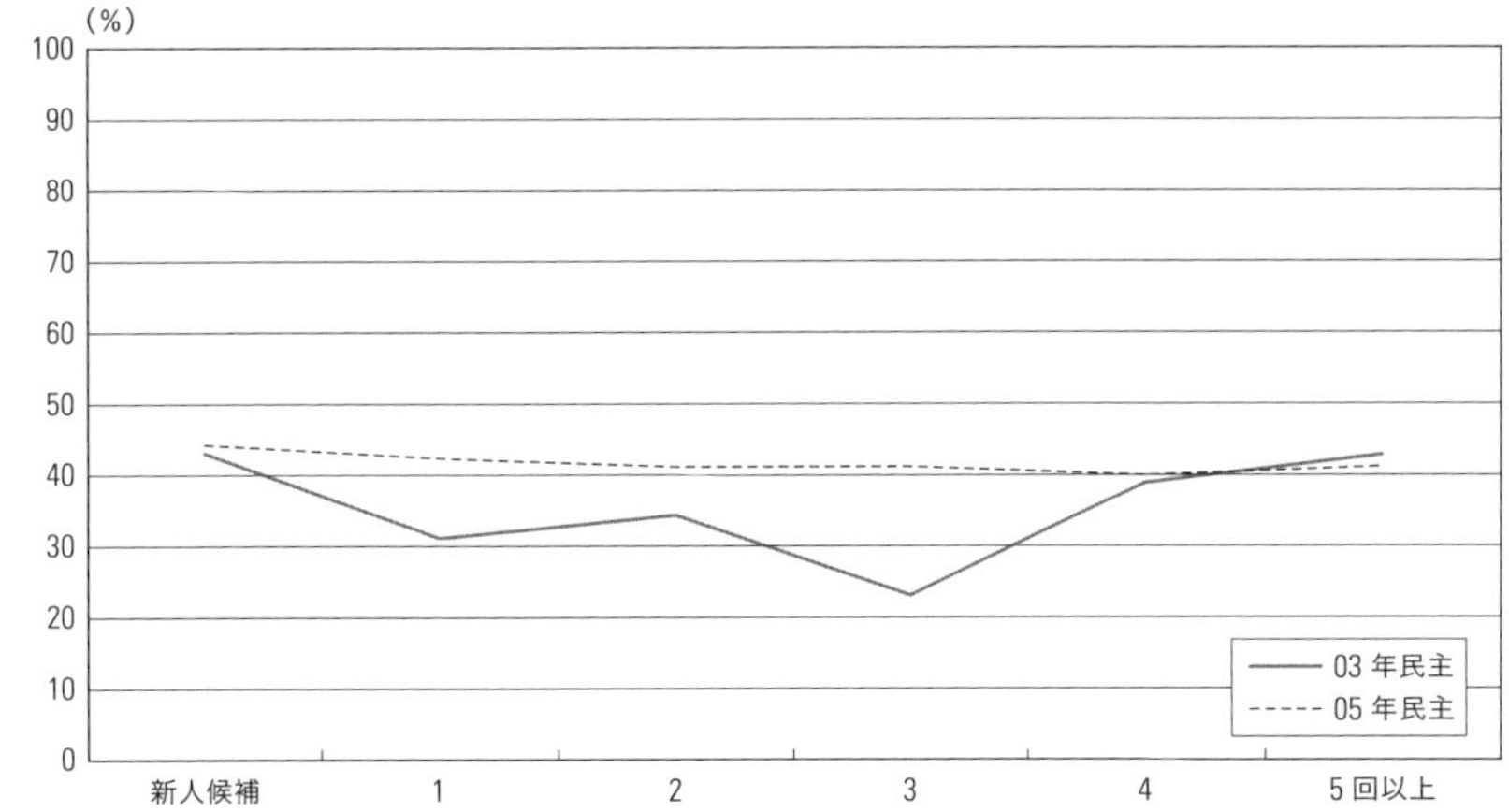

出典：毎日新聞候補者調査(2003、2005)より筆者作成。

党議拘束に対する態度が一変している。どの当選回数でも七割以上の議員が党議拘束に従うのを当然としている。また、当選五回をピークにして、当然と回答する割合が緩やかに上昇する傾向もある。当選回数に応じた役職配分、政策決定への関与を組み合わせたシステムが一体性を維持するのに貢献しており、郵政民営化法案の採決の分析結果とも符合する(Nemoto, Krauss and Pekkanen 2008)。

一方、図5－3は、民主党議員の回答を示している。自民党と比較すると、民主党には当選回数を重ねると共に党議拘束に従うという傾向がみられない。また、二〇〇五年を基準とすると、党議拘束に従う議員割合は、自民党に比べて四〇%ポイント程度低い。二回の調査でどちらも四割程度の議員しか従うのを当然と捉えていない。党議拘束に対して、議員間で一致した態度が十分に形成されていない。国対委員長を歴任した簗瀬進は、「民主党にも、意思決定ルールは明確なものがあります。しかし、九六年、九八年、二〇〇三年と寄せ集めの拡大を連続してきた民主党には、丁寧な根回しをする余裕がなく、形式主義的な手続論を優先させるきらいが当初よりありました。―中略―リーダーになった以上はトップダウンは当たり前的な感覚が優先する、そんな大きな反省点があると思います」（簗瀬 二〇一三、一一四〜一一五頁）と指摘している。リーダーシップを発揮しやすい仕組みとなったものの、それに応じた議員の態度は十分に形成されていなかった。そのため、意見の異なる重要法案等への対応をめぐって議論が紛糾しやすい背景が二〇〇九年の政権交代以前からあったのである。

本節では結党から二〇〇九年までの、民主党の政策決定手続きの変遷を記述してきた。野党時代の民主党は、二〇〇〇年代前半まで各種機関の位置づけが不明確であったものの、トップダウン型の決定システムの構築に向けた努力がなされてきた。党務に関しては、常任幹事会が執行機関から議決機関へと変化し、役員会が執行機関として位置づけられた。また、総務会、政務役員会、政調審議会を廃止し、政策に関してはNCに一元化された。政務、党務のどちらにも代表が直接関与する仕組みを形成し、運営されてきた。

他方、党議拘束を受容する議員割合が民主党内で低い。党議拘束に従うことが当然と認識する議員は少数であり、この認識は自民党と異なり当選回数と共に変化しない。このように、野党時代の民主党では自民党に比べてトップダウンの決定手続きとなっていたにもかかわらず、党議拘束の受け入れに否定的な議員が根強く存在した。

2 政権交代後の決定手続きの変遷

政権交代により、民主党の政策決定手続きはどのように変化したのか。本節では政権交代後の政策決定手続きの変遷を記述する。

▼縮小する与党議員の役割

二〇〇九年の政権交代を受けて、岡田克也の幹事長続投を支持するグループが存在したものの、小沢一郎が幹事長に就任した。九月一六日に発足した鳩山内閣は、「内閣の基本方針」を閣議決定し、その後の閣僚懇談会では「政・官の在り方」と題する申し合わせがなされた。この申し合わせの「二対応方針」の二項目では、政務三役以外の議員による官僚への接触があった場合は記録を残し、大臣等に報告することになった。さらに、官僚から議員への接触についても、大臣等からの指示に基づかない限り許されなくなった。役所側も事前説明や基礎資料の配布等を含め、動きを控え、議員との接触も限定的なものとなった(久保庭 二〇一二、一三〇頁)。

さらに、一八日には政策調査会の廃止が決定された。鳩山自身も七月段階では政策調査会長と閣僚を兼務する方向性を示し、代表代行を務めていた菅も同様の構想を披歴していたが、組閣直前の幹部会で反対論が多数となった。会議の参加者である岡田は「菅さんは政調会長が国家戦略担当大臣を兼務して閣内に入るという話をしていた。この話は最後の場面で異論が出てつぶれた。僕と菅さんは実現すべきであると言ったんですが、残りの三人が反対でした。五人というのは私と菅さんのほか鳩山、小沢、輿石さんです」(薬師寺 二〇一二、二八～二九頁)と述べている(清水 二〇一一a、五五～五七頁)。

この協議を受けた一八日、小沢幹事長は「政府・与党の一元化における政策の決定について」と題する文書を党所属の全議員に送った。「『次の内閣』を中心とする政策調査会の機能は、全て政府(=内閣)に移行する」として、政策調査会は廃止され、各府省政策会議が設置された。政策会議は全与党議員が参加できるものの、各府省の副大臣主催であった。また、九月二九日には法案の事前審査を行わないことが山岡賢次国対委員長、衆院の常任・特別委員長、松野官房副長官等の間で確認された。そのため、政務三役以外の与党議員は現状の説明を聞く機会が与えられるだけであり、予定されている法案についてもこの場で一方的に知らされるだけであった(青木・辻・宮崎 二〇一三、二〇九頁)。運営方法が各省ごとにやや異なるものの、各議員の意見を聴取するものに止まった。

政策調査会の廃止に続き、各議員の立法活動での役割も縮小した。例えば、臨時国会の衆院予算委員会では民主党議員が政府側に質問を行わない方針を発表した。会期の短い臨時国会のみの方針とされたものの、審議時間の短縮が狙いとされた。さらに、議員立法の制限や質問主意書の原則禁止、一一月下旬には請願紹介の自粛[13]等、政府に入らなかった議員の役割は縮小していった。衆参で四〇〇名以上の議員が存在したものの、政府や党の役職に就任した議員が一五〇名にも満たず、半数以上の議員は無役であった。

政策形成過程における与党議員の関与が縮小する中で、民主党は一一月二日、陳情のルートを党に一本化する「分権型陳情への改革」という方針を提示した。陳情のルートは、二つに分けられた。自治体や各地の企業や団体は各地域の県連を通じて、全国レベルの団体は党本部の企業団体対策委員会を通じて幹事長室に上げられ、副幹事長が各省への取次ぎを担った。これに伴い、各地の県連では準備も進められ、実際に陳情や懇談会を行った。判定は担当副幹事長が行い、最終的な取りまとめは輿石東幹事長職務代行を含めた正副幹事長会議のメンバー一六人全員で協議された。各議員が陳情を受け、関連の省庁に取り次ぐものではなくなり、この点でも各議員の役割が縮小した[14]。

政府外与党議員の活動が狭められる中で、国会を軸とした政策形成の可能性も模索された。一〇月には質問研究会が委員会の筆頭理事を主催者として開催されるようになった。有識者や団体等のヒアリングも行われるようになった。また、筒井信隆等の常任委員長等は「今後の委員会運営の基本方針」と題した国会改革案を提示していた。そこでは、委員会での法案修正容認、審議が尽くされた時点で党議拘束、与党議員の審議への積極参加等が盛り込まれていた。同様の方向性は、二一世紀臨調の「国会審議活性化等に関する緊急提言」においても党議拘束のあり方の見直しが提起された。政権内にも松井孝治や仙谷等、国会審議を通じた法案修正を想定した議員も存在していた(清水 二〇一一c、一三四頁)。

しかし、国会審議を軸とした政府外与党議員の政策関与のあり方は定着しなかった。国会改革、政治主導確立法案は成立しなかった。そのため、鳩山代表期に副幹事長を務めた生方幸夫によれば、「官庁側にしてみれば、政務三役さえ説得できれば、もう仕事は終わり」(生方 二〇一〇、一一〇頁)となった。

このように、官僚との接触、党内での政策活動、国会での立法活動、地元や団体向けの陳情活動等、議員が関与する政策活動は大幅に制約されることとなった。そして、各議員は働きかけるにあたって、付き合いのあった議員を通した形となった。しかし、これは党内から幅広く意見を吸収するには不十分であったと考えられる。事実、後の代表選挙時の質疑応答において、小沢自身が政策会議に関して、「形式的な形に終わってしまって、本当に政策論議が全員参加でやれるという状況ではなかった」と認めている(日本記者クラブ 二〇一〇、九頁)。

このような政策決定の一元化による与党議員の役割の小ささに対して、与党議員の不満が蓄積されていった。例えば、川上義博は「みんなイライラしている。国会議員として選出してもらっても仕事にならない」(『毎日新聞』二〇〇九年一〇月二二日)と述べている。また、政権交代直後は無役であった枝野幸男は、「政権発足からの五カ月ほどは内閣や党の枢要なポストにつかず、他方、その後はたいへん多忙な仕事をお預かりしました。異なった立場を経験し、その情報量や忙しさの違いは、党の一体的な運営の大きな障害であると感じています。特に、枢要ポストについていなかった五カ月間に感じた疎外感や情報の飢餓感は、一歩間違えると党の遠心力につながると危惧していました」[15]と後に記している。

▼政策調査会の復活と事前審査制

二〇一〇年三月四日には「政府・与党一元の下での政策調査会の設置を目指す会」が発足し、初会合には四一名が参加した。会議では「政策の議論ができない党なんて聞いたこともない」(安住淳)等、執行部批判が展開された。このような政策調査会の復活を要望する動きの広がりに対して、執行部側は質問研究会を改組し、「議員政策研究会」を設置することを決定した(『読売新聞』二〇一〇年三月八日)。党側の組織として位置付けられたものの、あくまでも政策提言にとどまり、事前審査の権限を付与せず、政策調査会長ポストも設けないものであった。ただ、選挙制度や生命などに関するもの以外は原則禁止としていた議員立法については、四月八日に解禁となった。政府・与党一元化方針もあり、政府と党の合同審査により提出する仕組みとなった。

政策決定の仕組みに関する模索が続く中で、鳩山は自身の資金管理団体の偽装献金問題、米軍普天間飛行場の移設問題を受けて、辞任した。二〇一〇年六月に行われた代表選挙では、菅直人と樽床伸二が出馬した。結果として、菅が二九一票、樽床が一二九票を獲得し、菅が代表に就任した。菅は党改革として政策調査会の復活を表明し、当選後に実施した。政策調査会長には政調会の復活を提唱していた玄葉光一郎が就任し、同時に大臣を兼任した。

政策調査会は各省の政策会議と党側の議員政策研究会を統合する形で復活した。同会には部門会議、調査会、PT等の各機関が再び設置された。個別の会議の位置づけ等は野党時代と変化していない。ただし、政策調査会は提言機関として位置づけられ、事前審査制は採用されなかった。政策調査会長が閣議で署名することにより、党の了承を得たと解釈された[16]。玄葉光一郎によると、ねじれ状態が重なったことにより、与党内をまとめることよりも、対野党折衝に時間を割くことになった。与党内については政策調査会長代理等が会議を回りつつも、週に二〜三度は会議を開催し、党内の動向の把握に努めたとされる[17]。また、官僚による国会対策上の根回しも事実上解禁となった(久保庭 二〇一二、一三四頁)。

二〇一一年一月三一日、岡田幹事長は役員会で党改革検討本部を創設し、その下に三つの委員会(党綱領・党規約・代表選の在り方)を設置することを決定した。政策決定に関しては、党規約検討委員会が扱うこととなった。同委員会での主な議論は、党の役員と閣僚の兼任をどのようにするのか、代表の権限の一部を幹事長に委ねるかどうか、政策の決定機関の在り方の三点である。議論では総理・官房長官・幹事長としかるべき役員として政調会長等を指名し、政府与党の三役会議で最終的に党議を決定することとなった。当時、すでに政府与党三役会議は開催されており、野田内閣において正式に党議決定の最終機関と位置付けられるようになるが、その案は、菅代表期の党規約検討委員会において形成されたのである[18]。

東日本大震災への対応、内閣不信任決議をめぐる党内対立の末、菅は辞任を表明し、二〇一一年九月に辞任した。その後、海江田万里、野田佳彦、前原誠司、鹿野道彦、馬淵澄夫の五人による代表選挙が実施された。代表選挙において、前原は政調会に事前審査機能を付与することを公約の一つに掲げた。決選投票には海江田と野田が進み、野田が二一五票、海江田が一七七票となり、野田が当選した。野田は討論会等で前原の考えを聴き、この考え方に賛同し、前原の政調会長就任と共に予算と法案の事前承認を含めた形での政調会の復活を前原に打診した[19]。野田は政策調査会長と閣僚の兼務を解き、政策決定における党の関与を強める「政策に係る党議の決定について」(二〇一一年九月一二日)を示した。

新たなシステムでは「政府・民主三役会議」が党議決定の最終決定機関と位置付けられた。同会議の構成は、総理、官房長官、幹事長、政策調査会長、国会対策委員長、幹事長代行の六名である。政府側が二名に対し、党側が四名となっている。政策調査会長の上部に政府・民主三役会議を設置することで、党議決定に対して代表の関わる余地を確保した。

このように、政権交代後の政策決定システムは模索が続いた。表5－1は、鳩山内閣期以降の政策機関を整理したものである。各府省の政策会議、質問研究会、質問研究会を改組した議員政策研究会となるにつれて、党側の関与は徐々に拡大してきた。最終的に野田内閣では事前審査制を採用し、党議決定の仕組みが明確となった。もちろん、自民党の事前審査制と同じではない。民主党政権下の仕組みのほうが代表(総理)は最

表5-1 政権交代後の政策機関の変遷

内閣	鳩山内閣期			菅内閣期	野田内閣期
会議名	各府省政策会議	質問研究会	議員政策研究会	政策調査会	政策調査会
主催者	副大臣	委員会筆頭理事	委員会筆頭理事	政策調査会長	政策調査会長
設置期間	2009.9〜2010.6	2009.10〜2010.3	2010.3〜6	2010.7〜2011.9	2011.9〜2012.12
情報提供	○	○	○	○	○
各種団体ヒアリング	△ 註1	○	○	○	○
事前審査	×	×	×	△ 註2	○
政調会長ポスト	空席	空席	空席	任命	任命
閣僚との兼務				あり	なし

註1：省庁による差があり、実施していた省庁（例えば経済産業省）もある。
註2：閣僚を兼務する政策調査会長の署名により担保されていた。
出典：筆者作成。

終決定機関に参画でき、かつ構成員の数が少なく、構成員の人事にも関与できるため、トップダウンの側面が自民党の場合よりも強い。

▼一致をみない党議拘束への態度

他方、党議決定を受け入れる議員側の態度形成は進まなかった。図5−4は、二〇一二年総選挙時の党議拘束に対する民主、自民党議員の回答を当選回数別に示している[20]。質問は、二つの異なる意見を提示し、回答者が自らの意見により近いものを選ぶ形式となっている。意見Aは、「国会での採決時、政党はなるべく党議拘束をかけて、所属議員が全員一致して行動することが望ましい」であり、Bは「国会での採決時、政党はなるべく党議拘束を外して、所属議員がそれぞれ判断して行動することが望ましい」である。選択肢は「Aに近い」「どちらかと言えばAに近い」「どちらとも言えない」「どちらかと言えばBに近い」「Bに近い」の五つである。図では、「Aに近い」と「どちらかと言えばAに近い」を選択した回答者の割合の合計を当選回数別に示している。

図からは、消費税やTPPをめぐる党内対立を経てもなお、民主党議員の間に党議拘束に対する態度が共有されていないことがうかがえる。全ての当選回数において、民主党の賛成割合は自民党のそれを一〇ポイントから四〇ポイント程度、下回っている。民主党を

図5-4　党議拘束に対する態度（2012年）

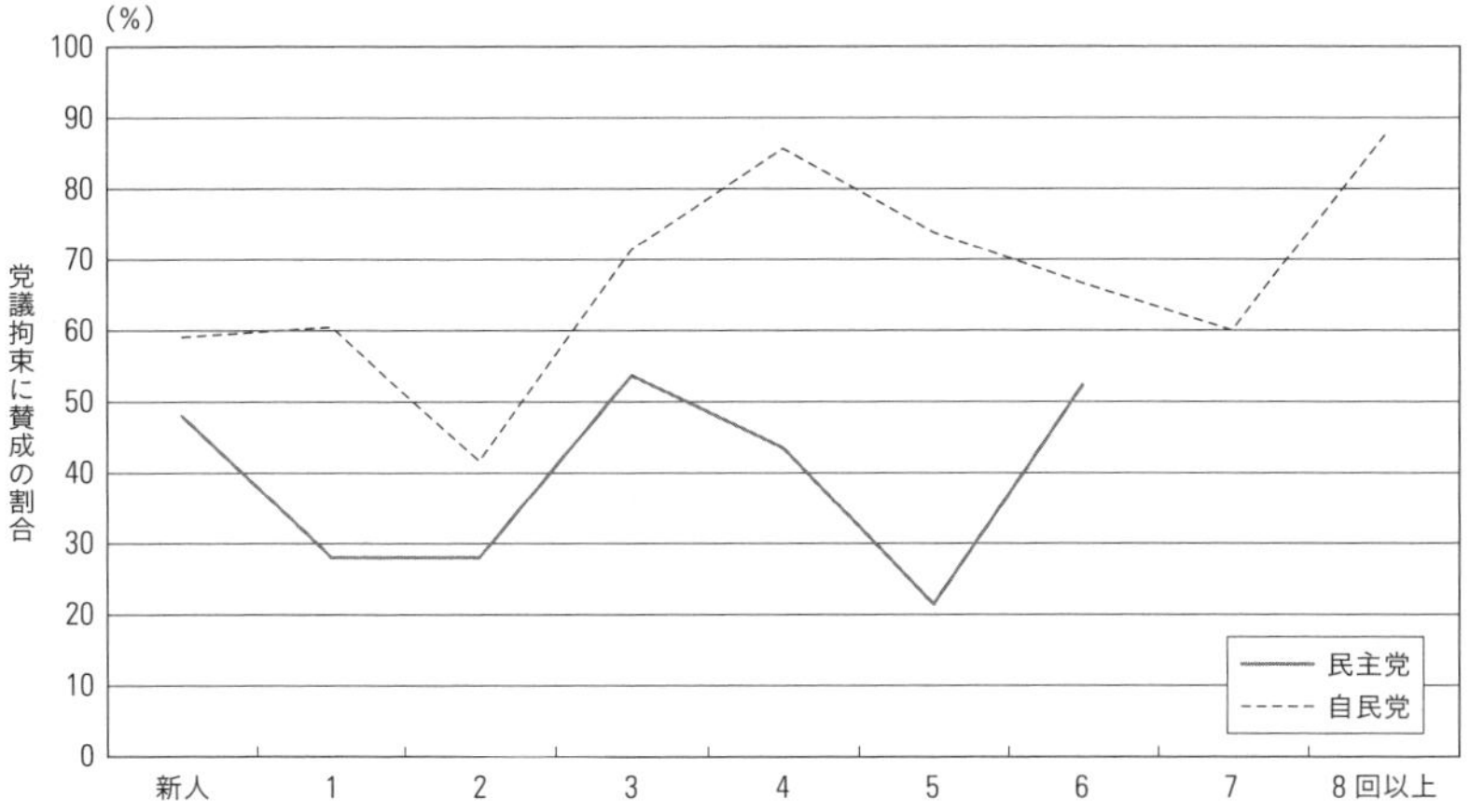

出典：東京大学谷口研究室・朝日新聞共同政治家調査（2012年）より筆者作成。

みると、党議拘束を望ましいとする議員は当選三回、六回以上の議員で五〇％程度であり、他の当選回数でみると、三〇％程度にとどまる。自民党をみると、当選二回の議員で賛成の割合が低下するものの、当選回数と共に賛成の割合が上昇し、四回と八回以上では賛成の割合が八割を超えている。質問文は異なるものの、二〇〇三年、二〇〇五年の毎日新聞社の調査結果でみられた傾向が持続している。

3　個別領域中心の活動パターン

前節では政策調査会の手続きや位置づけ、議員の党議拘束に対する態度を分析してきた。本節では政策調査会の実際の活動を分析する。はじめに、政策調査会を構成する各種会議について説明する。次に、『衆議院公報』を活用し、一九九六年から二〇一二年までの活動量とその特徴を検討する。

▼政策調査会の構成[21]

部門会議は中央省庁、国会の常任委員会や特別委員会に対応した形で設置されている。ほとんどの部門会議は継続しているものの、政治改革部門等の開催されなくなったものもある。部門会議は政策立案・法案審査等の実務の中核機関であり、NC大臣が責任者となって運営される（浜谷 二〇〇四、一四頁）。議員の参加に制約はなく、複数の部門会議に参加できる。

複数の部門にまたがる政策の場合は、プロジェクトチーム（PT）が設置される。この点では調査会とも同様であるが、PTは比較的短期・喫緊の政策課題を審議・立案する場合に設置される。PTの例をあげると、医療問題PT、知的財産権戦略PT等がある。他方、調査会は比較的長期の政策課題を扱う場合に設置される。具体的には、憲法調査会、男女共同参画調査会等である。どちらも議員の参加に制約はなく、様々な調査会、PTに参加できる。他に、ワーキングチーム（WT）、作業チーム、検討小委員会という会議も存在する。これらは、部門会議の中で法案や政策課題について短期間で議論をまとめるために編成される。

▼活動量、審議パターン

本章では政策調査会の活動を捉えるために、『衆議院公報』を使用する。同資料は国会開会中に全議員に配布されるものである。その中に広告欄があり、各党の会議の予定が掲載されている。もちろん、資料では補足できない緊急会議や幹部会もあるであろう。しかし、政党の日常活動を捉える基礎的資料として、その有用性は高いと考える[22]。本章の対象期間は一九九六年九月から二〇一二年一二月までである。

政策調査会ではどれほどの活動が行われているのか。図5-5は、一九九六年から二〇一二年までの政策関係の会議総数を示している[23]。全期間では、一四八九八回の会議が開催されている。年間で約八〇〇回の会議が結党の翌年から恒常的に開催されている。興味深い点は、二〇一〇年の活動量が九七年以降の水準も下回っていることである。野党となった自民党のそれよりも少ない。議員数が数倍になっているにもかかわらず、活動が低調であることは、各議員の活動の場が十分でなかったことを示しているであろう。

図5-5 政策調査会、政務調査会の会議総数の推移

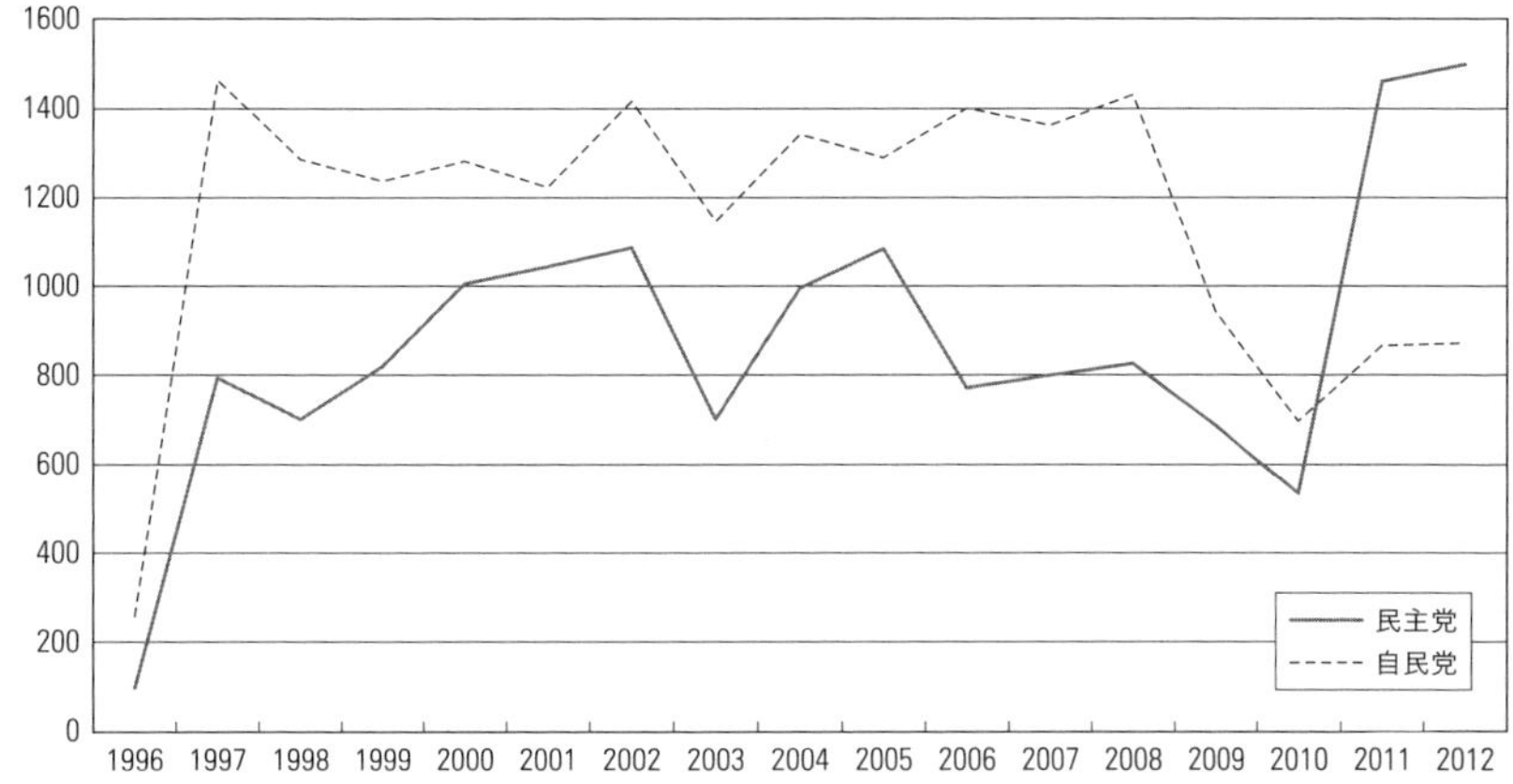

出典：『衆議院公報』より筆者作成。

二〇一一年以降は一五〇〇回近い会議が開催され、それまでの一・八倍もの活動が行われた。

野党時代の民主党の開催数は、与党時代の自民党の政調会開催数をやや下回る程度のものである。国政選挙のあった年を除くと、自民党は一四六二（一九九七年）、一二三七（一九九九年）、一四一六（二〇〇二年）、一四〇〇回（二〇〇六年）である。図には示していないが、月単位で見ると、八月や一二月頃の会議数で大きな差がある。与党の場合は予算編成のサイクルに合わせた活動がみられるものの、野党時代の民主党は国会審議に対応した活動が中心となっており、上記の時期の活動量が少ない。ただ、二〇一一年以降の活動量は自民党の与党期をやや上回る活動量である。ただし、あくまでも開催数であり、個々の議員の参加度合いは別である。議員インタビュー等では会議に参加する議員の少なさを指摘する声もあった。

民主党の審議の形態には、どのような特徴があるのだろうか。表５－２は、政策調査会の会議別の開催数とその割合を示している。表からは、年による増減があるものの、部門会議の開催数の多さがわかる。表の下段に示

2004	2005	2006	2007	2008	2009	2010	2011	2012	合計
286	331	361	419	377	278	317	756	681	6281
174	124	94	91	70	47	53	180	202	1402
148	157	24	33	49	89	106	323	356	2179
131	202	93	87	142	95	103	504	609	2931
202	215	169	139	180	153	34	161	228	2250
995	1083	771	800	826	687	533	1460	1498	14898
28.7	30.6	46.8	52.4	45.6	40.5	59.5	51.8	45.5	42.2
17.5	11.4	12.2	11.4	8.5	6.8	9.9	12.3	13.5	9.4
14.9	14.5	3.1	4.1	5.9	13.0	19.9	22.1	23.8	14.6
13.2	18.7	12.1	10.9	17.2	13.8	19.3	34.5	40.7	19.7
20.3	19.9	21.9	17.4	21.8	22.3	6.4	11.0	15.2	15.1

2004	2005	2006	2007	2008	2009	2010	2011	2012	合計
178	175	198	211	141	145	230	288	231	3858
276	265	270	316	359	164	44	61	99	3581
34	39	52	56	90	34	19	48	99	673
233	240	217	205	251	174	105	135	163	3006
335	276	325	319	279	118	65	64	63	3821
355	390	456	394	408	287	158	194	215	5339
1342	1290	1400	1362	1430	942	697	867	872	19510
13.3	13.6	14.1	15.5	9.9	15.4	33.0	33.2	26.5	19.8
20.6	20.5	19.3	23.2	25.1	17.4	6.3	7.0	11.4	18.4
2.5	3.0	3.7	4.1	6.3	3.6	2.7	5.5	11.4	3.4
17.4	18.6	15.5	15.1	17.6	18.5	15.1	15.6	18.7	15.4
25.0	21.4	23.2	23.4	19.5	12.5	9.3	7.4	7.2	19.6
26.5	30.2	32.6	28.9	28.5	30.5	22.7	22.4	24.7	27.4

している割合をみても、期間全体で四二・二%である。一方で、複数の分野にまたがる問題を長期的に審議する調査会活動は低調である。年間で七〇回前後であり、自民党のそれは年間二五〇回程度であるため、かなり少ない。以上から、民主党の政策活動は個別の政策領域が活発であり、それを基盤として、議員立法等も積極的に提出されていた。政策調査会が毎年発行する「国会レポート」等でもそれが強調されていた。しかし、複数の分野にまたがる中長期の課題についての検討、問題意識の共有、集約が弱かった可能性がある。

表5-2 政策調査会、政務調査会の会議別の開催数の推移

A．民主党

	1996	1997	1998	1999	2000	2001	2002	2003
部門	34	373	261	373	394	405	378	257
調査会	21	74	21	39	80	62	55	15
PT	5	106	116	139	241	65	129	93
委員会、WT	12	90	124	135	79	267	202	56
合同会議	5	52	60	97	99	114	173	169
合計	97	794	701	820	1005	1043	1085	700
部門	35.1	47.0	37.2	45.5	39.2	38.8	34.8	36.7
調査会	21.6	9.3	3.0	4.8	8.0	5.9	5.1	2.1
PT	5.2	13.4	16.5	17.0	24.0	6.2	11.9	13.3
委員会、WT	12.4	11.3	17.7	16.5	7.9	25.6	18.6	8.0
合同会議	5.2	6.5	8.6	11.8	9.9	10.9	15.9	24.1

B．自民党

	1996	1997	1998	1999	2000	2001	2002	2003
部会	48	348	292	286	342	257	319	169
調査会	40	259	231	219	247	196	291	244
PT	3	26	27	47	32	15	11	41
委員会	44	240	185	177	156	143	169	169
小委員会・分科会・WT	40	269	282	264	290	193	367	272
合同会議	85	381	339	305	356	381	324	311
合計	257	1462	1286	1237	1282	1222	1416	1146
部会	18.7	23.8	22.7	23.1	26.7	21.0	22.5	14.7
調査会	15.6	17.7	18.0	17.7	19.3	16.0	20.6	21.3
PT	1.2	1.8	2.1	3.8	2.5	1.2	0.8	3.6
委員会	17.1	16.4	14.4	14.3	12.2	11.7	11.9	14.7
小委員会・分科会・WT	15.6	18.4	21.9	21.3	22.6	15.8	25.9	23.7
合同会議	33.1	26.1	26.4	24.7	27.8	31.2	22.9	27.1

出典：『衆議院公報』より筆者作成。

例えば、簗瀬進は「寄せ集めであるがゆえに、厳しい総括をすれば壊れてしまうのではないかという恐怖心が、いつも党内にあったように思います」と述べている（簗瀬 二〇一三、二九頁）。

次に、どのような政策分野での会議が多いのだろうか。表5－3は、政策分野別の会議開催割合を示している。政策分野を確定する上で、部門会議と上部の部門会議が判明した小委員会、WTを活用した。

表からは、全期間を通してみると、どの政策分野も八％前後であることがわかる。自民党の場合は比較的、割合の高い領域が明確であ

2004	2005	2006	2007	2008	2009	2010	2011	2012	全期間
12.7	18.4	10.7	10.9	7.5	7.1	8.3	10.8	8.5	9.3
15.5	18.4	13.0	10.2	10.9	10.2	5.3	7.5	9.2	10.3
9.0	10.9	11.0	8.1	7.5	7.6	7.5	7.2	11.7	9.1
15.5	12.1	7.0	8.1	9.2	13.6	6.7	9.5	17.6	8.8
12.3	6.8	11.8	15.9	16.0	14.5	6.1	8.5	11.3	11.2
8.6	6.1	8.5	8.3	7.0	8.0	6.9	8.0	9.5	8.2
10.1	13.1	18.6	17.3	29.4	18.7	14.7	18.6	20.2	17.4
5.6	4.7	7.6	10.0	6.5	7.8	7.8	8.4	5.8	7.0
11.6	7.4	7.0	7.6	9.2	8.0	26.4	16.7	14.6	11.6
9.0	10.9	8.7	8.1	8.2	13.8	5.3	6.6	7.3	8.9
10.5	10.9	14.0	9.7	10.1	10.2	5.0	6.6	9.2	9.4
465	512	516	578	586	449	360	893	862	8535

2004	2005	2006	2007	2008	2009	2010	2011	2012	全期間
7.8	12.0	8.4	11.2	6.9	5.7	7.0	5.1	5.9	7.1
15.9	10.8	15.2	11.9	12.4	25.0	27.6	19.3	22.0	15.3
5.8	8.3	5.9	5.6	5.2	5.4	7.9	14.9	11.1	8.0
10.1	10.3	13.4	10.0	13.6	10.3	8.7	11.8	14.4	8.9
8.9	10.3	6.4	5.8	10.7	7.2	9.3	11.1	8.7	8.7
15.9	12.2	16.6	11.2	11.5	16.0	6.8	10.4	12.4	10.3
8.7	6.9	8.9	10.0	10.5	13.1	18.6	11.3	10.6	11.7
5.4	7.7	4.6	6.8	9.4	5.7	4.2	3.1	6.9	5.3
12.7	13.4	10.0	13.2	12.4	13.1	19.2	15.3	17.1	14.5
7.4	9.9	8.4	8.9	7.8	12.6	7.6	6.9	9.7	9.3
11.8	10.8	13.4	12.1	12.2	8.5	7.9	12.9	9.4	11.7
552	507	561	570	477	388	355	451	404	8646

るため、様々な政策分野で活動がなされていることが民主党の特徴である。そのような中で、厚生労働部門(部会)は全期間の平均が一五・六%であり、他の政策分野の倍を占めている。二〇〇二年から二〇〇五年までは割合がやや低下するものの、ほぼ毎年開催数は一位である。厚生労働分野への政策的な比重の高さがわかる。子ども手当をはじめ、民主党の政策的特徴とも符合する結果であろう。

▼ヒアリング対象の拡大

政策調査会は法案の審査や議員立法の作成を行

表5-3 政策分野別の会議開催割合の推移

A．民主党

	1996	1997	1998	1999	2000	2001	2002	2003
法務	5.3	4.0	3.2	7.8	6.8	7.7	10.3	11.5
外務防衛	15.8	6.8	13.3	6.9	7.4	8.3	10.6	12.9
財務金融	5.3	5.2	4.6	8.4	10.6	12.2	9.7	12.0
内閣	0.0	2.6	0.0	0.0	0.0	5.5	13.0	11.2
総務	13.2	11.8	9.2	11.2	11.0	11.1	10.3	9.3
文部科学	7.9	8.2	12.4	9.0	9.0	7.2	7.6	6.6
厚生労働	15.8	16.5	21.3	26.1	15.9	12.2	9.2	11.5
環境	2.6	7.3	6.9	4.9	4.8	7.3	9.7	5.9
農林水産	10.5	16.2	16.7	9.2	13.5	9.2	7.2	6.8
国土交通	7.9	9.4	8.4	9.4	9.8	7.9	11.9	10.2
経済産業	7.9	8.9	4.3	11.6	9.8	7.9	12.4	8.8
N	38	425	347	510	498	531	555	410

B．自民党

	1996	1997	1998	1999	2000	2001	2002	2003
法務	4.9	7.4	8.2	3.5	4.7	6.4	6.2	7.6
外務防衛	12.3	9.1	11.0	12.5	13.7	18.2	16.2	15.4
財務金融	6.6	11.2	10.0	8.7	6.8	6.1	6.3	10.8
内閣	4.1	3.8	3.2	3.8	6.3	7.7	9.8	11.6
総務	7.4	8.5	8.2	10.8	8.4	10.3	8.8	7.2
文部科学	7.4	5.3	5.4	5.6	11.8	10.1	7.7	9.6
厚生労働	16.4	16.5	15.9	15.3	8.6	10.5	12.5	8.8
環境	1.6	4.2	6.7	4.7	4.4	4.7	4.2	3.8
農林水産	18.9	18.5	15.2	19.6	16.7	9.8	12.3	13.8
国土交通	12.3	13.9	11.9	8.7	10.7	8.2	5.5	9.2
経済産業	10.7	7.1	9.7	12.0	12.4	15.5	15.7	13.0
N	122	660	598	576	663	611	650	501

註：網掛け部分は上位三分野であることを示している。
出典：『衆議院公報』より筆者作成。

う。特に選挙制度改革後の議員立法の増加は民主党に負うところが大きく、党の政策調査会自体も議員立法を強調している。どのような人々が政策調査会に参加しているのだろうか。図5－6は、ヒアリング参加者の総数と主なヒアリング対象の推移を示している。一九九六年から二〇〇九年までをみると、三つの時期に分けられる。一九九六年から一九九八年まででは、ヒアリングそのものが少なく、中央省庁を対象とした回数が徐々に拡大した。一九九九年から二〇〇三年までは、中

図5-6 ヒアリング総数と主な対象の推移(1996〜2011年)

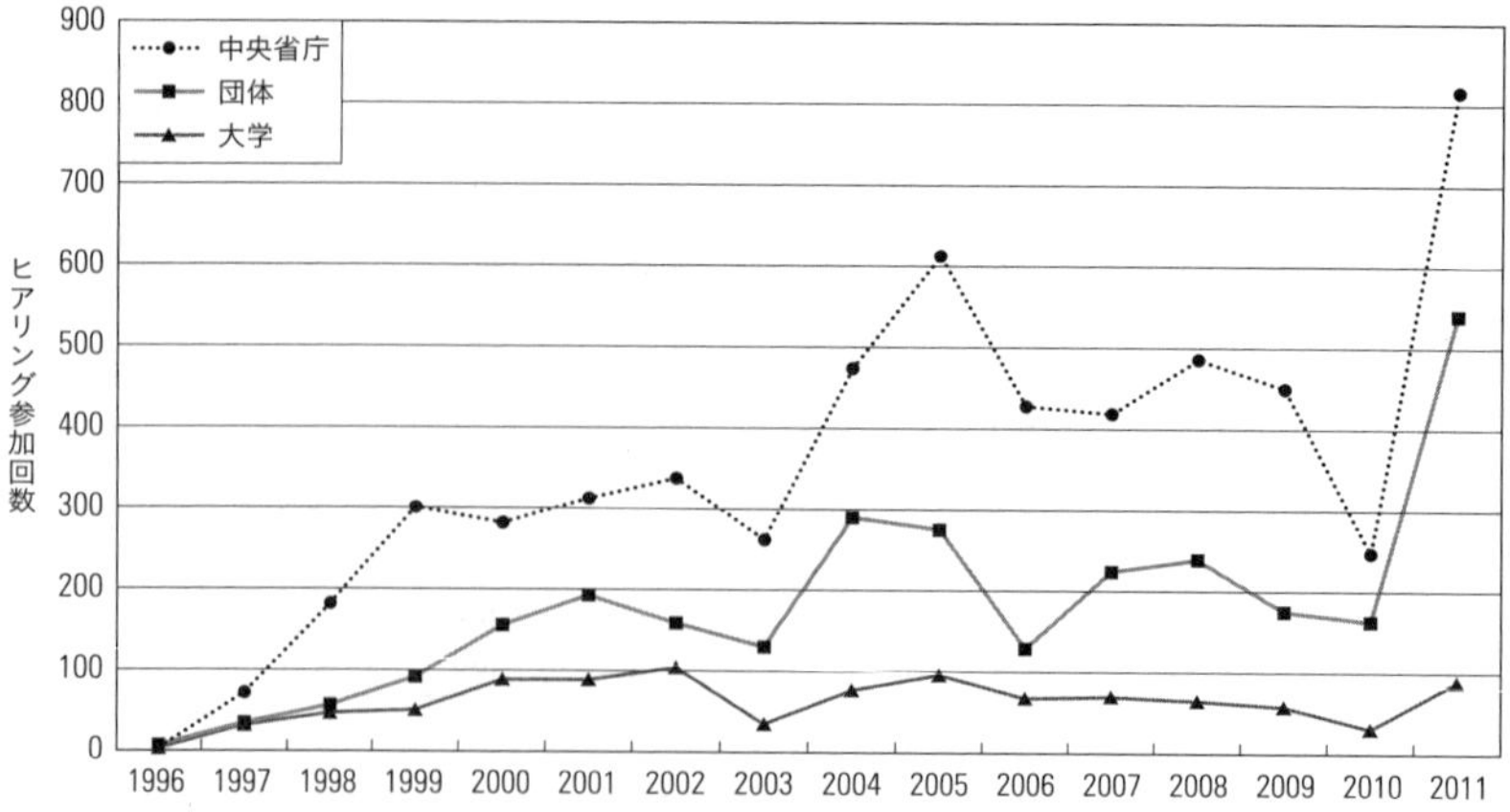

出典:『衆議院公報』より筆者作成

央省庁が三〇〇回、各種団体が一五〇回、大学関係者が一〇〇回前後で推移している。二〇〇四年から二〇〇九年までは、中央省庁が五〇〇回前後、各種団体が二五〇回前後で推移している。政党のヒアリング回数は、有権者の政党支持率の推移に少し先行する形で徐々に増加している。

政権交代後は、政策調査会の廃止もあり、回数が減少するものの、二〇一一年にはヒアリング回数が急増し、特に各種団体は従来の倍以上の参加となっている。確かに民主党政権では政務三役の役割が拡大し、省庁への直接のロビイングが増えた可能性もある。『衆議院公報』ではその可能性を把握することはできないものの、それでも二〇一一年には従来の水準を大幅に上回るヒアリングが行われた。

このように、与党時代と野党時代では活動量がことなるものの、政策調査会の活動量は自民党との比較において、大きな差はない。また、個別の政策領域や小規模な単位での会議は活発に行われ、議員立法も形成されてきた。議員立法の提出数は第2章の分析で明らかなように、政権交代後の政府人事において、大臣や副大臣等に任命される確率を上昇させることに繋がっていた。しかし、個別の政策や活動を全体としてどのように整合的なものとするかどうかについては、党執行部の裁量が大きく、党全体としての活動の中で整理、共有されていなかったのではないだろうか。この点は、調査会に代表される、中長期の課題を扱う部門の活動量が少ないことから推察される。

結論

本章では、次の三点を検討してきた。第一に、民主党の政策決定の手続きはどのようになっているのか。第二に、内閣を中心とする集権的な政策決定を支える態度が議員側で形成されていたのか。第三に、組織全体の活動量、活動パターンの特徴は何かである。本節では、前節までの知見をまとめ、組織としての特徴とその含意を考察する。

分析からは、次の四点が得られた。一点目は、野党時代の民主党でトップダウン型の政策決定の構築が進められてきたことである。政策決定手続きに関して、一九九六年から二〇〇〇年代前半までは機関の位置づけをめぐる対立がみられたものの、意思決定の簡素化が進められた。党務は常任幹事会、政務はNCが最終決定を担い、どちらにも代表が直接関与する仕組みとなった。

二点目は、党議拘束を受容する議員割合が民主党内で低いことである。二回（二〇〇三年、二〇〇五年）の調査において、どちらも四割程度の議員しか党議拘束に従うのを当然と捉えていない。党議拘束に対して、議員間で一致した態度が十分に形成されていなかった。この点は二〇一二年段階でも継続していた。

三点目は、政権交代後の政策決定は模索が続くと同時に、党側の関与を強める方向で変化したことである。鳩山内閣では政策調査会が廃止されたものの、情報提供以外にも各種団体とのヒアリング、政策形成への関与へと役割が拡大されてきた。野田内閣では事前審査制が採用され、党側が権限の点でも関与を強めた。四点目は、部門会議を中心とした個別領域での活動が活発に行われる一方、中長期的かつ領域横断的な活動が低調であったことである。民主党が野党時代から年間八〇〇回程度の会議を行い、徐々にヒアリング対象を拡大する等してきた。

以上の分析結果から、民主党には野党時代からトップダウン型の政策決定手続きを構築してきた一方で、党議拘束を受け入れにくい傾向の両方が併存していたことがわかる。このような傾向が併存しえた背景には、野党という立場が大きかったものと考えられる。野党時代は、政府・与党を批判することが活動の中心であり、党内対立の存在自体が見過ごされた、あるいは、党としての意思決定を避けることができた。そのために、集権的な意思決定構造と党議拘束を忌避する態度の両者が併存できたのであろう。

しかし、政権として法案を提示しなければならない立場では、意見の乖離が大きい問題でも対処する必要性に迫られる[24]。政権交代後は政治主導という目標を受けて、トップダウン型の意思決定手続きが強められ、各議員よりも党執行部への集権化が進んだ。ただし、他方で党議拘束を受け入れにくい傾向も継続しており、制度面での規律の強化を支える凝集性は低い状態のままであった。議員間の政策意見の相異も大きいと共に、手続きに対する共有された態度が形成されていなかった。重要法案などへの対応をめぐって議論が紛糾しやすい背景は、二〇〇九年の政権交代以前からあった。さらに、政権交代後は、凝集性が低いままであるにもかかわらず、形式的な規律の強化を進めたために、党執行部が政党としての一体性を維持するコストを押し上げた。また、一般の議員にとっても、政策決定に関与することが難しい仕組みが導入されたために、与党であるにもかかわらず、党に所属することの便益が分かりにくくなったと考えられる。

また、政権を獲得した際の党の仕組みについて、政策調査会の廃止が組閣直前の議論に左右される等、幹部レベルでも共有された実質的な制度設計は欠けていた。この点は、政権交代後の議員の立法活動の制約や陳情の見直しも同様である。さらに、自民党の長期政権の下で、野党として発展してきたため、民主党では政権を担った経験のない議員が多数であった。政権獲得後の政策決定の仕組みについて、党内の議論に関わってきた松井孝治や福山哲郎も、組織のイメージを共有しにくいテーマであり、党内での議論が限定的であったことを認めている(薬師寺 二〇一二、一七〇頁、二一一～二一九頁)。つまり、政権交代後の意思決定をめぐる変遷は党内での手続きの不明瞭さを招き、幹部レベルに限らず各議員に、党としての意思決定についての共通認識を形成することを阻害したと考えられる。これらの点は野党時代からの課題であり、それが政権交代後に噴出し、かつ党内対立と連動することで、党としての意思決定の困難を招いたのであろう。

以上の分析結果からは、規律を支える凝集性の重要性が含意として引き出せるであろう。政策や手続きに対する共有された態度を欠いた中では、党執行部の権限強化が仮に進められたとしても、議員側の反発を強める可能性がある。比較研究においても、規律の強さは造反や離党を誘発すると見られている(Heller and Mershon 2005, 2008)。そのため、凝集性の低い状態の中で集権的な制度を構築し、規律を強めるだけでは造反や離党のリスクを高めた可能性がある。仮に小選挙区制を前提すれば、今後も日本の政党政治では政党の合併が避けられず、政策や決定手続きに関する凝集性が構造的に低くなりやすい状況が想定される。そのような中で集権的な決定手続きを目指す場合、凝集性を高めることがより重要となる。

民主党政権では政策決定に関する新しい試みがなされたけれども、その課題も多い。事前審査制を当初採用しなかったこと、政策調査会長と大臣の兼務による一元化の仕組み等、自民党政権とは異なる、集権的な政策決定のあり方であった。ただし、マニフェストによって全ての問題に対処できるわけではないため、政府与党間の調整をどのように進めていくのかは、今後も民主党にとっての課題である。二〇一三年段階でも政府与党のあり方について、同党内では見解が分かれている(日本再建イニシアティブ 二〇一三、二一一頁)。内閣、国会、官僚制を視野に入れつつ、事前審査制を導入するのか国会審議段階で調整を図るのか、党議拘束をどのような案件にどの段階でかけるのか等が制度上の課題である。このような制度設計の詰めと同時に日常的な活動を通じた議員側の一致した態度の形成が求められる。

謝辞

本章の執筆において、多くの先生方から貴重なコメントを頂いた。二〇一二年度の日本選挙学会では丹羽功先生、松田憲忠先生やフロアの先生方から有益なご指摘を頂いた。また、『衆議院公報』のデータ処理にあたっても、多くの方々の協力を得た。特に、中園卓巳さん、平野詩歩さん、鬼塚恵介さん、松本拓さん、佐藤元哉さんには記して感謝したい。

註

1——自民党政権期の対象は、民主党結党後の一九九六年九月から二〇〇九年八月である。一九九〇年から集計した場合でも二・七件であり、変化はない。

2——調査時期は、二〇一三年四月二五日から八月九日である。対象は民主党衆議院議員五六名であり、回収率は八〇・四%（四五名）である。

3——McCubbins and Rosenbluth (1995) では中選挙区制下の集合行為問題の解決として、政策分野のすみわけを位置づけた。さらに、建林（二〇〇四）は、地域割りとセクター割りを導き、政務調査会の所属パターンから選挙制度と議員行動の関係を明らかにした。

4——概念の整理については建林（二〇〇四、二〇〇六）、高安（二〇一一）を参照。概念整理と政党内制度の変容過程に関する分析枠組みについては、濱本（二〇一三）で検討している。

5——建林が指摘する調整においても、自民党内に「お互いに相手の排他的影響力を尊重するかわりに自分のそれを尊重してもらう、そしてそれぞれの出した決定は、全体としてサポートする」（建林 二〇〇四、二〇九頁）という共有された態度が成立していた可能性を指摘している。

6――機構図は民主党政策調査会「チャレンジ・ファースト（民主党国会レポート97）」、一一〇頁を参照されたい。

7――当時を回想して、菅は「非常に民主的な政党だったんですが、ヒエラルキーがなくて、派閥的なものも薄くて、上下関係もあまり厳しくなくて、戦後生徒会民主主義的なところがあって、指示命令系統がきちんとしていない、何となくフワッとした政党でしたね」（五百旗頭・伊藤・薬師寺 二〇〇八、一五九頁）と述べている。

8――後述するように、当時は総務会が議決機関であり、常任幹事会は執行機関であった。そのため、常任幹事会の承認は総務会前日の九日に行われている。

9――その後、造反者には役職停止等の措置がとられるようになった。

10――ただし、院内役員会、党務役員会は半年程度で開催されなくなった。常任幹事会や総務会等との役割分担が明確でなく、機能しなくなったものと考えられる。

11――国対委員長を務めた佐藤敬夫も「党の中身の問題としては、たった一つです。だれがなっても意思決定と責任の所在をきちんとする。―中略―国対という現場を預かってみて、基本的なルールがないと対外交渉をするときのよりどころがないわけです。（中略）意思決定のルールが見えるようにしてほしい。これが当選回数四回生のあらゆる政党を渡り歩いてきた私の願いです」（佐藤 一九九九、一七九～一八〇頁）と記している。

12――ただし、四七都道府県の地域欄を確認したものの、以下の県では各候補者の回答が紙面上で確認できなかった。二〇〇三年調査では、宮城県、沖縄県、二〇〇五年調査では岐阜県、沖縄県が該当する。二〇〇三年は無回答も含めて、一〇二六名中八三名が回答をしておらず、九二％の候補者はアンケートに対応し、同項目に回答している。二〇〇五年は一一三一名中一二二名が回答していないものの、九〇％程度の候補者は回答しており、ほとんどの候補が含まれている。

13――紹介議員について、政府・与党の政策実行などに寄与すると判断される請願以外は自粛、政務三役、国会の常任委員長などは原則禁止、野党主導の請願は自粛とした。

14――ただし、他党は従来通りであったため、後に党の了承が得られれば、各議員が取り組むこととなった。

15――枝野幸男Eメールニュースレター（Vol.211 政権運営の教訓～その2）。http://www.edano.gr.jp/enews/e-news211.html（最終閲覧日二〇一三年一二月九日）。他に久保庭（二〇一二、一二八頁）でも指摘されている。

16――常任幹事会資料である「民主党政策調査会の機構」「政策調査会の機能と機構について」では政調会長がどの

ような条件の下に党側の了承が得られたと判断するのかが明らかではない。

17――玄葉光一郎議員へのインタビュー(二〇一三年一〇月三一日)

18――藤本祐司議員へのインタビュー(二〇一三年一〇月三〇日)

19――前原誠司議員へのインタビュー(二〇一三年六月二〇日)

20――東京大学谷口研究室・朝日新聞共同政治家調査は二〇一二年一一月から一二月に実施されたアンケート調査である。対象者は立候補者一五〇四名であり、有効回収率は九三・四%(一四〇四名)と非常に高い。調査データを公開されている関係者の方々に記して感謝したい。東京大学谷口研究室・朝日新聞共同調査データアーカイヴ http://www.ju-tokyo.ac.jp/~masaki/ats/atpsdata.html (最終閲覧二〇一四年四月一五日)

21――本項の記述にあたっては、浜谷(二〇〇〇、二〇〇四)、坂田(二〇〇八)を参照した。

22――自民党の発行していた『月刊自由民主』には政務調査会日誌というコーナーがあり、政調会の活動量が把握できた。しかし、同コーナーがなくなり、雑誌自体も後に休刊となった。また、民主党の政策調査会の活動を補足できる資料は、管見の限りでは存在しない。そのため、衆議院公報の資料的価値は高いものと考える。

23――総数には前項で説明したもの以外に本部、委員会、合同会議、その他の会議、NCも含んでいる。

24――与党が議題設定の全てを統制できる場合は異なるであろう。ただ、定期的な更新が予定されている案件、突発的な事象への対処等、与党が議題を全て管理できるわけではない。

第6章

党・労組・地方議員による三位一体型集票・陳情システム

——民主党三重県連を中心に

森 正
MORI Tadashi

はじめに

政界再編の過程で、様々な背景を持つ議員集団から構成された民主党の地方組織は、いかなる構造、多様性を持つのだろうか。民主党は地方組織を通じて、いかに民意を吸収、獲得していったのか。本章の目的は、一九九六年の結党から新・民主党結成、そして政権交代に至るまで、民主党の地方組織はどのように形成され、地方組織レベルで統一を進め、パフォーマンスを高めていくことに成功したのか、その形成と発展のプロセス、さらに政権交代後の民意吸収プロセスについて明らかにすることにある。

中選挙区制の下、長期にわたり与党の座にあった自民党議員の集票活動は、党組織よりも自前の後援会組織を介したため、カーティス(Curtis 1971)、山田(一九九二、一九九七)、朴(二〇〇〇)など議員の個人後援会に焦点を当てた研究が多い。党地方組織を扱った研究としては、並立制導入後に自民党富山県連を対象とした丹羽（一九九七b）、党静岡県連を対象とした谷口（二〇〇四）、知事選候補者の擁立過程に注目した片岡（一九九四）などがある中で、建林（二〇一三）は自民党（青森、秋田、茨城、群馬、静岡、岡山）、民主党（北海道、愛知、大阪、徳島、香川）の各地方組織を研究対象の中心に据えた数少ない研究である。

民主党に目を転じると、陳（二〇〇一）、シャイナー（Sheiner 2005）、堤・森道哉（二〇〇八、二〇一〇）、鶴谷（二〇一一）が選挙時の候補者擁立過程および候補者、地方組織の活動を明らかにしている[1]。また、丹羽（一九九七a）は愛知県豊田市、茨城県日立市における民間大企業労組の選挙活動を分析している。

民主党地方組織そのものを対象とした研究として、堤・森道哉（二〇一一、二〇一三）は党香川県連と党徳島県連、森本（二〇一三）は党大阪府連、森正（二〇一一）は党愛知県連についてそれぞれ分析した。大村・待鳥（二〇一三）はともに民主党が強い党北海道連と党愛知県連の党組織を比較している。同じ民主党といえども、各地方組織における組織の形成、発展過程は対照的である。香川県においては、自民党が圧倒的に強く、ほぼゼロに近い状態から地方組織を立ち上げることとなった。それに対し、大阪府では地方選挙の得票数データから、旧社会党、旧民社党の支持基盤が摩耗しながらも継承、維持された様子がうかがえる。さらに、愛知県では結党段階から社民党の地方組織が民主党にほぼ丸ごと移行したうえに、新・民主党の結成によって旧民社党系の地方議員や全トヨタ労連に代表される強力な民間労組が支援組織に加わることで「民主党王国」を形成するに至った。各研究を比較すると、地方組織の態様は地域ごとで大きく異なることがわかる。上神・堤（二〇一一）は民主党の特徴として「資源制約型政党」、「寄り合い所帯性」を指摘したが、地方組織の多様性は結成時点の党勢力の大きさ、さらには党を構成ないしは支持する勢力のバックグラウンドの違いを反映している。

本章前半では地方組織における集票構造に注目し、民主党三重県連を対象に分析を試みる。三重県も愛知県と並び、民主党勢力が強い地域であり、党の地方組織とは別に、地方政治レベルでは連合三重が基軸となった地域政党「新政みえ」が結成されている。党三重県連、連合三重、さらに地域政党「新政みえ」の政党、労働組合、地方議員の三者が協力、連携する「三重県方式」は、同県を愛知県と並ぶ「民主党王国」に押し上げた。「三重県方式」がいかに形成されてきたのか、国会議員に加えて「新政みえ」をめぐる地方議員の行動に焦点を当て、党地方組織の動態を描出する。加えて、過去には激しく対峙したこともある既存の組織が寄せ集まった党地方組織における協調、緊張のメカニズムを五五年体制期まで遡って析出することにも目的を置く。上述の三重県を対象として選択した理由は、そのまま同県の特殊性でもあり、本研究が示す知見にとっては制約ともなるが、政党組織や党=労組関係の分析として一定の意義を持つものと考えている。

分析枠組みを提示しておこう。旧民主党は旧社会党、旧さきがけ議員を中心に一九九六年に結党され、新進党解党後に旧民社党系の新党友愛、自民党離党者を中心とする保守系議員からなる民政党と合併して一九九八年に新・民主党を結成した。さらに二〇〇三年には自由党と合併し、現在に至っている。例えるならば、タマネギのように一枚一枚薄皮を重ねていくように組織を拡大していった政党である。逆に、タマネギの皮を剥がしていくと、民主党の影響力、さらに民主党内の影響力のメカニズムは複数のアクターによるネスト構造、ネスティッド・ゲームとして捉えられよう。

ネスト構造とは、複数のアリーナで行われるゲームが相互に干渉しあった結果、干渉しない場合とは異なった帰結が導き出される組織や意思決定の構造を指す（Tsebelis 1990）。合理的選択的新制度論が外的な変数として制度を取り込み、その制約の中でアクターが合理的に行動した結果を明らかにする試みであるのに対し、ネスティッド・ゲームは同時に進行している他のアリーナのゲーム結果までをより上位のアリーナにおけるゲームの外的変数、アクターの行動を拘束する要因として取り込む試みである。上位のアリーナにおけるアクターの行動、ゲーム結果の変化やタイミングは、下位のアリーナのゲーム結果に伴う与件の変化とタ

図6-1 民主党党組織におけるネスト構造（模式図）

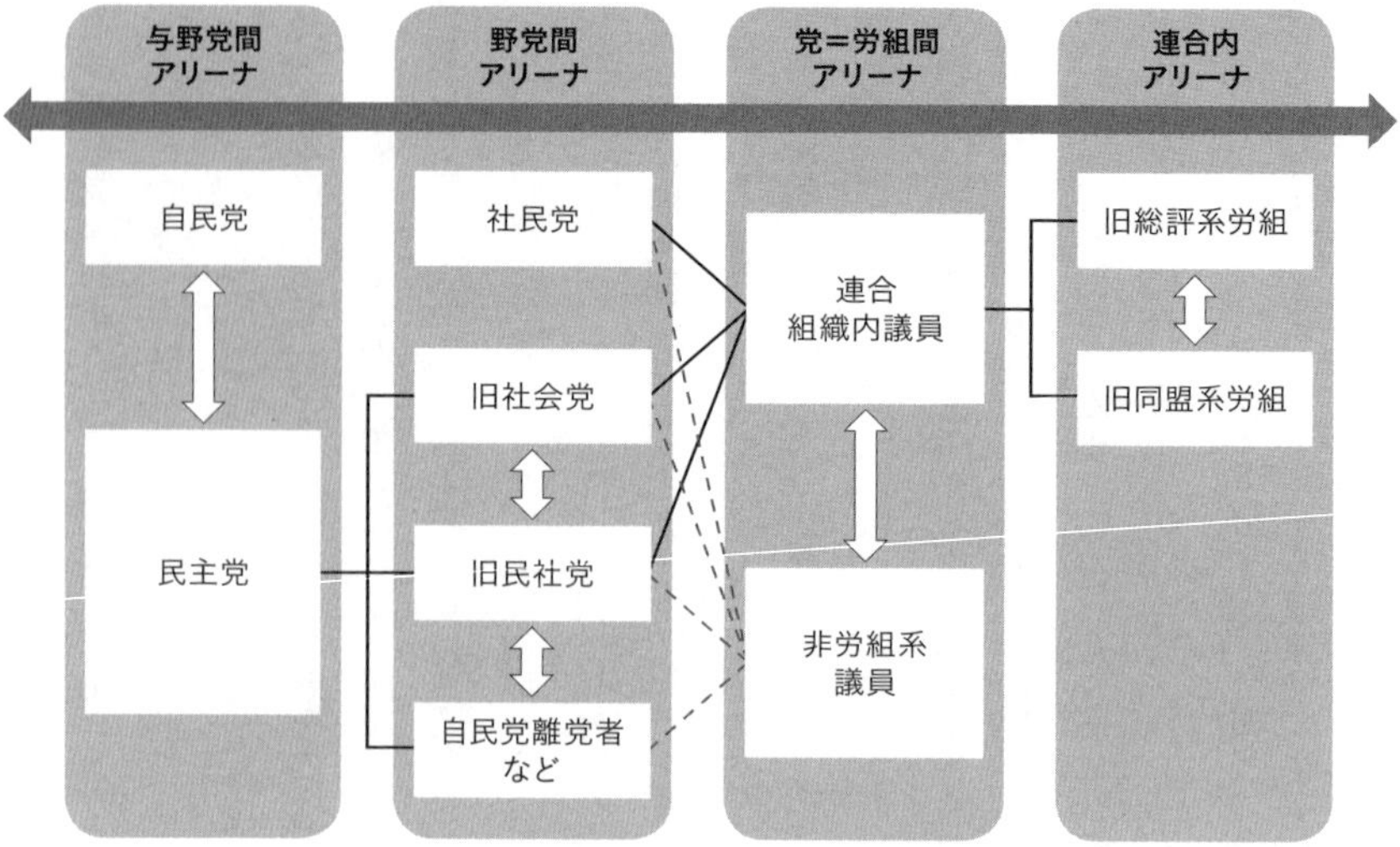

イミングから説明される。その意味でアリーナと制度とは、ともにアクターの行動の制約要因ではあるが、変易性の有無で異なる。ネスティッド・ゲームの導入により、組織変化のメカニズムや紆余曲折の過程をめぐる説明も可能と考えられる。

上述のネスト構造を民主党の成立過程を踏まえ、模式的に示したものが図6－1である。最初のアリーナが、民主党対自民党といった与野党の力関係（与野党間アリーナ）である。これはいわば、各都道府県における民主党全体の強さ、自民党の強さを表す。第二が民主党を構成する旧政党間の力関係（野党間アリーナ）である。具体的には旧社会党、旧さきがけ、さらに新・民主党結成時に加わった新党友愛（旧民社党）、民政党や民由合併後で加わった自由党などの保守系議員といった諸勢力間の影響力関係である。第三に民主党内における労働組合の影響力、ひいては連合の組織内議員対非労組系議員間の力関係（党＝労組間アリーナ）である。旧社会党支持の旧総評系労組、新党友愛（旧民社党）支持の旧同盟系労組の組織内議員を除けば、多くは保守系や旧民社党の非労組出身の議員である。連合を除けば、

表6-1　民主党三重県連・愛知県連所属の政務三役経験者

氏名	選挙区（当選回数）[1]	役職（内閣名）
大臣		
古川元久[2]	愛知2（5）	経済財政（野田・野田1改・野田2改）
赤松広隆	愛知5（7）	農水（鳩山）
直嶋正行	参院比例（3）	経産（鳩山）
中井洽	三重1（11）	国家公安（鳩山）
中川正春[2]	三重2（5）	文科（野田）、防災（野田2改）
岡田克也	三重3（7）	外務（鳩山）、副総理（野田1改・野田2改）
副大臣		
古川元久[2]	愛知2（5）	官房（菅1改）
近藤昭一	愛知3（5）	環境（菅1改・菅2改）
牧義夫[4]	愛知4（4）	厚労（野田）
伴野豊	愛知6（4）	外務（菅1改・菅2改）、国交（野田3改）
鈴木克昌[4]	愛知14（3）	総務（菅1改・菅2改）
大塚耕平	参院愛知（2）	内閣（鳩山）、厚労（菅2改）
中川正春[2]	三重3（5）	文科（鳩山・菅）
高橋千秋[3]	参院三重（3）	外務（菅2改）
芝博一	参院三重（2）	官房（野田3改）
大臣政務官		
岡本充功	愛知9（3）	厚労（菅1改・菅2改）
古本伸一郎	愛知11（3）	財務（鳩山・菅）
中根康浩	愛知12（2）	経産（野田1改・野田2改）
森本哲生	三重4（2）	農水（野田・野田1改・野田2改）
高橋千秋[3]	参院三重（3）	経産（鳩山・菅）

註1：当選回数は2009年政権交代時点のもの。
註2：大臣ならびに副大臣経験者。
註3：副大臣ならびに大臣政務官経験者。
註4：2012年7月に離党。

民主党は全国的な支持団体、組織を持たず、各議員、各候補者の個人後援会（＋党首人気）を集票の基礎とする議員が存在する。第四が連合内の旧総評系労組と旧同盟系（友愛会議系）労組間の主導権争い（連合内アリーナ）となる。一九八九年以降、労働運動自体は連合傘下でほぼ一本化されていたが、一九九八年に新党友愛が民主党に参加するまでは旧総評系労組は民主党（一部は社民党）に、旧同盟系労組は新進党支持と股裂き状態にあった。労働運動の統一、連合の結成以降も両者の主導権争いは続く。

　各アリーナにおいて、ア

クター間で協調しさえすればゲームに勝利しうるケースであれば、アクター間の協調インセンティブは高まるであろう。例えば、野党間で共闘すれば自民党に勝利できる、勝利の可能性がうかがえるような状況では、野党間の選挙協力の機運は高まる。逆に中選挙区制のように各党が独自に戦っても議席獲得が可能なケースや各アクター間の勢力差が接近して、ライバルに転じうるようなケースでは協力よりもむしろ緊張関係が生まれる。また、下位アリーナにおけるアクター間の協力が不調に終われば、ゲームの勝利は望めない。それは、より上位のアリーナにおける影響力の低下をもたらす。例えば連合内アリーナにおいて、連合内が股裂き状態に陥ることは、より上位のアリーナである党＝労組アリーナにおいて、連合の民主党に対する影響力は低下する。こうした四つのアリーナにおけるゲームの態様、協調、緊張関係は各地方組織によって異なることから、最終的なゲームの帰結、地方組織のパフォーマンスの高さも異なることになる。以上の分析枠組みを用いて、本章ではいわゆる「寄り合い所帯」として既存組織が合流して形成された民主党地方組織の分析を試みる。合併前の旧政党間関係、労働組合＝党関係、さらに連合内の旧総評系労組、旧同盟系労組のブロック間関係の協調と緊張のメカニズムがどのように生起し、収束したかを記述する。

さらに本章後半では政権交代後の地方組織を介した民意の吸収プロセスについて、三重県に加えて愛知県の事例を紹介する。両県ともに「民主党王国」として強固な地方組織、支援組織を持ち、政権交代後も政務三役を数多く輩出した（表6－1）。政権交代後の党地方組織を介した民意の吸収、陳情処理の実態を検討する事例として、適当なものと考える。

1　集票組織としての民主党地方組織［2］

▼五五年体制下の野党間共闘——一九七七年〜一九九二年

一九七〇年代、自民党の長期低落、参議院での与野党伯仲状況を契機として、各野党からさまざまな連合政権構想が唱えられた[3]。連合政権実現に向けた、選挙レベルでの野党間協力として、一九七七年参院選では社会党公認の坂倉藤吾を公明党が推薦する社公選挙協力が実現し、保守分裂にも助けられる形で当選した[4]。

連合政権構想は一九八〇年衆参ダブル選挙の自民圧勝でいったんは下火になったものの、一九八九年の参院選では、一月に民間労組によって結成された連合三重が既存の三団体(県労協、三重同盟、三重中立労連)をまとめ、さらに社公民三党からの推薦を取り付け、自民党現職を破った[5]。三重県で野党間共闘が順調に進んだ理由として、県議会レベルの特殊な政治状況が指摘できる。社公民の三党は一九八三年から統一会派「民主クラブ」を組む一方で、三重県教組(以下、三教組)が推薦した無所属議員を中心に独自会派「県民クラブ」が組織されていた。公明党(一九八九年当時三人)、民社党(同一人)両党は、単独会派としての活動が困難なほど県議会内勢力が小さかったことを示している。県議会では津、四日市、鈴鹿などの一部の市区を除けば、一人区が大部分を占め、両党にとって議席獲得のハードルは高かった。前節のネスト構造に当てはめて考えるならば、与野党間(さらに野党間アリーナ)において公明、民社両党の占めるプレゼンスは大きくなかったものと考えられる。各野党と労組との関係(党＝労組間アリーナ)でも、連合主導で候補者が擁立されたことから、労組の優位が指摘できる。三重同盟会長(当時)の池本正三郎は、三重県は「労働団体の次に政党がある」という「労高政低の土地柄」と評している(『中日新聞』三重版一九八九年五月一〇日[6])。さらに労働セクター間の競合関係、連合内アリーナという視点で見れば、三教組が他単産を凌駕する組織力、動員力を誇っていたことを示す。連合三重は「民主クラブ」を介して社公民三党の支持を、さらに三教組に代表される官公労からの協力も得て、選挙区での連合型候補の当選に結びつけた。その意味で「連合主導」の実態は、野党間アリーナで多数を占める社会党、連合内アリーナでも優位に立つ総評系労組主軸の選挙であり、必ずしも強固なものではなかった。

一九八九年一二月には、さらに自治労や三教組など官公労も参加した連合三重(一三万人・岩倉歓治会長(電機労連出身))を結成した。連合三重は翌一九九〇年の衆院選では社公民三党の計五候補に対して、異例の並列推薦を行った。県北部を占める旧一区(定数五)では伊藤忠治(社会党・現・全電通出身)、坂口力(公明党・現)、中井洽(民社党・元・非労組系)の三人を、松阪市や伊勢市など県南部を占める旧二区(定数四)では坂倉藤吾(社会党・新・全電通出身)[7]と石井智(社会党・新・電機労連出身)を推薦した。中部電力労組を抱える三重同盟は、民社党や同盟中央本部の対応が決まっていない中での社会党候補推薦に難色を示したが、連合の構成員としてやむなし、として公明、民社両党よりも先に推薦を決めた(『中日新聞』一九八九年一二月一日)。選挙戦が佳境に入ると、一区で中井が旧総評系の電機労連の支援を受けたことの見返りとして、三重友愛会議議長自らが二区・石井のテコ入れに入るなど、石井支援を強めた(『中日新聞』一九九〇年二月二〇日)。

旧一区は自民党からも川崎二郎、北川正恭、岡田克也が立候補し、選挙のたびに当選者が入れ替わる激戦区であったが、社会党・伊藤がトップ当選、民社党・中井が返り咲きを果たした。しかし、単産からの実質的支援を得られなかった公明党・坂口は次点で議席を失った。公明党三重県本部長の常松克安は「連合推薦という『包装紙』はいただいたが、中身はなかった」と総括し(『中日新聞』一九九〇年一月三一日)、その後の社公民三党の野党間協力は下火となった。二区でも元参議院議員としての知名度に加えて、官公労が主体で労組の組織割りが厚かった坂倉が落選し、逆に同盟系労組が支援に回った石井が当選する、予想を覆す結果となった[8]。

一九九〇年衆院選において、選挙協力が十分に機能しなかった理由をネスト構造から説明を試みよう。先述したように、与野党間アリーナにおいて、野党間で協力することで勝利を得られるような位置にいれば、協力に向けたインセンティブは高まり、連合の形成は可能である。しかし、野党間アリーナにおいて、各党の力量が接近していれば、同時にライバル関係にもなりうる。とりわけ中選挙区制の下では、各党は公認候補を擁立するため、野党間の連携はむしろ困難になることを示している。

以後、連合三重は国政と地方政治のねじれの中で苦闘することになる。一九九二年参院選の候補者選びは難航した。連合三重は衆院選で落選した坂口を連合型候補として擁立することも検討したが(『中日新聞』一九九一年一一月二五日)、PKO法案をめぐって公明党は野党間共闘から離脱し、社会党と民社党との間にも亀裂が生じた。結局、連合三重の組織内候補として自治労県本部委員長代理の北岡勝征を擁立した。官民労組統一後初の選挙ということで、従来の県労協、三重同盟、中立労連と分かれての選挙支援体制から単産別の縦割りという形で臨んだが、民社党を支援してきた同盟系労組の一部は動きを止めるなど十分に機能せず、一〇万票以上の差をつけられる大敗に終わった(『中日新聞』一九九〇年七月二八日)[9]。参院選後、北岡は連合三重の第二代会長に就任する。

▼国政と地方のねじれ——一九九五年~一九九六年

一九九五年統一地方選は、田川亮三知事の辞職を受けて、知事選、県議選のダブル選挙となった。二〇年以上にわたって継続した共産党を除くオール与党体制が崩れ、国政レベルにおける自社連立政権と新進党との与野党対立の構図が県政レベルでも展開された。自民、社会両党推薦の尾崎彪夫前副知事と新進党、公明、新党さきがけが推薦する北川正恭が知事の座を争った。自治労、三教組などの官公労は尾崎支援、民間労組のうち、ゼンセン同盟やゼンキン連合は北川支援、電機連合は各単組の自主決定に任せるとして、連合三重としての支持一本化は断念し、完全な分裂選挙となった(『中日新聞』一九九五年二月二五日)。連合三重会長の北岡自身、県議経験もある北川を知事候補の一人として挙げていただけに、出身労組である自治労との間で板挟みとなった(秋田 二〇〇三)。一方、全電通は「非自民・非共産」の立場からいったん決めた尾崎支援を取消し、北川支援に回った。全電通出身の伊藤忠治（一九九三年衆院選で落選）は社会党に離党届を提出したうえで北川支援の集会に出席するなど尾崎陣営の足並みは乱れた。小選挙区が導入される次期衆院選において、伊藤は北川の地盤である鈴鹿市を中心とする新二区からの返り咲きを目指していたため、北川からの支援を衆院選で期待できるとの読みが支持労組内にあったとされる（『朝日新聞』一九九五年三月二五日、三〇日）[10]。大接戦の結果、北川が勝利したが[11]、北川県政の誕生によって県議会会派の構成も変化した。社公民三党の統一会派「民主クラブ」、三教組推薦議員を中心とする「県民クラブ」はともに解散し、新進党系の知事与党「県政会」と社会党・三教組系の「県民連合」に再編された。

北川、岡田らの自民党からの離党により、与野党間アリーナでは両者の力の差はより接近した。さらに自民党離党組と旧公明、旧民社党、さらに民間労組が連携して知事選で勝利を得たことは、野党間アリーナにおける社会党と旧公明、旧民社両党との関係も、連合内アリーナにおける官公労と民間労組との関係でも、後者が影響力を増すことになり、各アクター間の緊張関係は高まることになる。しかも、連合三重内の亀裂が深まれば、各党に対する影響力も分散することから、党＝労組間アリーナでは相対的に党の優位が強まることとなる。

つづく七月の参院選では、非自民勢力や連合三重は民主改革連合現職の井上哲夫の再選を目指したが、新進党と社会党との間で知事選のしこりは小さくなかった。連合本部は「新進、社会両党を重複推薦しない」旨の合意を両党と結んでおり、それと平仄を整えるべく、社会党は井上の推薦を取り下げて、「県本部支持」へと格下げした。連合三重は井上支援をめぐり、新進、公明、社会の三党と「結束が乱れるような中身の演説は行わないものとする」という集会での発言の制約を明文化する異例の確認書まで作成した（『中日新聞』一九九五年六月二六日、七月一日）。国政とのねじれと知事選のしこりを抑え込むべく、苦闘した様子がうかがえる。一方、自民党は擁立した平田耕一を公認ではなく、敢えて推薦とし、社会党との連携の余地を残す戦略を採った(『中日新聞』一九九五年七月二日)。野党間の足並みが乱れたことで、井上は小差で平田に敗れた[12]。

翌一九九六年衆院選では、結党間もない民主党は二区で社民党を離党した元職・伊藤を擁立した。社民党は公認候補の擁立ができず、国政の枠組みを踏まえて、一区、四区では自民党前職の川崎二郎、田村憲久を推薦した。逆に自民党は二区で伊藤を推薦する変則的な選挙協力が成立した(『朝日新聞』一九九六年一〇月一〇日)。連合三重は五区で北岡会長自身の擁立も視野に連合型候補の擁立を目指したが、自社両党間で選挙協力が行われている中では困難として見送った。国と地方、党＝労組関係の二重のねじれを受けて、連合三重としてはまとまった対応をせず、それぞれの単産の判断に委ねることを組織決定した。各労組の動きをみると、旧同盟系労組は新進党支持で動き、北岡の出身労組でもあり、県内最大の組織を誇る自治労は自主投票に回った。三教組は一、四区で自民党候補を推薦したが、組合員の反発は大きく、十分に組織力を発揮できなかったとされる(『中日新聞』一九九六年一〇月二一日)。県レベルで自民社三党の選挙協力をした二区・伊藤については知事選で北川支持に回ったことが問題となり、推薦を見送った。伊藤は小選挙区では北川の地盤を引き継いだ新進党新人の中川正春に敗れたものの、比例復活を果たし、三重県内で初の民主党国会議員が誕生した。衆院選後、民主党の地方組織、民主党三重は一九九七年六月一五日に旗揚げし、伊藤が初代代表に就任した。党員は社民党県連(八二〇人)を下回る約二〇〇人、地方議員は八人の参加にとどまった。

▼「三重県方式」の成功と定着——一九九八年〜二〇〇九年

知事選における分裂選挙、県議会会派の再編を受けて、連合三重は一九九五年一二月に「県政会」、「県民連合」両会派に属する連合推薦議員の勉強会「新政策議員フォーラム三重」(以下、フォーラム)を組織し、両会派をつなぎとめるよう腐心していた。議員数だけ見れば、一九九五年の統一地方選後、定数五五の三重県議会でフォーラム所属県議は三一人を占め、自民党を大きく上回る。さらに市町村議の推薦議員は一三五人、一三市のうち一一市長は連合が推薦、支持していた。この間、国と地方、党＝労組関係のねじれについて、連合三重は「連合内組織がねじれる現状では、国政選挙に積極的な関与をせず、労働運動に軸足を置く」(『中日新聞』一九九五年七月二五日)、「中央は中央、地方は地方でやればよい」(『中日新聞』一九九七年一月三〇日)との対応を取っていた。連合三重によるフォーラム結成は、新・民主党が結成され、党＝労組間のねじれが解消すると、民主党候補を支援する地方議員の中核となり、有効な布石となった。

一九九八年四月、旧新進党の各党も加わり、新・民主党が誕生した。三重県選出の国会議員としては、民政党を経た岡田、中川の二名が加わった。結党後最初のハードルは参院選の候補者擁立だった。国政と地方とのねじれが大幅に解消され、連合三重にとっても動きやすい環境となった。連合中央からは「一人区の候補者は民主党公認に」との指示が降りていたが、北岡ら連合三重幹部はフォーラムを軸に、あくまで非自民・無所属の一九八九年参院選時の無所属・連合型候補の枠組みにこだわった。三教組出身の山本正和が社民党の比例区から立候補していることに加え、地方議員のうち、三教組や北岡の出身労組である自治労の組織内議員には社民党籍を持つ者も多く、連合三重内の分裂を回避するためと考えられる(『中日新聞』一九九八年五月一八日)[13]。連合三重は井上哲夫(一九九五年参院選で落選後、一九九六年一二月に四日市市長に当選)の元秘書で農協事務職員の経歴を持つ会社員、高橋千秋を擁立した。高橋には連合三重と民主、自由、社民の三党が推薦した。新党平和は県連レベルで支持を出したものの、公明は比例区重視を理由に推薦を見送った。県議会では社民党・三教組系の「県民連合」は自民党と連携して多数派を握っていた。フォーラム所属の県議のうち、一人区選出の保守系議員の中には連合と自民党双方の推薦を受けた者もおり、決して一枚岩と言えない選挙体制であった(『中日新聞』一九九八年七月一〇日)。立候補の出遅れも相まって、高橋は現職の参院議長・斎藤十朗に大差で敗れた[14]。

参院選後、連合三重は民主党支持を表明し、参院選で落選した高橋を早々と次期参院選候補として再挑戦させることに言及した（『中日新聞』一九九八年七月二八日）[15]。また、翌年の統一地方選では自民党議員が占める一人区、二人区で連合の組織内・推薦候補の議席獲得を目指すとした。県知事選でも「連合の団結を最優先する」として北川の推薦を決め、同時に地方議員が参加するフォーラムも北川推薦を決定した[16]。

統一地方選後、連合三重は県議会会派「県政会」、「県民連合」に対して統一を強く働きかけたが、芦浜原発問題などで議員間の意見の相違が大きく、時期尚早として見送られた。つづく九月には、両会派の当選一〜三回の議員による新政策集団「スタート九九」が結成された。副代表には連合三重初代会長から県議に転じた岩倉歓治が務めたことから、連合三重主導で会派統一に向けた地均しが行われていたことがわかる。翌二〇〇〇年五月、北川知事が芦浜原発白紙撤回を表明すると、障害がなくなったとして、両会派は「新政みえ」として統一会派を結成した。都道府県議会レベルで民主党系会派が過半数を占めるのは全国でも初めてであった。

二〇〇〇年六月の衆院選では、民政党から民主党に加わった中川（二区）、岡田（三区）が小選挙区で当選、五区ではリクルート事件で有罪が確定した藤波孝生への批判票を集めた新人の山村健が比例復活当選した。中川と選挙区が重なった伊藤は比例区に転出し、名簿順位二位で当選した。一区では公認候補を擁立せず、自自公連立政権から離脱した自由党前職の中井洽を推薦した[17]。そして参院補選では民主、自由、社民の三党推薦の高橋が初当選を果たした[18]。党三重県連、連合三重、さらに地方議員からなる「新政みえ」が連携した初めての選挙は大きな成果を挙げた。以後、党、労組、地方議員の三者の協力体制による陣立ては「三重県方式」として二〇一一年知事選で推薦候補が敗れるまで参院選、知事選で勝利を重ねていく。

「新政みえ」の結成は、連合三重にとっては九〇年代から続いた支持政党間の股裂き状態解消を意味したが、国政レベルで自公保三党の連立政権を組む公明党にとっては逆にねじれが生じていた。連合三重が連立政権への批判を強めるにつれ、公明党県本部は苛立ちを見せ、二〇〇一年五月に公明党県議一人と三教組推薦議員二人を含む五人の県議が「新政みえ」を離脱し、新会派「無所属・MIE」を結成した。「無所属・MIE」は第二会派である自民党と連携してキャスティングボートを握り、議会役員改選で複数のポストを得た。離脱の原因は、公明党にとっては国政と県議会との間でのねじれ解消であるが、三教組推薦の離脱議員にとっては「新政みえ」や各単産への影響力を強める連合三重への批判にあった（『中日新聞』二〇〇一年五月一二日）。三教組は全国の教職員組合の中で最も高い組織率を誇り、連合三重内では自治労（約二万人）に次ぐ規模（約一万三千人）を誇る。しかし、旧社会党時代でも特定政党への支持を打ち出したことはなく、三教組が中心となって擁立した候補は無所属での出馬が通例となっている。それが他労組や政党（場合によっては自民党とも）との融通無碍な連携も可能にし、独自の県議会会派「県民クラブ」を構成するなど、三重県政界において特殊な地位を占めていた（『中日新聞』一九九一年三月八日、二〇〇〇年二月一日）。会派離脱は民主党一党支持や勤務評定や時間内組合労働をめぐって激しく対立してきた北川の推薦を早々に決めた連合三重に対する批判であり、独自の活動を封じられた三教組と他の労組との連合内アリーナにおける対立としても捉えられる[19]。

参院選を前に議会多数派の座を失った「新政みえ」であるが、二〇〇一年参院選では小泉ブームの逆風の中で、高橋の議席維持に成功した[20]。高橋の勝因としては、一九九八年以来三度目の選挙となり、全県的に知名度が定着してきたこと、高橋が「新政策議員フォーラム三重」事務局長を務めたことで、連合三重に加えて「新政みえ」所属の地方議員の個人後援会が機能したこと、さらに国政選挙では自主投票の立場をとる県農協票が元農協職員の経歴を持つ高橋にも流れたこと、の三点が挙げられる。同年参院選の一人区で自民党が議席を落としたのは、小沢一郎自由党代表の地元岩手県と三重県のわずか二選挙区であった。

二〇〇二年一一月には「新政みえ」は翌年の統一地方選に向けた活動を展開するため、会派と同名の政治団体を立ち上げ、さらに二〇〇七年三月には地域政党に移行した。県議会会派「新政みえ」には異なる政治的背景を持つ議員が所属しているが、政治団体とすることでポスター掲示や街宣などの議会外の運動に取り組むことが可能になる。さらに公職選挙法の確認団体となれば、告示後も「新政みえ」の名称で演説会や選挙ビラの配布など選挙活動ができる。この結果、県議会会派としての「新政みえ」の所属議員は、民主党公認候補、地域政党「新政みえ」公認候補、さらに無所属で民主党や地域政党「新政みえ」、連合三重の推薦を受けた者と三タイプに分かれることになる。民主党公認という縛りを敢えてかけないことで、選挙区事情から自民党に加わらない保守系議員や支持層の取り込みを図ることができる他、たとえ国政レベルで対立が生じても地方レベルでの影響を最小限に抑えるために連合三重が編み出した予防的な措置、知恵ともいえる。

　こうした「三重県方式」の定着する過程では、民主党と連合三重間、連合三重内の労組間で不協和音が生じたこともあった。北川知事が三選不出馬を表明した二〇〇三年知事選の候補者擁立過程では、二〇〇一年参院選の枠組みで候補擁立を進めることが前年一二月には早々に決定していた。水面下で「新政みえ」や中川党県連代表、さらに自民党も、北川の下で総務局長を務め、行政改革の旗振り役であった財務官僚の村尾信尚（当時環境省課長）に出馬を打診していた。村尾が出馬の意向を表明すると、中川や岡田はともに個人的な見解と前置きをしながらも歓迎した（『中日新聞』二〇〇二年一二月二二日）。中川はもともと県南部の松阪市・阪南郡選出の県議であったが、北川が知事転出後の後継として県北部の鈴鹿市を中心とする二区から国政に転じた、いわゆる落下傘候補である。岡田も一九九五年県知事選で北川選対の幹部を務めるなど、ともに北川と近い距離にあった。

　しかしながら、連合三重内では一九九五年知事選で北川と激しく争った三教組と自治労が村尾擁立に難色を示した。特に勤務評定や時間内組合労働をめぐって対立した三教組は強く反発した。行政改革で村尾と対峙する機会も多かった自治労は「連合三重全体が村尾でまとまれば、自治労もまとめる努力はする」と枠組み重視の姿勢を見せたが、支部役員を対象としたアンケートでは八割以上が村尾不支持との結果だった（『中日新聞』二〇〇三年一月三〇日)。村尾が「政党や団体の推薦は受けない」としたことについても、中川、岡田らは「政党が前面に出る枠組みを作る選挙から卒業しなければ」と好意的だったが、自民党県議の水谷俊郎が立候補の意向を表明し、県知事選の構図が与野党対決の様相を呈したことで、民主党内でも意見の食い違いが表面化した。自由党の中井も「政党の推薦がいらないなら支える必要がない」と村尾を突き放した(『朝日新聞』二〇〇三年一月二六日)。非自民の枠組み維持を重視する立場から、連合三重や「新政みえ」は村尾擁立は困難と判断し、元新進党代議士で松阪市長の野呂昭彦に立候補を要請した。野呂は一九九五年知事選では北川の選対本部長を務めていたが、一九九六年衆院選落選後に市長に転じ、自治労との関係は悪くなかった。野呂が出した条件は「枠組みの一本化」、逆に党三重県連、連合三重、「新政みえ」側からは「野呂が自民党からの推薦を受けないこと」を提示し、合意に至った。連合三重幹部から次期衆院選での支援見直しもありうると揺さぶられれば、岡田、中川も野呂擁立に同意する以外の選択肢はなかった(『朝日新聞』二〇〇三年二月二六日)。これ以降、北川も「後継指名はしない」として事実上の中立維持を余儀なくされた。対する自民党も野呂支援含みで自主投票を決めた。水谷はこうした擁立過程に反発して立候補を決め、鳩山由紀夫民主党前代表が水谷支援に回る動きもあったが(『朝日新聞』二〇〇三年三月六日)、県内の非自民の枠組みには影響なく、自民党支持層の一部も取り込み圧勝した[21]。民間労組は春闘と重なり、地域支部や「新政みえ」所属県議も自らの選挙で手いっぱいの状態で、野呂選対の中心は自治労や三教組など官公労から出たスタッフが占めていた。

翌二〇〇四年の参院選でも、一人区勝利のためには「三重県方式」の維持が最優先課題とされ、「新政みえ」所属県議(幹事長)の芝博一を民主党公認候補として決定した。芝は鈴鹿青年会議所理事長を経て一九九五年に初当選、鈴鹿市に地盤を置く北川前知事直系として知られる。一九九九年県議選では民主党からの推薦を受けず、保守系無所属として当選し、二〇〇三年県議選では同選挙区で連合三重の推薦を受けた四候補のうち、唯一、特定単産が割り振られなかった(『中日新聞』二〇〇三年三月二一日)。そのため、民主党や連合三重からは比較的遠い人物と目されていた。有権者が多い北勢部に地盤を持つ、選挙資金や運動員を供給できる後援会組織を持つ、の二点が芝擁立の決め手になったとされる(『中日新聞』二〇〇四年一月一四日)。しかし、北川県政下では勤務時間中の組合活動問題追及の急先鋒だったことから、三教組の対応が注目された。三教組の組織内議員も幹部らの説得にあたった結果、前島徳男三教組委員長は「組合員の思いはいろいろあるが、枠組みは尊重したい」とした(『中日新聞』二〇〇四年一月七日)。五月の定期大会でも芝への推薦をめぐって激しい論争となったが、連合三重傘下の単産では最も遅く、参院選公示日に推薦を決めた(『中日新聞』二〇〇四年五月一八日、六月二三日)[22]。芝は地盤の北勢部だけでなく、県南の郡部でも「新政みえ」県議らの運動に支えられ、全県的に優位な戦いを進め、一〇万票以上の差をつけて圧勝した[23]。

▼政権交代から再交代へ——二〇〇九年〜

二〇〇九年衆院選、民主党は圧勝し、ついに政権交代を果たした。三重県内では二、三区に加えて、一区・中井、四区・森本哲生も小選挙区で議席を獲得、空白区となっていた五区では新人の藤田大助を擁立し、比例復活を果たした。藤田の父、藤田正美は自民党出身の現職県議(度会郡選出)で当選五回、県議会議長も務めた重鎮であったが、大助の公認内定を受けて自民党を離党した(『毎日新聞』二〇〇八年七月一六日)。当時、自民党系会派は自民党と反主流派の「未来塾」等に分裂していたが(後に「自民党・みらい」として統一)、民主党が自民党県連内の反主流派にも働きかけ、楔を打ち込んでいった様子がうかがえる。さらに比例単独候補として元「新政みえ」幹事長の金森正を擁立、比例名簿三五位であったが、当選を果たした。金森は電機連合出身で四日市市議、県議(四日市市選出)を経て、民主党県連幹事長を長く務めた、連合三重、「新政みえ」、民主党のかなめに位置していた人物である。藤田、金森の擁立、当選はまさに「三重県方式」の象徴とも言える。

二〇一〇年参院選では、いわゆる与党効果で、県医師会など従来、自民党を支持してきた組織の中からも現職の芝を推薦する動きが見られた。連合三重に加え、新たに加わった組織を固めていく選挙戦を、芝自身は「地上戦」と表現し、二〇〇七年参院選時から一六万票を減らしながらも当選を果たした[24]。

菅内閣が消費税率引き上げの方針を打ち出したこと、さらに震災対応への批判で、内閣支持率、民主党支持率は低迷した。二〇一一年統一地方選では、二期八年を務めた野呂昭彦知事の動向が焦点となった。当初、三期目を目指すとされていたが、家族の不祥事で出馬断念に追い込まれた。さっそく党三重県連、連合三重、「新政みえ」の三者で合議する「三重県方式」の枠組み維持が確認され、候補者の検討に入ることとなった。党幹事長として選挙の指揮を執る岡田、党三重県連は三重県出身の環境省地球環境審議官に非公式に出馬を打診していた。当初、出馬に前向きだったが、事務次官昇格が内定したことを受けて翻意したとされる(『中日新聞』二〇一〇年一二月二五日)。候補者選びは振り出しに戻り、三者の選考委員会では国会議員から候補者を出さない、他党との相乗りを禁止する方針が合意された。報道が先行したことで、「三者で合議するのではなかったのか」ともともと官僚出身者に抵抗感を抱いている連合三重や「新政みえ」は反発した(『朝日新聞』二〇一一年一月二六日)。細井篤志三教組委員長は「国会議員、県議、首長、民間から幅広く候補を絞り込むべき」と述べ、選考委員会の合意そのものについても疑義が出された(『朝日新聞』二〇一一年一月九日)。二月に入り、党三重県連、連合三重、「新政みえ」は全県的な知名度があるとして、参議院議員の高橋千秋に二度にわたって出馬を要請した。高橋が立候補を固辞すると、「新政みえ」県議を経て津市長に転身していた松田直久に立候補要請を行った。岡田の意中の人物は松田だったとされるが、一区選出の中井が松田の擁立に反対し、高橋への立候補要請を主導した(『朝日新聞』二〇一一年二月一九日、『中日新聞』二〇一一年二月二六日)。松田は民主党からの要請はその場で固辞したが、一週間後に改めて立候補を表明した。会見の席では「新政みえ」系の県内八首長が松田支持を訴え、民主党からの擁立ではなく、県内首長が支援する県民党をアピールする形式をとった。松田は連合三重や「新政みえ」と政策協定を結び、推薦を受けたものの、民主党からの推薦については「中央の政党間の対立を地方に持ち込むべきではない」として白紙とした(『中日新聞』二〇一一年二月二六日)。告示直前になって民主党からも推薦を受けるものの、連合三重幹部や「新政みえ」県議からは国会議員団に対する不満も漏れるなど(『中日新聞』二〇一一年三月一日)、「三重県方式」に綻びも表面化した。

対する自民党は、野呂が出馬を断念した一一月の段階では、三ツ矢憲生自民党県連会長が「相乗りも取りうる選択肢」と発言するなど、民主党との全面対決にはむしろ否定的であった(『中日新聞』二〇一一年二月二六日)。しかし、相乗り候補として想定していた環境省審議官の擁立が困難になったことに加え、民主党が自民党との相乗りを強く否定したことで主戦論が勢いを増し、翌年二月に入って元経産省官僚の鈴木英敬の擁立を決定した。鈴木は二〇〇九年衆院選で三重二区から自民党公認で立候補、落選したが、自民、公明、みんなの党の野党三党が鈴木を推す与野党対決の構図となった。鈴木は「三重県を変える」をスローガンに、わずか一万票余りの小差で松田を下した[25]。「三重県方式」が構築された二〇〇〇年参院補選以来、全県レベルの選挙で「三重県方式」が敗北を喫したのは初めてであった[26]。

▼「三重県方式」の評価——ネスト構造による分析

五五年体制の崩壊を経て、民主党の結成、「三重県方式」の確立、成功、そして政権の獲得と転落に至るまで、これまで三重県内の非自民勢力の選挙体制や県政レベルの動静を中心に概観した。改めて、党地方組織をネスト構造と見立てて、整理をしていこう。

国政レベルの政党の離合集散によって、国と地方、党と労組間でねじれが生じている間、連合内アリーナでは民間労組の影響力が増すことと相俟って、官公労と民間労組間の緊張は高まった。支持政党が複数に分かれ、分裂選挙を余儀なくされることで、連合全体としての有効な選挙支援は困難となる。この結果、党＝労組間アリーナでは労組の政党に対する影響力は低下することになる。特に小選挙区制の下では与野党間アリーナで自民党に勝利することは難しくなる。一方で、中選挙区制下の一九九〇年総選挙では野党間で協力するインセンティブは働かなかった。

一九九八年の新・民主党結成後は、政党支持をめぐる連合内労組間のねじれがなくなり、連合内アリーナにおける協調が実現した。その結果、連合は推薦議員に対する影響力が強化され、党＝労組間アリーナでも労組が優位な立場を取り得るようになった。さらに労組が中心となった枠組みの下、与野党間アリーナで成果を挙げられれば、アクター間の協調は維持され、かつ当選した議員も労組との連携を重視、維持する方向、求心力が働く好循環に入る。

二〇〇三年知事選、二〇〇四年参院選における候補者擁立をめぐる混乱は、党三重県議、連合三重が従来の支持基盤、労組から、より幅広い支持を集めることを企図して、保守系候補の擁立に踏み出したことで既存の支持層である労組、とりわけ官公労からの反発を受けた結果といえる。この状況はプシェヴォスキ＝スプラーグによる「超階級戦略のジレンマ」の議論に準えることができよう。社会民主主義政党が選挙における勝利を追求するためには、コアの支持基盤でありながらも、減少しつつある組織労働者層よりも、次第に非労働者層へ軸足をシフトする「超階級戦略」を採用しなければならない（Przeworski and Sprague 1986）。的場（一九八六）が指摘するところの「包括政党化戦略」[27]と同じであるが、特に労組に支持基盤を依存する傾向のある社会民主主義政党の場合、保守政党、自由主義政党に比べると既得権益が奪われる恐れがある労働者層の抵抗により、包括政党化には大きな障害が生じる、とされる[28]。

当初、「三重県方式」は寄り合い所帯の非自民陣営、民主党を連合三重がバックアップする体制に過ぎなかった。新・民主党の結成に伴う保守系議員（および系列地方議員）の参加、「新政みえ」を介した非労組系議員との連携、さらに「新政みえ」が地域政党へと発展していく過程はミクロレベル、県レベルの「超階級戦略」とも評価できるだろう。その過程の中で、二〇〇三年知事選は官公労を中心とする総評系労組が強く反発したために党がジレンマに陥った例として、二〇〇四年参院選では党側が敢えて保守系の県議を推すことで「超階級戦略」を達成した例として、それぞれ位置づけられる。また、二〇一一年知事選における候補者擁立の混乱は、党＝労組間アリーナにおいて、党側の独断や国会議員間の対立に対して、連合三重と「新政みえ」が強い不信を示した事例と捉えられる。候補者が政党からの推薦を辞退する異例の事態は、支持率低下に苦しむ党に対して、連合三重や地方議員、首長側が相対的に優位になったことを示している。

もっとも、こうした「超階級戦略」が有効性を持つためには、アクター間の協調によって勝利の可能性が高まることが前提となる。裏を返せば、勝ち目が全くないような場合には連合を形成するインセンティブがなくなり、遠心力さえ働く恐れがあることは一九九二年、九五年、九八年参院選の例から指摘できる。

2　陳情組織としての民主党地方組織

▼陳情システムの構築

マニフェストに基づく政治家主導と内閣への政策決定一元化を掲げる民主党政権の誕生によって、地方からの民意の吸収システムにも変化が現れた。本章では地方組織レベルにおける民意吸収プロセス、地元からの陳情処理のプロセスについて論じる。

自民党政権下では自治体、業界団体からの陳情は国会議員や省庁に対して行い、国会議員が関係省庁に取り次ぐことで、族議員を介した、いわゆる票と予算との交換が行われていた（小林 一九九七、名取 二〇〇二）。

一方、民主党は政策決定の内閣一元化を目指すため、政策立案を担当していた党政策調査会を廃止した[29]。自民党政権下では与党議員が個別に受け、処理していた陳情も、党幹事長室で一元的に処理し、国会議員が省庁と接触することを禁止した。幹事長室で受けた陳情は、各省庁別に担当を割り振られた副幹事長が精査、優先順位を判定し、政務三役に取り次ぐというシステムを新設した。しかしながら、政務三役以外の国会議員は政策決定に関与できないという不満が出たため、各省と与党との間で意見交換を行う「政策会議」を設置した(伊藤 二〇一一、竹中 二〇一〇、毎日新聞政治部 二〇〇九、朝日新聞政権取材センター 二〇一〇)。

こうした新たな民意の吸収システム、陳情方式は、陳情を各省庁に取り次ぐ構造こそが政官業の癒着を生むという年来の民主党の主張に沿ったものであると同時に、議員が地元で陳情を受ける機会を設けることで地方組織を強化し、業界団体からの支持も取り付けられるという思惑があった(『朝日新聞』二〇〇九年一一月三日)。その後、菅、野田内閣時には、党幹事長室(ひいては幹事長職にあった小沢一郎)に陳情処理の権限が一元化することを問題視し、党本部の組織体制が改められた。菅内閣では「陳情要請対応本部」を新設し、陳情要請対応本部で受け付けた陳情について、自治体からの陳情は党組織委員会へ、企業・団体からの陳情は党企業団体対策委員会へ、予算措置が必要な政策的な要望は党政策調査会にそれぞれ振り分けるものとした(『朝日新聞』二〇一〇年一〇月五日)。さらに野田内閣ではスタッフが拡充され、本部長役を務める幹事長に加え、幹事長代行、政策調査会長、国会対策委員長が本部長代行に、さらに組織委員長、企業団体委員長などが本部長代理として役員に連なった。

政権交代後、多くの民主党地方組織は陳情の窓口を新設することになった。名称こそ「地方戦略局」、「地域企画委員会」、「地域政策会議」などまちまちであるが、朝日新聞の集計によると、二〇〇九年九月の政権交代からわずか二カ月の間に陳情組織を新設した地方組織は二六道府県にも上った(『朝日新聞』二〇〇九年一一月三日)。

党愛知県連では、政権獲得から間を置かず、党県議団が組織していた「政策研究会」に国会議員を参加させる方法が採られた。従来、政策研究会は県議会の常任委員会に対応して設けられた、党政策調査会における政調部会のような組織として位置付けられていた。政権交代を機に、マニフェストの項目に合わせた「教育・人づくり」、「健康・福祉」などの八部門に再編し、各部門には衆参の新人議員も加わった。新人議員は各部門で県議から上げられた要望、陳情を取りまとめる役割を果たす(『中日新聞』二〇〇九年九月一九日、『朝日新聞』愛知版二〇〇九年一〇月一七日)。さらに陳情を精査し、優先順位を決める組織として、県連内の政策調査会と企業団体対策委員会を統合した「地域企画委員会」を発足させた(『中日新聞』二〇〇九年一二月一五日)。

一方、党三重県連では、地域からの要望窓口として二〇〇九年一一月、県連内に「地域戦略局」を新設した(補表6－2)。地域戦略局のメンバーは、政務三役を除く県選出の国会議員(発足時四名)、県議会会派「新政みえ」所属県議五名、各国会議員秘書八名である。地方自治体や各業界団体は各国会議員の事務所、「新政みえ」、民主党系の地方議員を通じて要望内容を提出する。提出された陳情は月二回開催される地域戦略局会議で精査のうえ、優先順位を付けて党本部に送るという流れになっている。同県連によると、設置後わずか一カ月で一五三件の要望が寄せられたが、これまで自民党を支持してきた団体からの要望もあったとされる(『朝日新聞』三重版二〇〇九年一二月二四日)。

県連事務局では陳情を受け付けず、必ず議員を通じて提出させ、民主党との関係状況について質問を行うことを明記している点からも、陳情と選挙での集票活動とをリンクさせようという意図がわかる(補表6－2)。初代の戦略局長には二〇一〇年参院選が改選となる芝博一が就任した。芝は従来まで自民党を支持してきた業界団体も回り、党への要望は自らが局長を務める地域戦略局を通してほしいと訴えた。業界団体からは「要望を出したら、すぐに選挙の応援依頼が来た」との声も出るなど、芝は地域戦略局長の立場を生かし、陳情を通じた新たな支持基盤の取り込みを図った(『中日新聞』三重版二〇一〇年六月二〇日)。二〇一〇年参院選三重選挙区では、従来、自民党候補を推薦してきた県医師会、県薬剤師会が芝の支援に転じたほか、県歯科医師連盟、県漁連、県建設業協会は自主投票とした(『朝日新聞』三重版二〇一〇年七月七日)[30]。

▼陳情システムの課題

陳情する側である行政、自治体サイドはシステムの変更に混乱した。これまでパイプがなかった民主党のどこに陳情をすればいいのかわからない、なぜ特定政党を通さねばならないのか、省庁との接触なしで陳情計画が策定できるのか、都道府県ごとに設けられた党地方組織で県境を超えるような陳情は受け付けられるのか、といった疑問や批判の声が上がった(『中日新聞』二〇〇九年九月八日、一一月二四日)。

自民党政権下の国の予算編成に際して、三重県では各省庁で政務三役や次官に陳情し、国会議員には一括で説明会を開く程度であった。しかし、政権交代後は与野党含めて県選出国会議員と知事が個別に面談して、新年度予算に関する県の提言を説明した。党三重県連地域戦略局は「提言を党本部に上げるかはあくまでも地域戦略局の判断」との立場で、県連で陳情を受け付けることで知事が上京する時間と費用が節減できる、と主張した(『中日新聞』三重版二〇〇九年一一月二〇日)。愛知県もこれまでの「提案・要望」から、党県連ルートでは「要望」として提出し、地元自治体の陳情は党県連で受けるという民主党政権の方針を踏まえ、各省庁への働きかけについては「要望」の語を外した「提言」とする気の遣い方であった(『中日新聞』二〇〇九年一一月七日)。

民主党が試みた、新たな陳情システムにも多くの問題点が指摘できる。第一に、幅広い陳情をわずか数人の議員から構成される党地域戦略局で対応ができるのか、精査できるのかという点である。例えば、党三重県連の所属国会議員八人のうち、鳩山内閣で政務三役入りした議員は実に四人に上った(表6－1)[31]。政務三役は県連役員を兼任できないとする党本部の意向があったため、政務三役を出している地域は地元議員に陳情ができない、政務三役以外の議員で県内の陳情に対応しなければならないという問題を抱えた。三重県幹部は「他県からはうらやましがられるが、パイプを生かし切れていない」と述べている（『中日新聞』三重版二〇〇九年一〇月二六日）。

第二に、地方組織が受け付けた要望について、党本部、党陳情対応本部がどう精査し、評価したのか、陳情者にフィードバックする仕組みが欠けていた点である。陳情対応本部が設置され、幹事長室から広く党本部内で情報共有が可能なシステムになったものの、陳情への返答がなく、国とのコミュニケーションが不足していることに不安や不満の声が上がった（『朝日新聞』二〇一〇年一〇月二〇日、一二月二五日、『中日新聞』二〇一〇年一月一八日）。さらに党や政権に批判的な首長の要望は受け付けない、といった対応がみられるなど、地方組織と首長との関係、地方組織間の強弱の差などによって、陳情の実現に政治的バイアスがかかる恐れも生じた[32]。こうした不安から、形を変えた「霞が関詣で」を続ける首長も現れ[33]、民主党本部や党地方組織の頭越しに省庁に直接陳情するケースも復活した（『朝日新聞』二〇一〇年一二月二五日）。

愛知県、党愛知県連は他の都道府県、党地方組織に比べると、陳情処理に比較的有利な立場にあったケースと言えよう。鳩山、菅内閣時、党県連代表の職にあった伴野豊（愛知八区）は、小沢の下で副幹事長を務め、陳情に訪れた自治体を政務三役に仲介しうる立場にあった。神田真秋愛知県知事（当時）は二〇〇七年県知事選で自民、公明両党の推薦で民主党推薦候補を破って三選を果たしたことで国とのパイプが懸念されたが、伴野の仲介で党愛知県連所属の赤松広隆農水相（愛知五区）、直嶋正行経産相（参院比例）[34]、さらに川端達夫文科相を直接訪ね、補正予算の予定通りの執行を陳情した（『中日新聞』二〇〇九年一〇月三日）。また、野田内閣時に輿石東幹事長の下で筆頭副幹事長の座にあった鈴木克昌（愛知一四区）は、全国からの陳情約二〇〇〇件について政策調査会への対応や各省庁への対応を捌く役目を担っていた。鈴木自身も「地元の陳情については力が入る」と述べている（『中日新聞』二〇一一年一〇月二五日）。

党地方組織をパイプ役とする陳情方式の導入には、地元の要望に応えることこそが政権与党の仕事であるとして、予算編成を通じた党組織の強化を図る狙いがあった。菅、野田内閣時には、幹事長室が一元的に陳情を取りまとめる仕組みについて機構改革が行われた。しかしながら、党三重県連の例で先述したように、陳情処理と集票活動、選挙運動とをリンクさせる発想そのものや地方組織側の体制には変化が見られなかった(補表6－2)。政策決定に影響を持つ有力代議士を抱えている県連が有利になる、予算配分に政治的バイアスがかかるといった点では、政権交代こそしたものの、票と予算の交換メカニズムそのものにメスは入らなかった、と評価できるだろう。

結びに代えて

一九九三年夏の五五年体制の崩壊、政界再編は、自民党の分裂、日本新党、新生党、新党さきがけのいわゆる三新党の結党が契機となった。その後の政党間の離合集散は、新進党の結成・解党、民主党、新・民主党の結成、民由合併と、いわば非自民・非共産各党の間で自民党と対峙する野党をめぐる動き、野党再編の歴史であった。野党再編は中選挙区制から小選挙区制を中心とした選挙制度改革の帰結、デュヴェルジェ法則の効果と言える。さらに二〇一二年の民主党分裂、みんなの党や日本維新の会などいわゆる第三極の動静は、民主党にとって「終わりの始まり」なのか、それとも野党の再々編過程における「始まりの終わり」を指すものなのか、未だ見通せる状況ではない。しかし、新党が組織を立ち上げ、発展していくためには、小選挙区制という高いハードルをクリアしていかねばならず、国政レベルでの衆院選、参議院地方区に加えて、地方レベルでも首長選、県議選一人区…とハードルの数は多い。

もっとも、冒頭でも言及したように、本章で扱った三重県、愛知県の特殊性について留意しておく必要はある。両県の事象はあくまでも一定の勢力、基盤を持つ組織が結党に参加したという限定的なケースでもあり、堤・森道哉（二〇一二）が取り上げた香川県や次章の分析対象となる宮崎県のように与野党間アリーナで絶対的な勢力差がついているような地方組織には必ずしも適合しない。しかしながら、本章の趣旨は「強い組織があったから、強い『王国』が作れたのだ」といった同語反復を繰り返すことではない。複数のアリーナで展開される協調、緊張のメカニズム、連携に至る過程は紆余曲折を経たものであった。他都道府県の党地方組織を対象とした事例分析を重ね、地方組織のパフォーマンスについて考察を深めていくことが今後の課題になろう。

新・民主党結党時、三重県のある労組幹部は「これまで戦ってきた間柄。まとまるのは大変。でも、まとまらないと勝てない」と語っている（『中日新聞』一九九八年四月一〇日）。「三重県方式」における協調と緊張関係をうまく表した言葉である。三重県においては、連合を基軸として、国政のみならず地方議会でも保守系議員を推薦し、自民党と対峙しうるだけの選挙態勢を構築することに成功した。また、選挙で勝利し続けることが、選挙連合の求心力や凝集性を高める好循環となった。属人的な議論ではあるが、「三重県方式」を模索しつづけた連合三重会長の北岡自身が一九九二年参院選で候補者として落選し、その後の国政と地方政治のねじれでは連合三重内で統一的な対応ができず、辛酸を嘗めた人物であったことも強く影響しているだろう。

政権交代後も党三重県連では「地域戦略局」を活用し、改選を直後に控えた議員を局長とし、これまでの「三重県方式」では手の届かなかったような組織・団体にも浸透していく戦略性と柔軟性を見せた。二〇一一年県知事選、二〇一三年参院選と連敗こそしたものの、全国的に民主党に逆風が吹く中で、接戦に持ち込んだことは善戦とも評価できる。東海ブロックの愛知、岐阜両県の民主党県連では、二〇一五年の統一地方選に向けて民主党色を薄め、非自民勢力を取り込むことを目的に、「三重県方式」や「新政みえ」をモデルとした新たな政治団体結成の動きも起きている（『朝日新聞』名古屋版二〇一四年四月一二日）。民主党の党勢回復が望めず、仮に野党再々編といった事態が生じることがあっても、この「三重県方式」の枠組みだけは存続するように思われる。

謝辞

本章執筆にあたって、多数の民主党、労働組合関係者、地方議員および報道関係者にご多忙の中、インタビューに応じていただいた。いずれも匿名を条件とされたため、お名前を挙げることはできませんが、心より感謝申し上げます。

本章は二〇一二年一〇月に九州大学で開催された日本政治学会・研究会報告論文を大幅に加筆・修正したものです。有益なコメントをいただいた丹羽功先生（近畿大学）、河村和徳先生（東北大学）にお礼申し上げます。

補表6-1「三重県方式」の推移

			知事	県議会会派の主な動き
1977	7	参院選。社公選挙協力により社会党・坂倉藤吾が当選	田川亮三	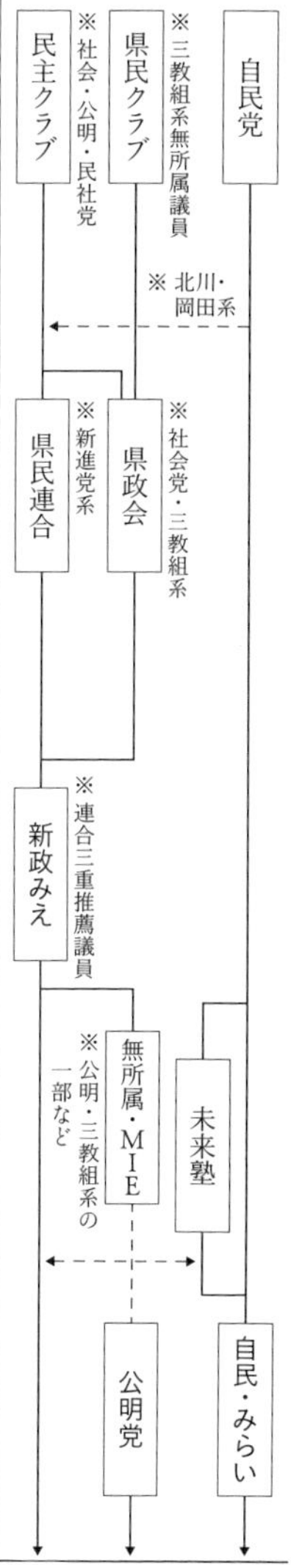
1989	1	民間労組が結集し、連合三重結成		
	7	参院選。社公民三党推薦の連合型候補・井上哲夫が当選		
	12	連合三重に官公労も参加		
1990	2	衆院選。連合三重、本部に先行して社公民三党の候補を並列推薦		
1992	7	参院選。連合主導で社・民推薦・北岡勝征を擁立するも落選		
1993	7	自民党分裂。非自民連立政権誕生		
1995	4	知事選。新進党推薦の北川正恭が当選。連合三重は分裂選挙に 非自民系の県議会会派が「県政会」と「県民連合」に再編	北川正恭	
	7	参院選。新進、社会で支援が割れ、連合三重推薦の井上が落選		
	12	連合三重推薦議員の研究会「新政策議員フォーラム三重」結成		
1996	11	衆院選。連合三重は新進、民主、自民候補支持で分裂選挙に		
1997	6	民主党三重結成（代表：伊藤忠治）		
1998	4	新進党解党を経て、民主党に岡田克也、中川正春ら合流		
	7	参院選。連合三重主導で高橋千秋を擁立するも落選		
1999	1	自自連立政権発足		
	4	知事選。連合三重は北川を推薦し、再選		
	10	自自公連立政権発足		
2000	5	非自民・非共産の県議会会派が統一し、「新政みえ」結成 衆院選・参院補選。「三重県方式」で高橋が参院補選当選		
2001	5	「新政みえ」から公明党、三教組推薦議員が離脱		
2002	11	政治団体「新政みえ」結成		
2003	4	知事選。候補擁立をめぐって混乱も野呂昭彦推薦で一本化	野呂昭彦	
	9	民由合併。自由党から中井洽が合流		
2004	7	参院選。「新政みえ」所属県議の芝博一を擁立し、当選		
2007	3	「新政みえ」、地域政党に移行		
2009	8	衆院選。民主党政権発足。岡田、外相として入閣		
	11	民主党三重県連、地域戦略局を設置（局長：芝博一）		
2010	7	参院選。民主党・芝、再選を果たす		
2011	4	知事選。松田直久津市長を擁立も自公み推薦の鈴木英敬に敗れる	鈴木英敬	
2012	12	衆院選。政権再交代		
2013	7	参院選。民主党・高橋、自民党・吉川有美に敗れる		

出典：『中日新聞』三重版、『朝日新聞』三重版、三重県議会事務局資料を基に筆者作成。

補表6-2「民主党三重県連 地域戦略局 ご要望や陳情の流れ」

1 ご要望の作成

地方自治体・各種団体

↓

○ ご持参いただく書類

- 団体要望報告書(民主党三重県連のHP掲載)
- ご要望元様にて作成された独自の要望書
- 関連資料、参考資料(必要に応じて)

2 ご要望の受付

民主党 三重県内の各国会議員事務所

第一区総支部	中井洽 事務所
第二区総支部	中川正春 事務所
第三区総支部	岡田克也 事務所
第四区総支部	森本哲生 事務所
第五区総支部	藤田大助 事務所
東海比例第二総支部	金森正 事務所
参議院第一総支部	芝博一 事務所
参議院第二総支部	高橋千秋 事務所

- 「新政みえ」を通じて各国会議員事務所へ
- 「民主党議員フォーラム」所属議員を通じて各国会議員事務所へ

※県連事務局では、要望の承りは行いません。(事務作業のみ)

○ 要望内容のヒアリングについて

- 要望内容により国会議員、秘書、県議、市町議にて行います。
- 要望内容について資料の説明をお願いします。
- 要望の緊急度、省庁への面談希望の有無などを確認させていただきます。
  1. 面談希望の場合は、希望日時、参加者などを確認
  2. 面談希望日時 戦略局会議より二週間以降にて、緊急時はその状況により相談。(緊急時の省庁への面談要請の場合でも、提出いただいた日から二週間後にてお願いします。)
  3. 団体要望書の所定事項(規模構成、役員構成、団体側連絡先)が記入されているかの確認
  4. 民主党との関係状況について、お尋ねさせていただきます。(傍線筆者)
- 各総支部の地域戦略局会議にて確認されたのち、三重県連地域戦略局会議にて精査致します。

↓

3 民主党三重県連地域戦略局

局長	金森正 衆議院議員
局長代理	藤田大助 衆議院議員
局長代理	高橋千秋 参議院議員
戦略局委員	県議会議員五名
	各国会議員秘書八名
事務局	民主党三重県連事務局

○ 地域戦略局会議・毎月一回以上開催(非公開)

- 緊急度の場合は、臨時対応行います。
- 会議にて各要望ごとに精査を行います。
- 政府へ要請の可否を判断します。

↓

4 ご要望の要請

- 政府へ要請すべきと判断された要望は、民主党陳情要請対応本部へ送ります。
- 省庁への面談要請の場合は、党本部陳情要請対応本部での面談を行い、その後省庁への面談となります。
- 面談日程が確定次第、ご連絡致します。

出典：民主党三重県連HPを基に筆者作成(最終確認日2012年9月19日)。

註

1——その他、候補者側から見た民主党議員の選挙運動については、細野（二〇〇三）、前田（二〇〇四）、出井（二〇一〇）、土田（二〇一〇）などを参照。

2——三重県内の政治変動については、補表6－1と合わせて参照されたい。

3——森（一九九九）は一九七〇～八〇年代における社会党の連合政権構想の変化を、ネスト構造を用いて分析している。

4——一九七七年参院選の結果は以下の通り。坂倉藤吾（社会・新）二八万四四八三＝当選、久保田藤麿（自民・現）二八万二三四二、田中覚（新自ク・新）二〇万二六〇二、松原和夫（共産・新）四万九三一六。田中は知事五期を務めた後、一九七二年衆院選で国政に転じたが、一九七六年衆院選で落選した。

5——一九八九年参院選の結果は以下の通り。井上哲夫（連合・新）四五万二三三九＝当選、水谷力（自民・現）三四万三〇七八、神坂美代子（共産・新）六万四六八一。

6——以下、第一節における新聞からの引用、出典は特に断らない限りは三重版を指す。

7——坂倉は一九八三年参院選で再選を目指すも落選。国政復帰を目指し、一九八三年衆院選に引き続き、二度目の立候補であった。

8——一九九〇年衆院選の結果は以下の通り。【三重一区】伊藤忠治（社会・前）一一万九五八二、北川正恭一一万〇三八四（自民・前）、川崎二郎（自民・前）一〇万五一六三、岡田克也（自民・新）九万七二九〇、中井洽（民社・元）九万四六四九＝以上当選、坂口力（公明・前）九万二四六六、萩原量吉（共産・新）四万二七四五、岩名秀樹（無所属・新）三万七八二〇、生間利貞（無所属・新）二四六三。【三重二区】田村元（自民・前）八万一四六六、藤波孝生（無所属・前）七万四九五六、野呂昭彦（自民・前）六万七〇三二、石井智（社会・新）五万七〇〇二＝以上当選、坂倉藤吾（社会・前）五万一五三六、今井一久（共産・新）一万〇九三二。

9——一九九二年参院選の結果は以下の通り。斎藤十朗（自民・現）三七万三九六〇＝当選、北岡勝征（連合・新）二七万二八〇四、堀義和（共産・新）五万四一一三。

10——伊藤によれば、社会党県本部内の批判に対して「党と組合との立場は峻別して対応すべき」として反論したが受け入れられず、離党した。伊藤は翌年の民主党結成に参加した（伊藤 二〇〇七）。

11——一九九五年三重県知事選の結果は以下の通り。北川正恭（無所属（新進、公明、さきがけ推薦）・新）四五万六六七六＝当選、尾崎彪夫（無所属（自民、社会推薦）・新）四四万三八六一、安井彦光（無所属（共産推薦）・新）二万五九三一、宮西俊秀（無所属・新）一万七〇八四。

12——一九九五年参院選の結果は以下の通り。平田耕一（無所属（自民推薦）・新）三〇万三四五三＝当選、井上哲夫（民改連・現）二九万〇四四五、堀義和（共産・新）五万三〇一四。

13——二〇〇一年一二月、山本は参議院で自由党、無所属の会などとの統一会派結成を目指していたが、独自路線を志向する党執行部と対立し、社民党を離党した。この結果、民主、社民党と連合三重間のねじれは事実上、解消した。

14——一九九八年参院選の結果は以下の通り。斎藤十朗（無所属（自民推薦）・現）三八万九四〇〇＝当選、高橋千秋（無所属（民主、自由、社民推薦）・新）二八万九九五三、今井一久（共産・新）一三万一九四八、坂本哲康（自由連合・新）三万九四四五。斎藤は参議院議長在職中のため、自民党公認を外しての出馬であった。

15——参院選落選後、連合三重の意向で高橋は「新政策議員フォーラム三重」事務局長に就任した。

16——北川は既成政党に対して推薦依頼を出さなかったため、民主党から北川への推薦は棚上げされた。

17——中井は小選挙区で落選したが、自由党比例名簿一位で復活当選した。

18——二〇〇〇年参院補選（現職・平田耕一（自民）の衆院選出馬に伴うもの）の結果は以下の通り。高橋千秋（無所属（民主・自由・社民推薦・新）四二万九二四〇＝当選、橋爪貴子（自民・新）三九万九八〇〇、谷中三好（共産・新）一一万二八七五。

19——三教組に対して、連合三重は会派離脱した県議の推薦を取り消すよう要請したが、三教組は応じなかった。

20——二〇〇一年参院選の結果は以下の通り。高橋千秋（無所属（民主・自由・社民推薦）・現）三九万七一〇五＝当選、藤岡勝美（自民・新）三七万二〇六五、谷中三好（共産・新）五万九五八六、石谷徹（自由連合・新）二万六一一五。当初、藤岡は政党色を抑えるため、無所属（自民・公明推薦）で立候補したが、小泉内閣の高支持率を受けて公示後に自民党公認へと切り替えた。公認が投票一〇日前と遅れたことは、藤岡にとって大きな戦略ミスだったとの指摘もある（『中日新聞』二〇〇一年五月二九日、七月三〇日）。

21——二〇〇三年三重県知事選の結果は以下の通り。野呂昭彦（無所属（民主・自由・社民推薦）・新）

四七万三四二六＝当選、水谷俊郎(無所属・新)一七万三四三三、村尾信尚(無所属・新)一七万一二〇〇、鈴木茂(無所属(共産推薦)・新)四万八六一六。

22――自民党公認候補が教育基本法改正を強く主張したことも、三教組が芝推薦に踏み切る一因になった、とする見方もある(『中日新聞』二〇〇四年六月二一日)

23――二〇〇四年参院選の結果は以下の通り。芝博一(民主・新)四七万〇九四〇＝当選、津田健児(自民・新)三七万〇七四八、中野武史(共産・新)六一，五六六。

24――二〇一〇年参院選の結果は以下の通り。芝博一(民主・現)三六万〇六九七＝当選、小野崎耕平(自民・新)二九万三五〇二、矢原由佳子(みんな・新)一七万八三四六、中野武史(共産・新)五万四八〇六。

25――二〇一一年三重県知事選の結果は以下の通り。鈴木英敬(無所属(自民・みんな推薦・公明県本部支持)・新)三七万九四七二＝当選、松田直久(無所属(民主推薦)・新)三六万九一〇五、岡野恵美(無所属(共産推薦)・新)六万八二五三。

26――二〇一三年参院選では現職・高橋を擁立したが、自民党新人の吉川有美に敗れた。二〇一三年参院選の結果は以下の通り。吉川有美(自民・新)三七万三〇三五＝当選、高橋千秋(民主・現)三一万七二六一、深尾浩紹(維新・新)七万〇七七九、中川民英(共産・新)五万九二三一、大津伸太郎(無所属・新)一万四八五八、小川俊介(諸派・新)八二三三。

27――的場(一九八六)は一党優位政党制下の野党の戦略として、①包括政党化、②野党共闘による建設的共存、③与党連合の分断、の三つを挙げている。三重県の例でいえば、建設的共存戦略は新・民主党の結成、自由党との合併、社民党との選挙協力が該当する。また、与党連合の切り崩しについては、公明党が「新政みえ」離脱以降は連携を断念し、自公連立政権に単独でも勝利する方針に転換した。

28――労働組合と社会民主主義政党との関係をめぐる理論動向については、丹羽(二〇〇〇)を参照。

29――菅内閣では政策調査会が復活し、さらに野田内閣では政策調査会が内閣提出法案に対して与党審査を行う点で、自民党政権下の政策決定に近いものになっている。

30――自民党候補の小野崎耕平が「業界団体からの推薦を受けない」として、推薦依頼を出さなかったことも影響している。三重県農協は一九九五年の知事選以後、国政選挙では自主投票としている(『朝日新聞』三重版二〇一〇年七月八日)。

31——中井国家公安委員長(一区)、中川文科副大臣(二区)、岡田外相(三区)、高橋経産大臣政務官(参院三重)の四人。

32——二〇一〇年参院選でみんなの党公認候補を支援し、政府・与党を厳しく批判していた山中光茂松阪市長は、民主党側から面会を拒否された(『中日新聞』三重版二〇一〇年九月二五日)。

33——一方で、要望を受ける国会議員側も個別の陳情に進んで応じていた。地域戦略局長はもとより政務三役までもが「地元国会議員の立場」として知事を迎え入れ、県連代表は政務三役への要望に同席した(『中日新聞』二〇一〇年五月二二日)。

34——直嶋は全トヨタ労連出身のため、党愛知県連に所属している。

第7章

「保守王国」の民主党地方組織と政権交代

――宮崎県の場合

堤 英敬 *TSUTSUMI Hidenori*
森 道哉 *MORI Michiya*

はじめに

民主党の地方組織の脆弱さに関する指摘は多いが（例えば、上神・堤 二〇一一）、政権交代はその力量を引き上げる契機になりえた。政権の獲得は、政党が必要とする様々な資源を入手するための手段を持つことを意味するからである。日本で長年、政権政党の座にあった自民党が、選挙区や様々な団体への利益分配を通じて、支持や資金の確保を行ってきたことはよく知られている（例えば、Scheiner 2005）。無論、こうしたシステムが少なくとも以前ほどの有効性を失っていることは明らかであろうが（村松 二〇一〇、野中 二〇〇八）、政権政党であるが故に利用できる資源があることも、また確かである。マニフェストを用いながら、「普遍主義」を掲げた民主党（堤・上神 二〇一一）は、自民党による「票と利益の交換」の政治から距離をとるかに思われたが、実際には各種陳情を都道府県レベルの地方組織に一元化するなかで、地方における利益集約機能の強化を図ろうとしてきた。これは、従来、接触のなかった党外のアクターとの関係を構築することを目指したものといえる。では、そうした意図は、「普遍主義」と「票と利益の交換」の間にあって、地方でどのように具体化され、どの程度機能していたのであろうか。また、野党から与党への変化は、党地方組織のあり方に何らかの変化をもたらしたのであろうか。

本章は、民主党宮崎県総支部連合会（以下、民主党宮崎県連、宮崎県連、あるいは単に県連）を事例として取り上げ、こうした課題を検討する上で必要とされる材料を提供したいと考える。宮崎県は、社会経済的に見た場合、社会資本の整備が遅れるとともに被保護セクターである第一次産業の比重が大きいなど、「政治への依存度」が高い地域といえる。従来、宮崎県では自民党への支持が堅く、国政・地方政治の両面において民主党の基盤は弱かったが、こうした社会経済的な背景は、政党を含む政治的アクターの側に相互の関係を再構築する誘因を与えることになるだろう。その意味で宮崎県は、政権交代後の政党地方組織の変化を観察しやすい事例だと考えられる。

他方で、政党組織のあり方は党建設の過程に強く規定される。パーネビアンコ（Panebianco 1988 = 2005）の「発生期モデル」は、政党組織の制度化の水準は政党の「発生期」における党建設過程と環境への対応に依存すると主張する。制度化の水準の程度、すなわち政党組織が環境から自律的で、一元的な組織を持ちうるか否かは、特に党の下部組織が形成される過程と外部団体との関係およびカリスマ的な指導者の存在によって左右されるという（Panebianco 1988 = 2005、邦訳四章）。そして、党地方組織が政権党の持つ資源をどのように利用するか、また、資源が増したことで党地方組織にどのような変化が生じるかは、政権獲得前の政党組織のあり方に依存するであろう。つまり、政権交代後に生じた変化あるいは継続は、党建設時からの連続線上に位置づけて論じられる必要がある。

こうした問題認識から、本章では以下のような順に議論を進めていく。まず、事例の概況を示し（一節）、次いで政権交代に至るまでの宮崎県における民主党の形成過程と制度化の水準について検討する（二節）。その上で、政党に求められる利益の集約と表出、政治的リクルートメントといった機能に着目して、政権交代後の宮崎県における民主党の変化と継続について分析を行う。具体的には、民主党宮崎県連の利益集約や意思決定の手法を、民主党本部における利益集約システムにも目を配りながら、事例も交えて記述するとともに（三節）、政権交代後の党地方党組織による新たな取り組みについて検討を行う（四節）。最後に分析結果をまとめ、政権交代後の民主党地方組織の変化と継続について考察する。

1　事例の概況

まず、宮崎県の社会経済的な特性について簡単に触れておこう。宮崎県の主要産業は、第一次産業といって差し支えないだろう。県全体の第一次産業就業者比率は一一・四％で（二〇一〇年国勢調査）、全国四位の高さとなっている。宮崎市や延岡市、そして日向市といった太平洋側の都市部を除くと、就業者の三〇％近くが第一次産業に従事している市町村も珍しくない。また、経済的に豊かとは言い難いことも事実である。例えば、二〇一〇年度の一人当たり県民所得は約二二一万円で、全国平均（約二八八万円）と比べるとかなり低く、全国でも四五番目の水準となる（『平成二二年度県民経済計算』）。

地元では社会資本の整備が遅れているとの認識も強い。その最たる例が道路の整備である。例えば、宮崎県における高速道路の供用率は五〇％と、九州の平均の六八％を大きく下回り、九州七県の中では最低の水準にある。また、国道および県道の改良率も六五％にとどまり、九州七県では最も低くなっている（『宮崎県中長期道路整備計画（二〇一一年三月）』）。他方で、公共サービスの提供を支える宮崎県の財政状況は芳しくない。

財政力指数、地方債残高割合といった指標は、全国でワースト一〇に入っている。こうした対比からも、宮崎における地方の課題を解決するために、中央政府の力を必要とし、地方もそれを期待する構図をみることができる。

また政治的には、しばしば「保守王国」と呼ばれるように、宮崎県は自民党や保守勢力への支持が固い地域である（表7－1参照）。中選挙区制期には定数三の二つの選挙区が存在したが[1]、特に二区では自民党が二議席を確保し、残り一議席を自民党と社会党が争う構図になっていた。他方で、一区はやや様相が異なる。一九七〇年代以降、自民党はしばしば一議席しか獲得できず、民社党や社会党と議席を分け合ってきた。もっとも、これは保守勢力が一枚岩とは言い難かったことが背景にある。一区で自民党は基本的に二人を公認してきたが、しばしば公認漏れした保守系無所属が立候補したり、過剰公認が行われたりした結果、共倒れが生じていた。また、一九七二年以降、自民党のほかに民社党も一議席を確保してきた。後述するように、宮崎では旭化成労連を中心としたゼンセン同盟の勢力が強く、これに加えて民社党と公明党の間で選挙協力が行われていた。そのため、一九七〇年代以降、一区における民社党の議席は盤石であった。

小選挙区制比例代表並立制導入後も、保守優位に変わりはなく、むしろ強まっていったといえる。二〇〇九年の一区を除き、非自民系の候補者が当選したことはない。ただし、新選挙制度導入後も自民党は一枚岩というわけではなく、保守分裂選挙となることも多かった。二〇〇五年の「郵政選挙」では、二区、三区選出の現職が「造反」し、「刺客」候補との間で当選が争われたほか、二〇〇〇年の三区でも自民候補と自民公認が得られなかった保守系無所属が対峙する構図となった。また、二〇〇三年の二区と三区、二〇〇九年の一区では自民党内の候補者調整がつかなかったことから、誰にも自民党公認が与えられず、保守系無所属同士の戦いとなっている。他方で、中選挙区制期には一議席を確保してきた民社党の流れを汲む民主党は、一度も小選挙区で当選者を出すことができていない。成功と呼べるのは、二〇〇九年に社民党とともに推薦

表7-1 衆院選における宮崎県内選挙区の党派別議席獲得状況

中選挙区制期

	1区			2区		
1958	自	自	社	自	自	社
1960	自	自	社	自	自	社
1963	自	自	社	自	自	社
1967	自	自	民	自	自	社
1969	自	無(保)	社	自	自	自
1972	自	社	民	自	自	社
1976	自	無(保)	民	自	自	無(保)
1979	自	社	民	自	自	社
1980	自	自	民	自	自	自
1983	自	社	民	自	自	社
1986	自	自	民	自	自	自
1990	自	社	民	自	自	社
1993	自	自	民	自	無(保)	

小選挙区制期

	1区	2区	3区
1996	自	自	自
2000	自	自	自
2003	自	無(保)	無(保)
2005	自	無(保)	無(保)
2009	無(野)	自	自
2012	自	自	自

註：自＝自民党、社＝社会党、民＝民社党、無＝無所属、無(保)＝保守系無所属、無(野)＝非自民系無所属。
中選挙区期の1993年、2区の定数は2。

図7-1　宮崎県議選の党派別当選者数（1967年～2011年）

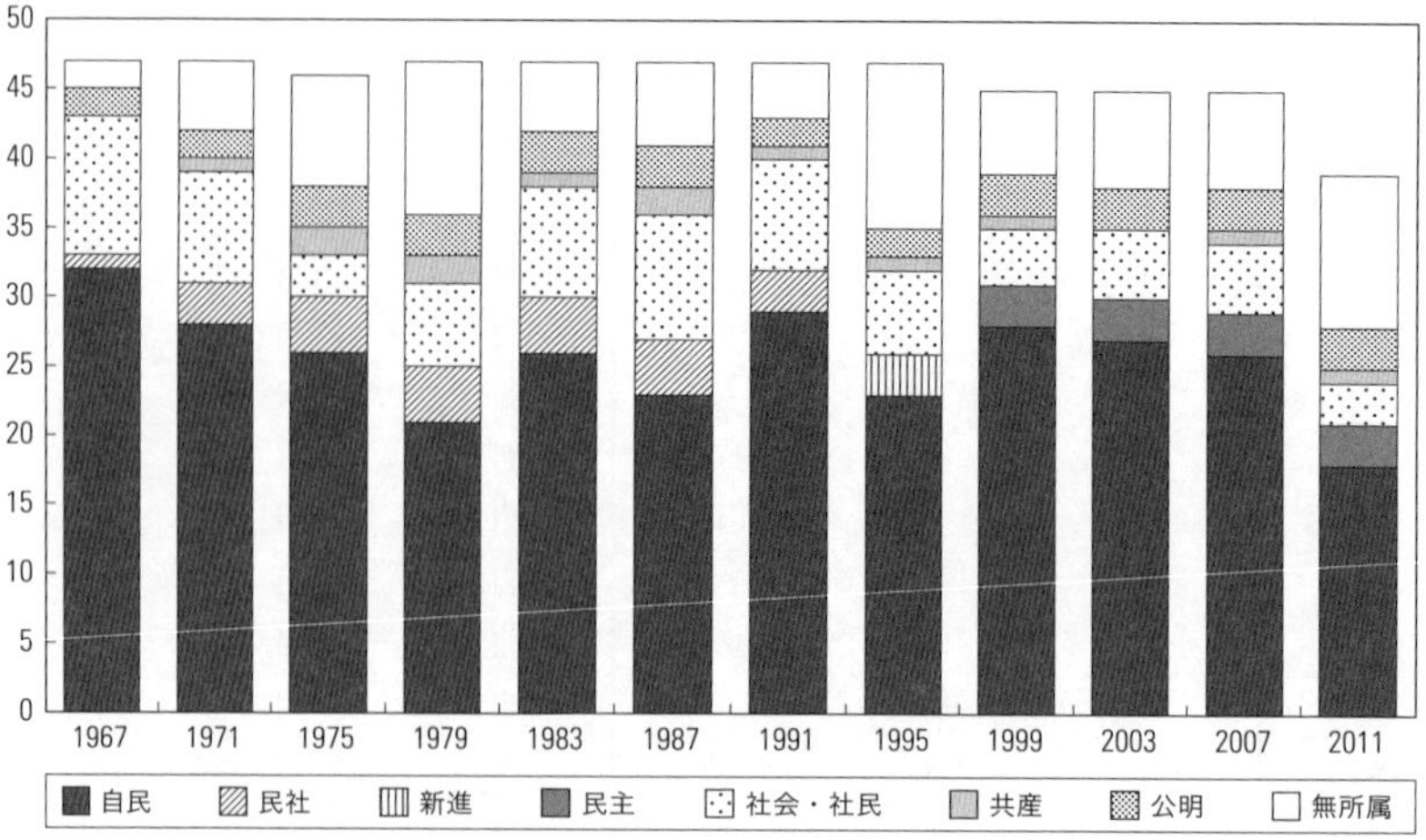

した無所属候補の当選のみである。

保守優位の傾向は、参院選においても確認することができる。一九五五年体制成立以降、非保守系の候補者が当選したのは、一九八九年の野別隆俊（社会党）と二〇〇七年の外山斎（無所属）だけであった[2]。

さらに地方レベルにおいても、自民党を中心とした保守勢力が優勢であった。県議選の結果を見ると、自民党はほとんどの選挙で過半数の議席を得てきたことが分かる（図7－1参照）。また、公認候補だけでは過半数に達しなかった場合でも、保守系無所属まで含めれば、常に六割以上の議席を確保してきた。対する非自民勢力は、一九九〇年代まで社会党が八～一〇議席を、また民社党が三～四議席、公明党が二～三議席を獲得してきた。しかし、一九九〇年代後半以降、社民党の勢力は漸減し、二〇〇〇年代に入ってからは民主、社民、公明の三党が分立する状況となっている[3]。

2 民主党宮崎県連の形成過程と制度化の水準

▼民主党宮崎県連の形成過程——結成から政権交代まで

本節では、政権交代後の党地方組織の変化を分析するための準備作業として、宮崎県における民主党の形成過程を、民主党宮崎県連発足までの経緯と主要な選挙への対応を中心に素描し、制度化の水準について検討を行う。

宮崎における民主党の「萌芽」は、一九九六年九月の旧・民主党結党直後に、社民党を支持していた全電通や全逓など五つの単産が「民主党を応援する会」を結成したことにある。これを母体として、一九九七年一二月に井上紀代子県議ほか市議三名が社民党を割る形で加わり、「民主党みやざき」が同党の四一番目の地方支部として立ち上げられた。これに対して社民党は、従前の組織を維持することとなった[4]。その後、中央政界での新・民主党の結成に伴い、旧民社党の重鎮として活動してきた米沢隆が会長を務める旧新進党系の「民主党宮崎県連合」(以下、県連合)が、一九九八年四月に結成される。県連合は、旭化成労連を中心としたゼンセン同盟などの同盟友愛会議系の労組を支持者としていた(『毎日新聞』一九九七年三月一一日、一二月四日、一九九九年七月二二日)。

「二つの民主党」が最初に臨んだ選挙は一九九八年参院選であったが、独自候補を擁立することはできなかった。連合宮崎が中心となり、県労組会議(旧総評系)、県同盟友愛会議(旧同盟系)、民主党を応援する会、そして公明県本部から構成される「五者会議」[5]が、非自民党勢力の統一候補擁立を探ったが、団体間の相互不信や候補者の不同意などによって、それも断念され、「不戦敗」となったのである。

同年一〇月になると、「二つの民主党」の「統一」が報じられた。しかし、一九九九年四月の県議選などでも両者は別々に選挙を戦い、選挙後もそれぞれ別の会派を組むなど、まとまりを欠いた。ようやく歩調を合わせられたのは、六月の知事選における推薦においてである[6]。両者が発展的に解消されて「民主党宮崎県総支部連合会」の結成に至るには、次期衆院選を睨んだ一九九九年七月まで待たねばならなかった。執行部については、民主党みやざきの井上が代表に就き、県連合の米沢は顧問兼第一区総支部長に回った。県連の結成もまた全国四一番目であり、中央の政界再編の動向とはやや異なっていたのである(『朝日新聞』一九九八年九月五日、一九九九年二月九日、六月一〇日、七月三一日、二〇〇〇年二月二日)。

県連発足当時、所属国会議員はおらず、県議も三名にとどまるなど、宮崎県下における民主党の勢力は停滞していた。そして、その後の主要選挙においても苦戦が続くことになる。県連発足後初の主要選挙となった二〇〇〇年六月の衆院選では、一九九六年に続いて一区から立候補した米沢は再び敗れ、党本部の公募で選ばれていた長浜恵美子を擁立した二区でも大敗を喫している。また、三区では候補者擁立にすら至らなかった(『朝日新聞』二〇〇〇年三月一九日、五月一六日)。ただ、二〇〇二年一〇月になって、比例区九州ブロック選出の古賀一成が衆院福岡六区補選に立候補して自動失職したことに伴い、米沢が繰り上げ当選することとなった(『朝日新聞』二〇〇二年一〇月三一日)。こうして、宮崎県連から初の国会議員が誕生する。

翌年の二〇〇一年参院選では、自民党が分裂選挙となるなか、連合宮崎が仲立ちして民主党と社民党が統一候補(東治男・無所属)を擁立したが、次点という結果に終わった(『朝日新聞』二〇〇一年三月七日、四月二〇日)。また、二〇〇三年八月に実施された県知事選では、自民党が自主投票となるなかで連合宮崎などとともに元県出納長の牧野俊雅を推すが、元県商工労働部長の安藤忠恕の前に敗れた。さらに同年一一月の衆院選でも、二区で土井裕子が惨敗し、三区ではまたもや候補者を立てられなかった。しかし、三度一区で立候補した米沢は、小選挙区では落選したものの、比例区で復活当選を果たし、議席を守ることに成功する。

とはいえ、二〇〇四年七月の参院選選挙区で宮崎県連は、全国で唯一公認・推薦なしの県連となるなど、状況が大きく変わったとは言い難い。しかし、この選挙では、元自民党県議で無所属の松下新平を連合宮崎などとともに実質的に支援し、自民現職の上杉光弘を接戦の末、下している（『朝日新聞』二〇〇四年六月二三日）。続く「郵政解散」に伴う二〇〇五年九月の衆院選では、県連の当初目標であった全三区での候補者擁立をようやく実現する。しかし、一区においては、自民党が分裂選挙となったにもかかわらず、社民党が候補を擁立したこともあって、「最後の戦い」と強い意欲を見せていた米沢は惨敗し、引退に追い込まれた。また、残りの二つの選挙区でも完敗を喫している。さらに、二〇〇六年一二月に実施された、安藤知事の官製談合事件に伴う出直し知事選挙においても、民主党は勝利を収めることはできなかった。県連はこの選挙で、町村会が立候補を要請した元林野庁長官の川村秀三郎を推した（『朝日新聞』二〇〇六年一二月二九日）。対する自民党が、いつにもまして候補者選定をめぐって混乱を極めていたことから、川村は県連にとっての希望となるが、無党派層に加え、既成政党の支持者からも票を集めた東国原英夫が当選する結果に終わった（『朝日新聞』二〇〇七年一月二五日、四月七日）。

二〇〇七年七月の参院選には、二〇〇五年九月の衆院選で宮崎三区から民主党公認で立候補し、大敗していた外山が無所属で立候補する。外山は次期衆院選での立候補が期待されていたことに加え、外山が県連幹事会に諮らず、その頭越しに立候補の意思を連合宮崎幹部に伝えたことから、県連は不快感を示していたが、その意向に押されて離党を認めた上で推薦を行う。そして、全国的な民主党優勢の流れに乗り遅れることなく、当選に漕ぎつけた。続く二〇〇九年の衆院選において県連は、一区では先の知事選で推した無所属の川村を「思いは公認候補並み」で推薦し、社会党も歩調を合わせた。他方、三区では候補者擁立をせず、社民党公認の松村秀利を推薦することになった。これは両党にとって、衆院選においては初の共闘の試みであった。（『朝日新聞』二〇〇七年五月三一日、七月二日、二〇〇八年九月九日、九月一三日）。また、二区では党本部の公募に応募していた道休誠一郎を公認している。結果、一区で川村が当選、二区では道休が比例復活に成功して、民主党関係者が二議席を得た[7]。川村は二〇一〇年七月に民主党に入党し、また参議院で外山も二〇〇九年一〇月に復党していたことから、民主党宮崎県連は政権交代後、三名の国会議員を抱えるに至った[8]。

▼政党地方組織の内部構造の一元性と環境からの自律性

次に、こうした県連結成以来の経緯を踏まえ、宮崎県における民主党の制度化の水準について検討していく。パーネビアンコ(Panebianco 1988=2005、邦訳六二～六五頁)は、制度化の水準は、相互に関連する「システム度」と「環境からの自律性」の二つの尺度から測定できるとしている。すなわち、組織の内部構造の一元性[9](「システム度」)と人的・物質的な資源を自ら調達できる度合い(「環境からの自律性」)によって、制度化の水準が決まるとされる。以下では、この枠組みに沿って宮崎県における民主党の特徴を析出していく[10]。

まず挙げられるのは、党組織の内部構造の一元性の低さである。これは、先述のように民主党宮崎県連が「二つの民主党」から成り立った歴史を持ち、それぞれが別々の労働組合と深い関係を持っていることに起因する。一九九七年一二月に結成された民主党みやざきは、元々社民党(社会党)支持であった情報労連や全逓が主導して結成された一方で、県連合は旧民社党系のゼンセン同盟を代表とする旧同盟系労組の影響下にあった。ゼンセン同盟の中心は旭化成労連であり、地方議員の主要なリクルート源となるなど、強い存在感を発揮してきた。長年、国政、地方レベルで競合関係にあり、政策的にも少なからず立場が異なる両者にとって(『朝日新聞』一九九八年一一月二六日、一九九九年三月五日)、中央政界で統一が図られたとしても、互いに警戒感が残ることはやむを得なかった。県連発足後は、旧総評系労組と旧同盟系労組の表立った対立を確認することはできないが、党に対する個々の労組の影響力を否定することは難しく、県連の労組に対する自律性や党の組織面での一元性は高くなかったと考えられる。なお、組合員数で見た場合、漸減傾向にあるとはいえ旭化成労連が優位にあったが(『朝日新聞』一九九八年六月一四日)、代表は県連発足以来、社民党出身の井上が二〇一〇年まで務め続けた。

他方で、政党を取り巻く環境からの自律性も高いとは言い難い。いみじくも旭化成労連出身で、宮崎における民主党の主要人物であった米沢が認めるように、県連の労組依存の強さは否めなかった(『朝日新聞』二〇〇四年六月二三日)。党内部における地方議員のリクルート源が長年、労組に集中してきたことは、その一例である。また、政治資金の調達についても、大部分は党本部に依存してきた。例えば、政権交代直前の二〇〇八年の場合、同年の県連の収入のうち、七七・〇%が党本部からの交付金であった。このように、県連は人的、資金的資源を党地方組織の外部に頼っていたといえる。

また、システム度と環境からの自律性の双方に関連する特徴として、選挙における自律的な意思決定が困難であったことが指摘できる。そもそも、県連の候補者リクルートメント能力は低く、衆院の三選挙区すべてで候補者を擁立できたのは二〇〇五年のみであり、参院選で公認候補を初めて擁立したのは政権交代後であった。また、県連によって「発掘」された候補者は、二〇〇三年衆院選に擁立された土井裕子のみである。候補者の主要なリクルート源となったのは党本部の公募であり、二〇〇〇年の長浜恵美子、二〇〇九年の道休が当てはまる(いずれも二区)。

これに加えて宮崎の民主党に特徴的と思われるのは、自民党関係者への接近を図ってきたことである。二〇〇四年参院選で元自民党県議の松下新平を支援したほか、二〇〇五年衆院選では、三区でその松下の秘書を務めていた外山を、二区では二〇〇三年衆院選に無所属で立候補して落選していた元自民党県議の黒木健司を公認している。また、二〇〇九年衆院選の一区で社民党とともに推薦したのは、二〇〇六年知事選で一部の自民党議員らとともに支援した川村であった[11]。こうした保守勢力への接近は、県連のリクルートメント能力の低さとともに、自民党優位の宮崎県の政治状況への対応という側面があるだろう。

同様に宮崎の政治状況を反映した環境からの自律性への制約として、社民党、連合宮崎との間に緊張および協力関係があったことが挙げられる。宮崎においては、民主党結成後も自治労を主たる支持団体として社民党が存続し、一定の勢力を維持してきた。図7－1からも確認できるように、県議会において社民党は、議席数は漸減傾向にあるものの、長年、自民党に次ぐ第二党の地位にあった。宮崎市や延岡市といった主要な市議会でも、民主党と社民党の議席数は拮抗している。また、国政選挙でも、衆院宮崎一区において二〇〇〇年、二〇〇五年に民主党と社民党がともに候補者を擁立する分裂選挙となったり、二〇〇三年に社民党が候補者の擁立を断念したにもかかわらず、民主党候補を推薦せずに自主投票とするなど（『朝日新聞』二〇〇三年一〇月一九日）、両者の間には長年、緊張関係が存在した。

このように非自民勢力は分立的な状況にあったが、同時に、主要な選挙では自民党に対抗すべく、連合宮崎を中心として協力体制を構築しようとしてきた。民主党との関連でいえば、前述の「五者会議」が設けられ、一九九八年参院選や一九九九年統一地方選で統一候補の擁立が目指されてきた[12]。また、自公連立政権成立後は、民主党県連や社民党県連合、連合宮崎などの両党を支援する労働組合から成るクリエイト・ニュー・ポリティクス会議（CNP会議）が設置され、二〇〇一年以降の三回の参院選では無所属候補を統一的に支援している。さらに、二〇〇二年、〇六年の知事選などで同一歩調をとったり、二〇〇九年衆院選で棲み分けを行ったりもしてきた。なお、CNP会議における民主党の主導性は高くないと言わざるをえない。先述の二〇〇七年参院選における外山擁立の決定過程は、その象徴的な例といえよう。こうした自律的な意思決定の困難さの背景には、労組依存という組織的特性と、非自民勢力の協調を目指す連合宮崎の意向があったと考えられる[13]。

3　政権交代後の党地方組織の利益集約機能

以上のように、政権交代前の宮崎における民主党は、強大な自民党の前に勢力を拡大することはままならず、他方で、支持団体の分立による党の内部構造の一元性の低さと、党外における友好勢力との関係から、自律的な決定を行うことが困難であった。では、保守王国において、政権政党としての活動を初めて担うことになった県連には、どのような変化が見られたであろうか。本節では、政権交代後、民主党の地方組織に特に求められることになった利益集約と利益表出の機能に注目して検討を行う。

政権交代後、民主党は自民党政権期に制度化されていた意思決定の方式を再編しようとした。すなわち、政務調査会、総務会などにおける党内手続きを法案提出前に行うことを重視する、いわゆる事前審査制を特徴とする政府・与党の二元体制を改めようとしたのである。民主党はその一元化を目指したものの、利益集約システムとして十分に機能しておらず、政権ごとに変更を続けていった（伊藤 二〇一二）。もっとも、すぐ後で述べていくように、党本部での陳情処理については一定の変更は見られるが、県連内での利益集約システムについては、二〇〇九年九月に決定されて以来、大きな変更は見受けられない。

本節では、地方組織内での集約システムにおける役割と機能について概観した後、日向市の細島港の重点港湾化と口蹄疫対策という二つの事例を通じて、地域の政策課題における県連の役割を分析するとともに、宮崎県における民主党独自の政策決定に関与するための試みについて検討する。

▼歴代の民主党政権による利益集約システムと地方組織の陳情処理

二〇〇九年衆院選直後の九月二日に、民主党本部役員会は、地方政府や各種団体から政府・与党への陳情の窓口を一元化することを決めている。小沢一郎が仕切る幹事長室において、都道府県連が吸い上げた要望を各省庁担当の副幹事長らとともに精査した上で政務三役に伝えることとし、各種団体などが政府およびそれを構成する官僚に直接、要望を伝えることを原則禁止とした。陳情という活動自体は真っ当であるにしても、自民党一党優位の時代に族議員と中央省庁、業界団体の癒着の温床と見なされてきた。そのため、民主党は政府・与党一元化を掲げて政策決定の可視性を高めるべく、族議員を生まない手段として党の政策調査会を廃止し、原則的に予算編成に一般議員が関与する余地をなくそうとしたのである。なお、連合など全国組織の要望は、党本部の「企業団体対策委員会」を経由して幹事長室に伝わることとなっていた。こうした動きは、画を描いた小沢に言わせれば、「今まではしょせん、役人の手のひらの上でやっていたこと。役人に直接陳情させるようなことはしない」として「政治主導」の陳情処理を標榜し、対官僚という側面で目を光らせようとしたものと考えられる(『毎日新聞』二〇〇九年一一月三日)。

しかしながら、一二月の党の重点要望において、小沢自身が利益団体からの陳情を理由に政府の予算編成に介入して政策決定の政府への一元化が揺らいだ経緯もあり、菅直人が党代表に就任した二〇一〇年六月以降、利益集約システムの見直しの検討が進められていった。具体的には、新たに「陳情要望対応本部」を設置し、陳情の内容に沿って党の各機関にそれらを振り分け、処理の効率化を図ろうとしたのである。また、意思決定から排除されていた一般議員の不満を抑えるために、菅政権になって政策調査会を復活させ、党が推進する陳情や予算については、各議員の意向を政府の政策決定に活かすことが検討された。興味深いのは、地方自治体からの陳情は党組織委員会が、特に民主党系首長からのものについては岡田克也幹事長か枝野幸男幹事長代理が直接対応し、労働組合や企業などからの陳情は企業団体対策委員会が対応するなど、諸団体への対応について差別化を図ろうとした点である(『毎日新聞』二〇一〇年一〇月四日)。

ただし、野田佳彦代表の下で幹事長が輿石東に代わって以降は、陳情処理に噛もうとする政策調査会の影響力を抑えるべく、幹事長室が主導的に陳情対応本部の陣容を改組してきた。これは「原点回帰」とも評される。また、政策の最高決定機関として政府・民主三役会議が新設されたのも、利益集約の方法を権力の源泉と捉えるがゆえの駆け引きであったと考えられる(『毎日新聞』二〇一一年一一月九日、『朝日新聞』二〇一一年九月一三日、『日本経済新聞』二〇一一年九月一五日、一〇月二日、一〇月一三日)。

続いて、宮崎県連に即して、地方組織内での陳情の扱い方も概観しておこう。宮崎県連は、二〇〇九年一一月八日に自治体や業界団体の陳情を精査するための「政策会議」の設置を発表した。その際、代表の井上は「脱官僚・政治主導」を掲げる党本部の陳情体制の改革を受けたものとして、「地域に喜ばれる窓口を作りたい」と述べている。市町村レベルの陳情は各選挙区の国会議員が窓口となり、一区は川村が、二区は道休が、そして三区は外山が、また、県レベルや広域にまたがる案件については、県連で受け付けることとなった。そして陳情処理の結果については、「政党の説明責任を果たすため、可否にかかわらず結果は陳情者に通知する」と井上が説明している(『毎日新聞』二〇〇九年一一月八日)[14]。

一回目の陳情受付は一一月七日から一二日にかけて行われ、一四日、一五日に県や宮崎市、トラック協会などの一九団体から、政策会議においてヒヤリングが実施された(『毎日新聞』二〇〇九年一一月一五、一六日)。一例として、県からは「高規格幹線道路網の整備」「地域医療提供体制の充実」など二三項目の提案・要望がなされた。これらを受けて県連は、細島港整備のほか、東九州自動車道・九州横断自動車道延岡線の整備、国道一〇号新富バイパスの早期完成、国道二二〇号防災対策未実施区間の早期整備、雇用対策、延岡南道路の無料化を重点要望とした二三二項目を、党本部の幹事長室に提出している(『朝日新聞』二〇〇九年一一月二三日)。また、一二月三日には、日向市、延岡市などの県内四市長が、県連の井上代表や二区選出の道休らとともに前原誠司国交大臣や生方幸夫副幹事長に面会し、国道一〇号、同二二〇号、細島港の早期整備を訴えた。こうした仕組みに対しては、宮崎県内の選挙区選出の国会議員が一期目の三名しかいない状況もあり、東国原知事らから「幹事長室に太いパイプを持つ議員がいる地域に重点配分されることがないのか。透明で公正な基準を作り、予算化できなかった場合は説明して欲しい」との注文がつけられた(『朝日新聞』二〇〇九年一二月一六日)。

これらの要望は、どの程度、具現化したのであろうか。後述するように、細島港の整備は二〇一〇年度予算の概算要求には盛り込まれなかったが、最終的には四三の重点港湾の一つに選定された。また、延岡南道路と東九州自動車道(西都－清武間)は、高速道路無料化の社会実験の対象に選ばれている[15]。他方で、民主党政権の道路予算削減方針により、同二〇一〇概算要求では、国道二二〇号関連事業は事実上の白紙となり、東九州自動車道の整備も二〇〇九年度予算の一〇億円から二～三億円へと大幅に削減されることとなった(『読売新聞』二〇〇九年一二月九日)。また、宮崎県に関しては本予算への上積みもほとんどなかった。

民主党の陳情処理に対しては、自民党優位の政治環境を背景として、関係者からの反発も強かった。例えば、公共事業予算への概算要求からの上積みに関しては地域によって差異が見られ、これは都道府県からの要望が反映されたものだとも報じられたが(『朝日新聞』二〇一〇年二月一六日)、これに対して東国原知事は「陳情で予算措置があるなら、陳情しないといけない」、「(民主党の選挙対策とは関係なく)公正公平な基準にのっとった予算配分がなされていると思っている」と苦言を呈している(『読売新聞』二〇一〇年二月一七日、『朝日新聞』二〇一〇年二月一七日)[16]。また、二〇一〇年三月には、細野豪志企業団体対策委員長も出席して県や市町村、業界団体に対して陳情・要望のあり方の説明が行われたが、県から「要望したことがどう扱われたのか知りたい」、「政務三役ではなく、官庁の職員と意見交換をしたい」といった要望が出されるなどした(『読売新聞』二〇一〇年三月一九日、『毎日新聞』二〇一〇年三月一九日)。さらに、県議会では、行政への窓口を開くべきとして自民党会派が提出した「国として直接地方の声を聞く仕組みを保障することを求める意見書」が採択されている(『毎日新聞』二〇一〇年三月一八日)。

▼政権交代と地域の課題――公共事業と口蹄疫

民主党が政権政党となったことで、県連はそれを意識しながら県政に向き合うようになった[17]。宮崎県では、港湾や高速道路の建設などの公共事業への期待が大きかったが、県内のアクターからは、それらの進展が遅いと認識されてきた。また、産業という点では、宮崎は全国でも有数の農業・畜産業が盛んな地域だが、こうした産業は政治的に保護されてきた経緯を持つ。他方で、前述のように、宮崎県は政治的には保守系の国会議員を多く輩出し、保守系の知事が政権を長期間維持し、そして議会は(分裂を繰り返して一体感はないものの)自民党系の議員が大勢を占めてきた。以下では、こうした政治環境の下、この県内の二大重要課題に対して、県連が民主党本部、政府への陳情などの働きかけを通じてどのように対応していたのかを分析する。

(一)公共事業——細島港の重点港湾化

公共事業については、細島港(日向市、宮崎二区)を例にしよう(大石 一九六六、奥田 一九七一、外桁保 二〇〇七、宮崎県編 二〇〇〇)。宮崎県は、戦前から「第一の良港」である同港周辺を工業地帯にしようとする構想を持っており、一九五二年頃から整備を始めている。もっとも、工場誘致に伴って予想される公害への関係自治体および住民(特に漁業関係者)の反対の動きなどについて明確な見通しを持っていなかったようで、誘致は失敗が続く。また、一九六〇年代に入ると、一九六二年施行の新産業都市建設促進法に基づく地区指定を受けるべく、同県関係者は中央政界、省庁への陳情の「波状攻撃」を行い、同港周辺はその対象となった。ただし、石油コンビナートの建設が期待されたものの、一九六四年の首相名での建設基本方針の変更でその目は消え、企業誘致も実を取ることができなかった。それを受けて、延岡市の旭化成(化学繊維工業)を中心とする地域開発が現実的なものとなっていく[18]。また、同港の開発に伴う工業用水道整備が県の起債によって行われたが、これは将来的な県民の負担を意味する。しかし、少なくとも短期的には、それを行える政治環境が宮崎県内にあった。同港は、自民党の重鎮の一人である江藤隆美のお膝元であり、後に息子の拓に引き継がれる二区に位置していたためである。だが、地域経済に重要と位置付けられながらも開発が滞るという構図は政権交代まで続いた[19]。

しかし、細島港の整備は、その直後から順調に進んだわけではないにしても、政権交代後、大幅に進むことになる。まず、二〇〇九年一一月一五日に日向市長、一六日に知事が、それぞれ細島港の岸壁整備を重点項目として県連に伝えている。これを受けた県連は、六つの重要項目のうちの一つとして幹事長室に上げるが、国土交通省九州地方整備局が県に示した概算要求予算には盛り込まれなかった(『毎日新聞』二〇〇九年一一月一六〜一八日)。その後も、一二月には井上、道休と延岡、日向、日南(宮崎三区)の三市長および新富町長(宮崎二区)が、生方副幹事長や前原国土交通大臣に対して要望を行ったが、やはり概算要求に盛り込まれることはなかった(『毎日新聞』二〇〇九年一二月二四日、一二月四日、一二月二七日)。それでも、東国原知事は全国一〇三の重要港湾から「重点港湾」の四〇港に選定されることを目指す意思を見せ、次年度に向けて県独自に二〇〇〇万円の「ふ頭整備促進調査費」を付けることを決めた(『毎日新聞』二〇一〇年二月一一日)。

その後、政府も調査費として一〇〇〇万円を付けたことが明らかになる(『毎日新聞』二〇一〇年三月三一日)。そして、二〇一〇年度に入ると、細島港が四三の重点港湾のうちの一つに選定されることが決まる[20]。二〇〇七年度の貨物量において全国五二位にとどまっていた細島港からすれば、日向市長や知事が「逆転」を喜ぶのももっともであるし(『毎日新聞』二〇一〇年八月四日)、二〇一一年四月の統一地方選以降、県連代表に就いた川村も繰り返しアピールしたように(『毎日新聞』二〇一一年四月一〇日、二〇一二年一月一一日)、自民党の有力者をもってしてもできなかった案件に対する、政権交代後の予算配分での逆転劇であった。

(二)口蹄疫対策

農業・畜産業については、口蹄疫対策をめぐる動向を検討する(宮崎県編 二〇〇〇)。日照に恵まれる宮崎県は、県の各種計画において、消費動向や産業構造を睨みながら策定された一九六一年制定の農業基本法に沿いながら、穀物から畜産物や果実の収穫に力を入れるようになっていった。全国の傾向との比較で見るとその変貌ぶりは鮮明で、特に畜産の実績は急成長を示し、「肉用牛も集団育種推進事業によって優良種雄牛と雌牛の保有増加を図り、域内一貫生産体制が進展した。豚は優良系統造成推進事業などにより、豚系統『ハマユウ』の普及推進を図り県内産豚肉への評価も高まっている」(宮崎県編 二〇〇〇、九四七頁)というまでになった。宮崎県は、「日本の食糧基地」という位置付けを自らに与えるようにもなっていったのである。

こうした地位を脅かす口蹄疫は、宮崎県を複数回襲ってきたが、二〇一〇年四月二〇日、都農町(宮崎二区)で前回から一〇年ぶりに感染が確認された。口蹄疫は、国内にとどまらず、国際的に評判を落とす要因でもあるため、まずは全県の関係者を挙げての対応が要求される。感染が確認された直後には、東国原知事が「万全の防疫態勢をしかなければならない。口蹄疫は人に感染しないし、感染した牛の肉が市場に出回ることもない」と強調したものの(『朝日新聞』二〇一〇年四月二〇日夕刊)、県の初動の遅れが響いて(永松二〇一一)、瞬く間に感染が南下しながら都城市(宮崎三区)などに広がり、封じ込めに四カ月を費やすことなった[21]。

民主党にとって口蹄疫対策は政権交代一年目後半の大きな課題の一つとなったが、この事例においては、党地方組織が地元の要望をつなぐというよりも、一国の危機管理として扱われた。それは、政府からは鳩山由紀夫・菅直人首相、赤松広隆農林水産大臣、山田正彦副大臣(後に菅内閣で同大臣)などが次々と乗り込み、党本部からは小沢幹事長が来県して事態を把握しようとしたことからも覗える(『朝日新聞』二〇一〇年五月八日、五月一〇日、五月一八日、六月二日、六月一二日夕刊)。他方で、川村、道休、外山といった民主党系の国会議員も、口蹄疫の発生が確認された翌々日には赤松農林水産大臣に面会し、早急な対策を要請するなど迅速な動きを見せた(『宮崎日日新聞』二〇一〇年四月二三日)。また、道休が一期目の議員としては異例の早さで本会議での質問に立ったり、農林水産委員会で質疑を行ったりするなど、国会議員の立場から早期の収拾に向けた活動を展開した。その結果、農林水産委員会を中心に超党派の議員立法として進められ、口蹄疫で被害を受けた農家や食品加工業者らに対する経済支援や、地域経済の再建と再生に必要な基金の創設を盛り込んだ口蹄疫対策特別措置法が、五月二八日に成立した（『宮崎日日新聞』二〇一〇年六月二〇日）。また、県議会でも、民主党所属の県議らが、会派として官邸や関係各省庁、民主党幹事長室などに要望活動を行っている[22]。

しかし、東国原知事の露出度が高かったこと（永松 二〇一一）、また、民主系国会議員の発言力不足もあり、県連関係者の動きは県民に十分には伝わらなかった。彼らがマスコミで扱われる場合も、自民党所属の議員が政府および民主党の失政を突こうと批判的なスタンドプレーにも出ていることとの兼ね合いで論じられるなどしており（『朝日新聞』二〇一〇年五月一一日）、宮崎県内での民主党の取り組みは霞みがちであった。

以上の宮崎県の重要な政策領域における二つの事例の検討からは、民主党宮崎県連関係者が、政権交代の余勢を駆ってそれぞれの立場から政府や中央への働きかけを強めている姿を見て取ることができる。しかしながら、筆者が調査した限りにおいては（特に口蹄疫対策は、県連単位で処理することが不可能な事案であるにせよ）これらの課題への取り組みにおいて、「県連」という組織を活かした活動の痕跡を明瞭に確認することは難しかった。前節で論じたように、同県連は労組依存が強く、地方議員も少数であるなど、「弱い制度」にとどまっており、効果的な利益集約とその表出を行う基盤は整っていなかった[23]。他方で、民主党政権に対する社会資本整備への消極性に関する懸念が強い中では[24]、党地方組織は採択された公共事業の実績もアピールしていかなくてはならなかった。しかし、中央と地方における民主党の動きとその成果を関連づけて捉える認識は、県内において弱かったように思われる。

4 地方レベルでの政権交代への対応

前節でみたように、政権交代後、民主党地方組織が県内のニーズに十分に応えることは難しかった。また、政権交代前に実現しなかった「成果」も挙げていたものの、それらを民主党政権の「業績」とみる向きは弱かった。他方で、政権交代後、宮崎県連内には、地域利益を集約、表出したり、地方レベルでのプレゼンスを高めるための動きも出ていたことも見落とすべきではないだろう。ここでは、県議会における新会派の結成と地域対策協議会の設立、ならびに二〇一一年統一地方選への対応について記述する。

▼県議会会派「新みやざき」の結成

既述の通り、中央政界で政権交代が起こっても、宮崎県では民主党が少数にとどまるという「ねじれ」が生じていた。宮崎県議会において(二〇〇九年七月末時点で)民主党は三名の県議による会派を構成してきたが、これは社民党(五名)や非自民保守系会派の愛みやざき(四名)にも劣るものであった。こうした状況に対して民主党県議団は、県議会における民主党のプレゼンスを高めることを狙って、自民党県民の会、愛みやざきのうち二名とともに、新会派「新みやざき」を結成する[25]。無論、自民党県民の会や愛みやざき所属の県議たちにとって、政権政党とのパイプを持てることは魅力的であっただろう。結成にあたって、党議拘束は行わないことや、国政選挙や政党活動では各議員の立場を尊重することなど取り決めたように、あくまで議会内の緩やかな連合体であったが、新みやざきに参加した県議は八名となり、県議会第二会派の位置を占めることとなった(『宮崎日日新聞』二〇一〇年四月一日)。二〇一一年の県議選で、自民党県民の会出身の二名と民主党県議一名が引退し、愛みやざき出身者一名が落選したことから、民主新人の一名を加えても新みやざきの勢力は五名へと後退したが、依然として県議会第二勢力の地位は維持することとなった。確かに、自民党の占める比重は圧倒的であり、新みやざきが政策的な主導性を発揮したとは言い難いが、所属県議らは議会内での発言力は上がったとの感触を得ていたようである[26]。

▼地域対策協議会

次に、地域対策協議会について検討しよう。これは二〇一一年一二月に樽床伸二幹事長代行を議長として民主党に設置された機関で、社会資本整備が遅れていたり、地域特有の課題を抱えていたりする和歌山、島根、愛媛、高知および宮崎の五つの県連と党本部との連携を強化することが目的とされていた(『宮崎日日新聞』二〇一一年一二月一六日)。前述のように、地域からの陳情は県連を通じて党本部に伝えられることが原則であったが、これらの県連は、地元の要望を伝達する機会を別途得たことになる。また、対象となる県連では地方議員数が少なく、党運営の基盤が整っていなかったことから、地方議員の拡大や党活動の支援なども、この協議会の検討課題とされていた[27]。

その設置の背景には、宮崎県連からの党本部へのアプローチがあったという[28]。宮崎県は社会資本の整備が遅れるとともに、口蹄疫や鳥インフルエンザ、新燃岳の噴火などの災害に見舞われてきた一方で、県連所属の国会議員は三人全員が当選一回であり、政策決定の中心からは遠かった。こうした状況に対して、県連内には(本部や国会議員のレベルで)民主党に宮崎の「応援団」となるチームを作りたいとの考えがあり、こうしたアイディアを党本部事務局に伝えていたという。

この協議会が、県連-党本部間の利益集約のルートにとどまらず、行政と党本部との間の追加的なルートとしても用いられている点は興味深い。二〇一二年四月には、樽床が宮崎県を訪問して河野俊嗣知事と会談し、河野知事から高速道路などの社会資本整備、防災行政無線の予算措置、自主財源の乏しい地方財政への配慮などの要望を受け取っている(『宮崎日日新聞』二〇一二年四月二日)[29]。これは、県連を経由しない陳情のあり方の一例を示しているといえよう。

▼地方議員拡充の取り組み：地方選挙への対応

政権政党の持つ資源は、社会の幅広い層からの候補者リクルートメントを容易にすると考えられる。地方議員が限られた宮崎県連にとって、これは、地方議員を拡充して地方議会におけるプレゼンスを高めるとともに、利益集約機能を高める好機であった。

県連は、政権交代直後の二〇〇九年一一月に「候補者擁立検討委員会」を設置する。ここでの具体的な取り組みとしては、二〇一〇年七月から開講された「政治スクール」が挙げられる。このスクールには約三〇名が参加し、党の国会議員や県職員を講師に招いて、畜産や医療などのテーマで計六回の講演が行われた（『朝日新聞』二〇〇九年一一月二三日、『読売新聞』二〇一〇年四月一三日、一二月一九日）。もっとも、こうした取り組みは、他地域では二〇〇七年統一地方選の前後からなされており、宮崎の場合はかなり遅れてのスタートであった。それでも、このスクールの受講者のうち三名が民主党から公認あるいは推薦を得て、二〇一一年の統一地方選に立候補している（『読売新聞』二〇一一年七月二七日）[30]。小規模ながらも、候補者を「発掘」するための新たなルートを開拓したといえるだろう。

政権交代後、初の統一地方選において、県連は県議選で三名（宮崎市選挙区二名、延岡市選挙区一名）、三つの市議選で一二名を公認候補として擁立する。そして、全員が当選を果たした。また、政権交代以降の（統一地方選を除く）地方選では、二市町で三名の候補者を擁立し、やはり全員が当選している。しかし、政権交代前と比較すると、宮崎県における民主党地方議員数は減少する結果となった。つまり、擁立した候補者は全員当選したとはいっても、そもそも候補者数自体を増やすことはできなかったのである。その意味で、政権交代が宮崎県における民主党地方議員の量的拡充に貢献したとは言い難い。地方議会選挙は、大きな定数を持つ選挙区を単位として実施されるケースが多く、票割りが進みやすいことから、新規参入は容易ではない[31]。また、二〇一一年時点で既に民主党の看板の価値は低下していた。中央政界で政権交代が起こっても地方レベルでは自民系が圧倒的に優位にあったことから、地方政界を目指す者にとって、民主党に加わることは魅力的な選択肢ではなかったと考えられる。

他方、地方議員の「質」に変化はあったのであろうか。宮崎県連の場合、政権交代前、ほとんどの地方議員が労働組合の出身者であった。宮崎県では自治労と社民党との関係が強固であるため、民主党地方議員については基本的に旭化成や九州電力、NTT等の民間企業労組がリクルート源となっていた。しかし、二〇一一年統一地方選においては、非労組出身議員が誕生している。政権交代後に擁立された新人候補四名のうち、二名は元新聞記者、元国会議員秘書という経歴を持っていた。また、労組出身の新人議員も先述の政治スクールの受講生であった。量的には少数であったが、政権交代は、新たなタイプの候補者発掘の契機となったと捉えることはできるだろう。

結びに代えて

本章では、政権交代後の民主党地方組織の変化と継続について、その形成過程にも目を配りながら、宮崎県を事例として検討を行ってきた。宮崎県における民主党は、かつては社民党支持であった労組を中心に社民党から離脱した地方議員らを加えて結成され、そこに旧民社党系のグループが合流することで形作られた。こうした経緯から、宮崎県連の組織としての一元性は高いとはいえなかった。また、自民党の勢力が強く、他方で社民党の存在感も小さくなかったため、県連が自律的に意思決定を行うことは容易ではなかった。まとめれば、宮崎県における民主党は、「弱い制度」にとどまったといえるだろう。

こうした「弱い制度」の民主党宮崎県連は、政権交代後、利益集約や利益表出という機能を果たし得たのであろうか。また、組織としての変化は生じたのであろうか。利益集約という面では、「政策会議」の設置により地方と党本部を繋ぐ体制が整えられ、行政や各種団体との接触が増えたことは明らかである。しかし、公共事業や口蹄疫問題の事例の検討からは、県連や県連所属の国会議員の働きかけがどのように政策的な成果に結びついたのかが見えにくく、県連が「窓口」以上の役割を担ったとは考えにくい。他方で、県議会での新会派結成や党本部への地域対策協議会の設置の働きかけ、新たなタイプの地方議員の発掘などは、政策決定を行う政権政党であるが故に、地方組織に生じた動きとみることができるだろう。

宮崎の事例からは、政権交代に起因する幾らかの変化が観察できるものの、民主党の地方組織に急激な変化が生じていたわけではないことが見て取れる。社会との接点が限られ、かつ議員の確保に失敗してきた党地方組織にとって、政権交代による変化に対応すること、具体的には（直接的には、党本部からの要請によるものではあるが）利益集約機能の担い手となることは簡単ではなかった。国への依存度が高い地域ほど政権党の持つ資源の拡大が政党組織を拡大させ、多様性を高めることに資するとも考えられるが、制度化が進んでこなかった地方組織には、地方のニーズを汲み上げて国政に反映させるだけの体制が整っていなかったという、やや皮肉な結果になったと捉えることもできよう。

もっとも、地域特有のニーズをくまなく吸い上げ、それを政策に反映させることで支持を調達する自民党型の党地方組織のスタイルが、民主党に対して期待されていたとは考えにくい。民主党は、マニフェストを通じて公共事業改革を訴え、政治的な裁量をできる限り縮減する「普遍主義」的な政策を提唱してきた（堤・上神 二〇一一）。こうした政策を立案したり、実現したりする上で、党地方組織が果たす役割は必ずしも大きくはないだろう。民主党の地方組織が脆弱であり、拡充が求められながらも遅々として進まなかったのは、「普遍主義」的な政策志向の下では、地方組織の拡充が切迫した課題ではなかったためとも考えられる[32]。とりわけ、宮崎の民主党のように、「保守王国」において社民党と競争、共存しなくてはならないという環境の下、基盤となる支持集団が限定的で勢力の拡充や党組織の制度化が進んでこなかった政党地方組織にとって、政権交代後に求められた役割は荷が重かったということになるのではないだろうか。

謝辞

本章の執筆は、民主党宮崎県連の関係者の皆様からの惜しみないご協力の上に成り立っている。また、鶴谷将彦氏からは一部資料の提供を受けた。この場をお借りして厚くお礼を申し上げる。もちろん、記述における一切の責任は筆者にある。

註

1――ただし、一九九三年衆院選では、二区の定数は二となっている。

2――なお、二〇〇四年に無所属の元自民党県議・松下新平が当選しているが、民主党や社民党などの非自民勢力からの支援を受けていた。これについては、二節で改めて論じる。

3――なお、知事選や宮崎市長選などの様相はやや複雑である。県政においては、自民党を中心に擁立された黒木博(一九五九~七九年)、松形祐堯(一九七九~二〇〇三年)が長年知事を務めてきたが、二〇〇六年にはいわゆる改革派の東国原英夫知事が誕生している。また、宮崎市長選では、一九七八年に自民党公認で四選を目指した清山芳雄を、社会、民社両党が推薦して自民党出身の国会議員らとともに支援した中村隆則が破ったり、一九九四年に当時の連立与党が推薦した民社党出身の津村重光が、自民党が推薦した現職の長友貞蔵を破ったりしている。なお、国政選挙と同様、主要な首長選でも保守陣営はしばしば分裂を経験してきた。

4――ただし、民主党みやざき発足直後、民主党の希望により、社民党は県議会で民主党と統一会派を組んでいる(『朝日新聞』一九九七年一二月六日)。

5――当初(一九九七年七月)は「四者会議」として発足し、同年一二月に「民主党を応援する会」が加わって「五者会議」となった。

6――先に民主党県連合が現職の松形推薦を決定し、その後、民主党みやざきが同じく松形推薦を決めている(『朝日新聞』一九九九年六月五日)。そのため、両者が同一の歩調をとることが前提とされていたかは定かではない。

7――なお、三区で民主党が推薦した社民党の候補者は、敗北という結果に終わっている。

8――なお、外山は二〇一二年七月に民主党を離党している。

9――パーネビアンコは「凝集性」という用語を用いているが、本書一章で示した「凝集性」とは異なる概念であることから、混乱を避けるために、本章では「一元性」という用語を用いることとする。

10――パーネビアンコの議論に引きつけた香川県と徳島県に関する分析は、堤・森(二〇一一a、二〇一三)も参照。

11――二〇〇六年知事選で自民党県連は持永哲志を推薦したが、中山成彬の意向を受けた宮崎一区総支部は川村を推薦するよう求め、その一部は選挙戦においても川村支援に回った(『朝日新聞』二〇〇六年一二月三〇日、三一日)。

12――既述の通り、一九九八年参院選で非自民統一候補を擁立することはできず、また、一九九九年統一地方選では三人の候補者(社民公認一名、無所属二名)を推薦したが、当選は社民公認の一名にとどまった。

13――愛知県における民主党を事例として、政党と労組、旧党派、労組内のブロック間の関係を、ネストゲームの枠組みを用いて論じた研究に森(二〇一二)がある。宮崎県の民主党を取り巻く状況も、ネスト構造として捉えることが可能であろう。宮崎の民主党は、非自民勢力間の関係において社民党に対して優位に立つことができず、政党・労組間においては「労組依存」は否めない状況にあり、連合傘下の労組が民主支持と社民支持で割れていた。そのため、非自民勢力が自民党に対抗していく上で、民主党が主導権を握ることは基本的に難しかった。しかし、知事選や参院選といった非自民勢力が結集することで勝利する可能性が低くない選挙においては、各者が共同歩調をとるケースが少なくない。

14――このように、宮崎県連は党本部の指示との関係において、地域の陳情処理を図る体制作りに県議を中心に取り組んではいたものの、諸調整が思うように捗らず多くの時間を要してきたという(県議Aへのインタビューによる)。

15――二〇〇九年一二月に、関係市長や県連が前原国交大臣を訪問した際、前原からは好感触が得られていたという(『朝日新聞』二〇〇九年一二月四日)。

16――なお、高速道路に関しては、政権交代後を境に、東九州自動車道が二〇一六年度までに全線開通することが決まった。その過程では、県連関係者からの党本部への働きかけが強調され、例えば道休は「社会基盤制度の遅れを取り戻せと、道休議員の与党の立場をフルに生かした猛烈な奔走の甲斐あり、公共事業の予算が大幅につきました」、また、計画の前倒しを強調しつつ「東九州道に八〇億円、延岡道路に三一億円の予算確保で、一気に目途がつきました」と記している(傍点の箇所は、原文では太字)。なお、細島港の特定整備港湾化は政権交代による七つの「成果」の第一位に、また東九州道の整備は第三位に挙げられている(『プレス民主 どうきゅう誠一郎かわら版』平成二四年号外)。

17——県議Aへのインタビューによる。

18——もっともコンビナート化するには、同港は狭隘だったと見る向きもある(大石 一九九六)。

19——自民党が強い地域における社会資本への高い需要と実現の遅れという構図は、斉藤(二〇一〇)の「逆説明責任体制」論を想起させる。

20——当初予定よりも三港多く指定されていることは、陳情の多さと党本部によるその処理能力の限界を示唆しているように見える。

21——口蹄疫の概要、本事例の事実の経過や県の組織関係、そして政府間関係の情報を得るのに幸便な文献としては、例えば、稲熊(二〇一〇)、月刊養豚情報編集部(二〇一〇a、二〇一〇b)、永松(二〇一一)を参照。ちなみに、隣接する鹿児島、熊本、大分の各県は徹底した防疫措置をとり、宮崎県からの感染の阻止に成功している。

22——「広報 新みやざき」第二号(二〇一〇年八月)

23——県連幹部の県議によれば、県連の政策に関する機能を高めるために、県連政策調査会の活性化が模索されているという。一つの成果として、二〇一二年八月に、口蹄疫で殺処分された家畜の埋却地を農地として再利用するための対策費を求める緊急アピールを発表している(『読売新聞』二〇一二年八月二二日)。

24——その一例として、政権交代直後の二〇〇九年九月県議会で、自民党会派が国に道路予算確保を望む意見書を提案し、可決されている(『朝日新聞』二〇〇九年一〇月三日)。

25——愛みやざきは、二〇〇七年県議選で初当選した三〇代から四〇代前半の四人の若手県議によって結成された会派で、当初は、当時の東国原知事の改革を議会の側から支える立場をとっていた(『朝日新聞』二〇〇七年四月二六日)。また、自民党県民の会は、県議会の定数削減と選挙区見直しをめぐって自民党会派の執行部と対立し、離党した自民県議三名によって結成されていた(『朝日新聞』二〇〇九年三月一八日)。

26——県議Aへのインタビュー。なお、新みやざきは二〇一三年四月に解散している(『朝日新聞』二〇一三年四月三日)。

27——宮崎県議会議員・渡辺創ブログ(http://blog.watasou.jp/blog/2012/02/post_375d.html、最終確認日 二〇一二年九月一八日)、島根県議会議員・須山隆ブログ(http://blogs.yahoo.co.jp/shiminhasuyama/3680575 2.html、最終確認日 二〇一二年九月一八日)。

28——県議Bへのインタビューによる。

29——樽床は、二〇一二年四月に延岡市内(宮崎二区)における道休の国政報告会に同協議会座長の名でも来訪している(『プレス民主どうきゅう誠一郎かわら版』平成二四年号外)。

30——近年の民主党地方議員のリクルート源としては公募合格者が挙げられるが(堤・森 二〇一三)、二〇一一年統一地方選挙あるいはそれ以外の地方選挙で、宮崎県連による公募は実施されていない。

31——大選挙区制は、当選に必要な得票割合が小さいことから、新規参入は容易であると考えることもできる。しかし、地域割りが著しく進んだ日本の地方議会選挙の場合、特定の地方議員の地盤を「乗っ取る」ことは難しく(仮に一定程度、地盤への「浸食」に成功しても、共倒れするだけであろう)、現実的に新規参入を果たそうとすれば、地域的な集票網(および団体による動員網)に属していない有権者をターゲットとするしかない。こうした有権者から少なくない数の候補者を当選させるだけの票を得ることは、かなり難しいと考えられる。

32——正確には、地方組織が脆弱であるため、「普遍主義」的な政策を志向するに至ったという側面も存在する。しかし、両者の間には相互作用があったであろう。なお、民主党は国政レベルでの政権交代を最大の目標としてきたため、(それがなくても、目標が達成可能であるならば)必ずしも地方組織の拡充は合理的な選択ではなかったとの指摘もある(大村・待鳥 二〇一三)。

第8章

民主党政権における立法と議員行動
——造反・離党の研究

前田幸男 MAEDA Yukio
森　正 MORI Tadashi

はじめに

政党とは政権獲得を追求する政治家の集団である（Schumpeter 1942）。与党の地位は、政策追求の機会と、政府役職への就任機会を提供し、政治家が政策そして昇進を追求する存在であるならば、与党から自発的に離党することは想定しがたい。議員の政党間移動については近年多くの研究が報告されているが、政権党の地位にあることが、議員の離党を抑止すると仮説化されることが多い（Heller and Mershon 2005, 2008, O'Brien and Shomer 2013; 山本 二〇一〇）。

野党時代の民主党は寄り合い所帯と揶揄されることが多かったが（伊藤 二〇〇八）、政権獲得後は、権力の保持自体が求心力を高めることが予想されていた（村松 二〇一〇）。しかし、民主党は、三年三カ月政権を担当した間に、重要法案で多数の造反者を出し、最終的には多くの離党者を出した。民主党は二〇〇九年衆院選のマニフェストにおいて、「政府と与党を使い分ける二元体制から、内閣の下に政策決定を一元化」(原則2)することを唱道していたが、実際には、内閣による一元的な政策決定を支える与党の意思統一ができない状況であった。

では、何故、民主党は与党の立場にありながら、多くの離党者を出したのであろうか。与党からの離党については、一九九三年の自民党分裂という先例があり、一定の研究蓄積があるものの、自民党の分裂は同一選挙区において複数の自民党候補者が競争する中選挙区下で発生したものであり、同一政党からの候補者が一人に限られる小選挙区制度における行動とは、異なる力学が働いていることが予想される。しかしながら、政治家が再選・昇進・政策を追求するという基本的な命題が成立するならば、民主党議員の行動も、彼等が当面した状況の関数として理解できるように思われる(Fenno 1973)。本章においては、民主党政権における議員の離党行動を分析して、彼等の行動を促したインセンティヴの構造を明らかにすることを試みる。次節では、まず先行研究を概観したい。

1 先行研究

わが国において組織的な離党が起きた例としては、一九七六年の河野洋平らによる自民党離党と新自由クラブの結成、一九九三年の政界再編時には羽田孜グループによる宮澤喜一内閣不信任案への同調と新生党結成、武村正義らによる新党さきがけ結成などがある。さらに一九九四年の村山富市の首班指名時には社会党、自民党から大量の造反が出た。

フェノ(Fenno 1973)は政治家のインセンティヴ、目的関数を、選挙における再選、党内・議会内の昇進、自身の政策の実現の三点に整理している。主に自民党を対象とした日本の政党の分裂、議員の離党行動を対象とする先行研究の多くは、このうち議員の再選インセンティヴから説明を試みている。

九三年以降の造反、離党行動について、コックスとローゼンブルース(Cox and Rosenbluth 1995)は選挙における強さ、派閥所属の効果、そして当選回数の影響を指摘した。彼らは、当選回数が低い若手議員は重要ポストにも就いていないため、政権追求や昇進に対するインセンティヴが相対的に低いと説明している。一方、加藤(Kato 1998)は各議員の個人的属性(当選回数、前歴、世襲の有無)、選挙区事情(都市部選出、選挙での強さ)、派閥所属、労組支援の有無などを説明変数とし、自民党議員の造反、離党行動に当選回数や政治資金、派閥所属等、議員の再選可能性が影響しているとした。

木村(一九九八)は議員の中選挙区制における集票構造、地域的な偏重度を示すRS指数、選挙での強さを示すMK指数を用いて、九三年衆院選前に離党した自民党議員は強固な組織地盤を持つ一方、衆院選を経て政権交代後に離党した議員は特定の特域に依拠していないことを示し、小選挙区制への制度改革によって議員の再選戦略が変化したことを示唆している。菅原(二〇〇〇)は議員の個人的属性、選挙(区)事情、組織所属(派閥、議員連盟、労組)を説明変数とし、特に年齢と当選回数の影響が見られることから、この間の政治変動が世代間対立を軸にしたものであることを示した。

建林(二〇〇二、二〇〇四)は再選(選挙での強さ)、昇進(当選回数)の他、議員の政策追求インセンティヴを表す操作的指標として国会委員会、自民党政調部会・調査会への所属状況を説明変数に投入した。新党さきがけへの離党者は環境、外交分野に、非自民連立政権の誕生後に自民党を離党した議員は国会、内閣などの分野に関心を持ち、これら離党者が旧来型自民党政治における政策関心と一線を画していたことを示している。逆に新生党への離党者は自民党に残留した議員との間に大きな違いは見られなかった。ポストや政策といった公共財を提供する担い手として、派閥が政党とほぼ同様に機能していた可能性を示した。同様に、リードとシャイナー（Reed and Scheiner 2003）は離党者のうち、再選インセンティヴを追求した者と政策追求インセンティヴに基づいて離党した者の二種類のグループが混在していることを示している。

もっとも、上述の先行研究はいずれも中選挙区制下で選出された議員による離党行動を扱っている。二〇カ国、二三九政党における離党を比較分析したオブライエンとショマー（O'Brien and Shomer 2013）は、選挙制度に注目し、選挙運動が政党本位で行われるのかそれとも候補者本位なのか、候補者選考方法が政党中心か否か、といった要因が政党の凝集性、議員の離党行動に影響を与えると主張している［1］。

日本における議員の造反・離党行動についてもっとも網羅的に分析した研究としては、山本（二〇一〇）が挙げられる。山本は九三年以降一〇年以上にわたる政党システムの再編過程を包括的に捉えるべく、連合政権理論に示唆を受けて、移動によって勝利連合を形成しうる例を政権追求、形成しえなかったケースを政策追求インセンティヴに基づく行動と分類した。さらにマーションとシュヴェストヴァ（Mersion and Shevestova 2009）のフレームワークを援用し、離党時期によって異なるインセンティヴが働くとするモデルを提示した。与党からの離党では政策追求インセンティヴが支配的となる。離党によって与党を敗北連合に転落せしめるだけの「かなめの勢力（pivotal party）」を有すれば、新政権への参加によって政策実現が可能となるため、離党するインセンティヴが生じる。この場合、新たな勝利連合の形成を目指し、政策的には中位投票者（median voter）としての位置を狙うことが予想される（山本 二〇一〇、七五～七六頁）。また、議会解散後の離党は再選追求インセンティヴに基づく行動と解釈される。山本の分類、モデルに依拠するならば、議会内で勝利連合を目指しながらも実現しうるだけの議員数が集まらず、失敗に終わったケースも政策追求行動として解釈されることになるが、本章では民主党政権における離党行動が、選挙における議員の再選追求（選挙要因）、政治家としてのキャリアの追求（昇進要因）、自らの政策追求（政策要因）のいずれのインセンティヴの影響で生じているものなのか、分析を試みる。さらに、人事・昇進システムにおける党内グループ所属、政策決定における内閣一元化、人事と政策の結節点である党代表ポストをめぐる争いも説明変数に取り込み、民主党政権の組織構造を重層的に析出する。

本章の結論を先取りして述べるならば、民主党議員の離党行動に対しては、政府役職の経験が極めて重要な影響を与えた。政府ポストは、それ自体が議員のキャリアにとって価値があるだけではなく、その地位を通じた政策追求、そして認知度の向上を通じて再選追求に関連している。それらの個別インセンティヴの重要性に加えて、ここで鍵になるのは、民主党が政府・与党の一元化を通じて、政府ポストの持つ重み・価値を著しく高めるような組織運営をしたために、政府内議員と政府外議員との間に、対立軸が引かれてしまったことである。その結果、とりわけ一部の政府役職未経験議員にとっては民主党に所属することの利益が著しく低下し、多数の離党につながったと考えられる。次節では、まず、民主党議員の離党について、政治過程に則して確認する。

2 民主党分裂・溶解の過程

二〇一一年八月二九日、民主党代表選に勝利した野田佳彦は「ノーサイドにしましょう、もう」と党内融和を呼び掛けた。小沢一郎元党代表に近いとされた輿石東党参議院議員会長を党幹事長に起用した他、小沢グループ幹部の山岡賢次、一川保夫を閣僚として処遇し、挙党体制をアピールした。しかし、皮肉なことに党内融和を掲げた野田の下で、民主党は分裂過程を迎えることとなる。

本節では二〇〇九年衆院選後の議員の造反や離党の推移、民主党の溶解過程を概観する[2]。本章では二〇〇九年九月の政権交代からの三年三カ月を①鳩山由紀夫・菅直人内閣から野田佳彦内閣初期まで、②二〇一二年七月の野田内閣における社会保障と税の一体改革をめぐる造反・離党、③二〇一二年一一月の衆議院解散前後の離党の三つの時期に分けて整理する（なお、離党時期、事由の時系列の整理については章末の補表8－1を参照されたい）。

▼鳩山・菅・野田内閣初期における造反・離党行動

前述したように、民主党分裂が本格化したのは野田内閣、とりわけ二〇一二年六月の社会保障と税の一体改革関連法案の採決が引き金となっているが、それ以前にも議員が自身の起こした不祥事を理由として離党、議員辞職した事例が見られる[3]。また、他の公職への転出を理由に議員辞職した事例として、河上満栄[4]（六月、参院選京都選挙区）、石田芳弘[5]（二〇一一年一月、名古屋市長選）がある[6]。

二〇一一年二月一六日、渡辺浩一郎ら一六人が民主党会派からの離脱を表明し、菅首相退陣を要求した。党内の分裂、亀裂が造反という形で表面化した最初の事例である。折しも民主党倫理委員会では政治資金規正法違反で強制起訴された小沢の党員資格停止処分が審議されていたが、一六人はいずれも比例区単独立候補であり、小沢に近いとされる。あくまでも党内に留まったうえで別会派での活動を主張し、二〇一一年度予算案採決（三月一日）を欠席した。国会審議における大規模な造反行動としてはこれが初めてである。三月には河村たかし名古屋市長が率いる地域政党、減税日本への参加を理由に佐藤夕子が離党した[7]。離党後、野党系に転じた最初の例である[8]。

東日本大震災の対応に追われていた二〇一一年五月、二〇一一年度補正予算、財源確保特措法の成立後、自民、公明両党は震災直後の政治休戦から倒閣へと方針を転じた。自民、公明、たちあがれ日本三党による菅内閣不信任案提出を受けて、小沢らは採決前日の六月一日に約七〇人の議員を集め、不信任案への賛成を表明した。不信任案成立、党分裂の可能性が高まったが、採決直前の代議士会において、菅が「震災対応に『一定の目処』がついた段階で退陣する」との意向を表明したことで、小沢グループは賛成から自主投票へと方針転換した。賛成は松木謙公、横粂勝仁の二人に留まり、小沢や田中真紀子元外相ら一五人は採決を棄権した。松木、横粂は除名、棄権した一五人のうち、当選二回以上の五人と三月の二〇一一年度予算案採決で棄権した三人には党員資格停止処分が下された。

この時期までの造反・離党の動き(先述の議員自身の事情によるものを除く)は、政治改革をめぐって自民党を離党した新生党(一九九三年)や、郵政民営化法案への造反(二〇〇五年)といった事例とは異なり、特定の政策課題に関する賛否というよりも菅や岡田克也幹事長の党運営に対する批判、揺さぶりと見ることができる。それは、二〇一一年二月に会派離脱を表明した一六人のうち、内閣不信任案採決の棄権はわずか三人に留まったことに象徴されよう。離脱届は会派代表者である岡田の承認がないため、衆議院事務局に受理されないままとなっていたが、野田内閣発足後の八月三一日には「野田新首相は党内融和を図っている」として撤回された。

二〇一一年八月の菅退陣後の代表選では、小沢グループが推す海江田万里を、反小沢勢力を糾合した野田が決選投票で逆転した。一一月九日にはTPPの交渉参加に反対する新人議員五人が離党届を手に輿石幹事長に参加阻止を嘆願した(その場で慰留)。一二月二四日には八ツ場ダムの建設継続が二〇〇九年衆院選で掲げたマニフェストに違反しているとして、中島政希が離党した。党執行部のマニフェスト違反を理由とした最初の離党である。

TPP交渉参加問題につづいて、党代表選で社会保障と税の一体改革を強く訴えていた野田は、党内のマニフェスト堅持派=反対派を押し切る形で、消費税増税に向けた一任を取り付けた(一二月二九日)。輿石ら党執行部は党分裂を回避すべく、年内決定に及び腰であったが、野田が党内の意見集約を年内に済ませるよう指示したとされる(読売新聞政治部 二〇一二、八〇頁)。党税制調査会で合意形成を進める最中の一二月二八日、消費税率の引き上げ、TPP交渉参加はマニフェストを反故にするものとして、内山晃ら九人が離党届を提出、「新党きづな」を結成した（二〇一二年一月四日）。政権交代後、初めての集団離党である[9]。民主党は九人の離党届を受理せずに除名処分とした。九人のうち六人は八月に会派離脱を撤回したばかり、二人は一一月にＴＰＰ問題で離党届を手に執行部に申し入れをした議員である。これ以降、特定の政策課題への対応が「マニフェスト違反」であることを理由とした造反、離党が続くことになる。

▼第一八〇国会：社会保障と税の一体改革をめぐる造反・離党行動

通常国会召集を前に、野田は前年末の臨時国会で参議院から問責決議を受けた小沢グループの一川防衛相、山岡国家公安委員長を交代させ、岡田を副総理兼一体改革・行政改革相に据える内閣改造を行った（一月一三日）。この人事は消費税増税に向けての野田の強い意志を示すと同時に、岡田が幹事長時代に小沢に党員資格停止処分を下していることを考え合わせると、野田が党内融和からスタンスを転じたとみることができる。これにより、党内の緊張は高まり、社会保障と税の一体改革の成否は党内対立の象徴となった。

社会保障と税の一体改革関連法案は、反対論で騒然とする中、八日間・四六時間をかけた与党審査を経て（三月二八日）、三〇日には閣議決定された。閣議決定を受け、小沢グループに属する黄川田徹総務副大臣ら政務三役四人、鈴木克昌幹事長代理ら党役員三〇人が辞表を提出、さらに木内孝胤、平山泰朗は離党を表明した（五月七日離党届を受理）。一方で、野田は自民、公明両党との間で社会保障と税の一体改革法案の修正協議を進めた。

当初、小沢の戦略は党内に留まって法案成立を阻止し、社会保障と税の一体改革に「政治生命を賭ける」とした野田を退陣に追い込むものであったとされる（読売新聞政治部 二〇一二、一八二〜一八四頁）。小沢らの動きに対し、野田ら民主党執行部は自民、公明両党との修正合意を進めることで抑え込みを図った。一方で自民党は法案の修正協議を進め、採決に持ち込み、消費税率の引き上げについて賛否が割れる民主党分裂を狙った。公明党も民主、自民の合意に加わることで政策の部分的実現を目指した。

六月一五日に民主、自民、公明三党による修正が合意された。民主党は三党修正案に対する党内合意を得るため、一八日に政策調査会合同会議を開催した。党執行部は反対論を強引に抑え込めば、中間派を造反に追い込みかねないとして、時間をかけて了承を得る方針をとった。合同会議は翌一九日までずれ込んだが、承認には至らず、前原誠司政策調査会長が「政調会長への一任」を宣言して議論を打ち切った。翌二〇日、党中間派が開催を求めた両院議員懇談会では野田が党の結束を訴え、修正合意への理解を求めた。もっとも意思決定機関となる両院議員総会とは異なり、両院議員懇談会はあくまでも各議員の意見表明の場に過ぎない。最終的には政策決定の最終決定機関にあたる政府・民主党三役会議で三党修正案は了承された。政権交代当初、民主党は政策決定の内閣への一元化を掲げていたが、菅内閣では政策調査会を復活させ、野田内閣では政調会長と閣僚との兼務を外し、政策調査会の事前承認を必要とするシステムへと事実上の「二元化」が進んだ(『朝日新聞』二〇一二年四月八日)。しかし、修正案に対して政策調査会での承認が得られなかったため、両院議員懇談会でのガス抜きを経て、政府・民主党三役会議にスキップする形をとった。

三党の修正案が了承されたことで、法案成立阻止は事実上困難になった。小沢は離党し、新党を結成することで、野田政権を少数与党に転落させる方針へと転換した。二六日の衆議院本会議において、一体改革関連法案の採決が行われた。消費税法改正案では反対が小沢、鳩山ら五七人、棄権が小沢鋭仁ら一六人と計七三人もの大量の造反者が出た。同日、記名採決が行われたのは消費税法改正案の他、認定こども園法改正案、社会保障制度改革推進法案の三法案であったが、鳩山の他、川内博史、松野頼久、小林興起ら九人は消費税法改正案にのみ反対[10]、逆に初鹿明博、福田衣里子は社会保障制度改革推進法案にのみ賛成で他の二法案には反対[11]、と造反パターンは多様な形で現れた[12]。

七月一日、小沢グループのうち衆議院議員四〇人、参議院議員一二人が離党届を提出、政権交代後三年でついに民主党は分裂した[13]。離党届の撤回[14]、新党への参加取り止めや合流などの出入りはあったものの[15]、七月一一日に衆議院議員三七人、参議院議員一二人で新党「国民の生活が第一」を結党した。二〇〇九年衆院選において民主党マニフェストで掲げたスローガンを党名にすることで、マニフェスト堅持の姿勢をアピールした。

民主党は造反、離党議員に対する処分として、離党届を提出した衆議院議員三七人を除名、造反した鳩山ら一九人を党員資格停止[16]、三法案すべてに欠席・棄権した一二人を常任幹事会名で厳重注意、消費増税法案のみ欠席・棄権した三人を幹事長名注意とした(七月九日)。これまで、民主党は不信任案に同調せずに、無所属で活動する限りは離党届を受理してきたが、新党きづな、国民の生活が第一に参加する衆議院議員には除名処分を科した。一方で参議院議員一二人については離党届を受理し、衆参で対応に差がみられた。この対応の差は参議院で民主党がねじれ状況にあることに起因していると思われる。

衆議院で民主党を少数与党に陥れ、内閣不信任を可決させるためには五四人の離党が、新党きづな(九人)や新党大地・真民主(三人)と連携して不信任案を提出するには三八人の離党が必要であったが、小沢らの離党はそれに及ばない結果となった。先述したように、小沢は消費税率引き上げをめぐる対立を契機として党内の多数派獲得を狙ったものの実現せず、次善の策として勝利連合形成に必要な数での離党を目指したが、それもかなわなかった。また、新党の基本政策に掲げた消費増税反対、反原発は自民党や公明党との政策とは真っ向から対立しており、民主党を間に挟んで、野党が自民党・公明党ブロックと民主離党者・共産党・社民党ブロックに分かれる、いわば双系野党の状態にあった(Sartori 1976, 132-136)。「野田政権打倒」をスローガンとした広範な野党間共闘は可能ではあるものの、民主党に代わる連合政権の形成、参画は極めて難しい。その意味で、この離党行動が政権追求、政策追求のいずれのインセンティヴに基づくものなのか、検討が必要となろう。

民主党の動揺はその後も続く。小沢につづいて、反一体改革、反原発、反TPPを掲げて谷岡郁子、行田邦子、舟山康江の参議院議員三人が離党、国民新党を離党した亀井亜希子と院内会派「みどりの風」を結成した(七月一七日)。

小沢は共産党、みんなの党ら野党六党共同で内閣不信任案を提出し、一体改革を進めた民主、自民、公明の三党合意の枠組みに揺さぶりをかけた。衆参両院でねじれを抱える状況下で、自民党は三党合意破棄も辞さないとして、法案成立を人質にとり、解散・総選挙を迫った。野田は「一体改革関連法案が成立した暁には、近いうちに国民に信を問う」との認識を示し、民自公三党の枠組みはかろうじて維持された。八月九日、内閣不信任案は民主党から小林興起、小泉俊明の二名が賛成し、鳩山、辻ら六人が棄権したものの、反対多数で否決された。小林、小泉は離党(除名処分)し、減税日本に合流した。翌一〇日には参議院でも一体改革関連法が通過、成立した。本会議採決に際して、みどりの風は反対し、民主党からも六人が造反、反対票を投じた。しかし、みどりの風の三人の離党届は受理され、造反議員に対する処分もその後一〇月に離党し、維新の会入りを表明する水戸将史を除く五人は厳重注意に留まり、衆議院本会議採決における造反議員への処分と比べると軽いものとなった。

一体改革関連法案の成立以降、各党、各候補者は「近いうち」にも行われる解散・総選挙における再選インセンティヴを満たすべく動くことになる。

▼解散・総選挙をめぐる造反・離党行動

社会保障と税の一体改革をめぐって、与野党間、与党内で緊張が生じていた二〇一二年二月、橋下徹大阪市長は地域政党・大阪維新の会を発展させ、国政選挙に候補を擁立する方針を固めた。公職選挙法の政党要件を満たすには国会議員五人以上を集める必要があるが、政党化を念頭に三月から松野頼久、石関貴史、水戸将史ら民主党議員を含む国会議員約一〇人による研究会を立ち上げていた（読売新聞政治部二〇一二、一二五、二六一頁）。九月一一日、三議員は離党届を提出（除名処分）し、日本維新の会に参加した。一〇月には今井雅人も加わり、維新の会への参加は四人になった。さらに杉本和巳が離党し、みんなの党に参加するなど、個々の議員が独自に離党、第三極に参加する流れが続く。

一一月一六日の衆議院解散が決まると、離党を表明する議員が続出し、民主党はついに単独過半数割れを起こした。離党者は合計一四名に上ったが、離党後の所属を見ると日本未来の党九人、日本維新の会には三人（小沢鋭仁、川口浩、阪口直人）、みんなの党一人（富岡芳忠）、自民党が一人（長尾敬）である[17]。

小沢ら国民の生活が第一は橋下や河村らの地域政党、石原慎太郎東京都知事による新党との緩やかな連携、いわゆる「日本版オリーブの木」を目指していた。しかし、衆院選を直前に控え、候補者擁立作業を進めている状況下では第三極の結集、選挙協力はなかなか進展しなかった。何よりも連携相手と目されている橋下、石原は小沢との連携に否定的であった。一方で、第三極内でも日本維新の会とみんなの党では主要政策こそ重なるものの、好調な支持率を保っていた日本維新の会はみんなの党との合併を拒否した。一〇月にはみんなの党所属参議院議員三人が日本維新の会結党に参加したことで両党の足並みは乱れた。一一月一五日には政策合意を発表したものの、候補者調整は進まなかった。地域政党間でもエネルギー政策や減税をめぐって橋下と河村とが対立した。一一月一三日、石原はたちあがれ日本に加わり、太陽の党へと党名を変更した。一五日には河村の減税日本との合流が発表されたが、翌日には橋下の日本維新の会に合流する、と方針転換し、減税日本との合流は解消された。取り残された形になった国民の生活が第一、減税日本は一一月二七日、嘉田由紀子滋賀県知事を代表とする日本未来の党を結成した。

衆議院解散後に離党した議員のうち、中川治は国民の生活が第一を経て、熊田篤嗣、水野智彦、橋本勉は減税日本を経て、山崎誠、初鹿明博、福田衣里子はみどりの風を経て、山田正彦は離党後に亀井静香国民新党前代表と「反TPP・脱原発・消費増税凍結を実現する党」を結成した後、いずれも日本未来の党結党に参加した。辻恵に至っては一一月二一日に民主党から公認を得ていたにもかかわらず、日本未来の党結党を受けて三〇日に離党を表明した。再選インセンティヴを満たすべく行動した各議員の足取りは、そのまま民主党の溶解過程と第三極内部の主導権争い、それに翻弄された議員の混乱ぶりを示していると言えるだろう。

3 データの概要

前節までの議論からも明らかであるが、民主党議員の離党に関して、衆議院と参議院では異なる力学が働いているように思われる。また、分析においても解散・総選挙のタイミングに大きな影響を受ける衆議院議員と任期が固定されている参議院議員とを同列に扱うことは難しい。そこで、本章では、政権を支えるという点において、より重要な衆議院議員の離党行動に限定して分析を行う。

離党者及び離党時期については、新聞報道を参考にしながら確定作業を行った。前節の内容を要約する意味で、離党者数と離党時期についてまとめたのが表8-1である。途中入党者や繰り上げ当選等があるので、合計は二〇〇九年衆院選の際の当選者数よりも多くなる。以下の分析では、議員辞職などでそもそも離党する余地が無かった議員に関するデータは欠損扱いとなる。離党者は全七八名であるが、菅内閣までに離党した者は六名に過ぎない。その一方、第一八〇国会（常会）で社会保障と税の一体改革をめぐって多くの離党者を出しているが、その大部分は七月に小沢と行動を共にした議員たちである。それ以降の離党者一八名は、必ずしも組織的な離党行動を取っているわけではなく、五月雨式に離党している。

次節では、議員・候補者に関連した様々な資料から得たデータを接合した上で、分析を試みる。選挙要因については二〇〇九年衆議院選挙の結果を用いた。具体的には朝日新聞のデジタル版から入手したデータを

表8-1 民主党衆議院議員離党者数

	議員数	離党時期	内訳	パーセント	
離党	78	菅内閣までに離党	6	2%	25%
		2012年1月23日までに離党	10	3%	
		第180国会（2012年1月24日から9月8日）の間に離党	44	14%	
		それ以降の離党者	18	6%	
在籍†	230			73%	73%
議員辞職等	6			2%	2%
合計	314			100%	100%

†2012年12月16日段階。
出典：著者作成。

加工した。議員の性別・年齢・当選回数等の基本情報も同様である。

議員の政策的立場については、幸い、二〇〇九年衆院選挙時に行われた東京大学谷口研究室・朝日新聞共同政治家調査のデータが公開されているので、そのデータと、選挙結果データとを連結した[18]。

議員のグループ所属および政府、国会、党の役職経験については、本書第二章のために作成されたデータを利用した。グループの確定に利用されている情報源は、政治資金収支報告書、『國會要覧』、新聞記事、評論家の分類である。また、役職経験については、国会便覧と新聞（朝日及び読売）から確認している。詳細については第二章の補遺を参照されたい。

民主党代表選挙における投票行動については、新聞紙面から確認した。具体的には朝日新聞・読売新聞の電子検索サービスにおいて利用可能な各地方版で、各都道府県選出議員の代表選挙投票行動を確認した。このやり方で捕捉できなかった議員については、日経テレコンあるいは原紙で、地方紙の紙面を確認した。この他、本人のブログ等で投票行動が確認できたものを含めると、二五〇人程度の投票行動を判別できた。さらに、新聞報道からは投票行動が不明の民主党議員（前職を含む）に対して、二〇一三年六月から七月にかけて、郵送でアンケートを行い、二〇名から返答を得たので、三〇八人の議員中、合計二七〇人前後の投票行動を確定できた[19]。

4　仮説とデータ分析

議員行動に影響を与える要因としては、選挙における再選の追求（選挙要因）、政治家としてのキャリアの追求（昇進要因）、そして、自らの政策の追求（政策要因）の三つが挙げられる（Fenno 1973）。政治家が政党に所属するのは、この三つの要因において、政党が利益をもたらすからである。逆に、政党に所属することの不利益が利益を上回ったときに、議員は離党することになる。ここでは、理論的に重要だと思われる上記の三要因について順次考察する。さらに、理論的な考察の対象になることは少ないが、民主党政権下の政治状況や議員行動を考える上で重要と思われる党内集団と代表選挙の二要因についても検討を加え、検証可能な仮説を導き出そう。

▼仮説

(一) 選挙要因

再選の追求は議員行動を考える上で最も重要な要因の一つである（Mayhew 1974）。選挙での強さが議員行動に影響を与えると考えるのは、政治家としてのキャリアの展望は連続して当選することを前提とする以上、蓋し当然であろう。ただし、選挙での強弱が如何に議員個人の政党への残留あるいは離党と関係するかは、必ずしも自明ではなく、様々な状況に依存するように思われる（c.f. Heller and Mershon 2005）。選挙に強いからこそ、党のラベル（銘柄）に頼らずに当選できるので、離党を誘発すると考えることもできる。しかし、選挙での強さは長期的に当選を重ねる可能性とも関係しているので、昇進を追求するという観点からは、選挙に強いからこそ、所属政党の支持率が少々低迷しても党に残るという理屈づけも可能である。政党というラベルに頼らずに、個人票で当選することができると考えれば、政党のラベルという集合財の価値が下落した場合でも焦って離党をせずに済む。この考えの筋道が正しいのであれば、選挙で弱いほど、具体的には小選挙区に立候補した議員の場合は、小選挙区の相対得票率が低いほど、離党する可能性が高まると考えることができよう。

なお、比例単独当選議員の再選追求行動は、実証分析上は難しい問題である。小選挙区に立候補していない以上、そもそも選挙区での強さを論ずることができない。かつ、その命運は政党のラベルが有権者にどれだけ強く訴求力を持つかによって決まると考えて良い。ただし、所属政党のイメージが悪化し、支持率が低下し続ける状況を傍観するのは、次の選挙で落選することを待っているに等しい。以上の推論が成り立つならば、再選を真剣に追求しようとする比例単独議員は、マスメディアの論調や世論調査の数値に敏感に反応し、党のイメージが悪化すると簡単に離党することが予想される。

(二) 昇進要因

政府や国会におけるポストの獲得は、政治家個人の認知度向上に寄与すると同時に、政策追求の機会も増加させる。議員にとっては、特定のポストを得るか否かは、大きな違いであり、役職の有無は議員行動に大きな影響を与えるであろう。この場合、昇進の前提として、当選回数自体も重要な指標となる。当選回数の少ない議員が党の重要役職や政府の魅力的なポストに配置されることは極めて稀であり、一定の当選回数が政府役職配分の前提となっている。その観点から言えば、当選回数が少ない議員ほど、近い将来に役職を獲得する可能性が低いので、離党する可能性が高まると考えられる。

一方、当選回数が同一だとしても、役職を経験した議員は、そうでない議員と比べて離党の確率は低下することが予想される。大臣・副大臣・政務官等の経験者は、そもそも所属政党が政権を獲得しているが故に、その役職についている訳であり、党全体の命運と自分自身の昇進とが連動していると考えるであろう。また、一度政府の役職に就けば、仮に内閣の交代で退任することがあっても、在職時の政府の決定は次の内閣に引き継がれることが普通である。そうなると、同一政党が与党であり続ける限り、一旦役職を経験すると後継内閣に反旗を翻すことは難しくなると考えられる。従って、役職経験者は非経験者よりも離党に踏み切る確率が低いであろう。一方、政府役職の未経験者は比較的容易に与党からの離党に踏み切る可能性がある。

なお、当選回数や政府役職経験の影響は、単純な線形ではない可能性がある。例えば、当選回数が多く一定の役職を経験した議員は、さらなる昇進の展望が開けない場合、離党に踏み切るかもしれない。当選回数の少ない議員と、一定の経験と影響力を持つ有力議員とでは、離党をめぐる力学が異なることが十分考えられる。

(三) 政策要因

議員は再選だけではなく、政策も追求する。政策追求と離党行動との対応を考える場合、党執行部の政策的立場と、議員個人の政策的立場がどの程度乖離しているかが、重要になる。党内で激しい政策的対立が発生した場合、離党するのは、おそらく執行部の政策と対立する非主流派であり、執行部の政策と政策的意見が一致している場合、離党するインセンティヴに乏しい。前節で概観したように、民主党政権で離党が生じた文脈で言えば、消費税率の引き上げ、原子力発電所の再稼働、そしてTPP参加などが、内閣・党幹部などの政権中枢と、それ以外の議員との政策的対立軸となり得たであろう。とりわけ、社会保障と税の一体改革が民主党から多くの離党者を出す引き金になったことを考えるならば、消費税増税に反対する議員が、民主党から離党したことが容易に推察される。

（四）党内集団

次に、党内グループ要因について一瞥を与えよう。従前の研究では、自民党については派閥の重要性が（佐藤・松崎 一九八六）、社会党については右派・左派の対立の重要性が指摘されてきた（中北 一九九三）。党内集団への帰属が議員行動に与える影響は、先行研究においては正面から議論されていない。しかし、党内集団が役職配分と関連している場合、党内集団への所属は議員の昇進追求と連動するであろう。この推論が正しいならば、主流派・反主流派の別を明確にする党運営は、役職獲得の可能性が党内集団間で異なる状況を作り出すことを通じて議員行動に影響を与えると考えられる。

（五）代表選挙

最後に、第三章で詳述した代表選挙であるが、集団間対立と政策的対立の二つに拍車をかけたように思われる。民主党政権下の四回の代表選挙を顧みると、皮肉なことに、党代表を選ぶ手続きが、党としての意思の所在を明らかにするのではなく、党内の対立を抜き差しならない状況にまで強化した。自らの投票した候補者が敗北した議員は、昇進追求において不利となる可能性が高く、そのことが離党を誘発した可能性も否定できない[20]。さらに、代表によるトップダウンの政策転換が許容される場合、政策追求という観点からも代表ポストの獲得が重要な意味を帯び、敗者は、政策追求においても劣位におかれる。従って、敗北した代表候補に投票した議員は、グループ所属を統制した後でも、勝った代表候補に投票した議員と比べると、離党する確率が高まるように思われる。

▼二変数間関係の検討

以下では、前項で提示した仮説を、二変数間の関係として確認したい。表8－2に、選挙要因および昇進要因に関連した変数と離党行動との関係を示す。

(一) 選挙要因

ここでは全衆議院議員を一括して扱うため、当選パターン毎の分類を確認し、その次に、比例単独当選議員を除いて、小選挙区の相対得票率との関係を検討したい。表8-2(1)に当選類型毎の離党割合を示す。

小選挙区で立候補した者は、小選挙区で当選しようが比例復活であろうが、離党の割合に大差はない。前者の離党割合が二二・一%であるのに対して、後者は二三・八%である。比例復活議員は相対的に選挙に弱いはずだが、比例復活できるだけの惜敗率を持っているので、単純に小選挙区当選-比例復活という二分法では明確に違いが現れていない可能性がある。比例単独立候補で当選した議員の離党割合は、四三・二%と、小選挙区で立候補した議員たちよりも格段に高い。党のラベルに最も依存する者が、最初に党のラベルという集合財を毀損する行為に出るとは考えにくいので、党のラベルの価値が下がったことに比例単独当選議員たちが最も敏感に反応すると考えるのが妥当であろう。

次に、表8-2(2)は、小選挙区に立候補した議員に関して、相対得票率毎にグループ化し、離党の割合をみたものである。結果は、一目瞭然であるが、小選挙区における選挙の強さが離党を抑止する、あるいは、選挙区で弱い議員ほど離党する傾向を確認できる。当選類型別の結果と合わせて考えると、選挙で党のラベルに依存する者ほど、党全体の状況が悪化すると、党を飛び出すように見える。逆に、党のラベルに依存せずとも戦うだけの政治的資源(知名度や組織)を持つ者は、党内に残って昇進や政策を追求すると考えられる。選挙に強い議員でも離党した者はいるが、以上の推論を暫定的に受け入れるならば、選挙に弱い議員は、主に再選のことを考えて離党しているのに対して、選挙に強い議員は、政権追求や政策追求を目的に離党している可能性がある。

表 8-2　民主党議員属性別の離党率

(1) 当選類型別	離党割合	人数
小選挙区当選	22.1%	222
比例復活	23.8%	42
比例単独	43.2%	44

(2) 小選挙区相対得票率	離党割合	人数
45% 未満	45.5%	33
45% 以上 50% 未満	26.9%	67
50% 以上 55% 未満	20.8%	72
55% 以上 60% 未満	13.0%	54
60% 以上	10.5%	38

(3) 当選回数	離党割合	人数
1 回	35.0%	143
2 回	32.4%	37
3 回	14.0%	50
4 回	7.4%	27
5 回	20.0%	20
6 回以上	9.7%	31

(4) 政府・国会・党役職経験 *	離党割合	人数
大臣経験者	6.7%	45
副大臣経験者	8.2%	61
政務官経験者	5.7%	70
衆院常任委員会委員長経験者	11.6%	43
民主党政策調査会役職経験者	9.3%	54
役職なし	40.6%	155

* 複数の役職を経験することがあり得るため、合計は衆議院議員数と一致しない。
出典：著者作成。

(二) 昇進要因

表8－2(3)には、昇進と関連する当選回数を基準に離党割合を示している。離党は、基本的に当選一回と二回の議員に集中しており、衆議院からの離党者七八名中の六二名(七九%)が当選二回以下である。当選四回までは、当選回数が増える毎に離党の割合が減っており、当選回数・昇進と離党との間に一定の関係があることが窺える。その一方、当選五回と六回以上をまとめると、離党割合は一三%になる。ここでも、小選挙区の相対得票率と同様に、当選回数が少ない議員と幹部クラスの議員では

離党に至る因果の筋道が違うことが推察できる。幹部は政策あるいは政権を追求するために離党に至るのに対して、若手議員は、離党と残留の両者を天秤にかけて、選挙で有利になる方を選択しているのであろう。

次に、民主党政権下における政府、国会、および党政策調査会の役職経験と離党との関係を確認しておこう。政府の役職は政府・党首脳にとっては、短期的に与党内の規律を維持するための重要な手段である（Kam 2009）。閣僚や副大臣などのポストは、それ自体に価値がある。また、衆院の常任委員会委員長のポストも国会運営上重要であり、ここで検討対象とした。民主党の政策調査会の役職は、政府と国会以外で党所属議員を処遇する場合の重要なポストとして、分析に含めた。離党しそうな議員には初めから政府や国会の役職は割り当てられないかもしれない。だが、離党する可能性があるからこそ、ポストを与えて繋ぎ止めておくという考え方も可能である。いずれにしても役職を一切与えられなかった者は、首相や党執行部に忠誠を誓うインセンティヴを持たないであろう。

表8－2（4）に役職の有無と、離党との関係を示した。なお、三年三カ月の間に、複数の役職を経験した議員が相当数いるので、分類は相互に排他的ではないことに注意されたい。結果は一目瞭然である。政務三役を経験した者は、その職位の高低を問わず、離党する可能性が低い。大臣の離党率が六・七％と低いのは当然だと思われるかもしれないが、政務官経験者においても離党率は五・七％に過ぎない。衆院常任委員会委員長経験者の離党率は一一・六％、党政策調査会役職経験者の離党率は九・三％と少し高めであるが、役職経験が一切ない議員の離党率は、四〇・六％と段違いに高くなっている。憶測を逞しくすれば、政府や党の重要なポストを与えられなかったこと――政策決定に影響力を行使しうる立場になかったこと――の憤懣が離党を誘発したのであろう。

表8-3 2009年衆院選時の消費税に対する態度と離党率

	5年以内の消費税率引き上げはやむをえない									
	賛成＋どちらかといえば賛成		どちらとも言えない		どちらかと言えば反対		反対		合計	
離党	7	22%	21	25%	18	22%	24	27%	70	24%
在籍 †	25	78%	64	75%	65	78%	64	73%	218	76%
	32	100%	85	100%	83	100%	88	100%	288	100%

†2012年12月16日段階。
出典：2009年東京大学谷口研究室・朝日新聞社共同政治家調査（問9⑭）より著者作成。

（三）政策要因

次に、政策的な対立が離党を誘発したのかを確認しよう。第二節で確認したように、民主党政権において党内対立を引き起こした争点の最たるものは消費税増税だと思われる。ただし、社会保障と税の一体改革法案をめぐる造反と離党行動とは、時間差はあるものの、観察上ほぼ同一の現象であり、議場における採決時の造反から離党行動を説明するのは、同義反復の誹りを免れない。

幸い、時間的に先行する二〇〇九年衆院選の際に実施された東京大学谷口研究室・朝日新聞社政治家調査の質問の中に、消費税に関する質問があるので、ここでは、その質問に対する回答を利用し、政策要因と離党との関係を検討したい。質問は、最初に「Q9 次に挙げる20個の意見について、あなたは賛成ですか、それとも反対ですか。①から⑳のそれぞれの項目について一つずつ、あてはまる番号に○を付けてください」と前置きをした上で、二〇個の政策が列挙してある。その一四番目に、「5年以内の消費税率引き上げはやむをえない」という質問があり、候補者は、「賛成」、「どちらかと言えば賛成」、「どちらとも言えない」、「どちらかと言えば反対」、「反対」、の五つの選択肢から自分の立場を選ぶことになっている。消費税に対する質問に対する回答では、「賛成」を選んだ者が極端に少ないので、ここでは、「賛成」と「どちらかと言えば賛成」の二つを一つにまとめた四つのカテゴリーと離党との関係とを確認する。表8－3に二変数間の関係を示す。

民主党から大量の離党者が出たきっかけは、消費増税をめぐる党内対立であ

表8-4　党内集団要員と離党率

(1)	民主党党内グループ*											
	横路	菅	前原	野田	民社	鳩山	小沢鋭仁	羽田	鹿野	樽床	小沢一郎	無所属
離党	0	2	3	0	3	9	2	1	3	7	59	6
在籍†	11	40	30	20	24	24	2	8	22	23	38	53
合計	11	42	33	20	27	33	4	9	25	30	97	59
離党%	0%	5%	9%	0%	11%	27%	50%	11%	12%	23%	61%	10%

*重複所属を許容しているので、行合計の数値はほかの表と一致しない。

(2)	2011年8月　民主党代表選　第1回目					
	野田	海江田	鹿野	馬淵	前原	不明
離党	3	46	2	1	3	9
在籍†	50	34	25	16	47	54
合計	53	80	27	17	50	63
離党%	6%	58%	7%	6%	6%	14%

(3)	2012年9月　民主党代表選				
	野田	鹿野	原口	赤松	不明
離党	1	0	7	3	7
在籍†	138	25	13	16	36
合計	139	25	20	19	43
離党%	1%	0%	35%	16%	16%

†2012年12月16日段階。
出典：著者作成。

るが、二〇〇九年衆院選時点における消費増税に対する賛否と、離党行動との間には統計的に有意な関係が見られない（カイ二乗＝〇・八四一、自由度＝三、P値＝〇・八四）。二変数間の関係を検討した限りでは、消費税に対する議員たちの立場の違いから、主流派と反主流派の対立へと発展したシナリオと、党内集団間の対立が先にあり、事後的に消費税に対する意見が分極化したというシナリオを弁別することはできない。では、党内集団間の対立がどれだけの意味を持ったのかを次に確認する。

（四）党内集団要因

表8－4(1)に、党内グループと離党との関係を示す。党内グループ毎の離党割合だが、離党した衆議院議員全七八名中のうち五九名、七六%が小沢グループに所属していた。それに続くのが九名の離党者を出した鳩山グループである（なお、そのうち五名は両グループに重複所属しているので両者の合計は六三名である）。他のグループの離党者数は各二～五人程度で明確な違いはないように思われる。

グループ毎の分析だけを見ると、民主党から離党者が続出したのは、党内主流派との対立が抜き差しならない状況になり、党外に出てキャスティング・ヴォートを握ることを得策と判断した小沢がその影響力下にある議員を引き連れて出て行った、という陳腐なストーリーを確認しただけの様にも思える。しかしながら、当の小沢グループ所属議員にしても全員が離党したわけではなく、その三九%は民主党に残留する道を選んだ。また、それ以外のグループも、横路グループと野田グループを除くと離党者を出している。

(五)代表選挙

もう一つの党内集団要因である党代表選挙については、離党のほとんどが野田内閣下で起きたことに鑑み、二〇一一年八月の代表選挙(一回目の投票)と、二〇一二年九月の代表選挙について、代表戦における投票行動と離党・残留との関係を、それぞれ表8-4(2)と表8-4(3)に整理した。二〇一一年の代表選挙については、海江田万里に投票した者の五八%が離党する一方、他の候補者に投票した衆議院議員の離党は少ない。ただし、勝ち馬に乗ったはずの野田投票者からの離党者も三名いる[21]。なお、決戦投票では海江田投票者九〇人中四六人(五一%)が離党したのに対し、野田投票者では一三五人のうち七人(五%)であった[22]。

二〇一二年の代表選挙については、原口一博に投票した者からの離党割合が高い。しかし、野田投票者からも離党者が一人(川口浩)出る一方、鹿野道彦への投票者からの離党は皆無である。小沢グループを中心とする集団離党後は、代表選挙での投票行動が離党・残留に与える影響は小さかったのではないかと思われる。

そもそも党内にインフォーマルなグループあるいは派閥ができるのは、明らかに党の代表(自民党の場合は総裁)選挙のために「票を固める」という意味がある。民主党の場合、かつての自民党のように派閥所属が明確にされていない以上、代表選挙の投票行動の方が、議員の集団帰属の指標としてむしろ適切と言えるかもしれない。ただし、議員グループと代表選挙の投票行動とが必ずしも一対一の対応関係にない以上、二つの要因は相互に関連しながらも、独立に影響を与えたと思われる。

▼プロビット回帰分析

(一)全ての離党を一括した分析

以上、離党を促す要因との関係を逐一検討してきたが、どの要因がより強く離党を促進あるいは抑止しているのかを見るために、多変量解析を行う。従属変数は、二〇一二年一二月一六日段階で党を離れていた場合を1、残留していた場合を0とする二値変数なので、プロビット回帰分析を用いる。投入する独立変数は以下の通りである。

性別：男性1、女性2

選挙時年齢：二〇〇九年衆院選時点での年齢　二七〜七九歳

当選区分：小選挙区当選を基準として、比例復活と比例単独をそれぞれダミー変数としてコードした。

小選挙区相対得票率：二〇〇九年衆院選における相対得票率　〇・二五〜〇・七三

当選回数：当選回数

当選回数の二乗：当選回数を二乗した数

役職経験：役職経験なしを基準として、大臣、副大臣、政務官、衆院常任委員会委員長、民主党政策調査会役職[23]をそれぞれダミー変数としてコード化した。民主党が政権にあった間に一度でも役職を経験すれば1、そうでなければ0を割り当てた。

消費税率引き上げ反対：二〇〇九年衆院選「東大・朝日調査二〇〇九」の「五年以内の消費税引き上げはやむをえない」という設問に対して、1賛成、から5反対までの五段階尺度

憲法・自衛隊争点(保革軸)：「東大・朝日調査二〇〇九」のQ9①〜⑧の平均点。革新的・ハト派が大きな値を取るようにいくつかの変数については値を再割り当てした上で平均値を算出。最も保守的・タカ派の議員が1、最も革新的・ハト派の議員が5となる。実際の数値は、一〜四・八七五の区間で変化する。

鳩山G：鳩山グループ所属は1、それ以外は0のダミー変数

小沢一郎G：小沢グループ所属は1、それ以外は0のダミー変数

性別と年齢はあくまでコントロール変数として投入している。比例単独議員を除いた分析には、小選挙区における相対得票率を用いている。なお、比例単独議員には小選挙区相対得票率が存在しないため、比例単独議員を含む場合は、当選区分に関する二つのダミー変数を用いた。ここでは、主に比例単独議員を除いた分析の結果を中心に見ていきたい。推定結果を表8－5に示す。

まず、第一列では、小選挙区相対得票率が一〇%水準で有意である。小選挙区で弱い議員ほど離党したことがわかる。これは、次回衆院選における自身の当選を心配した議員ほど離党に踏み切ったことを示唆する。議員が持つ再選インセンティヴを考えれば、当然の結果だと思われる。当選回数とその二乗項については、それぞれ一%と五%水準で有意である。この結果は当選回数と離党確率との関係が非線形であり、当選回数の増加は基本的に離党を抑止するが、一定の回数を超えると逆に離党促進要因として機能していることを示している。これは、当選回数が多い議員と少ない議員とでは、離党に至る論理に違いがあることを示唆している。

次に第二列の結果を見てみよう。ここでは、政府および衆院役職経験の有無を五つのダミー変数として投入した。一度でも大臣・副大臣・政務官であった議員は、離党する確率が大幅に減少する。ただし、衆院の

常任委員会委員長ならびに民主党政策調査会のポストの影響は確認できない。なお、政府役職経験を独立変数として投入すると、小選挙区相対得票率の影響を確認できなくなった。これは、民主党からの離党を考えるときに、選挙区レベルの再選要因と昇進要因とを対比すると、後者の影響の方が圧倒的強かったことを示している。

次に第三列に目を移そう。消費増税に対する賛否（二〇〇九年衆院選時）と憲法・自衛隊争点をさらに分析に投入している。大臣経験が離党に与える影響を表す係数の大きさは一割以上小さくなったが、副大臣経験と政務官経験の係数はそれぞれ六割、三割程度大きくなっている。一方、議員個人の政策態度の影響も確認できる。二〇〇九年衆院選時点での消費税率引き上げに対する賛否は一〇％水準で有意であり、消費増税に反対であるほど、離党したことがわかる。また、憲法・自衛隊争点の影響も一〇％水準で有意であり、タカ派の議員ほど離党している。ただし、上記の結論は、党内グループ要因を投入することにより大きく変わる。

第四列には、党内グループとして、鳩山グループと小沢グループのダミー変数を投入した分析結果を示している。この二つのダミー変数（他グループ所属とグループ所属なしが一括して比較のベースラインとなっている）を投入すると[24]、政府役職経験（大臣・副大臣・政務官）と当選回数以外の変数の影響は確認できなくなった。これは、民主党内で主流派と非主流派のグループ間対立が如何に深刻であったかを現すと同時に、政府ポストによる処遇・昇進要因がグループの影響を帳消しにするほどの影響を持ったことを示している。つまり、政府における昇進要因の影響は、党内対立の影響とほぼ互角なのである。民主党政権では政策決定における政府・与党の一元化を強く推進した。政策決定に直接関与できる政府役職の価値が高まる一方で、政府役職から外れた与党議員の間には不満が蓄積していったと考えられる。その意味では、民主党は議員グループ間の対立だけにとどまらず、政府に入った議員と政府に入らなかった議員との間の二重の分断に苛まれていた。

なお、全衆議院議員を含む第五列の結果も、基本的には小選挙区で立候補した候補者のみを含む場合の結果と大きな違いはない。他の要因を統制すると、当選経路による議員行動の違いは確認できない。

表8－5の第四列・第五列の結果は、政権与党であった民主党からの離党は、議員グループ間の対立が主要因であったが、政府人事は離党を抑制する大きな影響力を持ったと解釈できる。また、当選回数の影響が非線形なので、当選回数の多い議員の離党と、少ない議員の離党では、離党に至るロジックが異なることがわかる[25]。選挙区の相対得票率や当選の種類などの選挙要因が全く影響を持たなかったことは、先行研究に照らしてみると、驚くべき結果ではないかと思われる[26]。二〇〇九年衆院選時の政策態度の影響は、議員グループへの所属を統制すると確認できない。以上の結果を要約するならば、消費税率引き上げを契機として分裂に至る民主党内部の対立のダイナミクスを理解する上では、政府人事とグループ所属という二つの要因に主に注意を払えば良いということになる。また、副大臣と政務官人事は民主党政権においてグループ比例配分型で運営されるようになっていたことを勘案すれば（本書第二章）、党内集団要因と昇進要因は、独

	全議員の分析 (5)	
性別	0.314	
	(0.342)	
選挙時年齢	0.011	
	(0.013)	
比例復活当選	-0.381	
（ベースは小選挙区当選）	(0.298)	
比例単独当選	-0.125	
（ベースは小選挙区当選）	(0.392)	
当選回数（2009年を含む）	0.782	**
	(0.392)	
当選回数の二乗	-0.089	*
	(0.051)	
大臣経験	-1.121	**
（ベースは役職経験なし）	(0.534)	
副大臣経験	-1.674	***
（ベースは役職経験なし）	(0.502)	
政務官経験	-1.914	***
（ベースは役職経験なし）	(0.446)	
衆議院常任委員会委員長経験	-0.442	
（ベースは役職経験なし）	(0.477)	
民主党政策調査会役職経験	-0.450	
（ベースは役職経験なし）	(0.400)	
消費税率引き上げ反対	0.045	
	(0.114)	
憲法・自衛隊争点（保革軸）	-0.155	
	(0.172)	
鳩山G	0.816	**
	(0.336)	
小沢一郎G	1.700	***
	(0.234)	
定数	-2.262	**
	(0.961)	
観測対象数	278	
疑似決定係数	0.417	
正しく予測された割合	86.0%	

表8-5 離党行動のプロビット回帰分析 全期間を一括した分析

	小選挙区勝利＋比例復活議員のみの分析			
	(1)	(2)	(3)	(4)
性別	0.193	0.105	0.169	0.254
	(0.270)	(0.289)	(0.312)	(0.357)
選挙時年齢	0.012	0.017	0.029 **	0.015
	(0.011)	(0.012)	(0.013)	(0.015)
小選挙区相対得票率	-2.522 *	-1.226	-2.861 *	-2.054
	(1.406)	(1.514)	(1.650)	(1.776)
当選回数（2009年を含む）	-0.328 ***	0.192	0.992 **	0.850 **
	(0.120)	(0.187)	(0.387)	(0.412)
当選回数の二乗	0.020 **	-0.018	-0.133 **	-0.099 *
	(0.009)	(0.014)	(0.054)	(0.055)
大臣経験		-1.153 **	-0.993 **	-0.979 *
（ベースは役職経験なし）		(0.460)	(0.492)	(0.526)
副大臣経験		-0.890 **	-1.449 ***	-1.559 ***
（ベースは役職経験なし）		(0.375)	(0.453)	(0.509)
政務官経験		-1.244 ***	-1.629 ***	-1.709 ***
（ベースは役職経験なし）		(0.328)	(0.390)	(0.455)
衆議院常任委員会委員長経験		-0.277	-0.306	-0.426
（ベースは役職経験なし）		(0.395)	(0.438)	(0.488)
民主党政策調査会役職経験		-0.197	-0.378	-0.344
（ベースは役職経験なし）		(0.330)	(0.363)	(0.403)
消費税率引き上げ反対（09年衆院選）			0.198 *	0.112
			(0.107)	(0.122)
憲法・自衛隊争点（保革軸）			-0.299 *	-0.148
			(0.166)	(0.185)
鳩山G				0.778 **
				(0.357)
小沢一郎G				1.457 ***
				(0.244)
定数	0.332	-0.737	-1.140	-1.746
	(0.914)	(1.019)	(1.203)	(1.327)
観測対象数	264	264	250	250
疑似決定係数	0.077	0.160	0.219	0.377
正しく予測された割合	77.7%	77.3%	80.0%	84.4%

（括弧内は標準誤差）
*** 1%水準有意、** 5%水準有意、*10%水準有意
出典：著者作成。

立と考えて差し支えないだろう。

以上の分析では、全ての衆議院議員について、二〇一二年一二月一六日の衆院選投票日段階で離党・残留という二値の従属変数を設定した。この方法には、全体像を描き出すことができるという利点がある。しかし、その一方で、第二節で詳述したように、離党時期によって、党内の力学の働き方は相当違ったようにも思われる。上記の分析のように全期間を一括した分析では、党内紛争の画期をなした代表選挙要因を取り入れることが難しい。その時どきの議員行動に影響を与えるのは、直近の代表選挙における投票行動と思われるので、頻繁に行われた代表選挙の影響を取り入れるためには、時期毎に分けた分析が必要である。また、政府役職の経験についても、全期間について通算して就任したか否かで分類するよりは、その時点までに就任していたか否かで分類する方が、党内力学を理解する上では適切であろう[27]。そこで、ここでは表8－1で分類した時期に分けて、議員の離党・在籍を分類し、党内力学の変化を確認したい。

▼離党時期別の分析

民主党議員は離党者が出るたびに漸減していったので、以下の分析では対象となる議員数は時期が下る毎に少なくなっていく。利用する変数は表8－5と同じであるが、同表の分析を踏まえて利用する変数を絞り込んだ。本来であれば、マニフェストに対する態度についての変数を利用することが望ましいが、適切な変数を見つけることができなかった。代わりにマニフェストの重要な一部をなした政治主導に関連する質問が、東大谷口研究室・朝日新聞政治家調査に存在するので、その変数を投入した。以下に、追加的に投入する変数を示す。

政官関係（政治家対官僚質問）

A：政治家は官僚と対決して従わせるのがよい
B：政治家は官僚と協力して使いこなすのがよい
1　Aに近い〜5　Bに近い

代表選挙における投票行動
（一）代表選挙（二〇一〇年九月）で小沢に投票：小沢1、菅に投票・非公表などを0とした。
（二）（三）（五）代表選挙（二〇一一年八月決戦）で海江田に投票：海江田への投票を1、野田に投票・非公表などを0とした。
（四）代表選挙（二〇一二年九月）で野田以外に投票：鹿野、原口、赤松への投票と非公表などを1、野田への投票を0とした

なお、議員数は最大で三〇八であるが、東大谷口研究室・朝日新聞政治家調査では、比例単独立候補者からの未回収が多いため、実際に分析対象となりえるのは二八六名である。小沢、菅に対する好意の程度を計った感情温度計質問も同調査には存在するが、様々なモデルを組み立てた中で、統計的に有意な結果が出ることがなかったので、ここでは割愛している。また、プロビット回帰分析では、特定の独立変数が従属変数の1あるいは0を完全に説明する場合、その変数は分析に投入できないという制約があるため、以下の分析では基本的に政府役職経験変数を除いている[28]。ただし、第一八〇国会中の離党者だけは、数が多いため、政府役職の影響力をかろうじて検討可能であり、その結果は別途示すことにする。表8－6に、時期毎に離党を従属変数とした分析結果を示す。

表8－6の第一列は、菅内閣までの時期に離党した要因の分析である。消費税率引き上げに賛成するほど、

(4) 第180国会閉会後の離党者	(5) 第180国会 政府役職経験の分析
0.001	-0.092
(0.160)	(0.146)
-0.125	-0.027
(0.158)	(0.133)
-0.399 *	0.240
(0.235)	(0.419)
0.022	-0.033
(0.024)	(0.061)
0.590 *	2.286 ***
(0.324)	(0.447)
0.684	1.082 **
(0.455)	(0.499)
-0.187	-0.835 *
(0.411)	(0.438)
-0.426	0.231
(0.532)	(0.458)
	0.709 **
	(0.311)
1.542 ***	
(0.434)	
	-0.780
	(0.882)
	-1.046 *
	(0.595)
	-1.218 **
	(0.540)
-1.556 *	-2.359 **
(0.939)	(0.987)
234	272
0.280	0.501
92.3%	90.1%

そして、官僚との対決姿勢を示した議員ほど離党する傾向を示したと言える。ただし、それぞれ統計的有意水準は一〇%であり、かつ、その時期までの離党者は六人に過ぎない。また、代表選挙での投票行動が影響を与えた形跡はない。六人の実際の離党までの過程を見ても、二〇一一年六月の菅内閣不信任案に同調した松木、横粂を除くと離党に体系的な傾向があったとは考えづらい。

第二列の結果は、野田内閣が発足し、政権交代後初の集団離党が生じた頃までを対象とした分析である。ここでは、比例単独当選議員である場合、離党の確率が顕著に高まり、かつ、その集団離党が小沢グループを中心としたものであったことが分かる。ここで興味深いのは二〇一一年八月の代表選挙における海江田への投票が全く影響を持っていないことである。実は離党した一〇人のうち、中島政希（鳩山グループ）は野田に投票したと推測されるが、中島は八ッ場ダム建設中止撤回に端を発した独自行動であることが明白である（中島 二〇一二）。それ以外の議員は非公表や党員資格停止の者を除くと海江田に投票しており、代表選挙における投票行動と党内のグループ所属とを分けて論じる余地は小さかったのではないかと推察される。

第三列の結果は、第一八〇国会における社会保障と税の一体改革をめぐっての離党であるが、小沢グループへの帰属が大きな影響を持ったことは明白である。離党者四四名中、小沢グループ以外の議員は三名に

表8-6 離党行動のプロビット回帰分析 離党時期別の分析

	(1) 菅内閣までに離党	(2) 2012年1月23日までに離党	(3) 第180国会の間に離党
消費税率引き上げ #	0.867 *	-0.204	-0.090
	(0.466)	(0.195)	(0.144)
政官関係 ##	-0.387 *	-0.211	-0.033
	(0.213)	(0.211)	(0.128)
当選回数（2009年を含む）	-0.227	1.297	-0.317
	(0.320)	(1.433)	(0.260)
当選回数の二乗	0.017	-0.324	0.015
	(0.034)	(0.343)	(0.035)
小沢一郎G	-0.081	0.991 *	2.171 ***
	(0.570)	(0.512)	(0.406)
鳩山G		1.086 *	0.846 *
		(0.563)	(0.468)
比例復活当選		0.359	-0.830 *
（ベースは小選挙区当選）		(0.614)	(0.434)
比例単独当選		1.443 ***	0.238
（ベースは小選挙区当選）		(0.530)	(0.442)
代表選挙（2010年9月）で小沢に投票	-0.535		
	(0.575)		
代表選挙（2011年8月決戦）で海江田に投票		0.238	0.723 **
		(0.471)	(0.301)
代表選挙（2012年9月）で野田以外に投票			
野田第二次改造内閣までに大臣			
野田第二次改造内閣までに副大臣			
野田第二次改造内閣までに政務官			
定数	-4.243 *	-2.685 *	-1.725 **
	(2.185)	(1.622)	(0.872)
観測対象数	286	281	272
疑似決定係数	0.265	0.386	0.472
正しく予測された割合	98.3%	96.8%	87.9%

（括弧内は標準誤差）
*** 1%水準有意、** 5%水準有意、*10%水準有意
# 5年以内の消費税率引き上げはやむをえない 賛成1〜反対5 の5点尺度。
A：政治家は官僚と対決して従わせるのがよい B：政治家は官僚と協力して使いこなすのがよい Aに近い1〜Bに近い5の5点尺度。
出典：著者作成。

過ぎない[29]。しかし、小沢グループと分類されている議員の半数近くはまだこの段階でも民主党に留まっていた。その意味では、何がその議員たちを引き留めたのかが問題になるであろう。その原因の一つは、二〇一一年八月の代表選挙における投票である。実は、小沢グループと分類された議員の中でも、海江田に投票したことが確認できるのは五二人に過ぎず、少なくとも一二名は決戦投票で野田に投票していた。かつての自民党の派閥と違い、民主党の議員グループの拘束力は低いと考えられるので、代表選挙への投票は議員グループ所属とは独立の影響を持つと考えられる。また、比例復活当選の議員よりも小選挙区当選議員の方が離党しやすいという結果が出ているが、これは選挙に弱い議員ほど離党しやすいという初期の予想とは反する結果である。

最後の第四列は、小沢グループの大規模離党が生じた後の時期の分析である。統計的有意水準一〇%であるが、当選回数の少ない議員、そして小沢グループと分類される議員が離党しやすかったことがわかる。ただし、離党を促すのに最も影響を持ったのは、二〇一二年九月の代表選挙であり、野田以外の候補者に投票した議員たちが離党した傾向が明確に出ている。議員グループ別の投票行動を見ると一定の傾向が確認できるが、野田グループ以外は、グループ内の傾向に同調せずに投票した議員も一定数おり、議員グループ所属とは独立に、代表選挙の投票行動(あるいは代表選挙でそのような投票を余儀なくさせた諸事情)が議員のその後の行動に影響を与えたものと思われる。

以上の時期別の分析結果を総合すると、消費税をめぐる首相・党代表によるトップダウンの政策転換を契機として、主流派(反小沢派)対反主流派(小沢派)の党内対立が徐々に激化していき、さらに、代表選挙がその傾向に拍車をかけたと結論づけることができよう。そして、小沢グループをも二つに割った大量離党後は、議員グループ間の対立というよりは、代表選挙により改めて醸成された主流派と反主流派の対立が、議員の再選インセンティヴと相まって、五月雨式に離党者を生み出した。

ただし、上記の分析では、分析技術上の問題から、各時期について、それまでの政府役職経験の変数を分析に投入することができなかった。しかし、小沢グループから大量の離党者を出した時期だけは、野田第二次改造内閣（二〇一二年六月四日改造）までの政府役職経験を分析に投入可能である。なお、国会・党役職経験については、衆院常任委員長経験者四三名のうち、政府ポスト未経験者はわずか三名、また、政策調査会役職経験者五四名中、政府ポスト未経験者は六名であり、政府役職経験との重複が多いので、ここでは割愛した[30]。分析結果が、表8－6の第五列に示してある。

第三列と第五列で共通の変数については、基本的に同様の傾向を確認できるので、ここでは詳述しない。ここで注目すべき政府役職経験の有無であるが、野田第二次改造内閣までに副大臣、あるいは政務官を経験した議員の離党確率は統計的に有意に低い。副大臣の影響は一〇％水準であるが（P値＝〇・〇七九）、政務官を務めた経験は五％水準で統計的に有意であり、政府役職への就任あるいはその経験が、離党を抑止する影響を持ったことは明らかである。

実際の離党者の顔ぶれを見ても、とりわけ小沢王国と言われた岩手県選出の階猛（鳩山内閣と菅内閣で総務大臣政務官）と黄川田徹（野田内閣・野田第一次改造内閣・野田第二次改造内閣で総務副大臣）が加わらなかったことは象徴的である。しかし、民主党に留まる決断をしたのは彼らだけではない。野田第二次改造内閣発足時点で、小沢グループと分類された議員八七人のうち、一〇人が副大臣を、そして一一人が政務官を経験していた。双方の役職経験を併せ持つ者はおらず、合計二一人が政府に入った経験を持っていたが、このうち、社会保障と税の一体改革をめぐる離党者は副大臣経験者で三名、政務官経験者では一名に過ぎなかった[31]。逆に政府・衆院・党政調役職非経験者の小沢グループ議員五七名（小沢本人を含む）に対して、離党者が三五人に上ったことを考えるならば、政府ポストの持った重みは明らかであろう。グループ規模に比例する形で運営されていたと思われる副大臣・政務官人事であるが（第二章参照）、図らずも、結束力の強さを誇った小沢グループを分断する効果を持った。その意味では、社会保障と税の一体改革に端を発する民主党内の対立を理解するためには、議員グループ、代表選挙、そして政府人事の三者が織りなす力学を把握する必要がある。

この分析において私たちは、首相・党代表によるトップダウンの政策転換により、党内グループ間の対立軸、さらに与党内の政府内議員と政府外議員との対立軸と重なる形で、消費税を巡る政策的対立軸が、引かれたと考えている。消費税率引き上げを対立軸として党が分裂したのは事実であるが、消費税に対する賛否から党内グループが形成された訳ではない。確かに消費税は党内対立を増幅した。しかし、その対立自体は、消費税が争点化する以前から存在したのである。この点について、少し傍証を示しておきたい。実は、表8－5と表8－6の分析において、消費税増税が具体的な政局の焦点になる以前の二〇〇九年衆院選時の消費税を巡る態度に代えて、分裂後の二〇一二年衆院選時の政策態度を説明変数に投入して分析を行うと、消費税の増税を巡る賛否は極めて強い影響力を持つ。具体的には、消費税に対する賛否は一％水準で有意であり、それ以外に帰無仮説を棄却する変数は、小沢グループに対する所属だけとなり、政府役職経験の影響は一切確認できなくなる。ただし、この結果は消費税に対する賛否が、民主党分裂・個々の議員の離党行動とほぼ同義であるために生じたのであり、実質的な説明として有益ではないと私たちは考えている。

この点を敷衍するために、三年三カ月の間に、どの程度民主党議員の政策態度が変化したかを、東京大学谷口研究室・朝日新聞共同政治家調査の二〇〇九年調査と二〇一二年調査とを組み合わせることで、確認しよう。上述の分析で利用した消費税に対する賛否と同じ形式で尋ねられた政策に関連する質問は他に一一問存在する。そこで、全一二問について、二時点間の(自己)相関係数を計算した結果を表8－7に示している。

一般の有権者に時間をおいて政策態度を尋ねると、相関係数が低く出ることは、よく知られているが(Converse 1970)、政治の世界で生きる政治家は、政策について安定した態度を持っていることが窺える。たとえば、憲法や防衛についての設問に関して、相関係数の大きさは〇・五前後である。その一方、五年以内

表8-7 民主党議員の政策態度の自己相関係数

2009年と2012年の共通質問	相関係数	N
憲法を改正すべきだ	0.55 **	259
日本の防衛力はもっと強化すべきだ	0.50 **	262
他国からの攻撃が予想される場合には先制攻撃もためらうべきではない	0.43 **	258
日本は国連の安全保障理事会の常任理事国に入って国際的役割を果たすべきだ	0.38 **	264
北朝鮮に対しては対話よりも圧力を優先すべきだ	0.51 **	261
社会福祉など政府のサービスが悪くなっても、お金のかからない小さな政府の方が良い	0.36 **	260
公共事業による雇用確保は必要だ	0.35 **	265
当面は財政再建のために歳出を抑えるのではなく、景気対策のために財政出動を行うべきだ	0.22 **	261
５年以内の消費税率引き上げはやむをえない	0.15 *	261
永住外国人の地方参政権を認めるべきだ	0.55 **	261
外国人労働者の受け入れを進めるべきだ	0.49 **	261
治安を守るためにプライバシーや個人の権利が制約されるのは当然だ	0.38 **	264

** 1%水準有意、* 5%水準有意
出典：東京大学谷口研究室・朝日新聞共同政治家調査（2009年、2012年）より著者作成。

の消費税引き上げに関する質問に対する回答の安定性は低い。一二あるどの質問よりも低く、その相関係数の値は、〇・一五に過ぎない。たまたま尋ねられた一二の共通設問の範囲内に限ってではあるが、消費税に対する政策態度が、二〇〇九年と二〇一二年とでは大きく変化したことを示唆する結果である。さらに、民主党を離党した者と、それ以外に分けて相関係数を計算すると、離党者の(自己)相関係数は〇・三六となり、一%水準で統計的に有意であるのに対し、民主党に留まった議員の場合は、〇・一四で五%水準では帰無仮説を棄却できない。消費税の税率を上げることが実際の政治日程に上がって、党内政局化した際に、政策態度を大きく変えたのは、実は離党者ではなく、民主党に留まることを選んだ議員たちであった。党に残った議員たちは、消費税の増税に賛成だから首相・党代表の方針に従ったのではなく、首相・党代表が決めた方針に従って政策態度を(少なくとも表面的には)変えたと推察できる。首相・党代表のトップダウンの政策転換の結果として、多くの議員が消費税に関する態度を変化させたのであり、時間の前後関係としては、消費税に対する賛否自体が民主党の亀裂を惹起したわけではないことは明らかである。

結論

以上、見てきたように、社会保障と税の一体改革を巡る対立は、民主党内の議員グループ間の対立、そして、政府内（政府役職経験）議員と政府外議員との対立の二つと連動することで、苛烈なものになった。結果として、民主党は内部対立を繰り返し、自壊したと言って良い。マスメディアの報道でも繰り返し指摘されたとおり、本論文の分析結果からも、議員グループ間の対立が反主流派議員の離党を促したことは、明らかである。さらに言えば、代表選を契機として、党内グループの色分けが進み、グループ内部の求心力が高まると同時に、党全体としては遠心力が働く仕組みができあがっていた。党内グループ間の対立が、反主流派であった小沢グループの最終的な離脱を誘発したことは間違いないように思われる。また、民主党議員、離党議員たちの二〇〇九年から二〇一二年までの消費税に対する態度変化は、首相・党代表の方針に従うか否かによって、議員間の政策的対立が形成されたことを示唆しており、既存の政策的態度の違いから党内集団間の対立が激化したわけではないと思われる。

以上が、本章から得られた経験的知見であるが、分析結果から得られる二つの理論的な含意について最後に確認しておきたい。第一点は、党内グループの位置づけである。民主党内には複数の議員グループが存在するが、それらは党則上の根拠を欠いた非公式な組織に過ぎない。その議員グループ所属、具体的には小沢グループへの所属は、選挙・昇進・政策要因を統制した上でも常に離党行動に影響を与え続けた。では、グループ所属がそれだけの影響を持ったことを理論的にはどのように考えればよいのだろうか。

党内グループが大きな影響を持ったことの背景には、民主党の政府・党役職人事においてグループ所属が一定の基準としての役割を果たし、議員の昇進に実質的な影響を与える存在になっていたことが大きいと思われる。政党に所属するインセンティヴである昇進が、党内グループを通じてしか供給されない場合、そのグループは言わば党内党として、議員行動に大きな影響を与えることになる。また、小沢は、グループ所属候補者への資金援助を行い、また、選挙時には秘書を派遣するなど、所属候補者・議員にとっては選挙で当選するために不可欠の資源を提供していた。従って、選挙運動の戦略や政治資金を大幅に小沢に依存した議員たちにとっては、小沢グループに所属することの便益が非常に大きかったと考えられる。彼ら・彼女らには、支持率の低落に現れたように民主党というラベルの価値が毀損したときに（第九章参照）、民主党に残って小沢グループから離れるか、小沢グループの一員として民主党を離れるかの選択を迫られれば、後者の方が、再選に有利と映ったのであろう。その意味では、民主党が党内集団間の対立に苛まれ続けたのは、党内集団への所属を介することで政党に所属する利益がより多く得られる仕組みができあがっていたからだと思われる。

本章の結果から得られる二つ目の含意は、党組織の運営によって、議員行動の力学が変わることを明らかにしたことにある。民主党政権は、与党議員であることとの利益と政府の一員であることとの利益に大きな違いが生ずる党運営を行うことで、党分裂の下地を作った。そのことは、役職を与えられず、政府に入ることが少なかった比例代表単独当選議員、当選一回および二回の議員に離党者が集中していたこと、逆に副大臣・政務官経験が離党を抑制する大きな効果があったことを念頭におけば、明らかであろう。二〇〇九年の衆院選で大勝した結果、多くの新人議員を擁することになった民主党であるが、彼ら・彼女ら全員を処遇するだけの政府ポストは存在しなかった。政権交代と同時に、政府・与党一元化のために党政策調査会が廃止されたが（佐々木・清水 二〇一一、五五〜五七頁）、そのために、政府に入らなかった議員の間に政策決定に関与できないという不満が醸成されたことは広く指摘されている（『朝日新聞』二〇一〇年二月一六日）。政策決定に関与できないという不満が渦巻き、比例単独議員には、政府や党の役職に就く機会はほとんど与えられなかった。その比例単独議員が特定の党内グループに集中して所属し、かつ、そのグループ自体が党内非主流派の立場に追いやられた時、政策決定に関与できる－できないという対立軸と、代表選挙により形成された党内主流派－反主流派という対立軸が連動した。さらに、そこにマニフェストに書かれていない消費税を巡る政策転換がトップダウンで行われたことで、対立が抜き差しならない状態になり、二〇一二年六月の大量造反が発生したと考えられる。「小沢対反小沢」という対立軸は、重要ではあったが、それだけで一人一人の政治家の進退に関する判断を左右するほどの力を持ったとは思われない。

与党である民主党から離党者が相次いだ背景には、主流派－反主流派の対立があるにもかかわらず、消費税を巡ってトップダウンの政策転換を行ったことで、消費税を巡る対立が、議員グループ間の対立を増幅させ、さらに昇進機会と政策追求機会の格差とも連動した点にあるように思われる。換言すれば、民主党の分裂は、政党に参加し続けることの不利益が、特定の党内集団に所属する議員に重くのしかかる党運営をした帰結である。政府役職への就任は、昇進インセンティヴはもちろんのこと、政策決定に関わることで政策追求インセンティヴを満たすのみならず、知名度の向上を通じた再選追求インセンティヴの向上も意味するので、議員にとっては、極めて重要な意味を持つ。離党行動の先行研究は、与党からの離党は少ないという仮説を立てるものが多いが、常にその仮説がデータにより立証されているわけではない (Heller and Mershon 2005, 2008, O'Brien and Shomer 2013)。本研究の結果は、与党の一員であるか否かではなく、実際に政府の役職を持つか否かが、与党からの離党を考える上で重要であることを示している。数回の選挙を通じて当選を重ね、自分にも政府役職が回ってくるという長期的展望を持てない限り、当選回数の少ない議員には、政府・党首脳に忠誠を誓うインセンティヴが少ないように思われる。政策決定の政府・与党一元化の反作用ともいえる政府外与党議員による政策決定への関与の余地、さらには、彼ら・彼女らの長期的昇進展望を勘案せずに、民主党の分裂を理解することは不可能である。

謝辞

本章は二〇一三年五月に京都大学で開催された日本選挙学会・研究会において報告した論文を改訂したものです。分科会討論者であった松田憲忠先生（青山学院大学）、丹羽功先生（近畿大学）、また、報告に対してご助言を頂いた川人貞史先生（東京大学）、尾野嘉邦先生（東北大学）に感謝します。藤村直史先生（神戸大学）は最終段階の草稿に目を通して、詳細な論評を寄せて下さいました。記して御礼申し上げます。また、迅速かつ的確なデータの収集と整理で私たちを助けてくれた小椋郁馬さん（東京大学大学院）にも感謝します。なお、本章に残る如何なる瑕疵も二人の著者のみに帰属するものです。

本章は、公益財団法人・野村財団から二〇一二年度に受けた研究助成「民主党政権における立法と議員行動——造反・離党の研究」の成果です。同財団に深く感謝します。

補表8–1 政権交代後の民主党議員による造反・離党

2009年	9月	民主、社民、国民新党3党による連立政権発足
2011年	2月	渡辺浩一郎ら16人が会派離脱を表明（8月に撤回）。予算案採決欠席
	3月	佐藤夕子離党、減税日本に参加
	6月	菅内閣不信任案採決で2人（松木謙公、横粂勝仁）賛成、小沢一郎ら15人欠席
	12月	八ツ場ダムの建設継続を批判し、中島政希が離党
		内山晃ら9人がマニフェスト違反を理由に離党。新党きづな結党
2012年	4月	消費税増税案閣議決定に反対し、木内孝胤、平山泰朗の2議員が離党
	6月	消費税増税案衆議院採決で小沢、鳩山由紀夫ら57人が反対、16人棄権
	7月	小沢ら50人が離党届提出、国民の生活が第一を結党
		原発再稼働方針に反対し、平智之が離党
		消費税増税案に反対し、処分を受けた中津川博郷が離党
		谷岡郁子、舟山康江、行田邦子ら3人、マニフェスト違反を理由に離党。国民新党を離党した亀井亜希子と院内会派みどりの風結成。
	8月	野田内閣不信任案採決で2人（小林興起、小泉俊明）賛成、鳩山ら6人が欠席。小林、小泉は離党後、減税日本に合流
	9月	松野頼久、石関貴史、水戸将史が離党。日本維新の会結党に参加。（のちに今井雅人が加わる）
	10月	杉本和巳離党、みんなの党に合流
		熊田篤嗣、水野智彦が離党、減税日本に合流
	11月	衆議院解散表明後、小沢鋭仁、山田正彦ら11人が相次いで離党を表明。民主、過半数割れに
		国民の生活が第一、減税日本を中心に日本未来の党結党。辻恵離党、同党に合流
	12月	第46回衆議院議員総選挙施行

出典：著者作成。

註

1——選挙制度改革以降の候補者選考方法の変化については、浅野(二〇〇六)、庄司(二〇一二)を参照。

2——民主党政権下の政治状況を時系列的に整理したものとして、小林(二〇一二)、読売新聞社(二〇一〇、二〇一一、二〇一二)などがある。

3——いわゆる不祥事や議員自身の行動を事由とする離党には、石川知裕(二〇一〇年二月、政治資金規正法で起訴)、中島正純(同年九月、政治資金収支報告の架空支出疑惑)、土肥隆一(二〇一一年三月、竹島領有権に関する文書署名問題)の三例がある。さらに、二〇〇九年衆院選における公職選挙法違反を受けて議員辞職した例として小林千代美(二〇一〇年六月)、後藤英友(同年八月)がある。

4——河上は比例近畿ブロック選出であるが、同ブロックの名簿登載者は全員当選していたため、繰り上げは生じず、民主党は一議席を失った。

5——二〇一一年二月に行われた名古屋市長選、愛知県知事選で民主党は惨敗を喫し、石田の辞職に伴う衆議院愛知六区補選では民主党は候補擁立を断念した。同市長選、知事選については森(二〇一二)を参照。

6——その後、衆議院解散までに、高邑勉(二〇一二年七月、山口県知事選)、和嶋未希(同年一〇月、秋田県酒田市長選)が立候補に伴い、議員辞職した(いずれも落選)。

7——佐藤は河村の秘書を経て、地盤を引き継ぎ、二〇〇九年衆院選で初当選した。

8——佐藤以前に離党した議員のうち、中島正純は国民新党に入党し(二〇一一年一〇月)、与党系に属する。石川知裕は二〇一一年一二月に新党大地・真民主に参加したが、野党系に転じた時期は佐藤より遅れる。

9——政権交代前の民主党からの組織的な離党として、熊谷弘、山谷えり子ら五人による保守新党結成(二〇〇二年一二月)や渡辺秀央、大江康弘らによる改革クラブ結成(二〇〇八年八月)の事例がある。

10——九人のうち、鳩山、川内、石山敬貴、福島伸享の四人はこのまま党に残る道を選んだ。残る五人は衆院選までの間に小沢グループとは独自に離党したが、小泉俊明、熊田篤嗣、橋本勉は減税日本を経て日本未来の党、松野頼久は日本維新の会、平智之はみんなの党にそれぞれ加わった。

11——両名とも衆院選直前に離党し、日本未来の党に参加した。

12——橋本清仁、宮崎岳志は消費税法改正案にのみ棄権し、他の二法案は賛成した。

13――二〇一一年二月に会派離脱を表明（後に撤回）した一六人のうち、川島智太郎ら八人もこの時に離党した。

14――階猛、水野智彦、辻恵の三議員。後に水野、辻は衆院選直前に離党し、日本未来の党に参加した。

15――瑞慶覧長敏は新党参加を見送り、国民の生活が第一との統一会派に加わった。逆に加藤学は小沢グループとは別に離党届を提出後、新党結成大会に参加した。

16――鳩山のみ代表・首相経験者として党員資格停止三カ月、他の一八人は二カ月と処分に差がつけられた。

17――二〇〇九年衆院選において、大阪一四区で長尾と対決し、比例近畿ブロックで復活当選した谷畑孝は自民党を離党し、日本維新の会に参加した。長尾は、公認候補を失った自民党に異例の鞍替えとなった。

18――データは次のURLから入手可能である。データを二次利用に供している谷口研究室並びに朝日新聞社に対して深く感謝する。http://www.masaki.j.u-tokyo.ac.jp/ats/atpsdata.html

19――二七〇名前後と曖昧な表記をしているのは、特定の代表選挙だけ投票行動が判明していない議員がいるためである。

20――この推論が成り立つためには、党代表選挙における全議員の投票行動が、人事権を行使する総理や各大臣に分かっていることが必要である。しかし、新聞報道等の二次資料を用いてほぼ六分の五にあたる衆議院議員の投票行動が確認できることを考えるならば、当事者たちは相当程度、各議員の代表選挙における投票行動を把握していると考えて間違いないであろう。実際、代表選挙に際して、各陣営は、個々の議員の投票意向を把握し、自陣営候補への投票を働きかけている（読売新聞「民主イズム」取材班 二〇一一、一九四～二〇〇頁）。

21――富岡芳忠、今井雅人、長尾敬の三人。

22――先述の三名の他は、杉本和巳、阪口直人、中島政希、中津川博郷の四名である。なお、中津川については極めて高い確率で野田に投票したと思われるが、最終的な確認は取れていない。

23――政策調査会の役職には、政策調査会長、会長代行、会長代理、筆頭副会長、副会長、部門会議座長があるが、全てを一括して単純に役職経験の有無を分類している。

24――グループ所属なしをベースラインとして、全ての議員グループをダミー変数として投入しても実質的な結果には違いがないので、小沢一郎グループと鳩山グループだけを分析に投入した。

25――第三列と第四列における当選回数とその二乗の係数は、それぞれ第一列と符号が逆転し、かつ、統計的に有意である。これは、因果関係の方向が逆転したことを意味するのではなく、投入された他の変数との関係で、当選回数の影響を計算するための基準点がずれたことによるものである。第四列のモデルで、当選回数の影響をシミュレートすると、当初の想定と違わない予測確率を得ることが出来る。例えば、男性・四八歳・小選挙区相対得票率〇・五二二三、消費税と憲法・自衛隊争点の値は民主党議員の平均値、そして小沢グループに所属する議員を想定し、当選二回で政務官、当選四回で副大臣、当選六回で大臣という議員キャリアを想定すると、離党の予測確率は当選一回が〇・五九、二回が〇・一八、三回が〇・二九、四回が〇・〇二、五回が〇・〇二、そして六回が〇・〇〇となる。

26——小選挙区制度下の離党行動が中選挙区下の離党行動と異なるのは、ある意味で当然であるが、小選挙区制の下で、個別選挙区要因ではなく、全国大の要因で選挙結果が左右されるようになったことを考えるならば（McElwain 2013）、首肯できる結果である。

27——リードとシャイナー（Reed and Scheiner 2003）は自民党の分裂を対象として、同様の分析戦略を採用している。

28——ロジスティック回帰分析でも事情は同じである。

29——平智之、小林興起、小泉俊明の三人。しかも、平は原発再稼働に対する反対、小林、小泉は野田内閣不信任案に対する造反が契機となっており、いずれも小沢とは異なる時期に離党を表明している。

30——なお、政府ポスト経験者一四四名中、衆院常任委員会委員長を経験したのは三九名、政策調査会役職を経験したのは四八名である。

31——副大臣経験者では東祥三、牧義夫、鈴木克昌の三人、政務官経験者では樋高剛が離党した。ちなみに、非小沢系議員では、副大臣経験者四〇名に対して離党者なし、政務官経験者四一名のうち、離党は一人（小泉俊明）であった。

第9章

民主党政権に対する有権者の評価

——月次世論調査データの分析

前田幸男
MAEDA Yukio

はじめに

本章では、新聞社が実施している世論調査の集計結果を利用して、有権者の民主党政権に対する評価に接近する。世論研究においては、母集団から確率的に抽出した標本に対して、聞き取り調査をした個票データを分析することが一般的である。その場合、一時点での有権者の横断面を研究することになる。多くの質問を組み合わせることで精緻な分析が可能になるが、何時変化が生じたのかを特定することは難しい。これは、同一の標本に対して質問を繰り返すパネル調査の場合も、それほど事情は変わらない。確かに二回の選挙の間に生じた変化を追跡することは重要な課題であるが、基本的には選挙時の情報しか得られないからである。政治の世界で起きた出来事が、いかに変化の契機となったのかを知るためには、短い間隔で繰り返される調査を必要とする。本章で世論調査の集計値を利用するのは、一月に一度、あるいはそれよりも短い間隔で調査が行われているからである。

日本の主要報道機関の世論調査は、一九九〇年代後半から二〇〇〇年代にかけて調査方法の切り替えが行われている（前田 二〇一三）。そのため長期的な比較は難しいが、最も切り替えが早かった毎日新聞の場合、旧・民主党が発足してから九カ月後の一九九七年六月からＲＤＳ（Random Digit Sampling）法に基づく電話世論調査を行っており、電話を利用した調査の中では、最も長期にわたるデータの利用が可能である。以下では主に毎日新聞の世論調査に依拠し、副次的に他社の世論調査結果を参照しながら、議論を進めていく[1]。具体的には、有権者の民主党政権に対する支持は何を契機に変化したのか、そして、その支持・不支持は政策に基づくのか、それとも業績に基づいていたのか、さらに、政権に対する評価軸は一定なのか、それとも、政治状況に応じて評価の重点も変化したのかを検討する。

以下では、まず第一節で筆者の理論的前提を整理し、第二節では政治過程に即して内閣・民主党支持率の推移を確認する。それを受けて、第三節では、支持率に変化が生じた原因について掘り下げて検討する。第四節では、政治状況により有権者の評価の重点や判断材料が異なることを、内閣支持・不支持理由の設問を利用して示す。第五節では、その判断の重点が変化した前提として報道の変化について確認する。最後に、今後の研究課題について述べる。

1　理論的前提

最初に、結党数カ月後の一九九七年六月から二〇一三年一二月までの民主党支持率の推移を、自民党支持率と対比しながら、確認しよう（図９－１）。政権交代以前の民主党支持率の推移を見ると、二〇〇三年一一月衆院選、および、二〇〇七年七月参院選の二つを契機に、あたかも階段を上るかのように支持率が上昇したことがわかる（前田 二〇一一a）。二〇〇三年衆院選は、その直前に自由党が民主党に合流し、当時としては野党第一党として最大の一七七議席を獲得したことから、本格的な二大政党時代の到来を示すものと考えられた（読売新聞東京本社世論調査部 二〇〇四）。二〇〇七年参院選については、参議院の第一党となったことで、従前とは比較にならないほど大きな影響を政局に与える制度的基盤を得たことが（Thies and Yanai 2013）、世論調査結果にも反映されたと思われる。

二〇〇九年八月の衆院選を挟んで、民主党支持率はさらに上昇するが、政権交代後の推移は、野党時代と同様の枠組みでは理解できない。二〇〇九年衆院選直後の九月に民主党支持率は、毎日新聞世論調査で四五％の高支持率を記録したが、その後は急激な下落と再上昇を繰り返しつつ、政権末期の二〇一二年一一月には一一％にまで低下した。政権交代直後の高支持率を一時的な現象と仮定しても、基本的に三〇％前後の支持率があった政権交代後の一年間（二〇〇九年九月から二〇一〇年九月まで）と、参院選と二回の代表選挙を経た後、一〇％台の支持率で推移した時期（二〇一一年二月から二〇一二年一二月まで）の違いは明確である。その激しい変動の下降局面は、不祥事や外交上の事件により生じているように思われるが、首相（＝党代表）を交代させることで、大幅な支持率の回復を記録している。

一方、自民党支持率は、二〇〇七年参院選を契機に、それ以前よりも低い水準で推移するようになった。ただし、二〇％から二五％での推移は、一九九〇年代後半の橋本・小渕・森内閣期と同じ程度であり、むしろ小泉内閣期の自民党支持率の高さが特別であったかのようにも見える。そして、二〇〇九年衆院選後から、自民党支持率はそれまでになく低い一五％前後に落ち込みそのまま回復しなかった。それが、二〇一二年末の政権復帰と前後して三〇％台にまで急激に上昇し、その後も堅調に推移している。

では、ここで政党支持について理論的な前提を確認しておきたい。日本の研究において個人の政党支持

図9-1 政党支持率の推移 1997年6月〜2013年12月

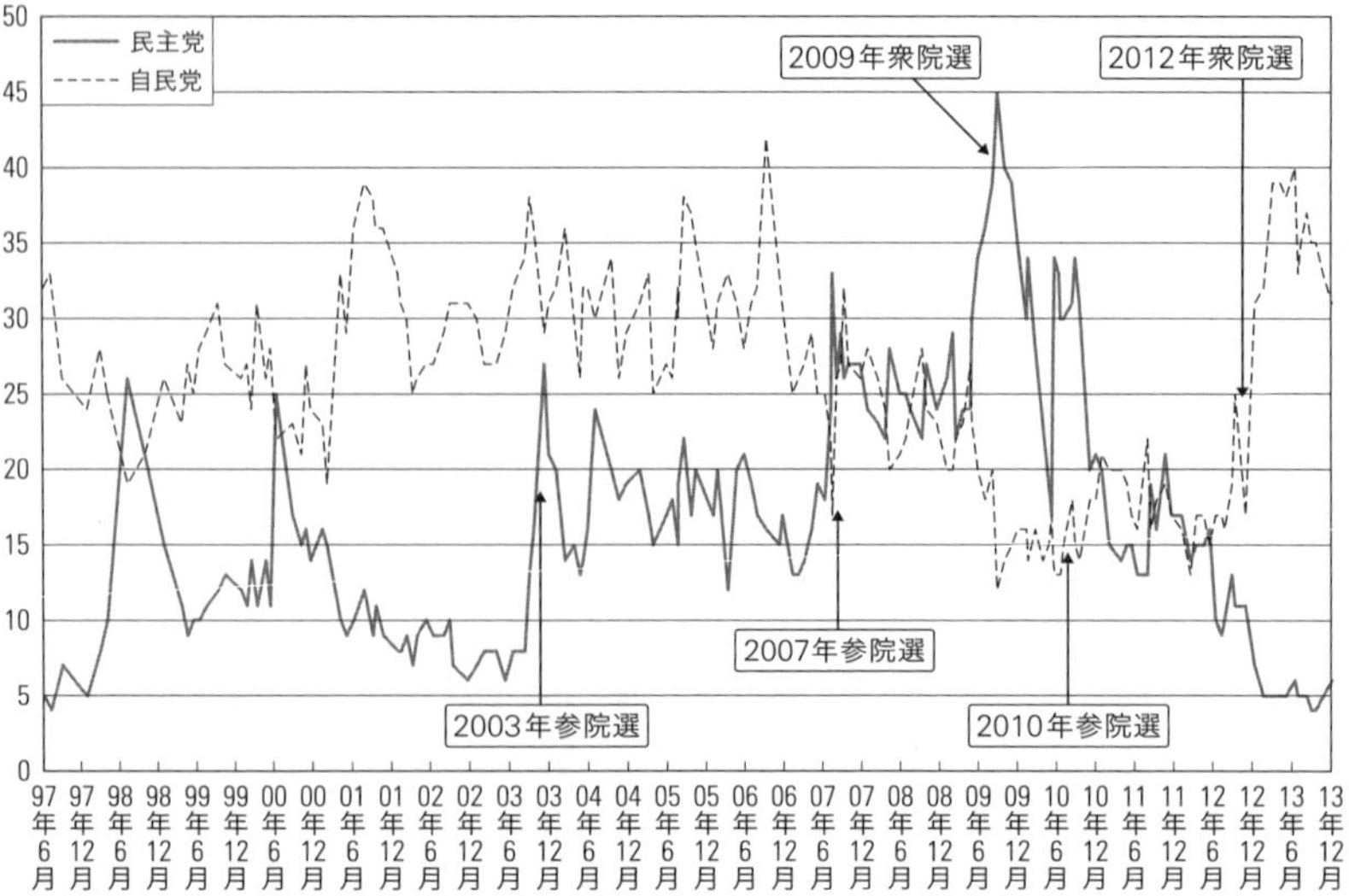

出典：毎日新聞世論調査から著者作成。

は、政党に対する評価——愛着のような感情的評価と業績に対する判断のような認知的評価を総合したもの——として一般的に理解されている（三宅 一九八九）。アメリカ政治研究の文脈では、心理的党派性は政党という組織・集団の一員であるという意識の側面が強調されてきた（Campbell *et al.* 1960; Green, Palmquist, and Schickler 2004）。しかし、長期的に存続する政党でなければ、人々が成長するに従い特定の政党への所属感覚や愛着を獲得する力学が働く余地は少ないので（c.f., Jennings and Niemi 1974）、歴史の浅い政党については認知的な側面から評価・支持されることがほとんどであると思われる。その観点から言えば、自民党や公明党のように長期的に存続すると同時に「固い」支持者がいる政党を除けば、非選挙時に政党支持率の水準を規定するのは、基本的に衆議院と参議院における議席数であると筆者は考えている。なぜならば、政党についての報道は基本的に政治的影響力——議会における力関係を現す議席数——を反映するからである。

人々が政党を支持するためには、まず政党のことを知らねばならないが、その情報源となるのは基本的にマスメディアによる報道である。日々の政治報道において記事の対象となっているのは政府・与党であり、野党に割かれる紙面は少ない（石川 1990; Semetko and Schoenbach 2003; Van Aelst *et al.* 2008）。政府・与党は恒常的に報道の対象となることで、有権者の認知において圧倒的な存在感を獲得し、野党を圧倒する。日常生活において具体的に政党について見聞することが稀である以上、マスメディアにおいてどの程度の頻度あるいは量で報道の対象となっているかによって、政党支持率の水準は大きな影響を受ける（前田 二〇一一 a; Maeda 2013）。有権者は、イメージを持てない政党を支持することはないのである。世論調査の政党支持率で与党が野党を圧倒するのは、与党と野党で情報流通量が非対称的だからである。また、選挙時に世論調査における「政党支持なし」が減少し、支持政党を表明する有権者が増加することはよく知られているが、その力学も、基本的にマスメディアにより提供される政党についての情報量の関数として理解できる（境家 二〇〇六）。

与党支持率が野党支持率を上回るのはその前提となる選挙結果を考えると同義反復であると思われるかもしれないが、決してそうではない。自民党の衆院選小選挙区における得票数は、二〇〇五年が三二五一万八三九〇票、二〇〇九年が二七三〇万一九八二票であるのに対して、二〇一二年は二五六四万三三〇九票であった。二〇一二年衆院選における自民党の大勝が、民主党と第三極（日本維新の会・みんなの党）に反自民票が割れたことによる「非自民勢力の自滅」であったことは指摘されているが（増山 二〇一三、一一～一五頁）、もし、政党支持率が、マスメディアにおける報道等を抜きに、有権者が政党に対して下す総合評価と考えるならば、二〇一二年総選挙後の自民党支持率は二〇〇九年総選挙後野党であったころの支持率より低くともおかしくはないはずである。しかしながら、政権を再度獲得した自民党の支持率は、急激に上昇し野党時代よりも遙かに高い水準で推移している。与党は政権を掌握しているが故に、常にマスメディアの報道対象となり、高い政党支持率を享受するのである。その意味で、構造的な情報流通の非対称性を覆す政治的出来事、例えば選挙による議席数の大きな変化、がない限り政党支持率は一定の幅から長期間外れることはないと考えられる。

ただし、政権を獲得した政党は、政府を構成する組織として別の角度から有権者の評価を受けるようになる。先行研究によれば、政権を担当する政党に対する評価は、合意争点に関する業績中心になると思われるが (Clarke *et al.* 2009; Whiteley *et al.* 2013)、その具体的な判断材料となるのは、内閣と党執行部を中心にいかに政権を運営しているかであろう。その観点から言えば、政権そのものに焦点を絞った評価が鋭敏に現れるのは、与党への支持よりも内閣に対する支持である。ただし、内閣に対する評価は、内閣を代表する総理大臣に対する評価という側面が強く、日本の世論調査における内閣支持率は実質的には首相支持率と見なされている (Krauss and Nyblade 2005; Burden 2013)。従って、首相が与党支持者以外からの支持を糾合できる場合、あるいは、首相が与党支持者からも見限られる場合は、内閣支持率と与党支持率は乖離する。もっとも、首相あるいは内閣のリーダーシップが、与党内の組織構造や政治力学に依存することを考えるならば（第一章参照）、両者は水準こそ異なるにしても、その推移が、長期的にかけ離れたり、独立で有り続けたりすることは難しく、基本的に同じような軌跡を示すと思われる。その意味で、内閣支持率と与党支持率は、有権者が異なる視点から政府・与党を評価した記録と考えて良いであろう。ただし、内閣支持は、首相（＝党首）の立場にある個人が評価の焦点となるので、首相の発言や一挙手一投足が大きく報道のされるたびに、有権者の評価も大きく変化すると考えられる。

ここで、先の政党支持の議論に戻ると、野党の支持率、特に歴史の浅い新党の支持率については、報道量だけで変化を説明することが基本的に可能だと思われる (Maeda 2013)[2]。一方、政府・与党は恒常的に報道対象となっているので、報道量の増減自体で、内閣あるいは与党支持率の変化を説明することは出来ない。

報道量の増減は、支持率の水準そのものではなく、むしろ支持率が変動する振幅に影響を与えている（福元・水吉 二〇〇七）。内閣および与党の支持率に大きな影響を与えるのは、政権運営の実績である。

政治学・世論研究分野の先行研究は、政権運営の実績として、二つの要因に着目してきた。一つは経済情勢である。端的に言えば、政府は好況時には有権者からの支持を得るが、経済状況が悪化すると支持を失う（Lewis-Beck 1988; Norpoth *et al.* 1991）。支持率に影響を与えるもう一つの要因は、国内政治や外交上の出来事である。出来事としては、戦争やスキャンダルなどに焦点を当てることもあれば（Mueller 1973; Kernell 1978）、議会制民主政治に必然的に付随する選挙のタイミングや政党の党首選、議会の会期日程等の影響を検討する場合もある（Miller and Mackie 1973; Johnston 1999）。それらの事柄が具体的に支持率の上昇あるいは下降に結びつくかは、無論、個々の出来事や政府の対応によるだろう。対外紛争は短期的には支持率の上昇に結びつくことが多く、政府や主要政治家の醜聞は、政府あるいは与党の支持率低下につながることが多いと理解されている。また、党大会や党首の選出は、その党の支持率の上昇につながると考えられている。

以上の理論的前提を念頭に、次節では、内閣支持率と民主党支持率の推移を政治過程に即して概観しよう。

2 政治過程と民主党支持率・内閣支持率

毎日新聞世論調査において鳩山内閣最初の支持率は七七％であった〔3〕。同世論調査で七七％を超える支持率を記録したのは、同じく発足直後の小泉政権（八五％）のみである。内閣支持率が短期的に変動し、一年前後で内閣が交代するのは、二〇〇六年九月に成立した第一次安倍内閣から、野田内閣まで続いた現象であるが、図9－2に郵政解散総選挙後に毎日新聞が最初に行った二〇〇五年一〇月の世論調査から、二〇一三年一二月までの内閣支持率と与党支持率を示した（ただし連立パートナーの政党は割愛した）。鳩山内閣および菅内閣の支持率は、視覚的にも、数値の上でも、第一次安倍内閣、福田康夫内閣、そして麻生内閣よりも大きく変動した。また、絶対的な水準こそ異なるものの、内閣支持率と与党支持率は似た動き方をしている。

鳩山内閣発足からしばらくの間、有権者は新政権をおおむね好意的に見ていた。「政治主導」の政策決定を好意的に評価する回答者が八〇％（『毎日新聞』二〇〇九年一〇月一九日）おり〔4〕、また、事業仕分けについても七四％が好意的に評価していた（『毎日新聞』二〇〇九年一一月二四日）〔5〕。ただし、政権発足一〇〇日目の節目で尋ねられた政権運営に関する設問では好意的評価（四七％）と否定的評価（五〇％）とが拮抗しており（『毎日新聞』二〇〇九年一二月二一日）、政権運営が必ずしも順調でないことは有権者に認識されていた。この段階では鳩山内閣の支持率は五五％あり、有権者の過半数はまだ内閣を支持していた。しかし、鳩山内閣の支持率は低下を続ける。

具体的に世論調査報道で言及される支持率低下の主な理由は、日米関係・米軍普天間飛行場の移設問題（『毎日新聞』二〇〇九年一二月二一日、二〇一〇年二月一日、四月一九日、『読売新聞』二〇一〇年五月一〇日）、鳩山首相の資金管理団体の偽装献金事件や、小沢一郎幹事長の政治とカネを巡る進退問題である（『読売新聞』二〇一〇年二月七日、『毎日新聞』二〇一〇年二月一日、二月七日）。「民主党への期待感は、半年間で失望感に変わりつつある」状態で、鳩山首相の政権運営に対する否定的評価（六六％）が、肯定的評価（三一％）を圧倒していた（『毎日新聞』二〇一〇年三月一五日）。その後も、普天間飛行場の移設問題で鳩山首相自身の政権運営能力に疑問符がつく発言や出来事が続いた。移設先に沖縄県名護市辺野古と明記した日米共同声明の閣議決定を巡り福島瑞穂消費者担当相を罷免し、社民党の連立政権からの離脱を招いた。最終的に、「政治とカネ」および普天間問題の責任を取り、鳩山首相は辞任を表明し、さらに、鳩山首相に促され小沢幹事長も辞任することになった。鳩山内閣最後（五月）の支持率は二〇％、民主党支持率は一七％であった。

図9-2 内閣支持率と与党支持率 2005年10月〜2013年12月

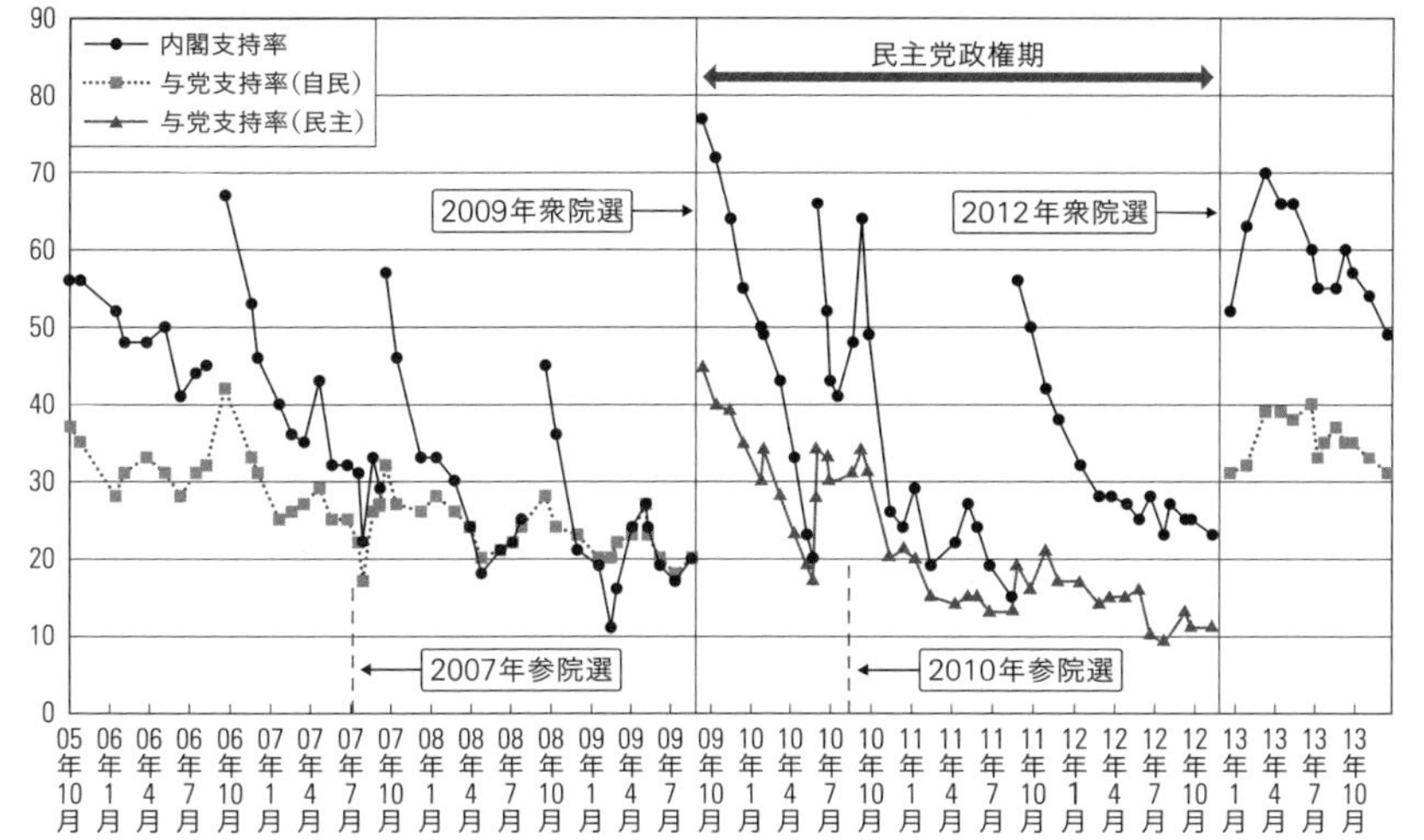

出典：毎日新聞世論調査から著者作成。

二〇一〇年六月に民主党の代表（＝首相）が鳩山から菅直人に交代したことで、内閣支持率は六六％まで回復した。また、民主党支持率も前月の一七％から三四％まで大幅に改善した。この支持率改善は、菅が政権運営において小沢元代表（前幹事長）の影響力を排除する「脱小沢」路線を明確にすることで、有権者の期待感を高めたことによると言われている（『毎日新聞』二〇一〇年六月一〇日、『読売新聞』二〇一〇年六月一〇日）。ただし、内閣支持率は、一カ月後の参院選直前には四三％に低下した。この支持率低下については、菅の発言が消費税率を巡って迷走したことに起因するという指摘がある（石原 二〇一〇a）。

その菅内閣の支持率は、九月に行われた民主党代表選挙を契機に再度上昇した。八月の内閣支持率は四八％であったが、代表選・内閣改造直後には六四％となった。読売新聞の世論調査では、「菅首相が、内閣と民主党役員の人事で、小沢一郎さんを重要な役職に起用しないなど、『脱小沢』路線をとったことを、評価しますか、評価しませんか」という質問に対して、「評価する」という回答が七〇％に登った（『読売新聞』二〇一〇年九月一九日）。菅首相が、小沢元代表の影響力を排除する人事を断行したことが、有権者に好意的に受けとめられていた（『毎日新聞』二〇一〇年九月一九日）。

ただし、再び高まった内閣支持率と民主党支持率は、その直後から劇的に低下する。菅と小沢とが戦った代表選挙の最中に、沖縄県尖閣諸島近辺において中国漁船と海上保安庁巡視船が衝突し、中国人船長が逮捕された（九月八日）。その後、沖縄地検によるきわめて不自然な釈放があったのみならず（九月二五日）、ロシアのメドベージェフ大統領による北方領土訪問（一一月一日）等、民主党の外交能力に疑問符がつく出来事が相次いだ。その間、検察審査会が小沢元代表を強制起訴するべきとした議決を公表しており（一〇月四日）、小沢元代表の離党あるいは議員辞職を巡る駆け引きや、党としての処分を巡って党内対立が継続した。

一一月下旬には、失言から柳田稔法務大臣の更迭を余儀なくされ（一一月二二日）、同じく下旬には、尖閣諸島近辺における衝突事件を巡って、参議院で仙谷由人官房長官、馬淵澄夫国土交通大臣に対する問責決議が可決された（一一月二六日）。立て続けに起きたこれらの出来事個別の影響を切り分けることは不可能だが、その過程で、内閣支持率は九月の六四％から、一〇月は四九％、そして、一一月に二六％と、わずか二カ月で三八ポイント低下した。内閣支持率二三ポイントの低下は、小泉内閣で田中真紀子外相が更迭された時の支持率の低下（七七％から五三％）に匹敵するが、二カ月の下落幅三八ポイントは、過去に例がない。また、民主党支持率は一〇月調査から一一月調査で一一ポイント低下した。内閣支持率が一〇ポイント低下することは珍しいことではないが、一カ月で政党支持率が一〇ポイント低下することは極めて希である[6]。

その後、二〇一一年一月に菅内閣は再度の改造を行い、内閣支持率は五ポイント改善し二九％になったものの、翌二月には一九％になった。二月には、小沢元代表に判決確定まで党員資格停止という処分が下され、三月上旬には外国人から政治献金を受領していた問題を巡って前原誠司が外務大臣を辞任した。ただし、三月一一日に東日本大震災が発生したことで、政治状況は一変する。ほとんどの報道機関が世論調査を行っていないので、三月の支持率は分からないが、四月の内閣支持率は二二％であり、大震災の影響で支持率が大きく変化した形跡はない。民主党支持率（一四％）についても同様である。その後、静岡県の浜岡原子力発電所停止の判断が、五ポイント程度内閣支持率の改善に貢献したように見えるが（『毎日新聞』二〇一一年五月一六日）、その効果は短期的であった。五月に入ってから、野党による内閣不信任案の提出に向けた動きと、それに呼応した民主党内小沢グループの造反の試みがあったが、菅首相が民主党代議士会で「東日本大震災への対応に一定のメドがついた段階で退陣する」意向を示唆したことから（『読売新聞』二〇一一年六月一一日夕刊）、自民・公明・たちあがれ日本の三党が提出した内閣不信任案は否決された。ただし、菅内閣の具体的な退陣時期を巡る攻防はその後も続き、また、新設された復興相に任命された松本龍が、被災地における放言から着任わずか九日で辞任した（七月五日）。菅内閣が退陣した八月の内閣支持率は一五％、民主党支持率は一三％であった。

九月には民主党政権が成立してから三度目の代表選挙が行われ、決選投票で代表の座についた野田佳彦が内閣を組織した。その発足時の支持率は、菅内閣最後の調査から四一ポイント改善して五六％になった。民主党支持率は毎日新聞の調査では六ポイント改善の一九％に留まったが、他社の調査では三〇％前後の数値を記録している（『朝日』三一％・『読売』二八％・『共同』二七％）。野田内閣発足時の毎日新聞の調査では、「民主党政権で、首相は3人目になりました。どこに問題があったと思いますか。最もあてはまるものを選んでください」という設問があるが、最も回答が多かった選択肢は、「民主党の体質」（三八％）であり、有権者は党内対立が継続し、党としての意思決定に支障が生じていることを認識していたようである[7]。実際、野田首相は、組閣において、民主党内の対立を抑制するために「党内融和」に配慮せざるを得なかった。

野田内閣は、政策的にはTPP（環太平洋経済連携協定）への参加、福島第一原発事故後の原子力発電所の再稼働、東日本大震災からの復興増税、そして消費税率の引き上げという大きな課題に直面していた。それらの政策課題は国論を二分するものばかりで、発足一カ月後の世論調査では、原発再稼働は賛成五〇%・反対四七%、復興財源としての所得増税は賛成三九%・反対五〇%、社会保障財源としての消費税増税は賛成四八%・反対五〇%であった(『毎日新聞』二〇一一年一〇月三日)[8]。その後の政治過程における駆け引きや世論調査における有権者の反応は、政権がそれぞれの政策をどのような枠組みで提示し野党ひいては国民の説得を試みるかに大きく依存する状態であったと思われる。

しかし、野田内閣は政策以前の問題でつまずくことになる。鉢呂吉雄経済産業相は、福島第一原子力発電所の周辺自治体を視察した直後に放射能について軽率な発言をしたことから、内閣発足から一週間余りで辞任を余儀なくされた。また、「党内融和」を重視して小沢グループから起用した二人の閣僚が野党から継続的な批判の対象となった。山岡賢次消費者相は、マルチ商法業者との関係が問題となり、また、一川保夫防衛相は就任直前の文民統制に関する失言だけではなく、普天間の米軍基地の移転を巡る沖縄防衛局長の失言に対して監督責任を問われた。結局、内閣発足三カ月余りで、二人の閣僚は参議院で問責決議を可決されることになる(一二月九日)。

この内閣発足最初の三カ月の間、ＴＰＰへの参加を巡って党内の意見調整・集約は難航し、小沢グループに属する閣僚経験者が集団離党の可能性を示唆した(『読売新聞』二〇一一年一一月四日)。また、消費税率引き上げに向けた政府・与党内の意見調整が進められたが、そのことも党内の亀裂を徐々に深めたように思われる。九月に五六%あった内閣支持率は、一二月の初旬の段階で三八%になった。民主党の税制調査会は一二月二九日に、消費税率の引き上げ時期と税率を明記した「社会保障と税の一体改革」案を承認したが、慎重派に対する配慮として、改革案には「議員定数削減や公務員給与削減など自ら身を切る改革を実施した上で、消費増税を実施する」という文言が入った(伊藤 二〇一三、一二九～一三七頁)。民主党が改革案を承認する直前に消費税の増税やＴＰＰへの参加が二〇〇九年衆院選時のマニフェストに反していることを理由に九人が集団離党した（『読売新聞』二〇一一年一二月二九日）。

二〇一二年一月一三日に野田首相は内閣を改造したが、改造による内閣支持率の浮揚効果は確認できない。また、世論調査においては消費税率の引き上げ反対が賛成を上回っていたが（『読売』賛成三九％・反対五五％、『朝日』賛成三四％・反対五七％、『毎日』賛成三七％・反対六〇％）、その理由としては「社会保障と税の一体改革」であるにもかかわらず、社会保障の長期展望が示されていないことや、消費税率引き上げの前提として設定された歳出の削減、議員定数削減などが進んでいないことが指摘されている（『読売新聞』二〇一二年一月一五日、『朝日新聞』二〇一二年一月一五日、『毎日新聞』二〇一二年一月二三日）。その後、二月一七日に「社会保障と税の一体改革」の大綱を閣議決定、三月一四日から二八日にかけて民主党内で消費税率引き上げについての事前審査が行われ、三月三〇日には消費税増税法案が閣議決定された。この閣議決定に対する抗議として小沢グループの黄川田徹総務副大臣、牧義夫厚生労働副大臣、森裕子文部科学副大臣、主浜了総務政務官が辞表を提出し、数日後に受理された。さらに、同じく小沢グループから三〇名前後の議員が党役職の辞任を申し入れ、了承されている。一方、四月二〇日には参議院で田中直紀防衛相と前田武志国土交通相に対する問責決議が可決された。四月初頭段階での内閣支持率は二八％で内閣発足時からほぼ半減した。民主党支持率は一五％であった。

消費税率の引き上げについて民主党内の最終的調整が行われている三月から、関西電力大飯原発の再稼働に関した調整も並行して行われており、月末に最終的に再稼働が決定した。この過程で、原発を所管する枝野幸男経産相の発言が揺れ動き、大飯原発の再稼働に消極的な態度を示す一方、仙谷政調会長代行が原発の再稼働に積極的な発言を繰り返し、党としての長期的なエネルギー政策について意見が一致していないことを露呈した（『読売新聞』二〇一二年五月三一日）。

消費税を巡って民主党内の対立が先鋭化する中、小沢元代表に無罪判決が下り(四月二六日)、党員資格停止処分が解除された。五月八日には衆議院本会議で消費税増税法案の審議が始まった。五月三〇日に野田首相、小沢元代表、輿石東幹事長の三者会談が行われたが、消費税率の引き上げについて野田と小沢の溝は埋まらず、野田は自民党との協調路線に舵を切ることになる。そして、野田は自民党と公明党との審議を促進するために、内閣を改造し参議院で問責を受けた二閣僚を退任させた(読売新聞社政治部 二〇一二、一五二~一五三頁、伊藤 二〇一三、二二四~二二八頁)。五月の内閣支持率は二六%(民主党支持率一五%)、六月の支持率は二八%であり(同一六%)、内閣改造の効果は確認できない。

その後、民主・自民・公明の三党が消費税率の引き上げについて合意し(六月一五日)、六月二六日に衆議院本会議で採決が行われた。その際、民主党衆議院議員の五七人が反対票を投じ、一六人が棄権・欠席し、この段階で民主党は実質的に分裂した(詳細は第八章を参照)。この直後の六月下旬に行われた毎日新聞世論調査では内閣支持率は三ポイント増の二八%であったが、民主党支持率は六ポイント減の一〇%となった。ただし、ほぼ同じタイミングで行われた朝日新聞・読売新聞・共同通信の世論調査では、内閣支持率と民主党支持率にはほとんど変化がなく、「社会保障と税の一体改革」を巡る造反・分裂が内閣支持率と民主党支持率に与えた影響は限定的であった。その後、民主党が政権から陥落するまでにはさらなる支持率低下は観察されなかったので、この段階で、民主党支持率は「底を打った」のではないかと考えられる。

参議院で消費税率引き上げ法案の審議が始まったその日に、民主党から離党した小沢グループは新党・「国民の生活が第一」を立ち上げた。参議院での最終的な採決に向けては、野田首相と自民党総裁・谷垣禎一との間で、衆議院の解散時期を巡って駆け引きが続いたが、最終的に「近いうちに信を問う」という文言で合意した。消費税率引き上げ法案は、八月一〇日に参議院で可決・成立した。その直後の内閣支持率は七月末から四ポイント改善し二七%であった。民主党支持率にほとんど変化はなく一〇%であった。

この間、七月に入り、毎週金曜日に原子力発電所の再稼働に反対するデモが首相官邸や国会を取り囲み、八月一〇日には韓国の李明博大統領が島根県の竹島に上陸した。野田首相が反原発のデモ団体代表に面会したのが八月二二日であった。八月二九日には、野党七会派が参議院に提出した野田首相への問責決議案が可決された。九月一〇日は、民主党代表選挙が告示されたが、その日に野田内閣の松下忠洋郵政改革・金融相(国民新党)が自殺した。九月一一日に政府は尖閣諸島の国有化を行い、その数日後から中国で大規模な反日デモが発生した。九月二一日に民主党代表選挙で野田首相は大差で再選を果たした。一つ一つが支持率に大きく影響を与えても不思議ではないような出来事が続いていたが、野田内閣支持率は大きく変化することはなかった。一〇月一日に野田第三次改造内閣が発足し、その後、一一月一四日に党首討論で野田首相が衆議院を一一月一六日に解散すると表明した。毎日新聞世論調査では一一月の解散宣言直後の内閣支持率は二三%、民主党支持率は一一%であった。他社の調査で見てもそれほど大きな違いはない。

3 支持率変化の説明

前節では、政治過程に即して支持率の推移を確認してきた。本節では、より分析的な観点から、二つの支持率の変化について考察しよう。まず野党時代からの連続性を念頭に民主党支持率の推移を、政権獲得後は、内閣支持率を中心に検討する。

▼「受け皿」としての民主党支持率

政党支持態度は、安定的で他の態度や行動に対する規定力の強い指標として伝統的には理解されてきた(三宅 一九八五)。しかしながら、一九九三年の政界再編以降、特定の政党を支持しない「政党支持なし」層

図9-3 民主党支持率と支持理由 1996年11月～2013年12月

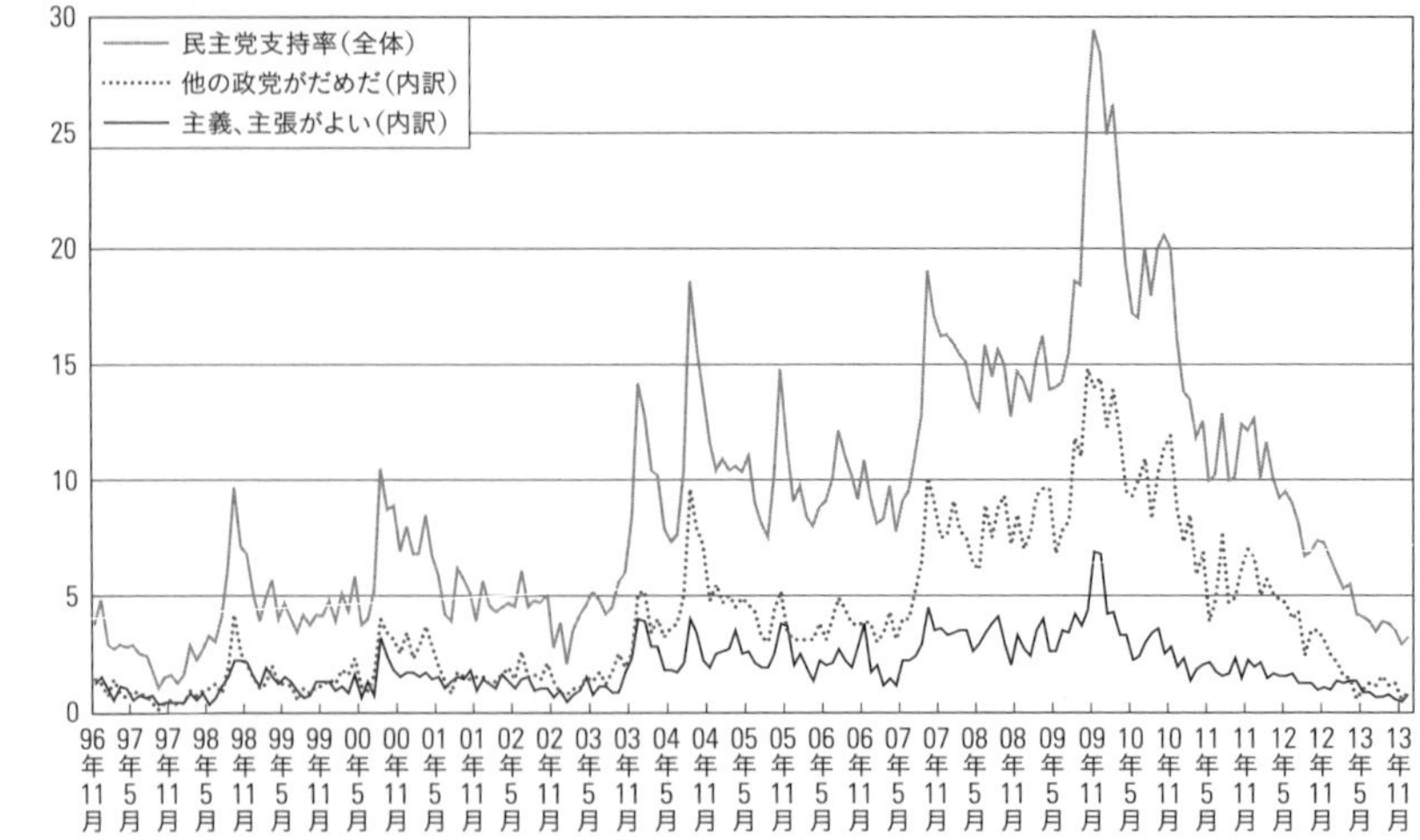

出典：時事世論調査特報から筆者作成。

が増加したことが指摘されて久しい。政党支持を「その都度」変える有権者が増加した（松本 二〇一〇）、あるいは政党支持が液状化したという指摘もなされている（石原 二〇一〇b）。政党支持についての理論的考察は本章の守備範囲を超える問題であるが（最近の試みとして、谷口 二〇一二）、民主党に対する支持に限って言えば、その集計値が一年間に二〇ポイント以上の変化を記録しただけではなく、過去数年間に振幅の大きい変動を繰り返していることを考えるならば、アメリカにおける政党帰属意識のような政党に対する長期的な心理的傾向や愛着と考えるよりは（Campbell *et al.* 1960; Green, Palmquist, and Schickler 2004）、有権者が政治状況に応じて短期的に示した評価を記録したものと理解した方が、筋が通るように思われる。そのことは、政党支持理由の変化を見ることで、より明らかになる。

後述する内閣支持理由と異なり、世論調査で継続的に政党支持理由を尋ねているのは、時事通信社だけだが、同調査では、「あなたはどの政党を支持しますか」と尋ねた後、八つの選択肢を提示して支持理由を複数回答で尋ねている[9]。旧・民主党の結党直後から、二〇一三年一二月までについて、民主党支持率、そして、選択の割合が他より大きい「主義、主張がよい」と、「他の政党がだめだ」の二つの理由に基づく支持の割合についてのみ[10]、推移を示した(図9－3)。支持理由の割合も有権者全体での割合に再計算してある。

グラフを見ると、結党当初は二つの異なる理由にもとづく支持率に大差はなかった。それが、二〇〇三年衆院選を経たあたりから、「他の政党がだめだ」から民主党を支持する割合が、「主義、主張が良い」から支持する割合よりもやや高めに推移するように変化した。両者の差がさらに大きく開くのは、民主党支持率が大幅に上昇する二〇〇七年参院選前後からである。当時の第一次安倍内閣においては、消えた年金記録や、閣僚の失言・不祥事が立て続けに問題になっていたが(柿崎・久江 二〇〇七)、「他の政党がだめだ」からという理由から民主党を支持する人々の割合が倍増している。その意味で、二〇〇七年参院選と前後して民主党支持率が大幅に上昇したのは、「他の政党」、具体的には自民党が「だめだ」からであり、「主義、主張が良い」から支持率が上昇した訳ではないことが分かる。したがって、民主党自体が「だめだ」と思われる状況は、支持率の下落に直結することになる。民主党支持率が、政権獲得後二年を経ない二〇一一年九月前後には、既に二〇〇七年参院選以前の水準に落ちたのは、有権者が鳩山首相、菅首相の政権運営に対して厳しい評価を下していたからだと思われる。

▼内閣支持率と政党支持率の関係

では、政権交代の前後で、内閣支持率と民主党支持率の関係がどう変化したか確認しておこう。表9－1に、第一次安倍内閣から野田内閣までについて、政党支持率と内閣支持率の相関係数を示している。内閣支持率と与党支持率についてはは、セルに網をかけて強調している。一目瞭然であるが、内閣支持率と与党支持

表9-1 内閣支持率と政党支持率の相関係数

	安倍内閣	福田内閣	麻生内閣	鳩山内閣	菅内閣	野田内閣
自民党支持率と内閣支持率	0.95	0.92	0.81	-0.59	-0.76	-0.05
民主党支持率と内閣支持率	-0.60	0.23	-0.39	0.99	0.95	0.71
第三極支持率と内閣支持率 *	—	—	—	-0.95	0.30	-0.20
民主党支持率と自民党支持率	-0.52	-0.05	-0.69	-0.61	-0.77	-0.15

* 第三極の支持率はみんなの党と日本維新の会の合計を用いた。
出典：毎日新聞世論調査より著者作成。

率の相関係数は大きい。相関係数はあくまで二変数間の線形関係を表しているに過ぎない点には注意が必要であるが、安倍内閣、福田内閣、鳩山内閣、菅内閣では相関係数は〇・九以上であり、両者が基本的に同一の動き方をしていたことが分かる。麻生内閣の場合の相関係数は〇・八一、野田内閣の場合は〇・七一と若干数値は小さくなるが、全ての内閣について、内閣支持率と与党支持率は、水準こそ異なれども、同じような軌跡を示したといえる。

それが、野党第一党の支持率と内閣支持率との関係になると、話は複雑である。両者は負の相関係数を示すと直感的には予想されたが、事情は内閣によって異なる。第一次安倍内閣(マイナス〇・六)や菅内閣(マイナス〇・七六)の場合は、内閣支持率が下がると野党支持率が上がるという関係が確認できるが、福田康夫内閣については、正の相関関係(〇・二三)を示している。また、野田内閣支持率と自民党支持率の相関係数は、マイナス〇・〇五であり、両者の推移は無関係であったかのようにも見える。いずれにしても、政権運営が停滞し、内閣支持率が低下しても、それが、自動的に野党第一党の支持率上昇につながるわけではないことは確かである。おそらく、政府・与党について非好意的な報道が増えて内閣支持率が低下しても、野党を好意的に評価する情報がなければ、野党支持率の上昇にはつながらないのであろう。実際、福田内閣期と野田内閣期は、民主党支持率と自民党支持率との相関関係は他の内閣と比べると弱い(マイナス〇・〇五とマイナス〇・一五)。また、第三極と言われる政党(みんなの党と日本維新の会)の支持率と内閣支持率との関係も、内閣によって正と負の記号が逆転するなど、一貫していない。

与党に対する評価と野党に対する評価は、必ずしも対称的な関係にはないのである（Burt 2006）。

表9－1から、少なくとも内閣支持率と与党支持率との間に密接な関係があることは分かる。民主党が選挙で勝利し内閣を組織したことで、野党時代と異なり、内閣支持率と民主党支持率とが連動するようになったのである。では、それは内閣に対する支持が、与党に対する支持に影響を与えることを意味するのか、両者の因果関係についても簡単に検討しておく。議院内閣制の大統領化（Poguntke and Webb 2005）、あるいは、首相のリーダーシップやパーソナリティーが有権者の政治判断に与える影響が大きくなっているという近年の議論を念頭に置けば（Aarts *et al.* 2011）、内閣支持率が与党支持率に影響を与えるが、その逆はないと予想される。ただし、内閣支持率と与党支持率は、政府・与党という同一の対象に対して異なる角度から与えられた評価であり、水準こそ異なるものの、その変化は共通した要因により生じるとも考えられる。

そのことを念頭に、民主党政権期の内閣支持率と民主党支持率について、時間的な前後関係を探るグレンジャー因果性検定を行った[11]。内閣支持率を例に簡単に解説すると、t時点の内閣支持率を、時点t－1からt－kまでの過去の内閣支持率と民主党支持率に回帰させて、過去の民主党支持率が時点tの内閣支持率について説明する効果があるかの検定を行うのである。民主党支持率についても同様の検定を行うことになる。具体的にはkの値を二から六まで変化させて検定を行ったが、内閣支持率から民主党支持率への影響にしても、民主党支持率から内閣支持率への影響にしても、一〇%水準でも帰無仮説は棄却できず、どちらかの支持率の変化が時間的に先行して、もう一つの支持率の変化を引き起こしているという関係は確認できなかった[12]。その意味で、民主党政権下の内閣支持率と民主党支持率は、共通の要因の影響を受け変化しており、両者の時間的な前後関係は、想定できないと結論付けることが出来る。ただし、利用できたのはわずか三九時点であり、一般化には十分な注意を要するであろう。

表9-2 経済変数と支持率との相関係数(新首相就任月を除く)

	内閣支持率(差分)	民主党支持率(差分)
失業率(差分)	0.01	0.03
消費者物価指数(変化率)	0.30	0.02
日経平均株価(変化率)	-0.08	-0.20

N=36

註:消費者物価指数(平成22年基準)と完全失業率(季節調整済み)は総務省統計局ウェブサイト(http://www.stat.go.jp/data/)から入手した。日経平均株価は当該月の始値と終値の平均値を用いた。データは日経プロファイル(http://indexes.nikkei.co.jp/nkave)より入手した。

出典:著者作成。

▼経済状況と内閣・与党支持率

では、民主党政権下の内閣支持率と与党支持率の変化はどのように説明出来るのか。第一節で確認したように、経済情勢が政府に対する支持に影響を与えるというのは、通説である。ここでは、簡単な方法で経済要因との関係を確認しておきたい[13]。

表9−2に、内閣支持率と民主党支持率のそれぞれについて前月からの差分を取った数値と、経済変数との相関係数を示す。具体的な経済変数としては、先行研究で用いられることが多い物価(消費者物価指数)と失業率を用いた(Lewis-Beck and Paldam 2000)。また、景気との関係を確認するために一般的に議論されることが多い株価(日経平均株価)との関係も検討する。失業率については単純に前月からの変化(差分)を利用しているが、消費者物価指数と日経平均株価については前月から何パーセント変化したか現す変化率を計算した(実際は対数差分による近似である)。なお、新首相就任月は、内閣支持率と民主党支持率が大きく跳ね上がるので、外れ値とみなし、計算には含めていない。計算に利用できたのは三六時点のデータである。

表9−2の結果を見る限り、六つの相関係数の全てが、五%水準で帰無仮説を棄却できておらず、内閣支持率および民主党支持率と経済要因との間に関係があったと結論付けることは難しい。内閣支持率・民主党支持率と日経平均株価の相関係数に至っては、統計的には有意でないとはいえ、符号がマイナスであり、株価が上がると、支持率は下がるという、通常の想定とは逆

の関係になっている。なお、消費者物価指数と内閣支持率の相関係数は〇・三（P値は〇・〇八）である。「失われた二〇年」と呼ばれる経済状況を考えると、インフレを意味する消費者物価指数の上昇が、内閣支持率を押し上げたという解釈が可能かもしれない。しかし、内外の既存研究は、物価の上昇を支持率の低下と結びつけることがほとんどであり、また、期間が短いことを考えるならば、そのような結論を下すことには慎重になるべきであろう。

▼内閣・民主党支持率と政治日程

最後に、既存研究では体系的に議論されることが少ない政治日程との関係を検討しよう。与党の党首選挙は、内閣・与党支持率改善の契機となる可能性が高い。実際、民主党は政権運営に行き詰まった首相を交代させることで、支持率を二度回復させた。与党の党首選挙は、実質的に次の首相を決めることになるため、野党の党首選挙と比べて、マスメディアにより大きく報道される（例えば、『朝日新聞』二〇〇八年九月一五日）。自民党総裁選挙と民主党代表選挙の比較研究を行ったマッケルウェイン・梅田（二〇一二）によれば、与党時代の自民党の場合、予備選挙を伴う総裁選の実施は、報道量の増加を通じて、平均で内閣支持率を二五ポイント、自民党支持率を七ポイント上昇させる効果があったという。一方、野党時代の民主党代表選挙が民主党支持率に与えた影響は判然としない。具体的には、二〇〇〇年代に入ってから実際に投票が行われた代表選挙に限定しても、毎日新聞世論調査で民主党支持率は、二〇〇六年四月の代表選挙（小沢選出）は八ポイント、二〇〇九年五月の代表選挙（鳩山選出）は六ポイント上昇しているが、二〇〇二年九月（鳩山選出）は三ポイント下落、二〇〇二年一二月（菅選出）は一ポイント下落、二〇〇五年九月（前原選出）は五ポイント下落であった。しかし、与党民主党の代表選挙の効果は、自民党政権下の自民党総裁選がもたらしたのと等しい効果があったのではないかと推察される。

民主党が政権を掌握していた間に代表選挙は四回行われたが(詳細は第三章を参照)、首相が鳩山から菅に交代した二〇一〇年六月の代表選挙の前後では、内閣支持率が四六ポイント、民主党支持率が一七ポイント改善した。首相が菅から野田に交代した二〇一一年九月の代表選挙の際は、内閣支持率四一ポイント、民主党支持率六ポイントの改善であった(朝日新聞の場合は内閣支持三九ポイント、民主党支持一三ポイント、読売新聞の場合はそれぞれ四七ポイント、一一ポイントの改善であった)。政権が行き詰まった時に局面を打開する手段として首相を交代させる効果は、少なくとも世論調査の結果を見る限り、大きいようである(Burden 2013)。ただし、首相の交代を伴わない代表選挙の効果は小さい。現職首相の菅が小沢を破った二〇一〇年九月の代表選挙は内閣支持率改善一六ポイント、民主党支持率三ポイントに過ぎない。民主党が実質的に分裂した後の二〇一二年九月の代表選挙に至っては内閣支持率二ポイント、民主党支持率四ポイントとほとんど改善の効果が見られなかった。

政治日程という観点からは、二〇一〇年七月参院選の結果として再び生じたねじれ国会も、極めて重要である。ただし、ねじれ国会が即政権運営にとって桎梏になる訳ではない。確かに、自民党政権期の福田康夫内閣はねじれ国会への対応に苦慮したと思われるが(読売新聞社政治部 二〇〇八)、そこには、日銀総裁人事や揮発油税の暫定税率のように、特定の日時までに通す必要がある議案の存在があった。逆に言えば、参議院多数派が内閣を掣肘するためには、特定の法案や争点を通じて内閣を攻撃する機会が必要なのである。ここで念頭に置くべきは、二〇一〇年参院選直後の第一七五国会(臨時会)は八日の会期で閉じられており(七月三〇日~八月六日)、次に第一七六国会(臨時会)が開かれたのは二〇一〇年一〇月一日であったことである。すなわち、野党は八月から九月にかけて内閣を追及する、あるいは、政府を追い詰める手段を持たなかった。その間に、民主党は代表選挙を行ったが、首相であった菅直人は、小沢元代表との徹底的なまでの対立を演出し、かつ勝利した。参院選挙後もしばらくは高い内閣支持率と民主党支持率が維持されたことの背景には、国会が閉じられていたまま代表選挙が行われたことがあったように思われる。

議席数により与野党間の力関係が決まると仮定すると、その基本的構図は二〇一〇年七月の参院選の結果としてできあがっていた。二〇一〇年七月の参院選が支持率低下の画期となっていないが、それは一旦できあがった国会の勢力配置の上で、いかに有権者が政権を評価するかは、首相の個性や具体的な政局の展開によって異なってくるからだと考えられる。国会が開いてから、野党が内閣を追い詰める契機となる出来事が、二〇一〇年一〇月から一一月にかけての外交上の混乱や小沢元代表を巡る党内対立であったということになるだろう。この段階で、民主党支持率は大きく減少しただけでなく、その後回復することがない変化が生じた。議席数や選挙結果という構造的な要因が支持率の上下動に直結するのではなく、その構造の上で生起する具体的な政局の展開が、変化のタイミングや幅に影響を与えるように思われる。すなわち、具体的な状況により、有権者が何に着目して政権に対する評価を形成するかは変わってくるのである。そのことを明らかにするために、次節で、内閣支持・不支持理由設問を用いた検討を行う。

4　三人の首相に対する有権者の評価

報道機関の世論調査では、内閣支持を尋ねた後、支持・不支持理由を尋ねるのが通例である。社によって選択肢の内容・数ともに大きな違いがあるが、本節では朝日新聞と毎日新聞の世論調査を利用する[14]。最初に、朝日新聞の世論調査であるが、まず「○○内閣を支持しますか。支持しませんか」と尋ねた後、「それはどうしてですか」と理由を尋ねている。支持理由の選択肢は、「首相が○○さん」、「民主党中心の内閣」、「政策の面」、「実行力の面」となっている。不支持理由の選択肢も同様である。支持理由毎の割合(「わからない」を含め全てを足すと当該月の支持率と一致する)の変化を示したのが、次の図9－4である。

図9-4 内閣支持・不支持理由の推移 朝日新聞世論調査

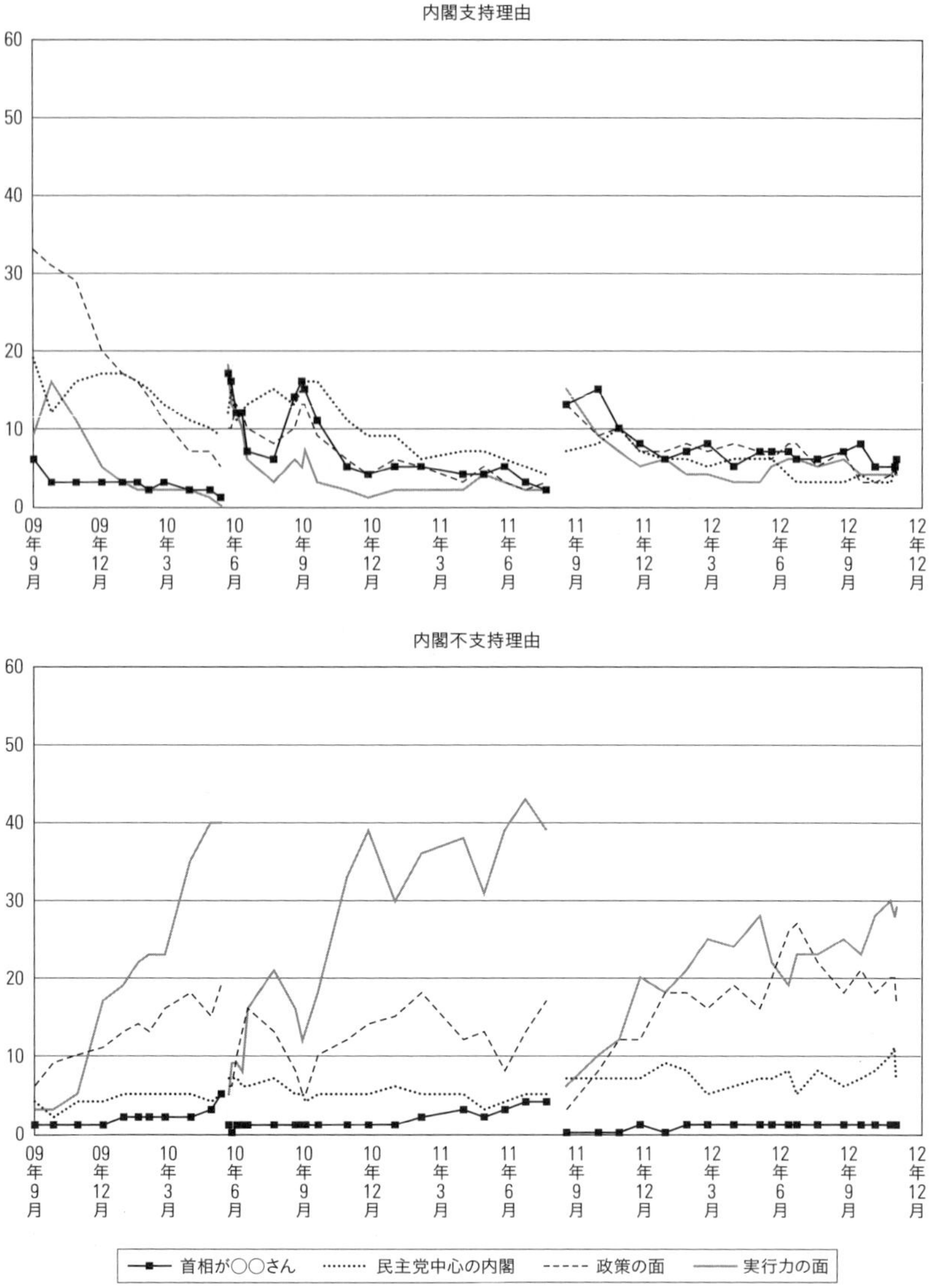

出典：朝日新聞世論調査より筆者作成。

鳩山由紀夫内閣発足から数カ月、二〇〇九年一二月までは、支持理由において「政策の面」という選択肢が他より高い数値を示すが、二〇一〇年に入ってからは、「民主党中心の内閣」を選んだ割合と大差がなくなる。朝日新聞の調査結果を見る限りでは、鳩山内閣最初の数カ月を除くと、人々が民主党の内閣を支持した理由は様々で有り、突出した理由はなかったようにも見える。一方、内閣不支持理由であるが、各内閣発足時には不支持率自体が低いこともあり、その理由もはっきりとしない。しかし、時間が経過するにつれ、「実行力の面」という回答が他を圧倒する。鳩山内閣も菅内閣も、その最後には、有権者全体の四〇％以上が「実行力の面」を理由として内閣不支持を選んでいる。

一方、野田内閣については、「実行力の面」を理由に不支持を選んだ人々は、前任の二内閣よりも少ない。鳩山・菅内閣で五％程度であった「民主党中心の内閣」を理由とした不支持が一〇％前後まで上昇すると同時に、「政策の面」で不支持の割合も、消費税率の引き上げが大きな争点になったからだと思われるが、一五〜二〇％の高めの割合で推移している。その意味では、野田内閣に対する不支持は、消費税に関する党内対立、および消費税率引き上げに対する反対の二つに基づいていたと思われる。従って野田内閣に対する有権者の評価は、政権運営において信用を失った鳩山・菅両内閣に対する評価とは性格を異にすると考えられる。

次に、毎日新聞世論調査の内閣支持理由・不支持理由を確認しよう。選択肢は、「民主党の首相だから」、「政策に期待できるから(できないから)」、「指導力に期待できるから(できないから)」、そして、政治のあり方が変わりそうだから(変わりそうにないから)」となっている(括弧内が不支持の場合の選択肢である)。図9－5に示すのは、毎日新聞世論調査における支持・不支持理由の割合であり、「わからない」を含めて足し上げると全体の支持率・不支持率に一致する。

毎日新聞世論調査の場合、内閣支持理由の変化が明瞭に現れる点が特徴的である。鳩山内閣に対する回答

図9-5 内閣支持・不支持理由の推移 毎日新聞世論調査

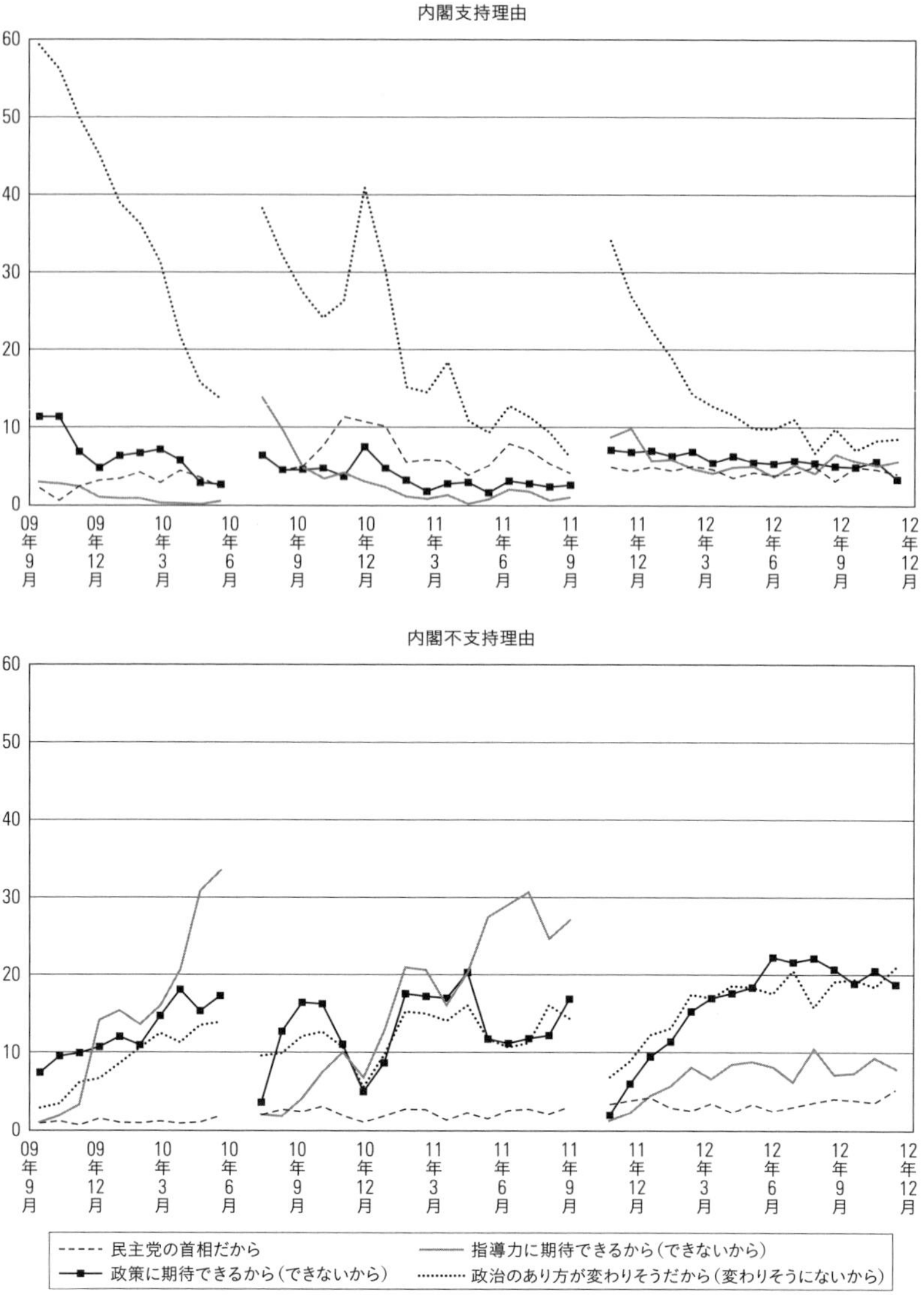

出典：毎日新聞世論調査より著者作成。

で顕著だが、内閣を支持する最大の理由は、「政治のあり方が変わりそうだから」という漠然とした期待に基づいていた[15]。他の理由が選択される割合にはほとんど変化がないのに対して、内閣支持率が低下した時に、大幅に減少しているのは、この「政治のあり方が変わりそうだから」という選択肢である。したがって、その期待が裏切られた時は、簡単に内閣に対する支持率も低下する。その後、一旦低下した内閣支持率が、首相の交代のたびに跳ね上がるのは先ほど確認したとおりだが、その支持率の回復を支えたのも、「政治のあり方が変わりそうだから」という期待であった。

一方、不支持理由であるが、毎日新聞世論調査では、不支持理由の変化が分かりにくい。鳩山・菅内閣については、「指導力に期待できないから」という理由が、相対的に多いが、「政策に期待できないから」、「政治のあり方が変わりそうにないから」という理由も一定数存在する。具体的には、両内閣の最後の調査では、「政策に期待できない」と「政治のあり方が変わりそうにないから」の両者を合わせると、「指導力に期待できない」と同じ程度の割合に達する。その意味で、「指導力」に関する評価が中心である様に思われるが、他の要因に比べて圧倒的な比重を占めている様には見えない。野田内閣期の不支持理由については、「政策に期待できないから」と「政治のあり方が変わりそうにないから」の二つが同じ程度の割合を示しており、野田首相の「指導力」は、有権者にとって主要な判断材料ではなかった。

朝日新聞と毎日新聞の不支持理由割合を比べると、鳩山・菅内閣に対する判断において「実行力」あるいは「指導力」が大きな比重を占めている点は共通しているが、単純に割合だけを比較すると、朝日新聞における「実行力」のほうが遙かに大きい。これは、毎日新聞では、「指導力に期待できない」と、「期待」の形で聞かれているために、過去の実績が適切に反映されなかったからではないかと思われる。それに比べると、単純に「実行力」という選択肢を提示した朝日新聞のほうが、過去の業績を明確に反映出来たのではないかと考えられる。

内閣支持理由については、逆の指摘が成り立つ。時間の指示方向が明確ではない朝日新聞の設問では、支持率が変動する際の支持理由毎の変化がはっきりと現れない。その一方、「期待」や「変わりそうだから」という将来の見通しを尋ねる選択肢を用意した毎日新聞では変化が鋭敏に現れている。これは、内閣支持がどちらかと言えば、将来に対する見通しを中心に形成されているためではないかと思われる。

朝日新聞、毎日新聞の二つの調査結果を照らし合わせて得られる理論的な含意は、有権者が内閣支持・不支持について判断する際に、内閣の過去の実績だけではなく、将来の見通しも考慮しているということである。これは、失望と期待という観点から二〇〇九年衆院選の投票行動を説明した飯田(二〇〇九)の議論とも合致する。実績から将来に対する期待が形成される側面もあるので、両者を厳密に峻別することは難しいが、少なくとも内閣発足直後の支持は将来の見通しに基づく面が大きいであろう。また、内閣発足から一年以上たった場合の不支持は、実績に主に依存していると考えられる。有権者は政治的な判断において過去の実績を評価の材料とするが、純粋に回顧的なのではなく、その材料を使って将来の見通しを判断していると考えられる。アメリカ大統領支持率の分析では、経済が支持率に与える影響は、過去の業績に対する評価を通じてではなく、将来の見通しを通じてであるという研究報告があるが(MacKuen *et al.* 1992)、二つの新聞社の世論調査結果の対比から、将来見通しや期待中心の評価の形成は、経済領域にのみ限定されないことがうかがわれる。

また、内閣支持理由・不支持理由の変遷から導き出せる研究上の含意は、有権者が政治状況の変化に応じて、その時その時に政権運営の焦点となっている事柄を中心に判断を下しているということである。鳩山内閣前半こそは、大きな期待に基づく支持を得ていたが、それ以降の内閣が支持を得た理由は、政権交代一年を経ずして消極的なものになっていた。鳩山・菅両内閣については、具体的な政策の方向性と言うよりは、政権運営そのものについての批判から、内閣を支持できないと考えた有権者が多かったと思われる。一方、野田内閣については、「社会保障と税の一体改革」が引き起こした民主党内の対立と、消費税率引き上げに対する忌避という二つの要因から、支持できないと考えた有権者が多かったように推察される。マスメディアの報道が、何が重要な課題であるかの議題設定について大きな役割を果たすことは広く知られているが（McCombs and Shaw 1972; 竹下 二〇〇八）、有権者は、政局の展開、そしてマスメディアが重要と判断し報道する内容に合わせて、政権運営のどの側面に注目するかを変えていると思われる。有権者の政治判断は、時間軸においては能動的な未来志向であるが、判断材料については、政局あるいはマスメディアの報道に対して受動的である。

5 政権とマスメディアによる議題設定

では、政局要因は、マスメディアの報道を媒介として、本当に有権者が何に着目するかに影響を与えたのであろうか。残念ながら、本章が利用している集計値では、仮説の直接的な検証を行うことは難しい。ただし、傍証として、民主党政権下において政治報道の重点がどのように変化したのかは確認しておこう。

民主党の政権運営に関する報道がどのように変化したのかを探るために、二〇〇九年九月一六日から二〇一二年一二月一五日までの期間について読売新聞のデータベースから新聞記事を抽出して、新聞記事件数の月次データを作成した[16]。最近の電話世論調査では、世論調査報道と政治報道との間には密接な関係がある（前田 二〇一三）。同じ新聞社の世論調査と政治報道を利用すると両者の関係を過剰に見積もる可能性があるので、ここでは、世論調査の推移を見る際には利用していない読売新聞のデータベースを用いる。

キーワードの選択により抽出される記事が異なってくるため、注意が必要であるが、この方法は、政治報道の重点がどのように変化したのかを知る上では有効であろう。記事の種類は、①「内閣・首相の迷走・混迷・退陣」、②「ねじれ国会と問責決議」、③「党内対立」の三者に限定した。具体的には、三種類の政治記事について、キーワードを用いて本文検索を行い、該当する記事の件数を月次で集計した。例えば、①内閣に関する記事は、「内閣」あるいは「首相」と、政権運営がうまくいっていないことを現すキーワード(混迷、迷走、退陣)の一つが本文に含まれていれば記事が抽出されるようにした。実際に抽出された記事は一〇三〇件である。「ねじれ国会と問責決議」であるが、参院多数派を握る野党が問責決議を利用したことに鑑み、キーワードは「ねじれ国会」あるいは「問責決議」のどちらかが入っていれば、選択されるようにした。一〇二九件の記事が抽出された。最後の、「党内対立」に関する記事は、「民主党」と、党内対立を現すキーワード(党内対立、分裂、反主流派、党内抗争、内紛)の一つが本文に含まれていれば、該当記事として抽出される。「党内対立」の記事は合計五八四件あった。

キーワードを用いて抽出された記事件数の推移を図9－6に示す[17]。政権交代から半年ほどの間は、首相の迷走や党内対立を指摘した記事は少なかった。鳩山内閣において実際に政権の行き詰まりが大きな問題になったのは二〇一〇年四月前後であるが、これは鳩山内閣の普天間移設問題等の混乱によるものである。また、菅内閣では、二〇一一年三月の東日本大震災から同年六月の内閣不信任案の否決そして実際の退陣表明(八月)に至るまでは、内閣の混迷や退陣に関する内容が多く報道された。第三節でみたように、世論調査において、首相の実行力や実績を理由として、内閣を支持できないとする人々が多数いたのは、首相の立ち振る舞いや去就自体が、政局と報道上の焦点だったからである。

一方、二〇一〇年参院選以降は、ねじれ国会や問責決議に関連した報道が増加した。野党が参議院の多数派を掌握したこと、並びに、そこから派生する国会運営上の問題に報道上の関心が払われたからである。その背後には、当然、政府・与党と参議院多数派を占める野党との対立が政局の焦点になったという事実がある。ねじれ国会から生ずる与党と野党の激しい攻防は、二〇一〇年秋から年明けにかけて大きく報道された

図9-6 政治報道量の推移 読売新聞

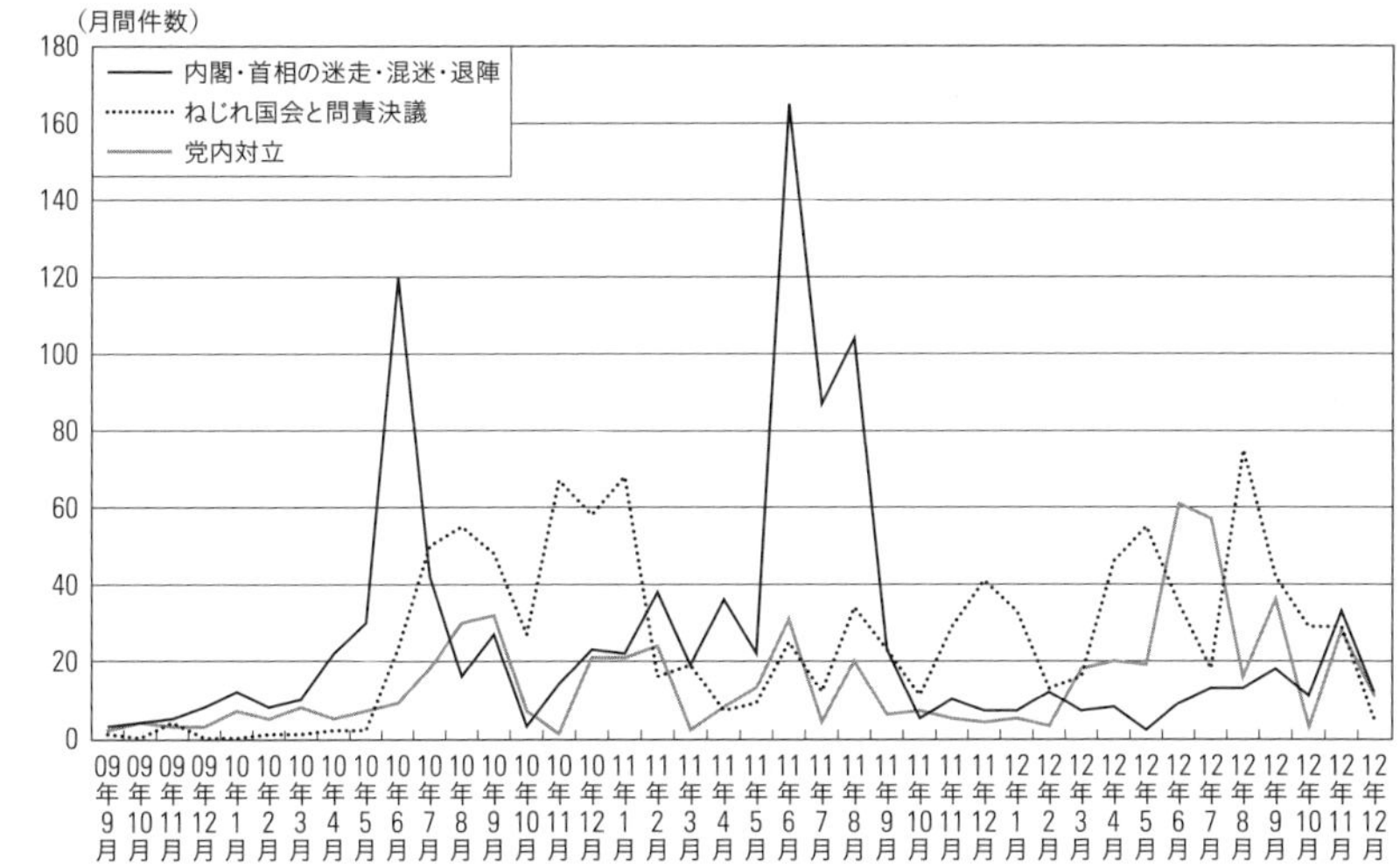

出典：読売新聞データベース「ヨミダス歴史館」より著者作成。

が、その時期に尖閣諸島や北方領土をめぐる問題が、国会で議論されたのは第二節で述べた通りである。二〇一一年三月の東日本大震災により、しばらくは「政治休戦」が続いたので、ねじれ国会は報道上の焦点ではなくなる。しかし、震災からわずか二カ月後の五月には、震災と原発事故への対応をめぐり、菅首相の政権運営と去就自体が、政治的対立の中心となり継続的に報道された。

最後の野田内閣の時期になると、最初はねじれ国会と問責決議の記事が多いが、徐々に党内対立の記事が増えていく。閣僚に対する問責決議が度重なったため、最初はねじれ国会に関する記事が多いが、二〇一二年六月、七月はねじれ国会に関する報道が減少し、党内対立に関連した報道が増えていく。「社会保障と税の一体改革」に関する民主党・自民党・公明党の三党合意を契機に、政府対野党の対立よりも民主党内の対立に政治的対立の焦点が移ったことがわかる。そして、党内対立に関する報道が頂点に達するのが衆議院で消費税率引き上げについての採決が行われた六月である。ねじれ国会に関する記事は二〇一二年八月に再び増加しピークを迎えるが、それは野田首相自身が問責の対象となったことに関連している。野田自身は衆議院を解散したので、野田の去就自体は政局化しなかった。それが故に、野田内閣に対する不支持理由が、鳩山・菅両内閣に対する不支持理由と大きく異なったものになったと考えられる。

結びに代えて

本章では、与党支持率と内閣支持率は、有権者が異なる観点から政府・与党を評価した指標と考えて検討を行ってきた。両者は水準においては乖離することがあり得ても、基本的には同じような軌跡を示すので、有権者が同一対象を異なる角度から評価したものであると理解できる。先行研究において政府(内閣・与党)に対する支持率の分析は、基本的に経済要因との関係を中心に行われてきた(例えば、三宅・西澤・河野 二〇〇〇; Erikson *et al.* 2002)。戦争や、政権全体を揺るがすようなスキャンダルが、説明変数として取り込まれることはあるが、それらは一時的に大きな衝撃を与える要因を取り込むための「統制変数」という性格が強く(MacKuen, Erikson, and Stimson 1992, 608-9; Arce 2003)、全体的・体系的な説明が試みられることは少ない。それらの要因が、どちらかと言えば一時的・非体系的なものとして扱われているのは、変数化する際の作業が繁雑で、かつ、一歩間違うと歴史の後知恵で支持率に大きな変化があった時の事件のみを取り上げてしまう危険があるからだと思われる。しかし、経済要因を理論的・体系的に考察しながら、政治・外交要因を非体系的な統制変数として扱うことで、有権者の政権に対する判断を適切に分析できるとは思えない。

マクロ経済運営は、政権にとって重要課題であろうが、唯一無二の課題ではない。政治家が、有権者におもねるだけではなく、政策争点について自律的に議題設定を行い、かつ、その議題の論じられる枠組みを設定する能力・資源を持つと考えるならば(Jacobs and Shapiro 2000)、仮に操作化が難しいとしても、政権自体が設定した政策争点や議題、あるいは、政権にとって外生的に発生した危機への対応を、有権者がいかに評価するかを考える方が、政府あるいは与党に対する有権者の評価を分析する上では適切ではないかと思われる。

経済要因を主要説明変数にすえたモデルが一定の説明力を有するのは、経済状況が、往々にして重要な政策争点になっているからである。逆に、経済状況が政策争点の後景に退いている限り、経済状況は内閣や与党の支持率を説明する要因になり得ない。現職・与党の支持率あるいは得票は、経済の影響を受けるが、好景気と不景気の影響は対称的ではない。好景気が政府の得票や支持率の増加につながらないのに対して、不況は大きく得票減や支持率の低下へとつながる(Bloom and Price 1975; Yantek 1988; Nannestad and Paldam 1997)。そもそも、好況と不況についての報道は非対称的であり、不況は重要な政策課題としてメディアが議題設定を行うのに対して、好況は決して重要な報道対象ではない(Hester and Gibson 2003)。メディアによる報道傾向をさらに増幅するのが有権者の反応であり、有権者は好況よりも不況に敏感に反応するのである(Soroka 2006)。

従って、政府・与党に対する支持を考える上では、政権自体の議題設定や政策に関する議論の枠付け、さらにはマスメディアによる報道の重点の置き方や、記事の筋書きが決定的に重要な要素となると思われる。政権に対する有権者の評価は、報道上の注目を集めている(＝政局の焦点となっている)事象を、人々がどのような枠組みで認識し、評価しているかに大きく依存するのである(Gamson 1992)。国政や外交上の出来事、さらに自然災害は、報道で議論される政治的文脈が異なれば、有権者が誰にその責任を帰属させるのかも変わってくる(Iyengar 1991; Berinsky and Kinder 2006; Malhotra and Kuo 2008)。経済についても、マスメディアが経済状況を実際よりも悪く報道することで、現職が経済実態から想定されるよりも大幅な支持・得票の低下に見舞われた例が報告されている(Goidel and Langley 1995)。

その観点から言えば、内閣と与党に対する支持率は、政権が政治過程における争点・議題を設定し、エリートやマスメディアの議論の方向を枠付けてコントロールする能力と政治的資源を持つか否かによって大きく変わってくると考えられる。民主党は、少なくとも二〇一〇年参院選までは、衆参両院の多数を確保し、野党に対して議題設定における優越的地位を保っていた。鳩山内閣は普天間飛行場の問題で行き詰まったが、その普天間飛行場を争点化したのは他ならぬ鳩山自身であり、野党ではない。鳩山内閣の政権運営が行き詰まっても、菅内閣への交代により支持率を回復させることが出来たのである。その菅首相は参院選時に消費税をめぐる発言が二転三転したことで有権者からの信頼を失ったと思われるが、その消費税を争点化したのも菅自身である。自民党が、消費税を自力で争点化できたわけではない。

しかし、参院選の結果生じたねじれ国会において、民主党は、参議院における少数派の立場のために積極的に政策を推進することが難しい立場に立たされた。ねじれ国会が即、政府・与党にとって窮地であることを意味するわけではないが、二〇一〇年秋以降は、外交関係の失態、閣僚の失言・不祥事が相次いだだけではなく、小沢グループ対反小沢グループの対立が継続したために、菅内閣は積極的に政策を推進することができず、政権の混迷ぶりを見せつけることになった。さらに、東日本大震災の発生は内閣にとって状況を悪化させた。二〇一〇年秋以降に内閣支持率・民主党支持率が低迷したのは、内閣が政策決定過程をコントロールする能力を失い、有権者が内閣の政権運営実績に厳しい評価を下した結果だと思われる。朝日新聞世論調査で内閣不支持理由が、「実行力の面」に集中したことが、そのことを裏書きしている。

ただし、野田内閣の支持率は、前任の両内閣とは異なる理由で変化した。野田内閣の支持率は決して高くはなかったが、鳩山内閣・菅内閣に比べると不支持率は低く、また、内閣を支持しない理由も、民主党内の紛争や消費税率の引き上げに対する反発という側面が強い。有権者が野田内閣への支持を判断する際に重要だったのは消費税であるが、その消費税率の引き上げを、政権の最重要課題としたのも、他ならぬ野田自身である。野田の指導力や実行力が大きな問題になることはなかったのは、本人の失態・失言がなかったことも大きいが、消費税率の引き上げをめぐる対立軸が与党と野党との間に引かれたのではなく、民主党主流派・自民党・公明党と民主党反主流派（小沢グループ）の間に引かれたことも関係していると思われる。すなわち、政局上の（そして報道上の）関心が、政権運営そのものというよりは、民主党内の主流派と反主流派の対立に移ったのであり、有権者は野田首相の実行力について否定的な情報を持ち合わせていなかったと考えられる。

本章で検討した内閣毎の支持理由・不支持理由の違いを見る限り、民主党政権の三内閣は、それぞれが提示した政策課題、あるいは対応を余儀なくされた政治・外交上の案件をいかに裁くかによって、有権者からの判断を受けた。有権者は首相により取り上げられ、マスメディアによって報道されたアジェンダに沿って、政府・与党の政権運営を評価しているのである（c.f. Shah *et al.* 2002）。内閣の交代により有権者の内閣支持・不支持理由の重点が変化したのは、首相が代わるたびに、政策転換が行われたからである（第四章参照）。それが、最終的に深い失望につながったのは、政策転換自体が党内紛争を惹起し、最後まで党として政権運営能力についての信任を得られなかったからであろう。

謝辞

本章を準備する最終段階で、境家史郎先生（東京大学社会科学研究所）から詳細な論評を頂きました。記して御礼申し上げます。また、継続的に世論調査報道の紙面整理と数値データ入力の作業を手伝ってくれた長迫智子さん（東京大学大学院）にも感謝します。なお、本章に残る全ての瑕疵は筆者に帰属するものです。

註

1――学術調査で一般的に利用されるのは、時事通信の世論調査である。同調査の場合は、一九六〇年六月からの月次データが利用可能であるが、他の調査よりも「政党支持なし」の比率が高く出る傾向がある。民主党支持率のように短期的要因により大きく変動する指標を追う場合は、他社の調査に比べて変化が出にくいため、本稿の目的には不向きである。例えば、二〇〇九年九月の民主党支持率は、時事世論調査では二六・三%であるが、電話(RDD)で調査を行っている他社の数値は、毎日新聞四五%、朝日新聞四六%、読売新聞五一%、共同通信四七・六%、日本経済新聞五八%、NHK四二%である。

2――無論、野党にしても非好意的な報道内容が支持率を高めることはないが、野党の醜聞は国会で追及される機会も少なく、短期的に収束することが多い。従って、短期的に野党内の内紛や党首の醜聞が報道される場合があるにしても、長期的な傾向としては、報道量によって野党支持率の推移を説明可能だと思われる。

3――支持率の数値のみを示す際は掲載紙面の情報は省略する。ただし、個別の質問や論評について言及する場合は掲載日を明示する。

4――質問文は、「鳩山由紀夫内閣は、大臣など政治家が官僚に方針を指示する『政治主導』の政策決定に取り組んでいます。これを評価しますか、評価しませんか」である。

5――質問文は、「政府の行政刷新会議は、来年度(二〇一〇年度)予算の事業内容をチェックし、廃止や予算圧縮などを判定する『事業仕分け』に取り組んでいます。これを評価しますか、しませんか」である。

6――毎日新聞の世論調査で自民党支持率が一カ月で二桁の下げ幅を記録したことはない。

7――それ以外の選択肢は、「首相個人の能力」二二%、「自民党など野党の姿勢」一三%、「国会や内閣の制度」二三%であった(『毎日新聞』二〇一一年九月四日)。

8――朝日新聞の調査では、復興財源としての所得増税は賛成四〇%・反対四九%、社会保障財源としての消費増税は賛成四五%・反対四六%であった(『朝日新聞』二〇一一年一〇月一七日)。いずれにしても賛否が拮抗しており、政権が政策課題を提示する枠組みにより、有権者の反応は異なる可能性が十分にあった。さらに言えば、世論調査の結果も質問文により大きく変化した可能性が高い。

9――筆者が確認した限り、支持理由を尋ねる質問の文言は、『時事世論調査特報』には掲載されていない。ただし、複数回答が許容されていることは、集計結果に添えてある注記で分かる。なお、三宅・西澤・河野（二〇〇〇、一九頁）に時事通信世論調査が利用している政党支持理由の質問文が掲載されているが、選択肢が変更される以前のものである。

10——他の選択肢は、「政策がよい」、「やり方がよい」、「党首、幹部がよい」、「外交面でよい」、「職業、組合、知人の関係」、「なんとなく」の六つである。理想的には、政策に関連していると思われる「政策がよい」、「外交面がよい」と「主義、主張がよい」のどれか一つに答えた割合を検討するべきだが、多項選択の設問であるため、集計表からの割り出しができない。なお、「主義、主張がよい」を選んだのは、作図上利用した二〇六カ月のうち一六三カ月で、その割合が「政策がよい」の割合を上回っているからである。「外交面でよい」の割合が「主義、主張がよい」の割合を上回ったことはない。三者について二〇六カ月の単純平均を計算すると、「政策がよい」は一・六%、「主義、主張がよい」は一・九%、「外交面でよい」は〇・二%である。「他の政党がだめだ」の平均値は四・一%となる。

11——三・二節と三・三節の分析は、欠損月は前後の数値から補訂し、一月に二回調査があった月は平均値を用いるなど、月次の時系列データになるようにデータの修正を行っている。なお、グレンジャーの因果性検定については、例えば、沖本（二〇一〇）を参照されたい。

12——また、両者が単位根過程である可能性を考慮して前月からの変化（差分）を利用してグレンジャー因果性検定を行っても結果は同一であった。

13——本章を準備する段階で、先行研究にならい時系列モデルの構築を試みたが、短期間に激しい変動を繰り返した内閣支持率、民主党支持率を実質的な意味で説明出来るモデルの構築が困難であると判断し、単純な分析に止めている。

14——読売新聞の世論調査は筆者が紙面で確認できた限りでは、野田内閣発足時に内閣支持・不支持理由の選択肢を変更しており、本節の分析には利用できない。なお、日本経済新聞世論調査の内閣支持・不支持理由を利用した分析として、菅原（二〇一二）を参照されたい。

15——この「政治のあり方が変わりそうだから」という選択肢は最後においてあるので、その意味を文字通りとらえるのではなく、消去法的に残った選択肢が選ばれたと考える方が適切かもしれない。そう考えると、有権者が内閣に与える支持は具体的な根拠に基づかない、あやふやなものである、ということになるが、それは、「期待」にもとづく支持と矛盾する訳ではない。

16――読売新聞社が提供しているデータベース「ヨミダス歴史館」の「平成検索」において、二〇〇九年九月一六日から二〇一二年一二月一五日を対象期間とした。地域版選択は、「全国版」のみとし、分類選択は、「政治」―「政治」とした。なお、便宜上二〇〇九年九月は一六日から三一日まで、二〇一二年一二月は一日から一五日までを一カ月として扱っている。

17――なお、抽出された記事の中には重複もあるが、その数は多くない。三種の記事の合計は、二六四三本になるが、そのうち、二回数えられた記事は七四本、三回数えた記事は二本である。従って、重複を除いた合計記事数は二五六五件となる。

第10章

政党組織と政権交代
――民主党政権の「失敗」論を超えて

堤 英敬 TSUTSUMI Hidenori
森 道哉 MORI Michiya

はじめに

▼民主党政権の経験から何を学ぶか?

二〇一二年衆院選で大敗を喫した民主党は、辛うじて衆議院第二党の座に留まったものの、議席数は選挙前のおよそ四分の一へと激減した。また、翌二〇一三年の参院選においても自民党が大勝した結果、ねじれ国会は解消し、自公連立政権は安定した政権運営の基盤を得ることに成功した。九章でも論じているように、民主党の二連敗は、民主党政権に対する有権者の強い失望の現れとみることができるだろう。しかし、政権交代そのものの意義が失われたわけではない。民主党の「復活」によるのか、あるいは新たな勢力の成長によるのか、また、二大政党制という政党システムの是非はさておくとしても、現実的に自民党に替わって政権を担いうる勢力が存在することは、健全な政党政治にとって不可欠であると思われる[1]。その際、我々は民主党の経験から何を学ぶことができるであろうか。

本書が考える民主党政権の「失敗」の要因は、端的に言えば、政権党として党を安定的に運営できる仕組みを十分に整備してこなかったことである。本書は、これを民主党に固有の問題として矮小化するつもりはない。党の結束の維持は、長期にわたって優位政党であった自民党に替わって政権の獲得を目指す政党であれば、民主党でなくとも否応なく直面する課題であったと考えられるからである。前著(上神・堤 二〇一一)で筆者は、民主党を資源制約型政党として性格づけたが、社会からも国家からも資源の調達が難しいという制約は、民主党に限られた条件ではない。また、大政党を有利にする小選挙区制を中心とした選挙制度の下では、非自民勢力は結集せざるを得ず、多様な利益を代表するメンバーを党内に抱えることになる。こうした政党が野党であるとき、すなわち、政権獲得が最大の目標で、政策を決定する立場にない時期においては、選挙での展望が開かれている限り、著しく一体性を損ねるような対立の顕在化は生じないかもしれない。

しかし、政権を獲得し、実際に政策を決定しなくてはならない段階に至ると、党内対立が存在する中でも一つの結論を下す必要が生じ、党内でゼロ和的状況が発生しやすくなる。一章でも論じたように、党内に多様なメンバーを抱える政党が党としての一体性を確保するために規律に頼ると、党に所属する便益より費用が上回る議員が多くなり、結果として離党等の行動を誘発する可能性が高くなる。非自民勢力は、党内に不満を生じにくくさせ、決定に従う誘因を与える意思決定の手続きを整備するとともに、調整を容易にする公式、非公式の制度を構築することで、党内の多様性が持つ潜在的な遠心力を制御できなくてはならない。

自民党の対抗勢力が政権獲得した後、安定的な政権運営を可能にするためには、野党時代にいかなる準備を行う必要があるのだろうか[2]。以下では、党内における政策を中心とした意思決定に論点を絞り、自民党に替わって政権を担いうる政党組織の条件について、民主党の経験を振り返りながら考察していく[3]。

まず、民主党の政策決定の手続き全般の問題点を、決定に関与できない議員のマネージメントも含めて検討する。次に、政権公約としてのマニフェストに注目する。民主党はマニフェストを政権獲得後の政策的指針としたことから、マニフェストの作成と決定にまつわる手続きの不備は、現実の政策決定の問題に直結したと考えられる。その後、候補者リクルートメントが抱える課題について考察する。院内政党の一体性を確保する上で最も根本的な方策は、政策的な立場等、政党に属することの利益を共有する人々によって政党を構成することである。その意味で、候補者リクルートメントは政党の凝集性を高める上で極めて重要な活動となる。最後に、議員が党の一体性を損なう行動をとることを抑制する要因としての党地方組織や支持者集団に着目しながら、政党組織の運営の外延についても論じる。

1　民主党の政策的な意思決定

▼民主党政権における政策形成過程

野党時代、「政治主導」を提唱した民主党であったが、民主党政権下での政策決定は混乱を来し、「決められない政治」に陥った。決定に至る過程で、政策に対する党内の立場が割れるだけでなく、党としての決定がなされた後も反対が収まらず、ついには消費税率の引き上げをめぐって大量の造反、離党者を出すに至った(読売新聞政治部 二〇一二)。前述の通り、党としての決定を回避しうる野党と異なり、与党は党内対立が存在しても何らかの決定を行わなくてはならないケースが少なくない。いかに党内の合意を形成するか、執行部から見れば、いかに一般議員を決定に従わせることができるかが重要なのである。

五章で詳述したように、政権交代後、民主党の政策決定の仕組みは代表が交代するごとに変更されていった。政権交代前、政策調査会はネクスト・キャビネットの下に統括されていたが、政権交代後、鳩山由紀夫内閣の下で政府・与党一元化の名の下に政策調査会は廃止され、各省政策会議が設置されることになった。しかし、鳩山内閣退陣後、菅直人内閣の下では法案の事前審査を行わない提言機関として政策調査会が復活し、閣僚を兼務する政調会長が政府の決定に関わることで、党の意向を政府の政策に反映させようとした。さらに、菅内閣の後を継いだ野田佳彦内閣では、政策調査会長も参加する政府・民主三役会議が党議決定の最終機関と位置づけられた。政策調査会には事前承認の機能が付与されるとともに、政策調査会長と閣僚の兼務が解かれ、政策決定における党の関与が強まることになったのである。

政策同様、意思決定の仕組みがリーダーの交代によって変更されることは、ありうることである。しかし、リーダーの交代の度に変更されるならば、それはリーダーの意向を反映しやすくするための方策と受け止められ、意思決定自体の正統性を弱めることにつながりかねない。とりわけ、鳩山内閣発足直後の政策調査会の廃止は、正式な党内論議なしに、幹事長であった小沢一郎の一存で決められたとされている(『朝日新聞』二〇〇九年九月二四日)[4]。政策調査会は党の規約に定められた、政策形成という政党にとって核となる活動を行う組織だが、これが正規の手続きを経ずに廃止されてしまったことは、民主党内における制度の「軽さ」と「属人性」を物語っている。また、政権交代直後には、政策調査会長が国家戦略担当大臣を兼務して閣内に入るという構想があったが、岡田克也と菅が賛成した一方で、鳩山、小沢、輿石東が反対したことから見送られていた(薬師寺 二〇一二、二八〜二九頁)。この構想が実現していれば、政府と党を繋ぐ役割は、国家戦略担当大臣への就任が予定されていた菅が担うことになったが、これに対しては、幹事長としての入閣が見送られ、政府に直接影響力を及ぼせなくなっていた小沢が警戒感を抱いていたといわれる(日本再建イニシアティブ 二〇一三、二〇三〜二〇四頁)。このように、極めて重要な政権運営の体制の構築は、実質的には小沢対反小沢の政争の具になってしまった。いかなる決定の手続きをとるかもさることながら、手続き自体の正統性を高めることも、また重要なのである。

こうした政策決定に関する制度の「軽さ」は、政権交代後に政府と党の関係をどうするのかが、十分に詰められていなかったことを物語る。民主党は自民党の政府・与党二元体制を批判し、政府・与党一元化を目指したが、どのようにして政府と与党の「一元性」を保つのか、マニフェスト等を見る限り、明確なプランがあるわけではなかった。もっとも、民主党の目指す統治制度の主たる設計者であった松井孝治によれば、統治機構の設計は限られた議員によって行われ、さらにこれに対する党内の関心は必ずしも高くなかったという（薬師寺 二〇一二、二一一〜二一九頁）。民主党が掲げた「政治主導」という方向性そのものは、自民党との差別化が図りやすいこともあって、党内での共有度は高かったと思われる。しかし、その意味するところについては、必ずしも現実感を伴って理解されていなかったというのが実情であろう。民主党のマニフェストに見られる政治主導とは、「政府・与党一元化」の下での「内閣主導」であったが、こうした仕組みは基本的にリーダーによる上意下達の要素が強く、一般議員たちは政府を支えることが第一の仕事となる。政権交代後、一般議員からの不満が高まったことから判断する限り、この点を理解していた民主党の議員は多くなかったと考えられる。

▼一般議員のマネージメント

党の円滑な意思決定を可能とするためには、一定数存在する、党の決定に不満をもつ議員の処遇をどうするかという問題を解決しなくてはならない。具体的には、主要な政務および党務に就けず、政策に関わる機会が限られていた議員を、執行部がどう管理するかを考えなくてはならない。政策調査会の廃止によって設置された政策会議は、法案の事前審査を行う権限をもたず、議員立法も制限された。そのため、政府入りしなかった議員が政策に関与できる機会は大幅に制限され、不満を募らせる結果となった。また、短命政権が続いたことで役職者はたびたび入れ替わることになったが、二章でも示したように、政府の役職は当選回数や年齢が高い者に割り振られる傾向があった。そのため、特にキャリアの短い若手の議員には疎外感が蔓延し、同じ人たちの間で役職が回されているとの不満が高まった（日本再建イニシアティブ 二〇一三、六章）。キャリアの短い議員たちは自身の支持基盤が弱く、党の趨勢に自らの選挙上の命運が大きく左右される。民主党政権が批判に晒されて支持を失っていく過程を、手をこまねいて見ていなくてはならなかったことで、こうした不満はより強くなり、八章でみたような若手議員の離党へと繋がったと考えられる。

そもそも、民主党は一〇〇人の議員を政府入りさせることをマニフェストで謳ったが、それが実現していたとしても、（衆参両院でともに過半数の議席を確保していれば）二八〇人以上が政府の役職に就くことはできない。政府・与党一元化を貫徹しようとすれば、政策決定に関与できない議員が多数出ることになる。また、今日のようにスウィングが大きい選挙の実態を考えれば（山田 二〇一〇、五〜六頁）、政権交代を実現できるだけの議席を獲得できたときには、党内に多くの新人議員を抱えることになる。役職配分において当選回数を重要視しないとしても、新人議員に政府の役職が割り当てられることは稀であろう。また、単純に組織の構成員数が増えれば、組織としての意思をまとめるためにかかる調整の費用は格段に高まっていく。

このように、内閣や官邸を中心とした「政治主導」の下では、若手を中心に政策決定に直接関与できない議員が多くならざるを得ず、党内に不満が蓄積するのは自然であったと考えられる。確かに、ウェストミンスター型の統治モデルの下では、一般議員の政策形成活動が制限されるのは通常のことであり、不満を述べる民主党の一般議員に対しては、「フォロワーシップ」が不足していたとの指摘がしばしばなされる（例えば、細野 二〇一四）。しかし、そうした議員も自身の目標を有しており、党の意思決定の重要性を説くだけでは、フォロワーシップは高められないだろう[5]。一般議員から合意を調達するためには、党として相応の意見集約の仕組みを整える必要があったと考えられる。また、役職に就けず、政策に関与できない議員の不満は、将来的にその可能性について十分な見通しがあれば、ある程度は抑制されたかもしれない[6]。あるいは、政策以外の党への貢献を評価する仕組みを整備する途もあったであろう。いずれにしても、多様な議員から構成される政党においては、一般議員に対して執行部から何らかの権限を移譲したり、議員としての目標達成のために必要な資源の提供を行ったりすることが不可避なのではないだろうか。

2 政権公約としてのマニフェスト

▼マニフェストをどう評価するか？

二〇〇三年以降、民主党は選挙の度に、政権獲得後の政策的指針としてマニフェストを有権者に提示してきた。マニフェストは「国民との契約」と位置づけられたが、遵守すべきか修正すべきかという形で党内対立が顕在化したように、その存在は、政権党としての民主党が政策形成に困難を抱える一因ともなった。本節では、主に四章の知見を下敷きにしながら、マニフェストに関する問題について検討することで、野党が抱える政策的指針作成の課題について考察していく。

その作業に入る前に、マニフェスト自体をどう評価するかについて論じておきたい。繰り返しになるが、民主党は選挙時に明確な政策的指針をマニフェストとして示し、選挙で有権者の信任を得た後には、それを実現に移していくというスタイルの政治を唱道した。確かに、こうした政権運営の方法に対しては批判も根強い（例えば『読売新聞』二〇一二年六月一八日、理論的なものとして、Riker 1982; Mannin, Przeworski and Stokes 1999など）。しかし、有権者と政党や政治家との紐帯が弱まり、有権者が政治家の応答性への不信を強めていた中では、有権者自身が政権と選挙後の政策を選択できるという点で、民主党型の統治モデルは有権者にとって魅力的に映ったと考えられる（堤 二〇一二a）。選挙時の政策公約が曖昧な一方で、選挙後的に実質的な調整と決定を行う自民党の政策形成のスタイルには批判も強く、マニフェストを軸とした統治モデルには、「自民党モデル」の一つの代替モデルという意味があったといえよう。

ただし、有権者からの支持を得るために、具体性を高めた政権公約であるマニフェストが不可欠だったわけではない。例えばキッチェルト（Kitschelt 2000）は、有権者と政党を繋ぐ要素として、体系的な政策（イデオロギー）やクライエンテリズム、指導者のカリスマがあることを論じている。しかし、長期にわたって優位政党であった自民党が存在する中では、野党が特定の地域・社会集団への個別的な利益の提供によって有権者を引きつけることは難しい。また、カリスマを通じた支持獲得は、そうした資質を備えたリーダーの出現の偶発性に左右されるし、カリスマを通じた支持を長期にわたって持続させることは容易ではない。さらに、特定のリーダーに依存した政党は制度化が進まないため（Panebianco 1988=2005）、リーダーを失った後も安定的な党運営を続けていくことが難しい。さらに、社会的多様性が増すとともに、政党および政治家と有権者の関係が弱まっている今日において、特定のイデオロギーが幅広い有権者からの支持を得られるとも考えにくい。こうしてみると、様々な政策を一括してパッケージとして示すマニフェストは、有権者の支持を獲得していく上で有効な手段でありえたように思われる。また、政策の具体性を高めることには、政権担当能力をアピールするという意味もあったといえよう。

さらに、マニフェストの提唱者が意図していたかはともかくとして、多様な議員を抱える民主党のような政党にとって、マニフェストは党内の求心力を保つための「接着剤」になりえたはずであった。国民との「契約」という形で示され、選挙を通じて有権者からの承認という手続きを経るマニフェストは、実行に移されなかった場合や逆行する政策が採られた場合には、実際にそうであったように、「マニフェスト違反」との批判を免れない。こうした批判は、個々の議員が政党投票に依存しておらず、自身で強い選挙基盤を持っているのでない限り、議員がマニフェストに反して自律的な政策形成活動を行うことを抑制する方向に作用すると考えられる。

ただし、マニフェストに意義を見出すにしても、民主党のそれに対しては、しばしば非現実的であるとの批判がなされた。特に政策を実施するための財源の確保については、こうした主張を全面的に否定することは難しいだろう。また、具体的な数値目標を事細かく盛り込んだことで、政権交代後の民主党は、その数字に拘束される結果となった。では、なぜ民主党のマニフェストは「具体的」で「非現実的」なものとなったのだろうか。これについては、民主党が自民党一党優位体制の下で政権交代を目指した点に着目した上川（二〇一三）の議論が説得的と思われる。上川は、自民党の一党優位体制が長期化したことで、自民党は柔軟性を備え、包括政党化し、野党の脱正当化を図る一方で、野党の非現実化と官僚の政治化が進んだとする。そのため、民主党は、柔軟な包括政党である自民党であっても真似することのできない非現実的ともいえる政策を（さらに、自民党に政策を取り込まれることを防ぐために、選挙直前になってから）打ち出さざるをえなかったという。また、自民党からの民主党には政権担当能力がないとの批判に対抗するために、マニフェストに具体的な数値が盛り込まれることになったとする。さらに上川は、官僚が政治化し、自民党との関係が密接になったことで、民主党と官僚との関係は疎遠になり、政策を立案、実施していくのに必要な最低限の情報を得ていなかったことも、民主党のマニフェストが非現実的となった背景にあるとしている。

こうした上川の指摘は、民主党にのみ当てはまるものではなく、政策的に自民党に対抗しようとする政党が必ず直面する問題だと考えられる。自民党一党優位体制の下、自民党から政権を奪取できるだけの支持を有権者から獲得することが可能で、かつ「現実的」な政策パッケージを作成することは、かなり難しい作業であると言わざるをえない。民主党以外の政党が、時の自民党政権に対抗するためにマニフェストを作ったとしても、それは「非現実的」となる可能性が低くないのである。

▼共有されないマニフェスト

民主党は、マニフェストの修正をめぐって深刻な党内対立に陥ったが、これは、民主党の議員の間にマニフェストに対する認識の相違や共有の不足があったことを意味する。この背景には、マニフェストの作成過程に関する問題が存在しているように思われる。具体的には、①リーダーのトップダウンによる決定と②党内の承認手続きの曖昧さが、マニフェストの内容および位置づけに関する認識に相違をもたらしたと考えられる。

民主党のマニフェストの作成過程には、リーダーの選好に応じた、いわば属人的な内容の決定がなされてきた側面がある(竹中 二〇一二)。特に二〇〇六年に小沢が代表に就任して以降、トップダウンの要素が強まったと理解されている。例えば、二〇〇七年のマニフェストにおいて、子ども手当の額が一万六〇〇〇円から二万六〇〇〇円までほぼ倍増したが、これは小沢の鶴の一声で決まったといわれている(山口 二〇一二)。また、二〇〇五年までマニフェストの作成に深く関与してきたメンバーたちは、二〇〇六年に発表され、二〇〇七年参院選のマニフェストの土台となった「マグナカルタ」や、二〇〇七年マニフェストの作成には関与していなかったという(薬師寺 二〇一二、一八一～一八八頁、二二六～二三一頁)。ただし、マニフェストや党の主要政策に対して代表の個性や選好が反映されることは、小沢の代表就任以前にも見ることができる。例えば、二〇〇三年マニフェストの目玉政策とされた高速道路の無料化は、菅の意向によるといわれている(『毎日新聞』二〇〇三年七月七日)。

他方で、マニフェストの作成に携わった人物らの発言に従えば、少なくとも二〇〇五年衆院選のマニフェストまでは、ボトムアップ型で作成された部分も多分にあったと考えられる。二〇〇四年に代表に就任した岡田は、自らが代表であった時期のマニフェストについて、「そもそもマニフェストは各部門会議などで練られた政策を基本としており、全く新しいものが多く盛り込まれているわけではない」(薬師寺 二〇一二、九

〜一〇頁）と述べている。また、松井も、「……マニフェストの各部分は党の部会が案を出してくるわけです。そこまでの段階で議論の積み上げ部分が相当あります」（薬師寺 二〇一二、二一六頁）としている。すなわち、二〇〇四年参院選や二〇〇五年衆院選に関しては、党の政策調査会部門会議における議論が積み重なってマニフェストに結実しており、選挙直前に急ごしらえで作られたわけではなかったことがわかる。また、福山哲郎によれば、「二〇〇九年のマニフェストづくりには、二〇〇三年マニフェスト以来の蓄積が全部集約したかたちで入」り、（財源などについて）「各部門で徹底的に議論し」たという（山口・中北 二〇一四、一五頁）。実際、二〇〇七年参院選や二〇〇九年衆院選のマニフェストで示された政策は、かなりの程度、それ以前の政策を引き継いでいた（堤・上神 二〇一一）。この二つの側面を合わせて考えると、個別政策に関してはボトムアップの側面が強かったが、マニフェストの目玉となる政策や全体の性格についてはトップダウンで決められてきたと理解できるだろう。

多分にリーダーの意向が色濃く反映されたマニフェストの承認の手続きは、必ずしも明確ではなかった。二〇〇三年衆院選で初めてマニフェストが登場した際、候補者はマニフェストに署名することが求められたが、それ以降の選挙では、二〇一二年衆院選まで、こうした手続きはとられていないようである（『読売新聞』二〇一二年一一月一九日）。また、「政治主導」の制度設計に中心的な役割を果たした松井が「……（二〇〇七年参議院選挙では）党の方針もあり再選優先で選挙区を走り回っているときに、マグナカルタや小沢氏のマニフェストができたということを知らされ、『あっ、こんなのができたんだ』と受け取っているだけ」（薬師寺 二〇一二、二一七頁）と語っているように、民主党としてのマニフェストの決定に際して、個々の候補者や党地方組織による承認は行われていなかった。

このようにして作成されたマニフェストは、個々の議員からすれば「上から降りてくるもの」であり、その内容を共有し、かつ責任を分有することは難しかったであろう。実のところ、民主党の候補者たちは、マニフェストに示された政策を取捨選択して自身の政策公約に取り入れており、マニフェストに示された政策のうち何が重要であるのかについての認識は、議員間で少なからず差異があったと考えられる（堤・森二〇一〇、堤 二〇一三）。マニフェストが「正しく」パッケージとして理解されていなくては、国民に負担を強いるような選挙上不利に働きかねない政策は、強い党内からの反発を招くことになるだろう[7]。

なお、党内の意思決定に焦点を当てた本章の議論を超えることになるかもしれないが、マニフェストの作成過程においては、党内だけでなく党外における調整も重要であることを付言しておきたい。一例として、群馬県の八ッ場ダム建設中止問題を挙げよう。政権交代直後、前原誠司国土交通大臣が「マニフェストに書いてあるから」八ッ場ダム建設を中止すると発言したことは、地元などから強い反発を招いた。マニフェストを、政権交代後に実行することを前提とした政策文書と捉えれば前原の発言は当然といえるが、自民党モデルの選挙後調整を前提とすれば、こうした発言は乱暴に映ったであろう。選挙の前にせよ後にせよ、対立のある政策課題を解決していくためには、利害関係者との調整は不可欠である。政権獲得後に選挙で提示したマニフェストを実現していくとの立場をとれば、マニフェスト作成時に利害関係者との調整の努力がなされていなくてはならない（もちろん、合意の調達とは別である）。また、実現の見通しを欠くままにマニフェストに記載する政策を決めることは、その政策に深く関わってきた議員の離反を招くことになるだろう（中島 二〇一二）。

▼政策文書としてのマニフェストの位置づけ

こうした限られたメンバーによるマニフェストの作成過程と承認手続きの曖昧さは、一般議員におけるマニフェストの内容の共有と責任の分有を妨げたと考えられる。これに加えて、そもそもマニフェストとはいかなる位置づけにある政策文書なのかという根本的な理解についても、民主党内には共有不足があったと考えられる。日本におけるマニフェスト導入の考え方からすれば、それは政権を獲得した際に実行することを念頭に置いた「国民との契約」であった（新しい日本をつくる国民会議 二〇〇三）。他方で、二〇〇九年衆院選のマニフェストについて、前原が「……民主党の中で本当に政権政党になったときにやること、やらなきゃいけないことと、自民党を倒すためのいわゆるスローガンが混同されていた面もあったのではないか」（薬師寺 二〇一二、六四頁）と述べているように、あくまで選挙向けの文書であるとの理解も存在した。こうしたマニフェストの位置づけに対する根本的な理解の違いが存在する場合、その実現が困難になったとき、党内に重要な対立がもたらされることは想像に難くない[8]。完全に履行することは不可能であるにしても、「国民との契約」を謳った以上は、どのような場合に修正が認められ、どのような手続きを経てそれが承認されるのかは、考えられて然るべき問題であったのではないか。

マニフェストの位置づけという点については、民主党が目指した首相・政権党・マニフェストを一体で選択するというウェストミンスター型の統治モデルとの兼ね合いも問題になる。具体的にいえば、政権獲得後に政権党の党首が交代したとき、マニフェストは修正が可能なのか、可能だとすれば、どの程度まで、どのような手続きによって変更できるのかといった問題である。「二〇〇九年マニフェスト」は、「政権選択選挙」において民主党の大勝という形で有権者から「承認」されたのに対し、鳩山から交替した菅首相の意向を受けてそれを修正した「二〇一〇年マニフェスト」は、有権者から（二〇一〇年参院選における民主党の獲得議席から判断する限りにおいて）「承認」されなかった。これによって、「二〇〇九年マニフェスト」を修正した「二〇一〇年マニフェスト」の正統性は低くなり、有権者からの「承認」を受けている「二〇〇九年マニフェスト」を遵守すべきとする勢力が勢いづいて、党内対立が促進された側面がある（日本再建イニシアティブ 二〇一三、一章）。また、二〇一一年に代表に選出された野田は、代表選で消費税率の引き上げを明確に主張していたことから、その問題は党内で決着がついたものと考えていた（読売新聞政治部 二〇一二、三七〜三八頁）。

しかし、その後の党内対立の激化を見ると、代表選を通じたマニフェストの修正は認められないと考えていた議員は少なくなかったといえる。

基本的に民主党は、政権を獲得した選挙から次の選挙までの間に代表が交代することを念頭に置いていなかったように思われる。そのため、政権獲得後に首相が交代した場合、マニフェストをどこまで、どのように修正できるかという問題は手つかずになっていたと考えられる。野党時代は、「政権公約」であるマニフェストを遵守する必要性に迫られることもなく、政策的立場の変更は容易であった。政権党として実際にマニフェストを実現する立場に置かれて初めて、代表の交代とマニフェストの関係の問題が顕在化したといえるだろう。党首の交代に伴って党の政策が変更されることはごく一般的だが、ウェストミンスター型の統治モデルを念頭に置いた場合、選挙で有権者から選択されたマニフェストを大幅に変更することに正当性があるとは言いがたく、党内外から強い反発を招く結果となることも避けがたい[9]。交代した政権党の党首が、どのような手続きを経て、どこまで政権を獲得した選挙時のマニフェストを修正しうるのか、認識が党内で共有されている必要があったといえよう。

3　候補者リクルートメントと政党組織

▼民主党の候補者リクルートメントと政策的な凝集性

党が決定した方針に従って議員が行動するか否かは、党の一体性を保って行動する誘因を持つか否かに左右される。一般に、議員は再選動機に基づいて行動すると想定されることが多く、議員が再選のためにいかなる行動をとるかは、選挙制度に規定されることはよく知られている（Carey and Shugart 1995）。衆院選で採用されている小選挙区制と拘束名簿式の比例代表制は、ともに政党の一体性を維持しやすい制度と考えられ

（建林 二〇〇四）、新制度導入以降、自民党は集権性を高めてきたことが指摘されている。その際、党執行部の公認権の重要性が強調される点で（竹中 二〇〇六）、こうした議論は規律による一体性の確保と位置づけられるだろう。

他方で、党の一体性を確保する上では、凝集性を基礎とすることもできる。ある政党の議員の地位を得るためには、（他党から移籍する場合もあるが）まず、その政党の候補者とならなくてはならない。そして、誰をその政党の候補者とするかの決定は、基本的に政党自身が行うことができる。したがって、政党が候補者をリクルートする段階で、党のイデオロギーや選挙上の利益などを共有する者を候補者に選定することで、党の一体性を高めることができると考えられる。特に、政治家の政治的信念が容易には変わらないのであれば、凝集性を高めることは、基本的に候補者選定の問題となる（Hazan 2006）[10]。

ここでは、民主党の候補者リクルートメントについて検討してみよう。民主党は結党後、多くの空白区を抱えてきた。自民党は、地方議員や議員秘書が主要なリクルート源となってきたが、民主党の地方組織は脆弱であり、地方政界から候補者を補充することは困難であった（Scheiner 2005; 上神・堤 二〇一一）。こうした条件の下で、民主党が候補者リクルートメントの手段として用いたのが候補者公募であった。民主党は、自民党に先んじて一九九九年から公募による候補者選定を進めた。一口に候補者公募といっても、その具体的な方法は極めて多様であるが、民主党の公募は党本部の主導性が非常に強い点に特徴がある（Smith, Pekkanen and Krauss 2013; Shoji 2013）。自民党の公募においては、地方組織が具体的な候補者選定方法を決めて、地方組織の手によって公募が実施され、さらに選定された候補者を党本部が公認しないことはごく稀であった（堤 二〇一二b）。これに対して民主党の場合、希望者は党本部に対して応募書類を送付し、党職員らによる書類審査の後、党の選挙対策委員会幹部（国会議員）らによる面接を経て合否が決められた。ただし、公募合格者は全員が候補者となるわけではなく、地方組織との調整も経て、空白区の中から立候補できる選挙区を見つけることができて初めて、候補者となることができた（Shoji 2013）。

基本的に党本部によって候補者となれるか否かが決められる民主党の公募は、党と政策的立場を同じくする人材を候補者に選定し、党の立場にそぐわない人材を排除できることから、党の凝集性を高めやすい制度であったと考えられる。実際、公募で選定された民主党の候補者の政策的立場は、特に保守－革新の次元において、公募以外の方法を通じて選ばれた候補者と比較すれば、穏健で分散も小さい（Smith and Tsutsumi 2014）。しかし、民主党の候補者公募では、その選考過程において政策的な側面が重みを持つことはなく、政治に対する「志」や「思い」、厳しい選挙を戦い抜くことができるだけの精神力が重視されたという（庄司 二〇一二、三〇八～三一三頁; Shoji 2013; Smith, Pekkanen and Krauss 2013）。民主党の政策理念が明確というわけではなかったから、選考における政策面での基準が設定できなかった面もあるだろう。また、人材供給源に劣る民主党では、まずは「勝てる」候補者を確保することが急務であり、政策的な側面は軽視されたと考えられる[11]。自民党から立候補することを望みつつも、立候補できる選挙区がないために民主党からの立候補を目指した者を少なからず擁立してきたことも[12]、こうした民主党の候補者リクルート方針の表れといえる。しかし、候補者を選定する段階で政策面からの選抜が意識されていなかったことは、党内に多様な政策的立場をとるメンバーを包含する結果を招き、凝集性の低下をもたらしたといえるだろう。

▼候補者リクルートメントと政党の一体性

ここまででみたような、政策的な立場の合致や党への貢献よりも、人物自体の評価が重視された民主党における候補者リクルートメントは、集権的な候補者選定方法でありながらも、公募合格者に自身が「民主党に相応しい」人物だから候補者に選ばれたというよりは、「自身の資質が高く評価された」ために候補者となったと認識させたのではないだろうか。また、選考過程で政策的な志向の審査が十分に行われていなかっため、党の持つ政策的な価値観は、公募で選定された候補者には必ずしも意識されていなかったと思われる。さらに、公募合格者が立候補する選挙区は党本部によって割り当てられるわけではなく、立候補できる選挙区を見つけるために公募合格者自身が多大な負担を負わなくてはならなかったし（Shoji 2013）、（候補者を選定できないということは、地方組織が弱いということでもあるから）候補者自身で選挙運動を遂行するための体制を作らなくてはならなかった。公募によって選ばれた議員が、党との政策的な親近性を意識せず、自らの資質によって候補者となり、自らの努力によって選挙を勝ち抜いて議員になったと認識していれば、当選後、再選、政策、出世といった目標を達成するために、党の方針に従おうとする、別言すれば、自身の自律性への制約を受け入れる動機は弱かったと考えられる。

他方で、民主党内には、小沢によってリクルートされ、選挙を戦う上で資金や選挙運動のノウハウなどを小沢に大きく依存している「小沢チルドレン」と呼ばれる議員が一定の割合を占めていた。こうした議員は当選後も小沢グループに所属して強い結束を保ち、消費税率引き上げをめぐる党内対立においては、八章で示したように（完全に一枚岩だったわけではないにしても）、小沢に従って離党する結果となった。このように、再選目標の達成の可否を小沢に依存していた議員たちは、党としての一体性の確保に悩まされた民主党にとっては皮肉ではあるが、党内グループとしての一体性を保ったのである。

もっとも、民主党にとって候補者となりうる人材供給源は限られていたため、政党の外から候補者を調達しなくてはならなかった。したがって、党の持つ価値観を一定程度共有した人物をリクルートすることが難しかったのは、致し方ない面もある。ただ、候補者を選んでからでも、凝集性を高めていく、あるいは少なくとも党の方針に対して公然と反旗を翻すことを難しくする方法がなかったわけではない。マニフェストの形成過程に現職でない候補者も参加させることで、党の考え方への理解を深めさせ、共有度を高めることも可能だったのではないか。そのことは、マニフェストに対する責任を分有させることにも繋がったであろう。

小選挙区制の下では、政策選好を考慮した候補者選定を行ったとしても、政党を構成するメンバーの政策的な多様性をある程度は許容せざるを得ない。こうした状況においては、マニフェストの下に一体性を確保しようとすることは、一つの有効な戦略であったと思われる。しかし、そのためには、マニフェストが「上から降りて」くるものではなく、候補者が自らも作成に関与したとの認識を持つことが必要となるだろう。

4　支持集団と党地方組織

最後に、有権者との関係や党地方組織のあり方について触れておきたい。安定的な支持集団や、堅固な党地方組織の存在は、間接的に院内政党の一体性の確保を促進すると考えられるからである。安定的な支持集団は、自らの利益を代表すると考えるがゆえに、その政党を継続的に支持しているわけだから、支持政党が頻繁に政策を変更することを嫌うであろう。他方、そうした支持者からの支持を確保するためには、政党も安易に政策を変更することは難しくなる。結果として政策の変化は漸進的となり、大量の離党者を出すような政策をめぐる深刻な党内対立は生じにくくなるだろう[13]。また、党地方組織が強固で、議員を選挙運動などで支えている場合、議員が地方組織の意向を考慮せずに、独断的な行動をとることは抑制されると考えられる。

政権交代前の民主党は、自民党に対抗しうる勢力として選挙での得票を増やしてきたが、基本的にその源泉は自民党政権への批判にあった（前田 二〇一一b）。また、民主党が打ち出してきた政策には、時の内閣との差異化を図るという側面が強かった。一九九九年に代表が鳩山から菅に交代した際に構造改革を打ち出した背景には、小渕恵三内閣の拡張的財政政策に対する批判があったし、前原から小沢に代表が交代して以降、格差是正が論じられるようになった背景には、小泉純一郎内閣の構造改革路線を継承した安倍晋三内閣（第一次）を批判するという意味合いが濃かった。その意味で、民主党のマニフェストは、時々の自民党政権のミラーイメージであったといえる（竹中 二〇一二）。確かに、民主党の政策には一貫して「普遍性」という特徴を見出すことができ、こうした政策変更が場当たり的であったというわけではない。しかし、それぞれの時期の政策の主たる受益者は異なっており、頻繁な政策変更は、一時的に支持者を拡大させる効果はあっても、安定的な支持者の形成を妨げることになりかねない。

民主党は有権者との関係が脆弱であるがゆえに、政策形成において「選挙の論理」より「統治の論理」が優先された面があったように思われる（三浦 二〇一三）。すなわち、実際の政策形成過程において、政策の実現を通じて、どのような受益者から支持を調達するのかが十分に意識できていなかったと考えられる。また、民主党政権は消費税やTPP（環太平洋戦略的経済連携協定）など、党内外で議論が割れる問題を安易に争点化してきたが（日本再建イニシアティブ 二〇一三、七章）、これも有権者からの反応に十分な関心を払っていなかったことを示唆する。そして、優先すべき支持者は誰かという観点が不在であったことは、政権交代後の政策的指針であると同時に選挙向けの文書という性格をもつマニフェストからの、民主党自身の乖離を起こりやすくしたと考えられる。特に、先述したような集権的な政策決定制度をもつ民主党においては、リーダーが決断をすれば、マニフェストとは異なる政策を決定することは容易であった[14]。他方で、民主党内には、マニフェストの変更可能性について認識にずれがあったことから、マニフェストと実際の政策との乖離は党内対立へと繋がったといえるだろう。

また、民主党は結成以来、基本的に自民党との関係が弱い都市部の有権者に支持されてきたが、小沢が代表に就任して以降は、小泉改革によって距離の生じた自民党支持団体との関係強化を目指してきた（『朝日新聞』二〇〇六年四月一五日）。そして、政権交代後には、小沢が主導して、各都道府県連を通じて陳情を受け付け、幹事長室で処理を一本化する体制をとった。鳩山首相とともに小沢が幹事長を辞した後、陳情処理体制は変更が加えられたが、六章や七章で見たとおり、党の地方組織を経由させる点に変化はなかった。民主党は政権党として予算を握ったことで、これを利用して（特に、これまで民主党が弱かった地域において）従来の自民党支持者からの支持獲得を目指したのである。

しかし、こうした手法は、陳情の受付先が自民党政権期には個々の議員や官庁であったのが、主として都道府県連になってはいるにせよ、民主党がそれまで批判してきた自民党政権が採ってきた手法と大差はない。「票と利益の交換」という手法は、民主党が目指してきた政策決定における裁量や恣意性の排除と明らかに矛盾する。確かに「資源制約型政党」であった民主党が、有権者と安定的な関係を築きうる媒介を見出すことは難しい課題であったであろうし、政権党として国家資源を利用できることは魅力的であっただろう。しかし、有権者が期待したことは、民主党が第二の自民党となることではなかったはずである。少なくとも野党時代において期待されてきたことと整合的とは言い難い手法をとることには、慎重であるべきであっただろう。

また、「票と利益の交換」ではないにせよ、様々な陳情をまず都道府県連で受け付けて集約し、それを党本部で一本化して精査し、政策に反映させていくという方法を採った場合、党本部や都道府県連には、的確な利益集約を行う能力が求められると同時に、陳情者に対する説明責任が課される。こうした方式は、陳情者たちに対して陳情の結果を説明するために、相応の能力と労力を中央および地方の党組織に負わせる。そして、陳情と政策の関係が陳情者たちに実感されなくては、陳情者たちを民主党支持へとは向かわせられないであろう。民主党の場合、国政レベルでの候補者のリクルートメントや政策形成において党地方組織の参加度は小さく、他方で地方レベルでの党の活動に対する党中央からの関与も限定的であった（大村・待鳥二〇一三）。建林（二〇一三）の分類に従えば、民主党は党地方組織の参加度が弱い一方で自律性が強い「分離型」に該当すると考えられるが、六章や七章の分析からも垣間見られるように、利益集約と説明責任を可能にするだけの能力が民主党の地方組織にあったかは、疑問と言わざるを得ない。いずれにしても、直接、表出された利益を集約して政策に繋げ、最終的に支持へと還元させるための制度設計には、かなりの難しさがあるのである。

5　政権交代のために野党には何が求められるか？

政権交代は、一九八〇年代後半から一九九〇年代初めにかけて進められた政治改革の重要な目的の一つであった（選挙制度審議会『選挙制度及び政治資金の改革についての答申』一九九〇年、五頁）。政権交代は、新選挙制度となって五回目の選挙で初めて実現したが、自民党から政権を奪取した民主党は円滑な政権運営を行うことができなかった。その結果、二〇一二年総選挙で大敗した民主党は、三年三カ月で自民党に政権を奪還されることとなった。しかし、民主党政権が「失敗」したとしても、政権交代の意義が失われたわけではない。そして、次なる自民党に対抗する勢力も、野党時代あるいは政権党としての民主党が直面した問題に無関係ではいられない。自民党一党優位を前提とした政治システムが確立された中ではクライエンテリズムによる支持獲得は困難で、何らかの政策志向を打ち出さなくてはならず、また小選挙区制を中心とした選挙制度は、多様な利益を党内に包含することを不可避とする。本章では、政党組織における政策的な調整、決定の手続きへの共通了解が不在であった点に焦点を当てながら、非自民勢力が政権交代後、安定的に政権を運営するために、民主党の経験から何を学ぶことができるかを論じてきた。

本章の含意を述べれば、小選挙区制を中心とした選挙制度の下では党の凝集性が否応なく低い水準に留まることを前提に、議員が政党にとどまる誘因を維持するような仕組みを構築することと（それは責任を分有することでもある）、凝集性を高めるという観点から候補者リクルートメントを行うこと、そして、安定的な有権者との関係の構築を目指すこと、そのそれぞれが、長年、一党優位体制を維持してきた自民党に対抗する勢力に求められている課題だということになる。

民主党は、自民党の代替政党となるべく、自民党が構築してきた統治システムの改革を目指し、その一環として、中間団体を経由させない普遍主義的な政策を志向してきた。また、本書が焦点を当てた政党組織に関しても、党執行部の一般議員への規律を高めるかたちで自民党とは異なるモデルを追求してきた。これらは、概ね一九八〇年代末からの政治改革が目指した方向性に合致したものであり、民主党の経験は政治改革の一つの帰結を示していると考えられる。民主党政権の取り組みは成功を収めたとは言い難いかもしれないが、日本の政治システムにおいて前提となってきた「自民党システム」とは異なる政治システムを構想し、実際に政権を担ったこと自体は評価されて然るべきであろう。

他方で、リーダーシップの強化を目指して政党の集権性を強めることを狙った政治改革の方向性の限界も、民主党の試行錯誤は明らかにしたと考えられる。つまり、凝集性が低く、カリスマ的な指導者も存在せず、国家資源と距離を置かざるをえない後発の政党にとって、集権性の強化は副作用が大きいのである。拙速な政党再編を繰り返すのではなく、迂遠なようでも議論を尽くしながら地道に凝集性を高め、安定的な政党組織の運営、さらには安定的な政権運営を可能にするための努力が、次の政権交代を目指す勢力には求められているのである。

註

1――小選挙区制を中心とした選挙制度の下での二大政党制による競争に対して批判的な最近の論考として、吉田(二〇〇九)、中北(二〇一二)などが挙げられる。

2――この問いについては、観点の違いによって様々な答えがありうるであろう。例えば牧原(二〇一三)は、政権交代を進化させるための制度設計を構想し続けるという観点から、①与党になったときに備えての実行可能な政策を構想すること、②政権獲得前の野党と官僚との接触ルールを整備すること、③マニフェストを掲げつつ、さしあたり着手可能な案件を絞り込むこと、そして、④省庁再編は慎重に行うべきことという、包括的な四つの提言を行っている。

3――民主党政権の意志決定システムに注目した民主党政権の包括的な分析として、伊藤(二〇一四)がある。

4――小沢自身の考えでは、この文面を、両院議員総会で配布する予定であったようだが、手違いで配布されず、業を煮やした小沢の指示によりFAXで一斉送信されたという経緯があったようである(清水 二〇一一a、五六頁)。

5――日本再建イニシアティブ(二〇一三、六章)でも、同様の指摘がなされている。

6――自民党の確立された昇進パターンは、その一例といえよう。

7――個々の政策への理解や共有の不足もさることながら、個々の政策に関心が集まり、政策パッケージとしてのマニフェストの全体像が十分に理解されていなかったことが問題であったように思われる。そもそも民主党のマニフェストには理念が不在であったという指摘も少なくないが、二〇〇九年マニフェストに示された「コンクリートから人へ」というフレーズは民主党の考え方をよく示していると思われるし、「普遍性」(堤・上神 二〇一一)や「オープン・アンド・フェアネス」(神保 二〇〇九)といった特徴があることも指摘されている。しかし、例えば、本来は「控除から手当へ」とされていた子ども手当の支給にあたって、配偶者控除が存続したことは、政策の趣旨への理解が必ずしも得られていなかったことを表している。

8――マニフェストの修正をめぐって民主党は混乱に陥ったが、これは権力闘争の要素を多分に含んでいることは言うまでもない。小沢らは、マニフェストを遵守することを主張したが、小沢がマニフェストに固執していたわけではない。二〇一〇年度予算編成において、マニフェストに反する揮発油税の暫定税率の実質的な維持などマニフェストの修正を申し入れたのは(これは、いわば初めての「マニフェスト違反」と位置づけられる)、当時幹事長であった小沢であった(清水 二〇一一b、一〇〇～一〇四頁)。

9――これは、民主党に限られた問題ではない。自民党においても、第一次安倍内閣時における郵政民営化法案への造反議員の復党は、党内外から強い批判を受けたことを想起されたい。

10――後述するが、候補者選定の段階で規律に服しやすい者(議員としての目標を達成する上で、党の持つ資源への依存度が高い者)を選定するという方法もありうる。

11——スミスらによれば、単純に得票率で比較した場合、公募で選ばれた候補者は、それ以外の候補者に比べて、多くの票を獲得していたという。様々な要因からの影響をコントロールすると、公募の効果は統計的に有意でなくなるが、少なくとも党がリクルートした候補者と同程度以上には得票能力があったといえる(Smith, Pekkanen and Krauss 2013)。

12——選挙制度改革後、自民党ではなく民主党から立候補する中央官僚出身者が増加したが(濱本 二〇一一)、その背景には、自民党の空白区の少なさがあったといわれている(『朝日新聞』二〇〇三年一〇月二七日)。

13——執行部が支持者の再編成を目論む場合は、逆に激しい党内対立を惹起することになるだろう。

14——特に小沢が主導して作成したマニフェストは、選挙対策としての色合いが濃かったが、菅や野田、岡田といった小沢と対立する主要メンバーたちは、小沢のマニフェストに批判的であった。例えば、岡田の二〇〇九年マニフェストへの見方として、薬師寺(二〇一二、一七~二八頁)を参照。

あとがき

二〇一四年一〇月現在、国会では自民党・公明党の連立与党が衆参両院で安定多数の議席を維持している。一方、九月に改造した第二次安倍内閣では、二人の女性閣僚が着任からわずか一カ月半で辞任した。報道によれば、女性の積極的登用を謳った改造の直後でもあり、政権運営上のダメージは大きいようである。ただし、過去一年一〇カ月の間、四〇%台後半から五〇%台前半の高い内閣支持率を背景に、TPP（環太平洋連携協定）への参加、原子力発電所の再稼働、そして消費税率の引き上げといった大きな政策課題を抱えながらも、安倍首相は安定的に政権を運営してきた。そのためか、二人の閣僚の辞任が即座に自民党内政局につながる気配はない。皮肉ではあるが、民主党政権の経験を反面教師として、自民党は党内の利害・意見の対立を極力抑制することを学んだかのように見える。これが長期的に発展した自民党組織の柔構造によるものなのか、それとも、高い内閣支持率により党内対立が抑制されていることから生じている表層的な現象に過ぎないのかは、時間の経過が明らかにしてくれるであろう。

本研究プロジェクトの前身は、民主党の勢力が伸張し、政権交代が間近に迫るという雰囲気の二〇〇八年末頃に立ち上がった。野党時代の民主党について、その結党から政権交代までを検討した成果は、上神貴佳・堤英敬編『民主党の組織と政策』として二〇一一年に東洋経済新報社から刊行された。現実政治と学術研究には一定のタイムラグがどうしても生ずるが、私たちは政権交代以前の民主党についての研究をまとめ上げる作業と並行して、民主党政権の研究を準備した。幸い、科学研究費補助金・基盤研究(B)「民主党政権の統治構造と政党組織の変容」(二〇一一〜二〇一三年度)を頂くことができ、共同研究を軌道に乗せることができた。その際、政党研究ではなく選挙行動・世論調査を専門とする前田が研究代表者になったのは、研究費のサイクル上、たまたま応募するのに都合が良い時期であったという事情が大きい。

本研究は政党としての民主党に焦点を当てており、政官関係や政策決定については副次的にしか扱っていない。それは、私たちの能力不足によることは率直に認めるが、同時に、政官関係や政策決定に焦点を当てた研究を進めている他の研究グループが存在することを知っていたからである。私たちの取った戦略は、プロジェクト・メンバーの専門領域と研究の積み重ねを長所と考え、他の研究では十分に注意が払われていない党の問題にできるだけ焦点を絞ることであった。その成否は、読者の判断に委ねるより他にないが、この試みには十分な意義があったのではないかと感じている。

民主党政権が続いた三年三カ月の間、当事者たちは大変であったと思うが、それに大真面目につきあった私たちの研究生活も大変であった。首相が一年毎に代わり、そのたびに代表選挙が行われ、さらに内閣の改造(付随的に国会や党の役職者の交代)が頻繁に行われることを、私たちは予想していなかった。したがって、データ収集と整理に予想外の時間と労力を費やした。研究期間中に民主党が下野する可能性は想定していたが、分裂するとは思ってもいなかった。政権獲得後の民主党について的確な見通しを持っていなかったことは、汗顔の至りと言うしかない。民主党分裂の研究は、当初の計画にはなく、予算もなかったために、追加的に研究費を獲得する必要に迫られた。幸い、公益財団法人・野村財団には私たちの研究の意義をご理解いただき、第八章、そして第三章の分析に利用するデータの収集が可能になった。

私たちが科研費の研究期間に行ったメンバーだけの研究打ち合わせの回数は一〇回、他に公開研究会を三回行った。東京・名古屋・京都・高松・高知・北九州と六名が散らばっていたため、定期的に顔を合わせて作業・研究の進捗を相互に確認した。この間、メンバーが行った学会・研究会報告は合計一四本である。各共著者が個別に行った打ち合わせは数知れず、交換した電子メールの数は、前田のフォルダを見る限り、一五〇四通に上った。二〇一三年四月からは森道哉がワシントン大学(シアトル)で、八月からは前田がハーバード大学(ケンブリッジ)で在外研修に入り、打ち合わせにはスカイプが多用されるようになった。日本に残ったメンバーが集まった研究打ち合わせには時差が許す範囲内で、アメリカからも遠隔で参加した。

学会報告論文をはじめとする各章の草稿は、匿名査読の代わりにプロジェクト内部で相互に改善を要する点について意見交換を重ね、最低でも三回は書き直しを行っている。各章の内容は当然執筆者の責任であるが、相互に論文を読み合わせることで、メンバー相互間の理解の共有も進んだ。共編著の研究書としては、かなり高い統一感を達成したのではないかと考えている。一人で政権党としての民主党をこれだけ多角的に検討することは到底できなかったであろう。

本書は六人の共同研究の成果であるが、研究を進めるなかで、多くの方々のご助言、ご支援を頂いたのも事実である。ここでは、特に何人かの先生方への謝意を申し述べたい。最初にお礼を申し上げなければならないのが飯尾潤先生である。飯尾先生には、本研究の着想段階から、章立てを考えて全体像を組み立てる段階、さらに出版にいたる過程まで、大所高所から様々なご助言を頂いた。また、私たちの公開研究会、学会報告のほとんどに足をお運び頂いたことは、メンバーにとっては大きな励ましとなった。本書が飯尾先生から頂いたご指導に少しでも応える内容になっていることを願うばかりである。

研究プロジェクトの前半では、積極的に公開研究会を行い、民主党研究の意義を議論したが、そこで報告をお願いした伊藤光利先生、建林正彦先生、中北浩爾先生、待鳥聡史先生は、私たちの研究の位置づけを考える上で、様々な示唆を与えて下さった。記して感謝申し上げる。各章末の謝辞を繰り返すことはしないが、それぞれの学会報告の討論者と参加者の方々、そして公開研究会にご出席頂いた先生方から頂戴した論評と助言も研究上大変有益であったことを感謝の念とともに記しておきたい。

また、研究メンバーは各所属大学で優秀な大学院生・学部学生諸君から協力を得ることが出来た。新聞記事の整理、資料の複写、データの打ち込みとクリーニング等々、彼ら・彼女たちの努力がなければ、本書がこの時期に完成することはなかったであろう。この書籍の全体に関わる参考文献リストの作成や研究会の準備などでは、前回のプロジェクトから引き続きリサーチ・アシスタントを務めてくれた長迫智子さんに随分と助けられた。

最後に、書籍という形で研究成果を世に問うためには、学術書の刊行を引き受けて下さる出版社・編集者が不可欠である。今回は、千倉書房の神谷竜介氏がその役割を担って下さった。神谷氏には、体裁に始まり論文の細部にいたるまで確認頂いたのみならず、共著者たちが息を抜くことを許さぬ速度で作業を進めて頂いた。民主党が政権を担ったのは、遠い記憶のかなたのように思えるにもかかわらず、民主党政権研究が今後の日本政治研究に持つ意義を見出してくださった神谷氏、そして千倉書房に深くお礼申し上げたい。

野党時代の研究から通算して六年近く続いたプロジェクトに、その成果を問う書籍の刊行という形で幕を引くことを、私たちは幸せに思う。これからは、それぞれ別の研究テーマに取り組むことになるので、六人だけで集まって侃々諤々の議論をすることはもうないであろう。その機会がまた来るとすれば、それは民主党が再度政権を獲得する時ではないだろうか。その日がもう一度来るのか、来ないのかは神のみぞ知ることであるが、本書の知見が正しかったのか、間違っていたのか、六人で検証する機会が来ることを待ちたい。

二〇一四年一〇月三〇日

共著者六人を代表して　前田幸男

謝辞
本研究はＪＳＰＳ科研費二三三三〇〇四〇の助成を受けたものです。

【追記】

本書が校了したのと同じころ、安倍晋三首相は衆議院を解散した。第四七回衆院選は一二月二日公示、一四日投開票の日程で実施され、自民・公明の連立与党は、合計で公示前から一議席増の三二五議席を確保した。ただし、投票率は五二・六六％と戦後最低を記録し、「熱狂なき圧勝」と形容されている。選挙の前後で与党の議席数にほとんど変化がなかったことを考えれば、文字通り「大山鳴動して鼠一匹」の感はある。

ただし、民主党を含む野党には変化が生じた。第四六回衆院選で躍進した第三極の淘汰が進み、実質的に生き残ったのは、四一議席を獲得した維新の党のみである。民主党は公示前から一一議席上積みし七三議席を獲得したが、それでも現在の民主党が最初に臨んだ第四二回衆院選の一二七議席とは五〇議席以上の差がある。民主党の再建には長い時間がかかりそうである。

海江田万里代表が辞意を表明したため、民主党は二〇一五年一月一八日に代表選挙を行なうことになった。既に、党の自力再建を目指すグループと、民主党を含めた野党の再編を念頭に置くグループとの対立が始まっているようである。しかし、どちらの路線が優越するにせよ、出自も政治信条も異なる多様な議員たちをいかに束ねていくのかという問題は残されている。

政策と組織が政党にとって車の両輪だとすれば、自民党に対抗するべき政党――それが民主党であるにせよ、あるいは再編の結果として生まれる新党であるにせよ――に必要なのは、有権者に対して説得力を持つ体系的な政策と、一致団結して行動する組織力である。民主党も維新の党も政策通の論客には不足がないように見える。だが、党内の合意形成に情熱を持つ政治家はいるのだろうか。政党の組織力を高めるためには、党首選挙、マニフェスト、候補者選定等の党内制度装置を自覚的に関連づけ、議員および候補者の間に拘束力のある共通了解を作る仕組みが必要であろう。政策で有権者を惹きつける魅力的な党首と、党内制度の設計と運用にヴィジョンを持つと同時に、時には制度をかいくぐってでも説得と調整を行うフィクサー的政治家の両者が、自民党に対抗できる野党が成長するためには必要ではないかと私には思える。

二〇一四年一二月二二日

参考文献リスト

青木理・辻恵・宮崎学（二〇一三）『政権崩壊』角川書店。

青木昌彦（一九八九）『日本企業の組織と情報』東洋経済新報社。

秋田孟（二〇〇三）『自治労再生への挑戦——前委員長北岡勝征の遺言』ウェイツ。

浅野正彦（二〇〇六）『市民社会における制度改革——選挙制度と候補者リクルート』慶應義塾大学出版会。

朝日新聞政権取材センター（二〇一〇）『民主党政権100日の真相』朝日新聞出版。

新しい日本をつくる国民会議（21世紀臨調）（二〇〇二）『政治の構造改革——政治主導確立大綱』東信堂。

——（二〇〇三）「政権公約（マニフェスト）に関する緊急提言」(http://www.secj.jp/pdf/20030707-1.pdf)。

——（二〇〇四）『政権公約（マニフェスト）検証・第一回大会　評価報告書』(http://www.secj.jp/mani1st/kaigiroku.htm)。

——（二〇〇五）『総選挙直前！「政権公約検証緊急大会」　評価報告書』(http://www.secj.jp/050826/index.htm#4)。

——（二〇〇七）『第三回・政権公約（マニフェスト）検証大会　評価報告書』(http://www.secj.jp/manifest070701/index.htm#4)。

——（二〇〇九）『政権公約検証大会〜自民党、民主党のマニフェストと政権運営方針を検証する　評価報告書』(http://www.secj.jp/manifest090809/index.htm#4)。

——（二〇一〇）『政権実績・参院選公約検証大会　評価報告書』(http://www.secj.jp/manifest100620/index.htm#4)。

飯尾潤（二〇〇七）『日本の統治構造——官僚内閣制から議院内閣制へ』中公新書。

——（二〇一三）「政権交代と『与党』問題」飯尾潤編『政権交代と政党政治』中央公論新社、一〇三〜一三七頁。

飯田健（二〇〇九）「『失望』と『期待』が生む政権交代——有権者の感情と投票行動」田中愛治・河野勝・日野愛郎・飯田健・読売新聞世論調査部編『2009年、なぜ政権交代だったのか——読売・早稲田の共同調査で読みとく日本政治の転換』勁草書房、一三一〜一五二頁。

五百旗頭真・伊藤元重・薬師寺克行編（二〇〇八）『菅直人』朝日新聞出版。

石川真澄（一九九〇）「メディア――権力への影響力と権力からの影響力」『レヴァイアサン』七号、三〇～四八頁。

石原幸宗（二〇一〇ａ）「民主党の敗因は『消費税』ではない――参院選で示された民意」『ジャーナリズム』二四四号、一二～一五頁。

――（二〇一〇ｂ）「液状化する政党支持構造――対立軸の不在で浮遊する有権者」『ジャーナリズム』二四九号、五六～六九頁。

猪口孝・岩井奉信（一九八七）『族議員の研究』東洋経済新報社。

板垣英憲（二〇〇八）『民主党派閥抗争史――民主党の行方』共栄書房。

出井康博（二〇一〇）『民主党代議士の作られ方』新潮新書。

伊藤惇夫（二〇〇八）『民主党――野望と野合のメカニズム』新潮社。

伊藤正次（二〇一二）「統治機構――内閣主導体制の理想と現実」森田朗・金井利之編『政策変容と制度設計――政界・省庁再編前後の行政』ミネルヴァ書房、一七～四七頁。

伊藤忠治（二〇〇七）『体当たりの人生』伊勢出版。

伊藤光利（二〇一二）「鳩山民主党政権における政策決定システム――多元的閉塞から統治なき迷走へ」連合総合生活開発研究所研究報告書『民主党政権の決定と決定システム――鳩山内閣期を中心に』一～一七頁。

――（二〇一四）「民主党のマニフェストと政権運営」伊藤光利・宮本太郎編『民主党政権の挑戦と挫折――その経験から何を学ぶか』日本経済評論社、一～五一頁。

伊藤裕香子（二〇一三）『消費税日記――検証増税786日の攻防』プレジデント社。

稲熊利和（二〇一〇）「口蹄疫対策をめぐる課題――初動態勢の迅速化と防疫措置の徹底」『立法と調査』三〇八号、三二～四二頁。

岩切博史（二〇一二）「菅直人」藤本一美編『民主党政権論』学文社、三八～六三頁。

上神貴佳（二〇〇八）「党首選出過程の民主化――自民党と民主党の比較検討」『年報政治学』二〇〇八－Ⅰ号、二二〇～二四〇頁。

――（二〇一一）「選挙制度改革と民主党代表選出過程における紛争管理」上神貴佳・堤英敬編著『民主党の組織と政策――結党から政権交代まで』東洋経済新報社、七一～九八頁。

――（二〇一三ａ）『政党政治と不均一な選挙制度――国政・地方政治・党首選出過程』東京大学出版会。

――（二〇一三ｂ）「政権交代期における指導者像――自民党総裁と民主党代表のプロファイルとその変容」飯尾潤編『政権交代と政党政治』中央公論新社、四五～七三頁。

上神貴佳・佐藤哲也（二〇〇九）「政党や政治家の政策的な立場を推定する――コンピュータによる自動コーディングの試み」『選挙研究』二五巻一号、六一～七三頁。

上神貴佳・堤英敬（二〇一一）「民主党の形成過程、組織と政策」上神貴佳・堤英敬編著『民主党の組織と政策――結党から政権交代まで』東洋経済新報社、一～二八頁。

生方幸夫（二〇一〇）「手負いの独裁者『小沢幹事長室180日』」『文藝春秋』二〇一〇年五月号、一〇四～一一〇頁。

大石悠二（一九六六）「宮崎県細島・待ちぼうけ十年」『朝日ジャーナル』八巻七号、三五二～三六一頁。

大嶽秀夫（二〇〇六）『小泉純一郎　ポピュリズムの研究――その戦略と手法』東洋経済新報社。

大村華子・待鳥聡史（二〇一三）「民主党地方組織の歴史的基盤――北海道と愛知県の事例から」建林正彦編『政党組織の政治学』東洋経済新報社、一七七～二〇〇頁。

大山礼子（二〇一一）『日本の国会――審議する立法府へ』岩波書店。

岡田克也（二〇〇八）『政権交代』講談社。

沖本竜義（二〇一〇）『経済・ファイナンスデータの計量時系列分析』朝倉書店。

奥田義雄（一九七二）「企業都市『延岡』」奥田義雄・西川大二郎・野口雄一郎編『日本列島――地方都市　その現実』勁草書房、五三～六八頁。

柿崎明二・久江雅彦（二〇〇七）『空白の宰相――「チーム安倍」が追った理想と現実』講談社。

柏田学（二〇一〇）「口蹄疫被害の影響の中で行われた第22回参議院議員通常選挙の管理執行について――非常事態下における宮崎県内での取り組み」『選挙』六三巻一〇号、七～一七頁。

片岡正昭（一九九四）『知事職をめぐる官僚と政治家――自民党内の候補者選考政治』木鐸社。

上川龍之進（二〇一〇）『小泉改革の政治学――小泉純一郎は本当に「強い首相」だったのか』東洋経済新報社。

――（二〇一三）「民主党政権の失敗と一党優位政党制の弊害」『レヴァイアサン』五三号、九～三四頁。

川人貞史（一九九六ａ）「シニオリティ・ルールと派閥」『レヴァイアサン』臨時増刊号、一一一～一四五頁。

――（一九九六ｂ）「自民党における役職人事の制度化」『法学』五九巻六号、九三三～九五七頁。

――（二〇〇五）『日本の国会制度と政党政治』東京大学出版会。

菅直人（一九九六）「なぜ私は『奇兵隊』を目指すか」『文藝春秋』一九九六年一〇月号、一四二～一五三頁。

――（二〇〇二）『改革政権準備完了』光文社。

――（二〇〇三）「日本経済再生の処方箋」『論座』二〇〇三年一〇月号、八～一五頁。

――（二〇〇九a）「民主党政権のめざす国のかたち」『中央公論』二〇〇九年七月号、一六八～一七五頁。

――（二〇〇九b）『大臣（増補版）』岩波書店。

北岡伸一（一九九〇）『国際化時代の政治指導』中央公論社。

木寺元（二〇一二）「『脱官僚依存』と『内閣一元化の隘路』――前の調整・後ろの調整・横の調整」御厨貴編『「政治主導」の教訓――政権交代は何をもたらしたのか』勁草書房、一八九～二一四頁。

木村敬（一九九八）「93年総選挙前後における『離党行動』の合理性についての一考察――選挙戦略と支持基盤の特性に基づいて」東大法・蒲島郁夫ゼミ編『「新党」全記録　第Ⅲ巻』木鐸社、二九七～三一七頁。

久保庭総一郎（二〇一二）「政治主導」藤本一美編『民主党政権論』学文社、一一四～一四八頁。

月刊養豚情報編集部（二〇一〇a）「パンデミック的に拡大した口蹄疫の脅威――問われる『リスク管理』のあり方」『月刊養豚情報』三八巻六号、一〇～一九頁。

――（二〇一〇b）「口蹄疫の発生の経緯と関連対策」『月刊養豚情報』三八巻六号、二〇～二五頁。

小林良彰（一九九七）『現代日本の政治過程――日本型民主主義の計量分析』東京大学出版会。

――（二〇一二）『政権交代――民主党政権とは何であったのか』中公新書。

小宮京（二〇一〇）『自由民主党の誕生――総裁公選と組織政党論』木鐸社。

斉藤淳（二〇一〇）『自民党長期政権の政治経済学――利益誘導政治の自己矛盾』勁草書房。

境家史郎（二〇〇六）『政治的情報と選挙過程』木鐸社。

坂田顕一（二〇〇八）「民主党の仕組み――組織編」橘民義編著『民主党10年史』第一書林、一四五～一六三頁。

佐々木毅（一九九九）『政治改革1800日の真実』講談社。

――（二〇〇二）「政治の改革なくして政治主導なし」新しい日本をつくる国民会議（21世紀臨調）編『政治の構造改革――政治主導確立大綱』六～七頁（http://www.secj.jp/pdf/book-seiji-k.pdf）。

佐々木毅・清水真人（二〇一一）『ゼミナール現代日本政治』日本経済新聞出版社。

佐々木毅・21世紀臨調編（二〇一三）『平成デモクラシー――政治改革25年の歴史』講談社。

佐藤誠三郎・松崎哲久（一九八六）『自民党政権』中央公論社。

佐藤敬夫（一九九九）『佐藤敬夫流――孤立したこともある　でも孤独ではなかった』現代書館。

清水真人（二〇一一a）「民主党政権の基本構造」佐々木毅・清水真人編『ゼミナール現代日本政治』日本経済新聞出版社、四五～七五頁。

――（二〇一一b）「政権の『司令塔』は誰か」佐々木毅・清水真人編『ゼミナール現代日本政治』日本経済新聞出版社、七七～一一三頁。

――（二〇一一c）「たちすくむ『政治主導』」佐々木毅・清水真人編『ゼミナール現代日本政治』日本経済新聞出版社、一一五～一四二頁。

品田裕（一九九八a）「90年代日本の選挙公約」水口憲人・北原鉄也・久米郁男編『変化をどう説明するか　政治篇』木鐸社、一四七～一七一頁。

――（一九九八b）「選挙公約政策データについて」『神戸法学雑誌』四八巻二号、五四一～五七二頁。

――（二〇〇一）「地元利益指向の選挙公約」『選挙研究』一六号、三九～五四頁。

――（二〇〇二）「政党配置――候補者公約による析出」樋渡展洋・三浦まり編『流動期の日本政治――「失われた十年」の政治学的検証』東京大学出版会、五一～七二頁。

――（二〇〇六）「選挙公約政策データについて」『日本政治研究』三巻二号、六三～九一頁。

――（二〇一〇）「２００９年総選挙における選挙公約」『選挙研究』二六巻二号、二九～四三頁。

庄司香（二〇一二）「日本の二大政党と政党候補者公募制度――自民党宮城県連の経験が示す制度のエボリューション」『学習院大学法学会雑誌』四八巻一号、三〇七～三四一頁。

新藤宗幸（二〇一二）『政治主導――官僚制を問いなおす』筑摩書房。

神保哲生（二〇〇九）『民主党が約束する99の政策で日本はどう変わるか？』ダイヤモンド社。

菅原琢（二〇〇〇）「臓器移植法案における国会議員の投票行動」東大法・蒲島郁夫ゼミ編『現代日本の政治家像　第I巻』木鐸社、二六三～二九七頁。

――（二〇一二）「民主党政権と世論――内閣支持率乱高下の背景構造を探る」御厨貴編『「政治主導」の教訓――政権交代は何をもたらしたのか』勁草書房、三～二九頁。

杉田敦（二〇一〇）「二大政党制は定着するのか」山口二郎編『民主党政権は何をなすべきか――政治学からの提言』

岩波書店、一五五〜一六九頁。

鈴木創(二〇一三)「衆議院小選挙区選挙における現職効果」新川敏光編『現代日本政治の争点』法律文化社、一一五〜一三六頁。

鈴木崇史・影浦峡(二〇〇七)「総理大臣演説における語彙多様性の変化」日本行動計量学会大会実行委員会編『日本行動計量学会大会発表論文抄録集』三五号、二七三〜二七六頁。

外枦保大介(二〇〇七)「延岡市における企業城下町的体質の変容――地方自治体の産業政策の転機を事例として」『経済地理学年報』五三巻三号、二六五〜二八一頁。

曽根泰教(二〇〇二)「制度としての首相主導」新しい日本をつくる国民会議編『政治の構造改革』東信堂、四五〜五二頁。

空井護(二〇一〇)「『理念なき政党政治』の理念型」『世界』二〇一〇年八月号、一四一〜一五一頁。

高安健将(二〇〇九)『首相の権力――日英比較からみる政権党とのダイナミズム』創文社。

――(二〇一一)「現代英国における政党の凝集性と議員候補者選定」『年報政治学』二〇一一―Ⅱ号、一四七〜一七七頁。

竹下俊郎(二〇〇八)『メディアの議題設定機能――マスコミ効果研究における理論と実証　増補版』学文社。

竹中治堅(二〇〇六)『首相支配――日本政治の変貌』中公新書。

――(二〇一〇)「政権交代による政策決定過程の変化」二〇一〇年度日本選挙学会報告論文。

――(二〇一二)「民主党代表と政策の変容――政権交代までの「迷走」の軌跡」飯尾潤・苅部直・牧原出編『政治を生きる――歴史と現代の透視図』中公叢書、七一〜一二八頁。

――(二〇一三)「民主党政権と日本の議院内閣制」飯尾潤編『政権交代と政党政治』中央公論新社、一三九〜一八〇頁。

竹中佳彦(二〇〇九)「国会議員の政策争点態度とイデオロギー」『公共政策研究』九巻、三五〜四七頁。

建林正彦(二〇〇二)「自民党分裂の研究――93年の自民党分裂と90年代の政党間対立」『社会科学研究』五三巻二・三号、五〜三八頁。

――(二〇〇四)『議員行動の政治経済学――自民党支配の制度分析』有斐閣。

――(二〇〇六)「政権政党の組織的特徴」服部民夫・張達重編『日韓政治社会の比較分析』慶應義塾大学出版会、

一六七～一九五頁。

――――(二〇一三)「マルチレベルの政治システムにおける政党組織」建林正彦編『政党組織の政治学』東洋経済新報社、一～二九頁。

建林正彦編(二〇一三)『政党組織の政治学』東洋経済新報社。

田中明彦(研究代表者)(一九九九)『政治テキストの内容分析システムの構築』(課題番号〇七五五二〇〇一・平成七年度～平成九年度科学研究費補助金・基盤研究(A)(一)・研究成果報告書)。

谷口将紀(二〇〇四)『現代日本の選挙政治――選挙制度改革を検証する』東京大学出版会。

――――(二〇〇六)「衆議院議員の政策位置」『日本政治研究』三巻一号、九〇～一〇八頁。

――――(二〇一二)『政党支持の理論』岩波書店。

陳淑玲(二〇〇一)「民主党宇都宮市長選挙候補の選挙キャンペーン」『選挙研究』一六号、一三五～一四六頁。

辻陽(二〇〇八)「政界再編と地方議会会派――『系列』は生きているのか」『選挙研究』二四巻一号、一六～三一頁。

土田ひろかず(二〇一〇)『民主党選挙のヒミツ』洋泉社。

堤英敬(一九九八)「1996年衆議院選挙における候補者の公約と投票行動」『選挙研究』一三号、八九～九九頁。

――――(二〇〇二)「選挙制度改革と候補者の政策公約――小選挙区比例代表並立制導入と候補者の選挙戦略」『香川法学』二二巻二号、九〇～一二〇頁。

――――(二〇一二a)「民主党―有権者関係――統治モデルに関する志向と党派性」『政策科学』一九巻三号、一二三～一四一頁。

――――(二〇一二b)「候補者選定過程の開放と政党組織」『選挙研究』二八巻一号、五～二〇頁。

――――(二〇一三)「政策公約にみる政党－候補者関係」『香川法学』三二巻三・四号、二二三～二五八頁。

堤英敬・上神貴佳(二〇〇七)「二〇〇三年総選挙における候補者レベル公約と政党の利益集約機能」『社会科学研究』五八巻五・六合併号、三三～四八頁。

――――(二〇一一)「民主党の政策――継続性と変化」上神貴佳・堤英敬編著『民主党の組織と政策――結党から政権交代まで』東洋経済新報社、二二五～二五三頁。

堤英敬・森道哉(二〇〇八)「民主党候補者の集票システム――2007年参院選香川県選挙区を事例として」『選挙研究』二四巻一号、四八～六八頁。

――(二〇一〇)「民主党候補者の選挙キャンペーンと競争環境―香川一区・二区」白鳥浩編『政権交代選挙の政治学』ミネルヴァ書房、三七～六四頁。

――(二〇一一a)「民主党地方組織の形成過程――香川県の場合」上神貴佳・堤英敬編著『民主党の組織と政策――結党から政権交代まで』東洋経済新報社、九九～一三四頁。

――(二〇一一b)「政権交代と選挙過程における政党地方組織――香川県選挙区」白鳥浩編著『衆参ねじれ選挙の政治学』ミネルヴァ書房、七九～一一〇頁。

――(二〇一三)「民主党地方組織の比較事例分析――徳島県と香川県における建設過程の事例から」建林正彦編『政党組織の政治学』東洋経済新報社、二二九～二五五頁。

鶴谷将彦(二〇一一)「候補者選定過程における政党執行部の影響力――二〇一〇年参議院選挙の民主党を事例に」『選挙研究』二七巻二号、三二～四四頁。

手塚洋輔(二〇一二)「事業仕分けの検証――「予算編成」としての限界と「行政改革」としての可能性」御厨貴編『政治主導の教訓――政権交代は何をもたらしたのか』勁草書房、二三九～二六二頁。

ナイブレイド、ベンジャミン(二〇一一)「首相の権力強化と短命政権」樋渡展洋・斉藤淳編『政党政治の混迷と政権交代』東京大学出版会、二四五～二六一頁。

中北浩爾(一九九三)「戦後日本における社会民主主義政党の分裂と政策距離の拡大――日本社会党(1955－1964年)を中心として」『國家學會雑誌』一〇六巻、九六七～一〇二〇頁。

――(二〇一二)『現代日本の政党デモクラシー』岩波新書。

中島政希(二〇一二)『崩壊マニフェスト――八ツ場ダムと民主党の凋落』平凡社。

長妻昭(二〇一一)『招かれざる大臣――政と官の新ルール』朝日新聞出版。

永松伸吾(二〇一一)「二〇一〇年宮崎県口蹄疫災害にみる行政危機管理の課題」『法学新報』一一八巻三・四号、一一九～一五五頁。

名取良太(二〇〇二)「選挙制度改革と利益誘導政治」『選挙研究』一七号、一二八～一四一頁。

西尾勝(二〇〇二)「国民の活力を再創出するために」新しい日本をつくる国民会議(21世紀臨調)編『政治の構造改革――政治主導確立大綱』七～一〇頁(http://www.secj.jp/pdf/book-seiji-k.pdf)。

日本記者クラブ(二〇一〇)『民主党代表選　立候補者討論会』(http://www.jnpc.or.jp/files/opdf/472.pdf)。

日本経済新聞社（二〇一〇）『政権』日本経済新聞出版社。

日本再建イニシアティブ（二〇一三）『民主党政権失敗の検証――日本政治は何を活かすか』中央公論新社。

丹羽功（一九九七ａ）「大企業労使と選挙――愛知一一区・茨城五区」大嶽秀夫編『政界再編の研究』有斐閣、一八〇～二一〇頁。

――（一九九七ｂ）「自民党地方組織の活動――富山県を事例として」大嶽秀夫編『政界再編の研究』有斐閣、二五三～二七五頁。

――（二〇〇〇）「労働組合と政党政治の関係についての研究動向」『富大経済論集』四六巻二号、四二三～四四〇頁。

野田昌吾（二〇一〇）「『政策決定の一元化』を超えて――新しい政党政治の確立のために」山口二郎編『民主党政権は何をなすべきか――政治学からの提言』岩波書店、五四～七〇頁。

野中尚人（二〇〇八）『自民党政治の終わり』筑摩書房。

朴喆煕（二〇〇〇）『代議士のつくられ方――小選挙区の選挙戦略』文春新書。

鳩山由紀夫（一九九六）「民主党　私の政権構想」『文藝春秋』一九九六年一一月号、一一二～一三〇頁。

浜谷惇（二〇〇〇）「民主党の政策決定システム」『生活経済政策』四四号、二四～二九頁。

――（二〇〇四）『民主党の政策立案システムとその運用』ＪＰＵ総研調査研究報告書。

濱本真輔（二〇一一）「民主党における役職配分の制度化」上神貴佳・堤英敬編著『民主党の組織と政策――結党から政権交代まで』東洋経済新報社、二九～六九頁。

――（二〇一三）「政党の組織的特徴と党改革」『北九州市立大学法政論集』四〇巻四号、四二一～四五一頁。

林芳正・津村啓介（二〇一一）『国会議員の仕事――職業としての政治』中央公論新社。

原田峻・成元哲（二〇一一）「ＮＰＯ法制定・改正をめぐる運動と政治――ネットワークでつくる市民＝議員立法」『中京大学現代社会学部紀要』五巻二号、八三～一〇八頁。

原田峻・高木竜輔・松谷満（二〇一一）「政権交代と社会運動――問題関心の表明と論点整理の試み」『中京大学現代社会学部紀要』五巻二号、一〇九～一四一頁。

樋渡展洋・斉藤淳編（二〇一一）『政党政治の混迷と政権交代』東京大学出版会。

福井治弘（一九六九）『自由民主党と政策決定』福村出版。

福元健太郎・水吉麻美(二〇〇七)「小泉内閣の支持率とメディアの両義性」『学習院大学法学会雑誌』四三巻一号、一〜二一頁。

藤村直史(二〇一二)「小選挙区比例代表並立制下での役職配分——民主党の党内対立と政党投票」『選挙研究』二八巻一号、二一〜三八頁。

藤本一美(二〇一二)「鳩山由紀夫」藤本一美編『民主党政権論』学文社、一〇〜三七頁。

細野豪志(二〇〇三)『パラシューター——国会をめざした落下傘候補、疾風怒濤の全記録』五月書房。

——(二〇一四)「わが民主党改革宣言」『中央公論』二〇一四年一〇月号、三二〜四五頁。

毎日新聞政治部(二〇〇九)『完全ドキュメント民主党政権』毎日新聞社。

前田和男(二〇〇四)『選挙参謀——三ヵ月で代議士になれる!』太田出版。

前田幸男(二〇一一a)「民主党支持率の成長と安定」上神貴佳・堤英敬編著『民主党の組織と政策——結党から政権交代まで』東洋経済新報社、一五九〜一九〇頁。

——(二〇一一b)「争点と政権交代」上神貴佳・堤英敬編著『民主党の組織と政策——結党から政権交代まで』東洋経済新報社、一九一〜二二四頁。

——(二〇一三)「世論調査報道と政治過程——調査方法の変化との関係を中心に」『年報政治学』二〇一三—I号、二一五〜二三五頁。

牧原出(二〇一三)『権力移行——何が政治を安定させるのか』NHKブックス。

増山幹高(二〇一三)「小選挙区比例代表並立制と二大政党制」『レヴァイアサン』五二号、八〜四二頁。

待鳥聡史(二〇一二)『首相政治の制度分析——現代日本政治の権力基盤形成』千倉書房。

マッケルウェイン、ケネス=盛・梅田道生(二〇一一)「党首選改革と政党支持率」樋渡展洋・斉藤淳編『政党政治の混迷と政権交代』東京大学出版会、一九三〜二一七頁。

松本正生(二〇一〇)「2010参院選——『そのつど支持』層はどう動いたのか」『新情報』九八巻八〜一五頁。

的場敏博(一九八六)「一党優位政党制論の展望」『法学論叢』一一八巻四・五・六号、二八六〜三二七頁。

三浦まり(二〇一三)「政権交代とカルテル政党化現象——民主党政権下における子ども・子育て支援政策」『レヴァイアサン』五三号、三五〜五六頁。

三宅一郎(一九八五)『政党支持の分析』創文社。

――――（一九八九）『投票行動』東京大学出版会。

三宅一郎・西澤由隆・河野勝（二〇〇〇）『55年体制下の政治と経済』木鐸社。

宮崎県編（二〇〇〇）『宮崎県史――通史編　近・現代2』ぎょうせい。

三輪さち子（二〇一二）「（記者有論）復興予算流用　透明化したから失態見えた」『朝日新聞』二〇一二年一一月三日、一六頁。

民主党政権運営委員会（一九九八）「新しい政府の実現のために～転換期に挑む政治的リーダーシップの確立」、五一～七〇頁（http://www.secj.jp/pdf/book-seiji-k.pdf）。

民主党ネクスト・キャビネット編（二〇〇二）『ネクスト・キャビネット――日本を変える民主党の重点政策』第一書林。

民主党マニフェスト検証委員会（二〇一一）「マニフェストの中間検証」（http://www.dpj.or.jp/download/4571.pdf）。

村井哲也（二〇〇八）『戦後政治体制の起源――吉田茂の「官邸主導」』藤原書店。

村川一郎（一九七九）『政策決定過程』教育社。

村松岐夫（二〇一〇）『政官スクラム型リーダーシップの崩壊』東洋経済新報社。

森省歩（二〇〇九）『鳩山由紀夫と鳩山家四代』中央公論新社。

森正（一九九九）「連合政権構想の転換過程――日本社会党を中心に」『選挙研究』一五号、六三～七四頁。

――――（二〇一一）「民主党地方組織と労働組合」上神貴佳・堤英敬編『民主党の組織と政策――結党から政権交代まで』東洋経済新報社、一三五～一五七頁。

――――（二〇一二）「地域政党と地方選挙――愛知・名古屋トリプル選挙、名古屋市議会議員選挙の分析」『公共選択』五八巻一号、四五～六四頁。

森本哲郎（二〇一三）「民主党大阪府連の形成過程と旧政党の遺産」建林正彦編『政党組織の政治学』東洋経済新報社、二〇一～二二八頁。

薬師寺克行（二〇一二）『証言　民主党政権』講談社。

簗瀬進（二〇一三）『「市民が主役」の原点へ』花伝社。

山口二郎（二〇一〇）「民主党政権のガバナンス――政党と国会の新たな活動モデル」山口二郎編『民主党政権は何をなすべきか――政治学からの提言』岩波書店、三八～五三頁。

――――（二〇一二）『政権交代とは何だったのか』岩波書店。

山口二郎・中北浩爾編（二〇一四）『民主党政権とは何だったのか——キーパーソンたちの証言』岩波書店。

山田真裕（一九九二）『自民党代議士の集票システム——橋本登美三郎後援会、額賀福志郎後援会の事例研究』筑波大学大学院社会科学研究科博士論文。

———（一九九七）「農村型選挙区における政界再編および選挙制度改革の影響——茨城新二区額賀福志郎を例として」大嶽秀夫編『政界再編の研究』有斐閣、一一三〜一四二頁。

———（二〇一〇）「二〇〇九年総選挙における政権交代とスウィング・ヴォーティング」『選挙研究』二六巻二号、五〜一四頁。

山本健太郎（二〇一〇）『政党間移動と政党システム——日本における「政界再編」の研究』木鐸社。

———（二〇一二）「政権交代と人事」御厨貴編『「政治主導」の教訓——政権交代は何をもたらしたのか』勁草書房、三一〜五四頁。

吉田徹（二〇〇九）『二大政党制批判論——もうひとつのデモクラシーへ』光文社。

読売新聞政治部（二〇〇八）『真空国会——福田「漂流政権」の深層』新潮社。

———（二〇一〇）『民主党迷走と裏切りの300日』新潮社。

———（二〇一一）『亡国の宰相——官邸機能停止の180日』新潮社。

———（二〇一二）『民主瓦解——政界大混迷への300日』新潮社。

読売新聞東京本社世論調査部（二〇〇四）『二大政党時代のあけぼの——平成の政治と選挙』木鐸社。

読売新聞「民主イズム」取材班（二〇一一）『背信政権』中央公論新社。

Aarts, Kees, André Blais, and Hermann Schmitt eds. (2011) *Political Leaders and Democratic Elections*, Oxford: Oxford University Press.
Aldrich, John Herbert (1995) *Why Parties?: The Origin and Transformation of Political Parties in America*, Chicago: University of Chicago Press.
Arce, Moisés (2003) "Political Violence and Presidential Approval in Peru," *Journal of Politics* 65 (2), pp. 572-583.
Berinsky, Adam J., and Donald R. Kinder (2006) "Making Sense of Issues through Media Frames: Understanding the Kosovo Crisis," *Journal of Politics* 68 (3), pp. 640-656.

Bloom, Howard S., and H. Douglas Price (1975) "Voter Response to Short-Run Economic Conditions: The Asymmetric Effect of Prosperity and Recession," *American Political Science Review* 69 (4), pp. 1240-1254.

Bowler, Shaun, David M. Farrell, and Richard S. Katz (1999) "Party Cohesion, Party Discipline, and Parliaments," in Shaun Bowler, David M. Farrell, and Richard S. Katz eds., *Party Discipline and Parliamentary Government*, Columbus: Ohio State University Press, pp. 3-22.

Budge, Ian, and Richard I. Hofferbert (1990) "Mandates and Policy Outputs: U.S. Party Platforms and Federal Expenditures," *American Political Science Review* 84 (1), pp. 111-131.

Budge, Ian, Hans-Dieter Klingemann, Andrea Volkens, Judith Bara, and Eric Tanenbaum (2001) *Mapping Policy Preferences: Estimates for Parties, Electors, and Governments 1945-1988*, Oxford: Oxford University Press.

Burden, Barry C. (2013) "Economic Accountability and Strategic Calibration: The Case of Japan's Liberal Democratic Party," *Party Politics* (Published online before print May 27, 2013, doi: 10.1177/1354068813487115).

Butt, Sarah (2006) "How Voters Evaluate Economic Competence: A Comparison between Parties in and out of Power," *Political Studies* 54 (4), pp. 743-766.

Campbell, Angus, Philip E. Converse, Warren E. Miller, and Donald E. Stokes (1960) *The American Voter*, New York: Wiley.

Carey, John M., and Matthew Soberg Shugart (1995) "Incentive to Cultivate Personal Vote: A Rank Ordering of Electoral Formulas," *Electoral Studies* 14 (4), pp. 417-439.

Carroll, Royce, and Henry A. Kim (2010) "Party Government and the 'Cohesive Power of Public Plunder'," *American Journal of Political Science* 54 (1), pp. 34-44.

Carty, R. Kenneth (2004) "Parties as Franchise Systems: The Stratarchical Organizational Imperative," *Party Politics* 10 (1), pp. 5-24.

Clarke, Harold D., David Sanders, Marianne C. Stewart, and Paul F. Whiteley (2009) *Performance Politics and the British Voter*, Cambridge: Cambridge University Press.

Converse, Philip E. (1970) "Attitudes and Non-Attitudes: Continuation of a Dialogue," in Edward R. Tufte ed., *The Quantitative Analysis of Social Problems*. Reading, MA: Addison-Wesley, pp. 168-189.

Cowley, Philip, and John Garry (1998) "The British Conservative Party and Europe: The Choosing of John Major," *British*

Journal of Political Science 28 (3), pp. 473-499.

Cowley, Philip, and Matthew Bailey (2000) "Peasants' Uprising or Religious War?: Re-examining the 1975 Conservative Leadership Contest," *British Journal of Political Science* 30 (4), pp. 599-629.

Cox, Gary W., and Mathew D. McCubbins (1993) *Legislative Leviathan: Party Government in the House*, Berkeley: University of California Press.

Cox, Gary W., and Frances Rosenbluth (1995) "Anatomy of a Split: The Liberal Democrats of Japan," *Electoral Studies* 14 (4), pp. 355-376.

Cross, William P. (2013) "Party Leadership Selection and Intra-Party Democracy," in William P. Cross, and Richard S. Katz eds., *The Challenges of Intra-Party Democracy*. Oxford: Oxford University Press, pp. 100-115.

Cross, William P., and André Blais (2012) *Politics at the Centre: The Selection and Removal of Party Leaders in the Anglo Parliamentary Democracies*, Oxford: Oxford University Press.

Curtis, Gerald (1971) *Election Campaigning Japanese Style,* New York: Columbia University Press.（山岡清二・大野一訳『代議士の誕生』日経ＢＰ社、二〇〇九年）

Dalton, Russell J., and Martin P. Wattenberg eds. (2000) *Parties without Partisans: Political Change in Advanced Industrial Democracies*, Oxford: Oxford University Press.

Epstein David, Bardy David, Kawato Sadafumi, and O'Halloran Sharyn (1997) "A Comparative Approach to Legislative Organization: Careerism and Seniority in the United States and Japan," *American Journal of Political Science* 61 (3), pp. 965-998.

Erikson, Robert S., Michael MacKuen, and James A. Stimson (2002) *The Macro Polity*, Cambridge: Cambridge University Press.

Fenno, Richard F. (1973) *Congressmen in Committees*, Boston: Little, Brown.

Gamson, William A. (1992) *Talking Politics*, New York: Cambridge University Press.

Giannetti, Daniela, and Kenneth Benoit (2009) *Intra-Party Politics and Coalition Governments*, London: Routledge.

Goidel, Robert K., and Ronald E. Langley (1995) "Media Coverage of the Economy and Aggregate Economic Evaluations: Uncovering Evidence of Indirect Media Effects," *Political Research Quarterly* 48 (2), pp. 313-328.

Green, Donald, Bradley Palmquist, and Eric Schickler (2004) *Partisan Hearts and Minds*, New Haven: Yale University Press.

Hazan, Reuven Y. (2006) "Does Cohesion Equal Discipline?: Toward a Conceptual Delineation," in Reuven Y. Hazan ed., *Cohesion and Discipline in Legislatures: Political Parties, Party Leadership, Parliamentary Committees and Governance,* London: Routledge, pp. 1-11.

Hazan, Reuve Y. ed. (2006) *Cohesion and Discipline in Legislatures: Political Parties, Party Leadership, Parliamentary Committees and Governance*, London: Routledge.

Hazan, Reuven Y., and Gideon Rahaṭ (2010) *Democracy within Parties: Candidate Selection Methods and Their Political Consequences*, Oxford: Oxford University Press.

Heller, William B., and Carol Mershon (2005) "Party Switching in the Italian Chamber of Deputies, 1996-2001," *Journal of Politics* 67 (2), pp. 536-559.

——— (2008) "Dealing in Discipline: Party Switching and Legislative Voting in the Italian Chamber of Deputies, 1988-2000," *American Journal of Political Science* 52 (4), pp. 910-925.

——— (2009) *Political Parties and Legislative Party Switching*, New York: Palgrave Macmillan.

Hester, Joe Bob, and Rhonda Gibson (2003) "The Economy and Second-Level Agenda Setting: A Time-Series Analysis of Economic News and Public Opinion about the Economy," *Journalism & Mass Communication Quarterly* 80 (1), pp. 73-90.

Hofferbert, Richard I., and Ian Budge (1992) "The Party Mandate and the Westminster Model: Election Programmes and Government Spending in Britain, 1948-85," *British Journal of Political Science* 22 (2), pp. 151-182.

Iyengar, Shanto (1991) *Is Anyone Responsible?: How Television Frames Political Issues*, Chicago: University of Chicago Press.

Jacobs, Lawrence R., and Robert Y. Shapiro (2000) *Politicians Don't Pander: Political Manipulation and the Loss of Democratic Responsiveness*, Chicago: University of Chicago Press.

Jennings, M. Kent, and Richard G. Niemi (1974) *The Political Character of Adolescence*, Princeton: Princeton University Press.

Johnston, Richard (1999) "Business Cycles, Political Cycles and the Popularity of Canadian Governments, 1974-1998," *Canadian Journal of Political Science* 32 (3), pp. 499-520.

Kabashima, Ikuo, and Gill Steel (2010) *Changing Politics in Japan*, Ithaca: Cornell University Press.

Kam, Christopher J. (2009) *Party Discipline and Parliamentary Politics*, Cambridge: Cambridge University Press.

Kam, Christopher, William T. Bianco, Itai Sened, and Regina Smyth (2010) "Ministerial Selection and Intraparty Organization in the Contemporary British Parliament," *American Political Science Review* 104 (2), pp. 289-306.

Kam, Christopher, and Indriđi Indriđason (2005) "The Timing of Cabinet Reshuffles in Five Westminster Parliamentary Systems," *Legislative Studies Quarterly* 30 (3), pp. 327-363.

Kato, Junko (1998) "When the Party Breaks Up: Exit and Voice among Japanese Legislators," *American Political Science Review* 92 (4), pp. 857-870.

Kenig, Ofer (2009) "Democratization of Party Leadership Selection: Do Wider Selectorates Produce More Competitive Contests?" *Electoral Studies* 28 (2), pp. 240-247.

Kernell, Samuel (1978) "Explaining Presidential Popularity: How Ad Hoc Theorizing, Misplaced Emphasis, and Insufficient Care in Measuring One's Variables Refuted Common Sense and Led Conventional Wisdom Down the Path of Anomalies," *American Political Science Review* 72 (2), pp. 506-522.

King, Gary, and Michael Laver (1993) "Party Platforms, Mandates, and Government Spending," *American Political Science Review* 87 (3), pp. 744-747.

Kitschelt, Herbert (2000) "Linkages between Citizens and Politicians in Democratic Polities," *Comparative Political Studies* 33 (6/7), pp. 845-879.

Kittilson, Miki Caul, and Susan E. Scarrow (2003) "Political Parties and the Rhetoric and Realities of Democratization," in Bruce E. Cain, Russell J. Dalton, and Susan Scarrow eds., *Democracy Transformed?: Expanding Political Opportunities in Advanced Industrial Democracies*, Oxford: Oxford University Press, pp. 59-80.

Klingemann, Hans-Dieter, Andrea Volkens, Judith L. Bara, Ian Budge, and Michael D. McDonald (2006) *Mapping Policy Preferences II: Estimates for Parties, Electors, and Governments in Eastern Europe, European Union, and OECD 1990-2003*, Oxford: Oxford University Press.

Kohno, Masaru (1997) *Japan's Postwar Party Politics*, Princeton: Princeton University Press.

Krauss, Ellis S., and Benjamin Nyblade (2005) "'Presidentialization' in Japan?: The Prime Minister, Media, and Elections in Japan," *British Journal of Political Science* 35 (2), pp. 357-368.

Krauss, Ellis S., and Robert J. Pekkanen (2011) *The Rise and Fall of Japan's LDP: Political Party Organizations as Historical Institutions*, Ithaca: Cornell University Press.

Kushida, Kenji E., and Phillip Y. Lipscy (2013) "The Rise and Fall of the Democratic Party of Japan," In Kushida and Lipscy eds., *Japan under the DPJ: The Politics of Transition and Governance,* Stanford: The Walter H. Shorenstein Asia-Pacific Research Center, pp. 3-42.

Laver, Michael, Kenneth Benoit, and John Garry (2003) "Extracting Policy Positions from Political Texts Using Words as Data," *American Political Science Review* 97 (2), pp. 311-331.

Laver, Michael, and John Garry (2000) "Estimating Policy Positions from Manifestos and Other Political Texts," *American Journal of Political Science* 44 (3), pp. 619-634.

LeDuc, Lawrence (2001) "Democratizing Party Leadership Selection," *Party Politics* 7 (3), pp. 323-341.

Lewis-Beck, Michael S. (1988) *Economics and Elections: The Major Western Democracies*, Ann Arbor: University of Michigan Press.

Lewis-Beck, Michael S., and Martin Paldam (2000) "Economic Voting: An Introduction," *Electoral Studies* 19 (2/3), pp. 113-121.

Long, J. Scott, and Jeremy Freese (2005) *Regression Models for Categorical Dependent Variables Using Stata, Second Edition*, Texas: Stata Press.

MacKuen, Michael B., Robert S. Erikson, and James A. Stimson (1992) "Peasants or Bankers? The American Electorate and the U.S. Economy," *American Political Science Review* 86 (3), pp. 597-611.

Maeda, Yukio (2013) "The Development of DPJ Partisanship from a Fraction to a Majority (and Back Again?)," in Kenji E. Kushida, and Phillip Y. Lipscy eds., *Japan under the DPJ: The Politics of Transition and Governance*. Stanford: Walter H. Shorenstein Asia-Pacific Research Center, pp. 191-218.

Malhotra, Neil, and Alexander G. Kuo (2008) "Attributing Blame: The Public's Response to Hurricane Katrina," *Journal of Politics* 70 (1), pp. 120-135.

Malloy, Jonathan (2003) "High Discipline, Low Cohesion? The Uncertain Patterns of Canadian Parliamentary Party Groups," *Journal of Legislative Studies* 9 (4), pp. 116-129.

Mannin, Bernard, Adam Przewoski, and Susan C. Stokes (1999) "Election and Representation," in Adam Przewoski, Susan C. Stokes, and Bernard Manin eds., *Democracy, Accountability, and Representation*, Cambridge: Cambridge University Press.

Mayhew, David R. (1974) *Congress: The Electoral Connection*, New Haven: Yale University Press.

McCombs, Maxwell E., and Donald L. Shaw (1972) "The Agenda-Setting Function of Mass Media," *Public Opinion Quarterly* 36 (2), pp. 176-187.

McCubbins, Mathew D., and Frances M. Rosenbluth (1995) "Party Provision for Personal Politics: Dividing the Vote in Japan," in Peter F. Cowhey and Matthew D. McCubbins eds., *Structure and Policy in Japan and the United States*, Cambridge: Cambridge University Press, pp. 35-55.

McElwain, Kenneth Mori (2013) "The Nationalization of Japanese Elections," in Kenji E. Kushida, and Phillip Y. Lipscy eds., *Japan under the DPJ: The Politics of Transition and Governance*, Stanford: Walter H. Shorenstein Asia-Pacific Research Center, pp. 45-72.

Mershon, Carol, and Olga Shvetsova (2009) "Timing Matters: Incentives for Party Switching and Stages of Parliamentary Cycles," in William B. Heller, and Carol Mershon eds., *Political Parties and Legislative Party Switching*, New York: Palgrave Macmillan, pp. 201-229.

Miller, W. L., and M. Mackie (1973) "The Electoral Cycle and the Asymmetry of Government and Opposition Popularity: An Alternative Model of the Relationship between Economic Conditions and Political Popularity," *Political Studies* 21 (3), pp. 263-279.

Mueller, John E. (1973) *War, Presidents, and Public Opinion*, New York: Wiley.

Müller, Wolfgang C., and Kaare Strøm (2004) "Servants or Oligarchs? Politicians and Parties in Parliamentary Democracies," *Tidsskrift for Samfunnsforskning* 45 (2), pp. 421-458.

Nannestad, Peter, and Martin Paldam (1997) "The Grievance Asymmetry Revisited: A Micro Study of Economic Voting in Denmark, 1986-1992," *European Journal of Political Economy* 13 (1), pp. 81-99.

Nemoto, Kuniaki (2013) "New Inter-election Campaigning Tools," in Robert Pekkanen, Steven R. Reed, and Ethan Scheiner eds., *Japan Decides 2012: The Japanese General Election*, New York: Palgrave Macmillan, pp. 123-138.

Nemoto, Kuniaki, Ellis Krauss and Robert Pekkanen (2008) "Policy Dissension and Party Discipline: The July 2005 Vote on Postal Privatization in Japan," *British Journal of Political Science* 38 (3), pp. 499-525.

Norpoth, Helmut, Michael S. Lewis-Beck, and Jean-Dominique Lafay eds. (1991) *Economics and Politics: The Calculus of*

Support, Ann Arbor: University of Michigan Press.

O'Brien, Diana Z. and Yael Shomer (2013) "A Cross-National Analysis of Party Switching," *Legislative Studies Quarterly* 38 (1), pp. 111-141.

Ono, Yoshikuni (2012) "Portfolio Allocation as Leadership Strategy: Intraparty Bargaining in Japan," *American Journal of Political Science* 56 (3), pp. 553-567.

Owen, John E. (2006) "Explaining Party Cohesion and Discipline in Democratic Legislatures: Purposiveness and Contexts," in Reuven Y. Hazan ed., *Cohesion and Discipline in Legislatures: Political Parties, Party Leadership, Parliamentary Committees and Governance,* London: Routledge, pp. 12-40.

Panebianco, Angelo (1988) *Political Parties: Organization and Power*, Cambridge: Cambridge University Press. (村上信一郎訳『政党——組織と権力』ミネルヴァ書房、二〇〇五年)

Pedersen, Mogens N. (1979) "The Dynamics of European Party Systems: Changing Pattern of Electoral Volatility," *European Journal of Political Research* 7 (1), pp. 1-26.

Pekkanen,Robert, Benjamin Nyblade, and Ellis S. Krauss (2014) "The Logic of Ministerial Selection: Electoral System and Cabinet Appointments in Japan." *Social Science Japan Journal*, 17 (1), pp.3-22.

Pitkin, Hanna Fenichel (1967) *The Concept of Representation*, Berkeley: University of California Press.

Poguntke, Thomas, and Paul Webb eds. (2005) *The Presidentialization of Politics: A Comparative Study of Modern Democracies*, Oxford: Oxford University Press. (岩崎正洋監訳『民主政治はなぜ「大統領制化」するのか——現代民主主義国家の比較研究』ミネルヴァ書房、二〇一四年)

Przeworski, Adam, and John Sprague (1986) *Paper Stones: A History of Electoral Socialism,* Chicago: University of Chicago Press.

Przeworski, Adam, Susan C. Stokes, and Bernard Mannin eds. (1999) *Democracy, Accountability, and Representation*, Cambridge: Cambridge University Press.

Ramseyer, J. Mark, and Frances McCall Rosenbluth (1993) *Japan's Political Marketplace*, Cambridge: Harvard University Press. (加藤寛監訳・川野辺裕幸・細野助博訳『日本政治の経済学——政権政党の合理的選択』弘文堂、一九九五年)

Ranney, Austin, and Willmoore Kendall (1956) *Democracy and the American Party System*, New York: Harcourt, Brace.

Reed, Steven R., and Ethan Scheiner (2003) "Electoral Incentives and Policy Preferences: Mixed Motives Behind Party Defections in Japan," *British Journal of Political Science* 33 (3), pp. 469-490.

Riker, William H. (1982) *Liberalism Against Populism: A Confrontation Between the Theory of Democracy and the Theory of Social Science,* Illinois: Waveland Press.（森脇俊雅訳『民主的決定の政治学――リベラリズムとポピュリズム』芦書房、一九九一年）

Rush, Michael, and Philip James Giddings (2011) *Parliamentary Socialisation: Learning the Ropes or Determining Behaviour,* New York: Palgrave Macmillan.

Sartori, Giovanni (1976) *Parties and Party Systems: A Framework for Analysis*, Cambridge: Cambridge University Press.

Scarrow, Susan E. (1996) *Parties and Their Members: Organizing for Victory in Britain and Germany*, Oxford: Oxford University Press.

Scheiner, Ethan (2005) *Democracy without Competition in Japan Opposition Failure in a One-Party Dominant State,* Cambridge: Cambridge University Press.

Schumpeter, Joseph A. (1942) *Capitalism, Socialism, and Democracy*, New York: Harper & Brothers.

Semetko, Holli A., and Klaus Schoenbach (2003) "News and Elections: German Bundestag Campaigns in the Bild, 1990-2002," *International Journal of Press/Politics* 8 (3), pp. 54-69.

Shah, Dhavan V., Mark D. Watts, David Domke, and David P. Fan (2002) "News Framing and Cueing of Issue Regimes: Explaining Clinton's Public Approval in Spite of Scandal," *Public Opinion Quarterly* 66 (3), pp. 339-370.

Shoji, Kaori (2013) "DPJ Kōbo on the Ground: Opening Candidate Nominations without Democratization," *Gakushuin Hougakukai Zasshi* 49 (1), pp. 181-210.

Smith, Daniel M., Robert J. Pekkanen, and Ellis S. Krauss (2013) "Building a Party: Candidate Recruitment in the Democratic Party of Japan, 1996–2012," in Kenji E. Kushida, and Phillip Y. Lipscy eds., *Japan under the DPJ: The Politics of Transition and Governance*, Stanford: Walter H. Shorenstein Asia-Pacific Research Center.

Smith, Daniel M., and Hidenori Tsutsumi (2014) "Candidate Selection Methods and Policy Cohesion in Parties: The Impact of Open Recruitment in Japan," *Party Politics* (published online before print September 23, 2014, doi: 10.177/1354068814549347).

Soroka, Stuart N. (2006) "Good News and Bad News: Asymmetric Responses to Economic Information," *Journal of Politics* 68

(2), pp. 372-385.
Strøm, Kaare (1990) "A Behavioral Theory of Competitive Political Parties," *American Journal of Political Science* 34 (2), pp. 565-598.
Strøm, Kaare, Torbjörn Bergman, and Wolfgang C. Müller (2003) *Delegation and Accountability in Parliamentary Democracies*, Oxford: Oxford University Press.
Strøm, Kaare, Wolfgang C. Müller, and Torbjörn Bergman (2008) *Cabinets and Coalition Bargaining: The Democratic Life Cycle in Western Europe*, Oxford: Oxford University Press.
Thies, Michael F., and Yuki Yanai (2013) "Governance with a Twist: How Bicameralism Affects Japanese Lawmaking," in Robert Pekkanen, Steven R. Reed, and Ethan Scheiner eds., *Japan Decides 2012: The Japanese General Election,* New York: Palgrave Macmillan, pp. 225-244.
Tsebelis, George (1990) *Nested Games: Rational Choices in Comparative Politics,* Berkeley: University of California Press.
Uekami, Takayoshi (2010) "Electoral Manifestos of Democratic Party of Japan," *Social Science Japan* 42, pp. 12-15.
Van Aelst, Peter, Bart Maddens, Jo Noppe, and Stefaan Fiers (2008) "Politicians in the News: Media or Party Logic?: Media Attention and Electoral Success in the Belgian Election Campaign of 2003," *European Journal of Communication* 23 (2), pp. 193-210.
Verzichelli, Luca (2008) "Portfolio Allocation," in Kaare Strøm, Wolfgang C. Müller, Torbjörn eds., *Cabinet and Coalitions Bargaining: The Democratic Life Cycle in Western Europe*, Oxford: Oxford University Press, pp. 237-267.
Whiteley, Paul, Harold D. Clarke, David Sanders, and Marianne C. Stewart (2013) *Affluence, Austerity and Electoral Change in Britain*, Cambridge: Cambridge University Press.
Yantek, Thom (1988) "Polity and Economy under Extreme Economic Conditions: A Comparative Study of the Reagan and Thatcher Experiences," *American Journal of Political Science* 32 (1), pp. 196-216.
Zariski, Raphael (1960) "Party Factions and Comparative Politics: Some Preliminary Observations," *Midwest Journal of Political Science* 4 (1), pp. 27-51.

※ウェブサイトの最終確認日は、いずれも二〇一四年一〇月二二日である。

▸‖マ行‖

▸‖ヤ行‖

主要人名索引

▸‖ハ行‖

▸‖マ行‖

▸‖ヤ行‖

▸‖ラ行‖

▸‖ タ行 ‖

▸‖ ナ行 ‖

主要事項索引

森正（もり・ただし）第6、8章執筆

愛知学院大学総合政策学部教授。1970年神奈川県生まれ。1998年慶應義塾大学大学院法学研究科政治学専攻後期博士課程単位取得退学。修士（法学）、慶應義塾大学。主な著書に『構成主義的政治理論と比較政治』（共著、ミネルヴァ書房、2009年）、『市民社会における政治過程の日韓比較』（共著、慶應義塾大学出版会、2006年）等。

森道哉（もり・みちや）第7、10章執筆

立命館大学大学院公務研究科准教授。1974年香川県生まれ。2003年立命館大学大学院政策科学研究科博士課程後期課程修了。博士（政策科学）、立命館大学。香川大学法学部准教授等を経て現職。主な論文に「東日本大震災に伴う洋上漂流物のアメリカへの漂着とその処理のための日本政府の資金供与」（『立命館法学』352号、2014年）、「公害国会の見取り図」（『立命館大学人文科学研究所紀要』101号、2013年）等。

編著者略歴

前田幸男（まえだ・ゆきお） 編者、第1、8、9章執筆

東京大学大学院情報学環准教授（社会科学研究所兼任）。1969年福岡県生まれ。Ph.D.（Political Science）、University of Michigan。首都大学東京准教授等を経て現職。主な著書・論文に、「『民意』の語られ方」（『年報政治学2014-I』）、「世論調査報道と政治過程」（『年報政治学2013-I』）、『政党政治の混迷と政権交代』（共著、東京大学出版会、2011年）等。

濱本真輔（はまもと・しんすけ） 第1、2、5章執筆

北九州市立大学法学部准教授。1982年兵庫県生まれ。2009年筑波大学大学院人文社会科学研究科博士課程修了。博士（政治学）、筑波大学。主な著書・論文に『政党組織の政治学』（共著、東洋経済新報社、2013年）、「選挙制度改革による立法行動の変容」（共著、『レヴァイアサン』、2013年）、「政党の組織的特徴と党改革」（『北九州市立大学法政論集』、2013年）等。

上神貴佳（うえかみ・たかよし） 第3、4章執筆

高知大学人文学部准教授。1973年東京都生まれ。2002年東京大学大学院法学政治学研究科博士課程単位取得退学。博士（法学）、東京大学。東京大学社会科学研究所助手等を経て現職。主な著書に『政党政治と不均一な選挙制度――国政・地方政治・党首選出過程』（東京大学出版会、2013年）、『民主党の組織と政策――結党から政権交代まで』（共編著、東洋経済新報社、2011年）等。

堤英敬（つつみ・ひでのり） 編者、第4、7、10章執筆

香川大学法学部教授。1972年大阪府生まれ。1999年慶應義塾大学大学院法学研究科後期博士課程退学。修士（法学）、慶應義塾大学。主な著書・論文に、「候補者選定過程の開放と政党組織」（『選挙研究』、2012年）、『民主党の組織と政策――結党から政権交代まで』（共編著、東洋経済新報社、2011年）等。

統治の条件――民主党に見る政権運営と党内統治

二〇一五年二月六日　初版第一刷発行

編著者　前田幸男・堤英敬
発行者　千倉成示
発行所　株式会社 千倉書房
〒一〇四－〇〇三一　東京都中央区京橋二－四－一二
電話　〇三－三二七三－三九三一（代表）
http://www.chikura.co.jp/
造本装丁　米谷豪
印刷・製本　中央精版印刷株式会社

ISBN 978-4-8051-1052-2 C3031

政治へのまなざし

御厨貴 著

オーラルヒストリーなどを駆使し、メディアや建築と政治の関係を論じてきた先駆者が語る政治史学の愉しみ。

❖四六判／本体 二六〇〇円＋税／978-4-8051-0988-5

近代日本のリーダーシップ

戸部良一 編著

日本人は指導者に何を求め、為政者はどう振る舞ってきたか。近代から現代を照射し、リーダーシップの要諦を問う。

❖Ａ５判／本体 三四〇〇円＋税／978-4-8051-1031-7

叢書 21世紀の国際環境と日本

首相政治の制度分析

待鳥聡史 著

選挙制度改革、官邸機能改革、政権交代を経て「日本政治」は如何に変貌したのか。二〇一二年度サントリー学芸賞受賞。

❖Ａ５判／本体 三九〇〇円＋税／978-4-8051-0993-9

表示価格は二〇一五年一月現在

千倉書房